船舶智能化与绿色技术丛书

船舶优化设计的代理模型方法

程远胜 周 奇 刘 均 著

科学出版社

北 京

内 容 简 介

本书系统阐述基于代理模型的优化设计理论与方法及其在船舶工程中的应用。全书共 15 章。第 1 章和第 2 章为基本理论和方法部分。第 1 章简要介绍基于代理模型优化方法的研究背景、关键技术和研究进展；第 2 章介绍序贯代理模型方法的基本理论。第 3～12 章为优化方法部分，分别阐述基于单一精度代理模型的优化方法、基于变可信度代理模型的优化方法，以及基于并行加点准则代理模型的优化方法。侧重分析各种算法的原理和思路，每个算法都用数学例子说明其迭代过程和特性，并用典型测试函数说明算法的有效性。第 13～15 章为应用部分，分别以 2 个水下航行器和 1 个船舶典型结构优化设计工程案例，开展前述理论与方法的应用验证。全书注重理论联系实际，力求深入浅出、概念清晰、算法简明，以便于读者理解原理和掌握算法。

本书可供船舶与海洋工程及相关专业的研究生与科研人员，以及相关方向的研究院所技术人员阅读参考。

图书在版编目（**CIP**）数据

船舶优化设计的代理模型方法/程远胜，周奇，刘均著.—北京：科学出版社，2023.3
（船舶智能化与绿色技术丛书）
ISBN 978-7-03-075017-4

Ⅰ.① 船… Ⅱ.① 程… ② 周… ③ 刘… Ⅲ.① 船舶设计-最优设计-研究 Ⅳ.① U662

中国国家版本馆 CIP 数据核字（2023）第 036670 号

责任编辑：杜 权／责任校对：高 嵘
责任印制：彭 超／封面设计：苏 波

科学出版社 出版
北京东黄城根北街 16 号
邮政编码：100717
http://www.sciencep.com

武汉市首壹印务有限公司印刷
科学出版社发行 各地新华书店经销
＊

开本：787×1092 1/16
2023 年 3 月第 一 版 印张：18
2023 年 3 月第一次印刷 字数：425 000
定价：168.00 元
（如有印装质量问题，我社负责调换）

"船舶智能化与绿色技术丛书"
编委会

主编： 吴卫国

编委（按姓氏拼音排列）：

  陈　宁　　陈顺怀　　程远胜　　胡以怀

  李天匀　　李文华　　廖煜雷　　刘敬贤

  欧阳武　　裴志勇　　吴卫国　　余永华

  袁成清　　张勇明

"船舶智能化与绿色技术丛书"序

近年来，世界船舶产业发展聚焦"智能"和"绿色"两大热点。国际海事组织、国际标准化组织等国际组织将"绿色智能船舶"列为重要议题，国际主要船级社先后发布了相关的规范或指导性文件，世界主要造船国家大力推进绿色智能船舶的研制与应用，船舶绿色智能化也成为我国船舶制造业发展的新机遇和新挑战。

绿色智能船舶中的"绿色"是指船舶在制造、运营、拆解的全生命过程中，以"绿色"为设计理念，在确保船舶质量、满足船舶的使用功能基础上，最大限度地降低成本，减少污染，提高船舶的资源及能源的利用率，打造环境友好型和资源节约型船舶。我国已将"碳达峰""碳中和"目标写入"十四五"规划，为配合国家 2060 年实现"碳中和"的目标，造船与航运业正在广泛开展船体节能技术（包括水动力节能和创新节能技术），替代燃料及主、辅机节能技术，航态优化与能效管理等技术的研究与产品开发。

绿色智能船舶中的"智能"是指利用传感器、通信、物联网、互联网等技术手段，自动感知和获取船舶自身、海洋环境、物流、港口等方面的信息和数据，并基于计算机技术、自动控制技术和大数据处理分析技术，在船舶航行、管理、维护保养、货物运输等方面实现智能化，以使船舶更加安全、环保、经济和可靠。2015 年，中国船级社发布了全球首部《智能船舶规范》，综合考虑了船舶安全、能效、环保、经济和可靠的需求，将（商用）智能船舶分解为智能航行、智能船体、智能机舱、智能能效管理、智能货物管理、智能集成平台等。经过划分后，各部分自成体系，而整体上又涵盖了船舶上的各类智能系统。

当前，我国正处于世界新一轮科技革命和产业变革同我国转变发展方式的历史交汇期，发展绿色智能船舶是实现船舶工业转型升级、由造船大国向造船强国迈进所面临的千载难逢的历史机遇。我国船舶工业和航运业在绿色智能船舶领域进行了有益探索，相关科研攻关取得积极进展，船舶智能化与绿色技术的工程应用初显成效，已形成一定的技术积累和产业基础，基本与国际先进水平保持同步。为了给广大船舶科技工作者系统介绍船舶智能化与绿色技术的研究成果，将国内与国际研究相结合，更好地为国家海洋强国战略服务，科学出版社组织国内多所高校的专家学者编著了"船舶智能化与绿色技术丛书"。

"船舶智能化与绿色技术丛书"重点介绍新技术与新产品，注重学科交叉，理论与应用相结合，系统性、专业性较强。本套丛书的推出将在引领我国船舶与海洋工程领域的基础研究、原始创新和规模化发展，加快船舶与海洋工程建设水平，促进船舶与海洋工程领域研究成果转化和相关先进设备的产业化进程，推进我国成为海洋强国等方面起到积极的作用。

随着新技术特别是人工智能技术的迅猛发展，丛书内容难免会有缺陷与不足，但希望在我国船舶领域的高等学校、科研院所、造船企业及相关科技界的关怀下，在参加编著的专家学者的共同努力下，丛书的出版能够为我国船舶与海洋工程的技术进步与创新、推动船舶产业的"绿色化发展、数字化转型、智能化升级"做出应有的贡献，并为船舶与海洋工程界的科研人员和高等学校师生提供参考和指导。

吴卫国

2022 年 2 月 18 日

前言
Preface

船舶与海洋工程结构物的设计是一个复杂的系统工程，涉及结构、流体、声学、动力、电力等多个子系统，每个子系统性能指标的量化通常需要借助耗时的仿真计算分析。结构物优化设计往往是一个需要成百上千次迭代计算的过程，直接嵌套耗时数值仿真分析优化设计方法，已无法满足船舶与海洋工程结构物快速高效的设计需求。在此背景下，代理模型技术应运而生，它通过对数值仿真模型或物理实验进行近似替代，一方面能够实现耗时性能指标的快速预报，另一方面通过代理模型的序贯更新，可有效降低优化设计成本。随着人工智能技术的蓬勃发展，利用代理模型序贯更新过程和辅助进化优化算法快速获得优化解的方法越来越受到研究者的关注，在船舶与海洋工程结构物优化设计中展现出巨大的潜力。将其与船舶与海洋工程结构物设计过程深度融合，形成系统优化设计理论和方法，已成为船舶与海洋工程设计领域重点发展方向之一。

我从事舰船结构分析与优化设计科研和教学工作30余年，早年师从船舶结构优化设计研究的先驱者曾广武教授。硕士毕业留校任教后，在曾教授领导的课题组参与优化设计理论和方法的研究，并将研究成果应用于我国多型水面舰船结构优化设计，取得良好的应用效果。研究成果"水面舰艇结构优化设计方法及应用"获得中国船舶工业总公司科技进步奖二等奖。之后我被选送香港大学攻读博士学位，师从中国科学院院士张佑启教授和区达光博士（现为教授），进行复杂工程结构分析领域的研究。学成回校后，我领导团队完善了早期形成的结构优化设计方法，在相关部门的支持和资助下，开发了具有自主知识产权的水下航行器和舰船结构优化设计软件系统，并成功应用于多型水下航行器和水面舰船结构设计。2010年我又带领团队开展船舶优化设计的代理模型方法理论研究，实现了从应用上升到理论、再从理论指导应用的协同发展。经过10余年的研究，团队基本建立了用于解决耗时系统优化设计的代理模型理论与方法体系，在国际优化算法顶级期刊和权威期刊发表了一批高水平论文，并得到国内外同行的正面评价，有的论文成为高被引论文，在国内船舶领域产生了一定的影响。本书是我及研究团队近年来有关优化设计的代理模型方法及工程应用成果的总结，从优化设计的单一精度代理模型方法、变可信度代理模型方法、并行高效全局优化方法等方面，阐述优化设计代理模型方法的理论和关键技术，并结合典型标准测试算例和若干工程案例，说明优化设计的代理模型方法的具体应用。

全书共15章：第1章介绍优化设计代理模型方法的研究背景、关键技术、理论方法及工程应用的研究进展；第2章介绍单精度和变可信度代理模型建模原理，基于Kriging模型的标准高效全局优化方法和代理模型辅助智能优化方法，为后续理论方法和工程应用的阐述提供必要的理论基础。第3~6章分别阐述基于信息熵的单精度序贯Kriging代理模型下置信边界优化方法、基于约束精度自检测的多阶段协同序贯代理模型优化方法、基于置信区间的序贯单精度代理模型辅助遗传优化方法及基于混合分组策略和样本迁移的协同贝叶斯优化方法。第7~10章分别阐述基于变可信度 PI 准则的高效全局优化方法、基于信息熵的变可信度序贯代理模型下置信边界优化方法、基于 CoV-LCB 准则的变可信度序贯代理模型优化方法及基于约束精度自检测的多阶段协同变可信度序贯代理模型优化方法。第 11 章和第 12 章介绍基于阈值多峰期望提高准则的并行高效全局优化方法和基于伪期望提高准则的并行高效全局优化方法。第 13~15 章分别以典型的水下航行器和船舶工程应用案例，开展理论与方法的应用验证，包括水下航行器非耐压加筋圆锥壳振动约束轻量化设计，水下航行器变刚度加筋圆柱壳稳定性优化设计和油轮中剖面优化设计。

本书第 1、2 章由程远胜、周奇撰写，第 4、6、10、11、12、15 章由程远胜主持撰写，第 3、5、7、8、9 章由周奇主持撰写，第 13、14 章由刘均主持撰写。全书由程远胜统稿和审校。研究团队的易家祥硕士参与了第 4、10、13、14 章的撰写，江璞玉博士生参与了第 6、15 章的撰写，钱家昌博士参与了第 3、5、8 章的撰写，詹大为博士参与了第 11、12 章的撰写，汪俊泽硕士参与了第 15 章的撰写。

本书相关研究工作得到了国家自然科学基金项目（52175231、52105254）、国防科技工业海洋防务技术创新中心基金项目（YT19201701、JJ2021-719-02、JJ2021-719-03）的资助。本书部分章节内容参考了作者指导的博士研究生和硕士研究生的学位论文相关章节。感谢研究团队易家祥硕士、钱家昌博士、詹大为博士、江璞玉博士生、林泉博士生、程吉硕士、汪俊泽硕士、王义博硕士对本书所做的贡献。特别感谢科学出版社给予的支持和帮助。

由于作者水平有限，书中难免存在不妥之处，如有任何意见和建议，敬请读者与我联系（yscheng@hust.edu.cn）。

程远胜
2022 年 8 月于武汉

目 录
CONTENTS

第1章 绪论 ·· 1
1.1 研究背景 ··· 3
1.2 关键技术 ··· 4
1.3 研究进展 ··· 4
   1.3.1 高效全局优化方法研究进展 ··· 5
   1.3.2 代理模型辅助智能优化方法研究进展 ·· 11
   1.3.3 代理模型辅助合作协同进化方法研究进展 ·· 12
   1.3.4 优化设计代理模型方法在船舶工程中的应用研究进展 ··································· 16
参考文献 ·· 17

第2章 序贯代理模型方法的基本理论 ·· 33
2.1 代理模型原理 ·· 35
   2.1.1 单精度 Kriging 代理模型 ·· 35
   2.1.2 变可信度 Kriging 代理模型 ·· 37
2.2 标准高效全局优化方法 ··· 41
   2.2.1 标准无约束 EI 准则的高效全局优化方法 ·· 41
   2.2.2 标准无约束 PI 准则的高效全局优化方法 ·· 45
   2.2.3 标准 LCB 准则的无约束高效全局优化方法 ··· 46
   2.2.4 标准约束高效全局优化方法 ·· 46
2.3 代理模型辅助智能优化方法 ·· 51
   2.3.1 遗传算法基本原理 ··· 51
   2.3.2 合作协同进化算法基本原理 ·· 53
   2.3.3 基于个体管理策略的代理模型辅助进化算法 ·· 54
   2.3.4 基于代数管理策略的代理模型辅助进化算法 ·· 56
参考文献 ·· 57

第3章 基于信息熵的单精度序贯 Kriging 代理模型下置信边界优化方法 ············· 59
3.1 概述 ·· 61
3.2 基本思想 ·· 61
3.3 求解流程 ·· 62
3.4 数值算例及分析 ·· 65
参考文献 ·· 71

第4章 基于约束精度自检测的多阶段协同序贯代理模型优化方法 ······················ 73
4.1 概述 ·· 75

4.2 目标函数和约束函数代理模型序贯加点准则·····75
  4.2.1 目标函数代理模型序贯加点准则·····75
  4.2.2 约束函数代理模型序贯加点准则·····76
4.3 约束代理模型边界精度自检测方法·····77
4.4 多阶段优化设计求解流程·····78
4.5 数值算例及分析·····80
  4.5.1 示例函数·····80
  4.5.2 额外数值测试函数·····84
参考文献·····86

第5章 基于置信区间的序贯单精度代理模型辅助遗传优化方法·····87
5.1 概述·····89
5.2 基本思想·····91
5.3 求解流程·····93
5.4 数值算例及分析·····97
参考文献·····101

第6章 基于混合分组策略和样本迁移的协同贝叶斯优化方法·····103
6.1 概述·····105
6.2 混合分组策略·····106
6.3 样本迁移策略·····108
  6.3.1 加法可分子问题的样本迁移策略·····108
  6.3.2 加法不可分问题的迁移 GPR 模型·····110
6.4 CBO-HGST·····113
6.5 数值算例及分析·····115
  6.5.1 基准测试函数信息及参数设置·····115
  6.5.2 算法对比·····116
  6.5.3 参数分析·····118
  6.5.4 有效性分析·····121
参考文献·····122

第7章 基于变可信度 PI 准则的高效全局优化方法·····123
7.1 概述·····125
7.2 基本思想·····125
  7.2.1 拓展 PI 准则·····125
  7.2.2 约束拓展 PI 准则·····128
7.3 求解流程·····129
7.4 数值算例及分析·····130
  7.4.1 演示算例及分析·····130
  7.4.2 数学算例及分析·····133
参考文献·····142

第 8 章 基于信息熵的变可信度序贯代理模型下置信边界优化方法 ... 143
8.1 概述 ... 145
8.2 基本思想 ... 145
8.3 求解流程 ... 146
8.4 数值算例及分析 ... 150
参考文献 ... 152

第 9 章 基于 CoV-LCB 准则的变可信度序贯代理模型优化方法 ... 153
9.1 概述 ... 155
9.2 变可信度置信下界优化方法 ... 155
9.2.1 变可信度置信下界准则 ... 155
9.2.2 VF-LCB 优化方法流程 ... 157
9.2.3 数值算例及分析 ... 158
9.3 变可信度约束置信下界优化方法 ... 166
9.3.1 PoF 函数辅助的变可信度置信下界优化方法 ... 166
9.3.2 变可信度约束置信下界准则 ... 166
9.3.3 VF-CLCB 优化方法流程 ... 169
9.3.4 数值算例及分析 ... 170
参考文献 ... 177

第 10 章 基于约束精度自检测的多阶段协同变可信度序贯代理模型优化方法 ... 179
10.1 概述 ... 181
10.2 目标和约束函数序贯加点准则 ... 181
10.2.1 目标函数序贯加点准则 ... 181
10.2.2 约束函数序贯加点准则 ... 181
10.3 多阶段优化设计求解流程 ... 184
10.4 数值算例及分析 ... 186
10.4.1 示例函数 ... 186
10.4.2 额外数值测试算例 ... 191
参考文献 ... 194

第 11 章 基于阈值多峰期望提高准则的并行高效全局优化方法 ... 195
11.1 概述 ... 197
11.2 基于阈值多峰 EI 准则的并行无约束 EGO 算法 ... 197
11.2.1 基本思想 ... 197
11.2.2 算法流程 ... 199
11.2.3 阈值设置 ... 202
11.2.4 数值算例及分析 ... 202
11.3 基于阈值多峰 CEI 准则的并行约束 EGO 算法 ... 209
11.3.1 阈值多峰 CEI 准则 ... 209
11.3.2 数值算例及分析 ... 210

参考文献 ··· 216

第 12 章　基于伪期望提高准则的并行高效全局优化方法 ························· 217
12.1　概述 ··· 219
12.2　基于伪 EI 准则的并行无约束 EGO 算法 ··· 219
12.2.1　基本思想 ·· 219
12.2.2　影响函数 ·· 221
12.2.3　伪 EI 准则 ··· 223
12.2.4　算法流程 ·· 224
12.2.5　数值算例及分析 ·· 225
12.3　基于伪 CEI 准则的并行约束 EGO 算法 ··· 229
12.3.1　伪 CEI 准则 ·· 229
12.3.2　算法流程 ·· 229
12.3.3　数值算例及分析 ·· 230
参考文献 ··· 233

第 13 章　水下航行器非耐压加筋圆锥壳振动约束轻量化设计 ····················· 235
13.1　概述 ··· 237
13.2　优化设计数学模型 ·· 237
13.3　基于并行 EGO 算法的优化设计 ··· 240
13.3.1　阈值多峰 CEI 算法的优化结果分析 ··· 241
13.3.2　伪 CEI 算法的优化结果分析 ··· 244
13.4　基于置信区间序贯代理模型的优化设计 ··· 247
参考文献 ··· 249

第 14 章　水下航行器变刚度加筋圆柱壳稳定性优化设计 ··························· 251
14.1　概述 ··· 253
14.2　优化设计数学模型 ·· 253
14.3　基于约束精度自检测多阶段协同算法的优化设计 ······································· 258
14.4　基于变可信度 EGO 算法的优化设计 ··· 263
参考文献 ··· 265

第 15 章　油轮中剖面优化设计 ··· 267
15.1　概述 ··· 269
15.2　优化设计数学模型 ·· 269
15.3　基于迁移代理模型辅助的合作贝叶斯优化设计 ·· 272
15.3.1　优化算法及参数设置 ·· 272
15.3.2　优化结果及分析 ·· 273
参考文献 ··· 275

第1章

绪 论

1.1 研究背景

船舶工程领域许多优化问题的目标函数或约束函数需要采用耗时的数值仿真方法进行计算。随着计算机计算能力的提升，工程师对船舶性能和结构的仿真分析也更加精细，因此船舶优化问题的目标函数和约束函数计算时间大幅增加。例如舰船防护研究中利用有限元商业软件进行舰船防护结构爆炸载荷下动响应的单次精细仿真时间需要数小时到数天[1-4]。

本书将含有计算耗时的目标函数或约束函数的优化问题定义为耗时优化问题（一般分成三类：目标函数耗时，约束函数不耗时的优化问题；约束函数耗时，目标函数不耗时的优化问题；目标函数和约束函数均耗时的优化问题）。在求解耗时优化问题时，设计者通常只能负担极少次数的目标函数和约束函数的直接计算[5]。因此，如何尽可能地减少目标函数和约束函数的计算次数是解决耗时优化问题的关键。

基于导数的优化算法（梯度下降法、序列规划法）大多会用到目标函数和约束函数的梯度（通常无法或很难直接从数值仿真计算中获取），而且只能保证收敛到局部最优解，因此很难用基于导数的优化算法来求解这类耗时优化问题。元启发式优化算法（如遗传算法、粒子群算法、差分进化算法）能较为可靠地求解高非线性的全局优化问题，但这类算法往往需要对目标函数和约束函数进行成千上万次的计算，这也使得元启发式优化算法不适用于直接求解耗时优化问题。

应用代理模型技术求解耗时优化问题是一种常用的方法[6-10]。这类算法用计算快速的代理模型来拟合计算耗时的目标函数和约束函数，并在优化求解过程中使用代理模型代替耗时的仿真计算，从而大大减少耗时目标函数和约束函数的计算次数。经过众多学者数十年的研究，如今代理模型建模技术已经较为成熟，工程中常用的代理模型有：多项式响应面（polynomial response surface，PRS）模型、径向基函数（radical basis function，RBF）模型、Kriging 模型、支持向量回归（support vector regression，SVR）模型、人工神经网络（artificial neural network，ANN）模型、多项式混沌展开（polynomial chaos expansions，PCE）模型等。以上模型各有特点，适用于不同的场景，国内外学者从不同的侧重面对代理模型的理论与方法及其工程应用情况进行了综述[8, 11-17]。

21世纪以来，随着计算机领域研究的突破，代理模型优化技术在许多领域，如汽车制造、航空航天、船舶工程等，得到长足的发展[18-20]。迄今为止，基于代理模型优化方法仍有许多关键问题亟待解决。一方面是如何平衡计算资源与优化解质量的矛盾关系。简而言之，更好的优化解一般需要更多的计算资源。为了缓和这一矛盾关系，设计者逐步提出了序贯（在线学习）代理模型优化方法。另一方面，实际船舶工程优化问题如结构优化对结构响应存在多个置信水平的描述：高精度响应值置信水平高，但是需要耗费大量的计算资源；低精度响应值置信水平低，但是能够快速获取。为了能够同时结合多种精度水平的响应值数据进行优化设计，学者们提出了变可信度代理模型。变可信度代理模型能够利用大量低精度样本点数据为高精度响应的预报提供趋势，从而大大减少对复杂工程结构响应预报的计算资源。

1.2 关键技术

本书主要介绍序贯代理模型优化方法，包含优化设计序贯单精度代理模型方法、优化设计序贯变可信度代理模型方法、耗时优化问题序贯约束代理模型约束处理方法、优化设计序贯并行代理模型方法、代理模型辅助智能优化算法等，旨在为不同场景下的船舶优化问题提供相应的代理模型优化方法。

（1）优化设计序贯单精度代理模型方法：设计行之有效的序贯加点准则，使代理模型优化方法能够以更少的计算资源获取更高质量的优化解。一般而言，序贯加点准则需要能够平衡全局搜索与局部搜索。

（2）优化设计序贯变可信度代理模型方法：适用于变可信度代理模型的序贯加点准则，不仅要保证在同一精度水平搜索时的全局搜索和局部搜索能力，还要平衡不同精度水平的提高量与计算成本的关系。对于变可信度代理模型，低精度数据和高精度数据都能够提升代理模型的精度和优化解质量，但是其提升程度与该精度水平的计算资源有关。

（3）耗时优化问题序贯约束代理模型约束处理方法：对于约束优化问题，需要在优化过程中建立每个耗时约束的代理模型。但是，在序贯优化过程中并不需要一个全局精度很高的约束代理模型，而只需要约束代理模型提供正确的可行性预报即可。因此，设计合理的序贯约束代理模型加点准则能够极大提升耗时优化问题的求解效率。

（4）优化设计序贯并行代理模型方法：如今计算机基本具有多核，甚至有些机构已经利用计算机群来对船舶耗时性能指标进行仿真。设计序贯并行代理模型优化设计方法，能同时并行对多个更新点（更新设计方案）进行计算，能够极大加速算法寻优过程，提高算法效率。

（5）代理模型辅助智能优化算法：智能优化算法在求解多峰黑箱优化问题时表现出极强的全局寻优能力，但是其工程应用受限于需要数以万计的样本点。若利用代理模型代替智能优化算法中某些耗时计算环节，则能极大降低计算资源需求，为其工程应用提供可能。

1.3 研究进展

代理模型常常用于快速计算、灵敏度分析、探索设计空间及支持优化设计。而在优化设计中，代理模型的使用方式也十分灵活[10]。最简单的方法是事先构建好耗时目标函数和约束函数的代理模型，然后采用元启发式优化算法（如遗传算法、粒子群算法、差分进化算法）对代理模型进行优化求解[21-24]。在优化求解过程中，代理模型固定不变，仅充当目标函数或约束函数的快速求解器，而最终求解的精度取决于构建的代理模型的精度。由于事先不知道原问题最优解的位置，为了保证代理模型的最优解与原问题的最优解较为接近，设计者必须使代理模型在整个设计区域都有较高的精度，这也使静态代理模型方法需要计算大量的样本点。而基于代理模型的优化算法（surrogate-based optimization algorithm）只依靠代理模型提供的信息，通过不断补充更新点的方式对原问题进行探索寻优[25-27]。

基于代理模型的优化算法对每一个更新点的选取都十分慎重，通常会对代理模型的信息进行充分探索和分析，综合全局搜索（在样本点少的区域补充样本点）和局部搜索（在当前最优点附近补充样本点），最终选出最有潜力的更新点。

此外，还有一类在元启发式算法（meta-heuristic algorithm）（或称智能优化算法）进化过程中动态更新代理模型的方法，这类算法常被称为代理模型辅助元启发式算法（surrogate-assisted meta-heuristic algorithm）[28-37]。代理模型在代理模型辅助元启发式算法中主要用于两方面：一是指导生成初始种群和进行交叉变异操作；二是近似某些个体或种群的适应值。在进化过程中，利用新个体的真实响应值更新代理模型。在代理模型辅助元启发式算法中，代理模型只是作为辅助工具在进化的过程中协助预测和近似，代理模型辅助元启发式算法仍保留了传统元启发式算法的流程框架，其寻优的手段还是通过种群的进化来实现。

1.3.1 高效全局优化方法研究进展

1. 串行高效全局优化方法

高效全局优化（efficient global optimization，EGO）算法广义上称为基于序贯代理的优化算法（sequential surrogate-based optimization algorithm），或者称为贝叶斯优化（Bayesian optimization）。

一般而言，EGO算法[25,38-39]流程如图1.1所示，其具体步骤为：①生成少量初始样本点并根据分析模型评估其响应值；②根据当前样本集构建代理模型；③通过特定的填充采样准则确定更新样本点；④计算该更新样本点处的响应值并将该样本点加入样本集；⑤评估当前样本集中的最优值，并判断是否满足收敛条件。

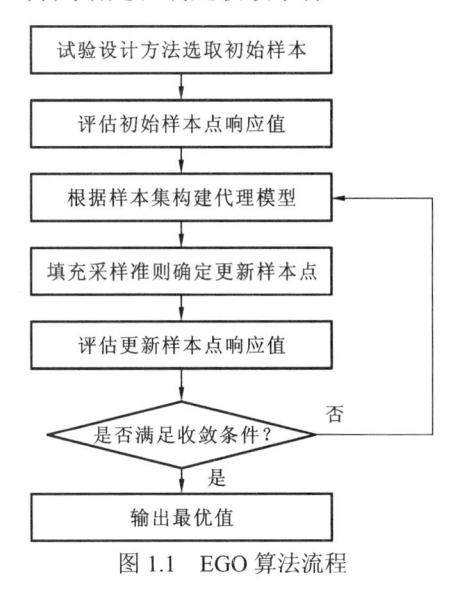

图 1.1 EGO算法流程

从图1.1中可知，EGO算法中最核心的步骤为利用填充准则（采样准则、更新准则等）确定更新点。这个步骤决定了EGO算法的搜索方向和寻优效率。

1997年Schonlau[40]及1998年Jones等[25]均提出了期望改进（expected improvement，EI）准则。EI准则是通过Kriging代理模型的预测函数和误差函数推导的解析表达式，因此计算十分快速。虽然EGO算法有一个内部优化过程（对EI函数进行优化选取更新点），但EI函数是解析表达式，计算快速，内部优化过程通常只需要几秒到几分钟即可完成，这段时间相对耗时，仿真的时间可忽略不计，这也是EGO算法可用于耗时优化问题的主要原因。虽然EGO算法也可用于非耗时的优化问题，但其内部构建代理模型的时间和对EI准则优化的时间可能超过直接计算目标函数和约束函数的时间，因此对非耗时的优化问题采用成熟的元启发式算法求解可能更加高效。

学者们对标准EI准则进行改进，使之能更好地对全局搜索和局部搜索进行平衡，更高效地求解高非线性问题。改进EI准则的主要代表有Schonlau[40]提出的通用EI准则和Sóbester等[41]提出的权重EI准则。这两种改进的EI准则都试图通过引入一个参数来对EI准则的全局搜索和局部搜索进行更多的控制。然而最优参数的设置往往因问题的不同而不同，设计者事先很难对最优参数做较为合理的估计，使得这些改进的EI准则额外参数的设置成为一个难题。除通用EI准则和加权EI准则外，还有一些其他方法对标准EI准则进行改进，这些改进的EI准则大多希望提高标准EI准则的适应性，使EGO算法能更好地解决高维或高非线性问题[42-44]。但与标准EI准则相比，这些改进的EI准则大多只对某些问题有提高，而且一般更复杂（如有额外的参数需要确定），更难理解和执行。从算法复杂程度来讲，标准EI准则仍然是最为"优雅"的更新准则之一，这也是标准EI准则在流行近二十年后仍被广泛研究和应用的主要原因。

除著名的EI准则之外，学者们也研究出诸如改进概率（probability of improvement，PI）准则[15]、置信边界（lower confidence bounding，LCB）准则[45]等。LCB准则[45]根据Kriging代理模型的预测值服从高斯分布，因此能够给出置信区间的特点，依靠预测均值和方差的加权组合较好地平衡全局搜索和局部搜索。基于LCB准则的思想，Srinivas等[46]提出了基于高斯过程上置信边界（Gaussian process-upper confidence bounding，GP-UCB）的自适应更新算法，能够根据最大化噪声函数的上置信边界进行自适应加点；Desautels等[47]将原有的串行GP-UCB算法扩展成并行算法，使其能够一次更新多个样本点。但是，固定加权系数的标准LCB算法求解问题的效率并不理想。因此，Zheng等[48]提出了参数化下置信边界（parameterized lower confidence bounding，PLCB）算法，Cheng等[49]提出了基于变异系数的下置信边界（coefficient of variant based lower confidence bounding，CoV-LCB）算法，这两种算法能够在迭代过程中自适应改变均值和方差的调控系数，因此对不同的优化问题均展现出良好的通用性。Zeng等[50]利用LCB准则提出了一种通过探测更优目标和改进限制边界策略的约束高效全局优化算法，可以提高约束代理模型在有希望的约束边界附近的精度。LCB算法由于概念通俗易懂、鲁棒性强，在工程应用方面得到了广泛关注[51-52]。

2. 并行高效全局优化方法

标准EGO算法是一种串行的优化算法（每次迭代计算一个更新点）。随着计算机硬件的快速发展和丰富，串行的EGO算法已越来越不适合工程中并行的计算结构。Schonlau[40]提出EGO算法时就提到了并行EGO算法的概念，通过在一次迭代过程中选取多个更新点，并在不同计算机或者同一计算机的不同核心上进行并行计算，从而加快EGO算法的收敛速度，缩短总的优化时间。虽然大多数并行EGO算法较标准EGO算法会使用更多真实目标计算次数，但由于这些计算可以同时进行，真实的优化时间会减少。并行EGO算法实质是用计算资源换取计算时间的一种做法，而工程中往往有丰富的计算资源，但缺乏十分宝贵的计算时间，这也是研究并行EGO算法的工程意义[53]。

标准EGO算法之所以是串行算法的根本原因是，加点准则每次只选取一个点，发展并行EGO算法实质就是发展并行加点准则。Schonlau[40]首先提出了q-EI准则（q是每次迭代选取样本点的个数）的概念，q-EI准则衡量同时向样本集中增加q个更新点时目标函数的期望提高量，其计算涉及复杂的q维联合积分，因此Schonlau并没有对q-EI准则进行推导。Ginsbourger及其研究团队[54-56]一直致力于q-EI准则的计算，他们推导了$q=2$时q-EI准则的解析表达式，并使用蒙特卡罗法等方法对$q>2$时的q-EI准则进行近似计算。除计算困难外，q-EI准则的另一个问题是它把n（n是设计变量的个数）维的标准EI函数变成了一个$n\times q$维的函数，因此对高维的q-EI准则进行寻优也是一个难题。计算困难和维数高两方面原因使得根据q-EI准则选取q个更新点的过程（优化q-EI函数的过程）在q较大时十分耗时。要想将q-EI准则更广泛地应用于实际工程，还需要提高q-EI准则的计算速度和改进q-EI准则的优化方法。

从数学的角度来讲，q-EI准则应该是最合理和最严谨的并行EI准则，但由于其计算困难、维数高、难以优化等，并没有得到很广泛的应用。为了得到计算快速、使用方便的并行EI准则，学者们往往绕开q-EI准则多维积分及维数为$n\times q$的优化问题，从另外的角度来设计计算简单、易于使用的并行EI准则。按照在一次迭代过程中需要对并行EI准则进行优化的次数，可以将并行EI准则分为两类：第一类并行EI准则只需要进行一次优化计算就可以选取q个更新点；第二类并行EI准则需要优化q次选取q个更新点。显然，q-EI准则属于第一类并行EI准则。

除q-EI准则外，第一类并行EI准则还有Sóbester等[57]提出的多峰值EI准则和Feng等[58]提出的两目标EI准则。多峰值EI准则选取EI函数的多个峰值点作为更新点，这种算法只需要对EI函数进行一次多峰值优化即可得到多个更新点。但是当EI函数的峰值数目小于q时，这种算法往往需要通过其他的准则补充更新点。两目标EI准则将EI函数的第一项和第二项看作两个目标，用多目标优化算法求解这个两目标优化问题，得到相应的Pareto解集，然后从得到的Pareto解集中选取多个点作为更新点。两目标EI准则思想简单、执行方便，但如何从大量的Pareto解集中选取合适高效的更新点仍是这种方法的难点问题。

第二类并行EI准则需要进行q次优化得到q个更新点，这类算法的典型代表有Schonlau[40]提出的误差更新EI准则，Ginsbourger等[54]提出的Kriging Believer准则和Constant Liar准则，以及Viana等[59-60]提出的多代理模型EI准则。误差更新EI准则用标准EI函数选取第一个更新点后，只更新Kriging代理模型的误差函数，然后利用更新后的代理模型构造新的EI函数选取第二个更新点。由于更新Kriging代理模型误差函数不需要用到更新点的真实目标值，这种方法可以在不计算第一个更新点真实目标值之前选出第二个更新点。Kriging Believer准则和Constant Liar准则的主要思想是在选取第一个更新点后，不计算第一个更新点的真实响应值，而是用Kriging代理模型的预测值（Kriging

·7·

Believer 准则）或者某个常数值（Constant Liar 准则）对代理模型进行更新，然后选取下一个更新点。多代理模型 EI 准则通过构造多个代理模型生成多个 EI 函数，根据每个 EI 函数选取一个更新点。虽然多代理模型 EI 准则也需要进行 q 次优化才能得到 q 个更新点，但这种方法的 q 次优化可以同时进行。相较而言，误差更新 EI 准则及 Kriging Believer 准则和 Constant Liar 准则的 q 次优化需要序列进行，但这些优化都是对解析的 EI 函数进行，并行优化带来的时间增加可以忽略不计。因为一个代理模型选取一个样本点，多代理模型 EI 准则选择更新点的数目常常受到代理模型数目的限制。

3. 变可信度高效全局优化方法

倘若某工程问题性能特征量的实验/仿真计算特别耗时，那么建立单精度代理模型进行优化设计的资源仍然过于昂贵。在这种情况下，即使利用数十或上百个高精度样本点建立单精度代理模型进行优化设计所需计算时间仍然难以负担。因此，研究者开始尝试将变可信度代理模型应用于工程优化设计。变可信度代理模型又称多精度代理模型，是指在建立代理模型的过程中利用大量廉价、低精度的数据提供趋势信息辅助高精度模型的预报。低精度数据是通过经验公式、粗网格有限元模型、维度缩减模型等获得的，计算时间成本大大降低，且与高/低精度数据之间存在较强的相关性。变可信度代理模型在与单精度代理模型具有同等的预测精度下，所需要的计算资源大大减少[15, 61-62]。常见的多精度代理模型主要是多精度 Kriging 代理模型[63-64]，也有部分研究致力于将径向基函数代理模型和支持向量机（support vector machine，SVM）代理模型拓展到多精度领域[65-67]。

由于变可信度代理模型相比于单精度代理模型具有节省资源的优势，近年来多精度代理模型在工程结构的性能预报[68-70]、结构可靠性分析[71-76]、稳健性设计[77]和不确定性量化[78-79]等方面也得到了广泛的应用。但是，利用变可信度代理模型进行船舶优化设计的序贯代理模型方法的研究仍然处于起步阶段。

在基于变可信度代理模型的优化设计方法中，研究者的关注点在于适用于变可信度代理模型的填充采样准则，有效的变可信度填充采样准则能够合理利用低精度数据，大幅减少优化过程所需的计算成本。适用于变可信度代理模型的填充采样准则需要解决两个问题：一是精度层级的选择，即判断是更新高精度样本还是低精度样本；二是更新样本点位置的确定，对更新样本点的选取同样需要平衡全局搜索与局部探索。对此，Huang 等[80]针对 EI 准则提出了增强期望改进（augmented expected improvement，AEI）准则，AEI 函数通过高/低精度模型间的相关性及计算成本比衡量低精度样本对高精度模型的贡献值，同时考虑了随机误差的影响。Zhang 等[81]开发了一种以层次 Kriging 模型为辅助的可变保真期望改进（variable-fidelity expected improvement，VF-EI）方法，该方法根据层次 Kriging 模型中的趋势系数来衡量高/低精度模型的预估不确定性，随后根据该预估不确定性得到了 VF-EI 函数。VF-EI 函数根据高/低精度的预估不确定性来自适应地确定更新样本的精度层级，避免了需要人为设定参数的问题，但由于其忽略高/低精度之间的成本，高估了低精度样本的作用。Liu 等[82]提出了一种拓展 EI（extended expected improvement，EEI）准则，考虑了不同精度数据的完全相关性。另外，Shu 等[83]通过分析低精度样本对 EI 函数的贡献，提出了期望进一步改进（expected further improvement，EFI）准则，并将其成功应用于工程问题中，大幅减少了工程优化所需的计算成本。以上的研究均是将标准 EI 准则拓展至变可信度得到的,针对 LCB 准则,Xiong 等[84]基于 LCB 函数通过贝叶斯优化理论开发了一种变可信度优化方法,该方法通过预先设定不同的 LCB 权重系数,并循环选取这些系数来加强算法的效率。该方法忽略了低精度模型的成本,当低精度模型计算成本较大时所需的计算成本较为昂贵。Cheng 及其团队[49, 85-86]提出基于变异的 LCB 准则,并且将其扩展到考虑低精度模型成本的序贯优化设计中,该方法展现出了较强的优化能力。除此之外,Ruan 等[87]将 PI 准则扩展到处理具有多个低精度层级数据的优化设计。周奇等[64]对变可信度近似模型在复杂装备设计优化中的应用研究进展进行了详细的总结与归纳。

4. 高效全局优化方法的约束处理方法

工程中大多优化问题含有约束条件,并且这些约束条件需要通过耗时的仿真计算得到,发展约束 EGO 算法对解决工程中具有耗时目标和耗时约束的优化问题有十分重要的工程意义。

一般而言,耗时优化问题需要对目标函数和约束函数同时建立代理模型,特别是约束函数数量较多的优化问题,约束函数的数量达到数个甚至数十个。迄今为止,高效全局优化方法的约束处理方法如图 1.2 所示。从图 1.2 中可知,在高效全局优化方法中约束处理方法主要分为两大类:一类是基于可行性的约束函数 Kriging 代理模型更新方法;另一类是基于 Kriging 代理模型误差的约束 Kriging 代理模型更新方法。

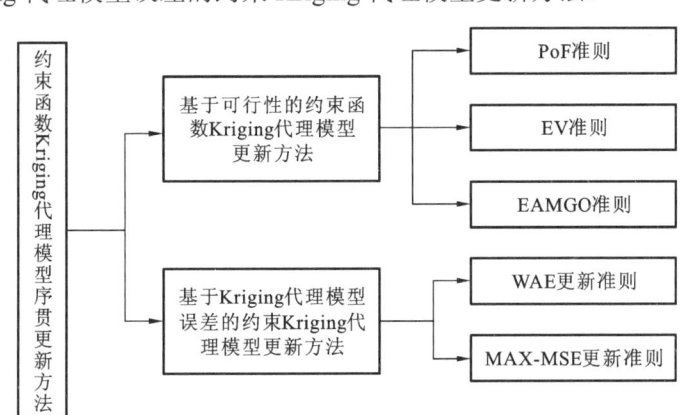

图 1.2 高效全局优化方法的约束处理方法

可能性概率(probability of feasibility,PoF)准则基于约束函数代理模型对设计方案进行可行性预测的约束处理。Schonlau[40]用 PoF 准则来衡量未知方案满足约束条件的概率,并将 PoF 函数与 EI 函数相乘得到相应的受限期望改进(constrained expected improvement,CEI)准则,并在每次迭代过程中通过最大化 CEI 函数来选取更新点。EI 函数会选取对目标函数提高较大的点,PoF 函数会选取满足约束函数概率较大的点,CEI 函数是两者的乘积,因此 CEI 函数会综合这两方面因素,选取既有较大概率满足约束函数又对目标函数有较大提高的点。CEI 准则用乘积的形式考虑了约束条件,约束 EGO 算法选点过程仍是一个无约束的优化过程,因此只需将标准 EGO 算法中的 EI 准则替换为 CEI 准则,即可得到相应的约束 EGO 算法。另外,由于 PoF 函数是解析表达式,与 EI 函数相乘后的 CEI 函数也是解析表达式,对 CEI 准则进行优化选取更新点的过程也十分快速。

Sasena[88]认为 CEI 准则常常过度地考虑候选点满足约束函数的概率,而使搜索远离约束边界。当原问题的最优解在约束边界附近或者边界上时，CEI 准则通常很难找到最优解。Sasena[88]提出将 PoF 准则作为约束条件进行考虑，并推荐使用 0.95 作为约束的限界值。Sasena 提出的约束 EI 准则会选取有 95%以上概率满足约束的所有方案中对目标提高最大的方案作为更新点。这种方法将标准 EGO 算法的选点问题由无约束优化问题变成了一个有约束的优化问题，而这个约束优化问题有时可能无解。

Parr 等[89-90]将 EI 函数和 PoF 函数看作两个目标，用多目标优化算法同时最大化 EI 函数和 PoF 函数，从得到的 Pareto 解集中选取更新点。理论上，这种两目标 Pareto 解集中应该包含 Schonlau 的 CEI 准则（将 EI 函数与 PoF 函数相乘）选取的点。Parr 等[89-90]的两目标 CEI 准则将标准 EGO 算法的选点问题由无约束单目标优化问题变成了一个无约束的两目标优化问题，而从大量的 Pareto 解集中选取合适的更新点仍是一个值得探讨的问题。Fonseca 等[91]将 EI 和 PoF 当作两个目标，然后每次迭代利用特定准则在 Pareto 前沿选取更新点；Li 等[92]将 CEI 和代理模型的不确定度当作两个优化目标，并在获得的 Pareto 前沿中进一步选取更新点。

Parr 等[89]对基于 PoF 准则处理约束问题的方法进行了比较，指出当 PoF 值趋于 0 时，可能会丢弃真实可行解。Parr 等[89]分析了现有多目标选点策略的优缺点，在此基础上，提出了一次迭代中在 Pareto 前沿选取多个点的选点策略——并行策略。Regis 等[93]提出了分阶段的优化方法用于解决目标函数和约束函数均耗时的优化问题，该方法的第一阶段，序贯代理模型优化算法的目标是在约束函数代理模型的约束边界附近加点；在第二阶段，重点由追求设计点的可行性转为最优性。还有一些序贯方法采用空间缩减策略[94]、设计空间分解[95-96]、全局和局部代理模型[97]等来求解昂贵约束优化问题，数值算例测试表明这些算法在求解昂贵约束优化问题时各有优劣。

为了克服 PoF 方法在低概率时容易丢弃可行解的缺点，Sasena 等[98]提出期望违反（expected violation，EV）方法，其通过考虑方差的不确定性来指导约束代理模型更新；Bichon 等[99]基于 EV 方法的思路提出了高效全局可靠性分析（efficient global reliability analysis，EGRA）算法用于单个约束函数（且约束函数为常值 0）的失效概率估计问题；Li 等[100]利用 EGRA 算法的思路将蜂窝材料的设计全局优化问题转化成局部优化问题。但是，基于 EV 方法指导约束代理模型更新只用到空间中一少部分点的信息，因此容易陷入局部最优。近年来，Shu 等[101]提出基于加权累计误差采样（weighted accumulative error sampling，WAE）的方法来指导约束代理模型的序贯更新，该方法能够在一定程度上改善最优化解的质量；Liu 等[95]提出了 DIRECT-TYPE 的约束代理模型序贯更新方法，该方法能够利用区域划分技术将可行区域和非可行区域分别进行序贯更新操作；Dong 等[102]提出了多点空间缩减算法来求解带有界限约束和非线性约束的昂贵黑箱问题；Shi 等[103]提出了基于过滤器的自适应 Kriging 代理模型更新方法，并提出基于概率的约束提高准则，能够自适应地产生更新点，对目标代理模型和约束代理模型进行更新；Wu 等[104]扩展了自适应代理模型全局优化算法（adaptive metamodel-based global optimization algorithm，AMGO），使其能够利用不同代理模型来求解约束优化问题。

另外，Basudhar 等[105]将样本点分为满足约束函数和不满足约束函数两类，构建支持向量分类模型，然后用支持向量分类模型来预报候选点是否满足约束条件。

还有部分学者认为在约束处理的过程中可以充分利用 Kriging 代理模型预测方差来逐

步提升约束函数 Kriging 代理模型在序贯更新过程中的精度。Zhou 等[62]首先利用最大方差的加点准则（maximum variance infill criterion，MVIC）来设计耗时约束优化问题的序贯代理模型优化方法，即在序贯优化过程中添加约束函数代理模型预估方差最大的点，以降低约束函数代理模型的预估误差。但是通过该方法得到的约束函数模型是一个全局精度高的代理模型。然而，约束函数在优化过程中只需要提供可行性判断，也就是说约束函数代理模型只需要在约束边界保证精度，远离约束边界的区域可以允许一定的误差（精度能够保证可行性判断）。

一般而言，惩罚函数法（penalty function method）[15]是处理约束优化问题最常用的方法，即把约束函数和目标函数整合成一个函数，构成一个新的无约束优化问题的目标函数，其中，约束函数作为惩罚项。当设计方案满足约束时，惩罚项的值为零；当设计方案不满足约束时，对极小化问题惩罚项取一个较大的正值。因此，通过对整合后的函数寻优则可以得到满足可行性的最优解。但是，由于代理模型的预测值存在预估不确定性，惩罚函数法的寻优效率并不理想，因为约束函数代理模型容易对可行性产生误判从而导致寻优失败。

1.3.2 代理模型辅助智能优化方法研究进展

20 世纪 80 年代中期 Grefenstette 等[106]提出在智能优化算法中用代理模型来代替真实适应度函数。自此一直到 90 年代中期，一些研究[28, 107-110]致力于采用代理模型来替代智能优化算法中真实的适应度评估。2002 年 IEEE 的演化计算大会（Conference on Evolutionary Computation，CEC）首次举行研讨会来研讨代理模型辅助智能优化方法[111]。自此，代理模型辅助智能优化算法的研究逐年增多，迄今为止，已经在耗时约束优化问题[112-114]、多目标设计优化问题[115-130]、大规模优化问题[93,131-143]等方面得到了长足的发展。

代理模型能够应用到智能优化算法的各个环节，如初始化、基因重组[144]、变异[145]、局部搜索[36, 118, 127]、适应度评估[146]等，如图 1.3 所示。

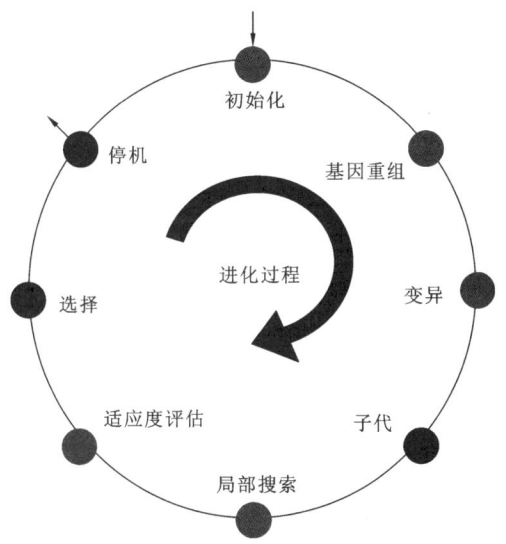

图 1.3 代理模型辅助智能优化算法的环节示意图

灰色圆点表示可在进化过程中用代理模型代替

起初代理模型最多是应用于进化过程中的适应度评估，而由于代理模型误差的存在，极有可能使整个进化过程陷入局部最优。因此，在代理模型辅助智能优化算法中代理模型管理策略极为重要。Jin[33]将代理模型管理策略划分为基于代数的代理模型管理策略和基于个体的代理模型管理策略。顾名思义，基于代数的代理模型管理策略在部分进化代数对代理模型进行一定的操作，随后的数次进化代数中直接采用代理模型进行评估（不对代理模型进行提升精度的操作）。例如，可以每隔数代对所有子代个体进行真实评估，并把这些评估后的样本点添加到代理模型的样本点库中重新构建代理模型，以保证代理模型的精度在进化的过程中逐步提高，保证进化算法正确的进化方向[18, 147]。相反，基于个体的代理模型管理策略则在每一代中对部分个体进行重评估，然后将其添加到当前样本点库，以提升代理模型局部精度。最直观的做法是对每一代中的优秀个体进行重评估[148]。例如在粒子群算法中，有学者就提出如果出现新的个体最优和全局最优，则对新的最优个体进行重评估[149-150]，从而决定最优个体是否需要被更新，以保证算法的收敛性。在基于个体的代理模型管理策略中，还有很多新的准则被提出。比如基于聚类算法的准则[150-151]通过聚类的方法将种群分为几个集群，只重新评估聚类中心的个体来降低计算代价的消耗。除此之外，许多学者也尝试将贝叶斯优化中优秀加点准则如 EI[25]、LCB[45] 及 PI[15]等作为代理模型辅助智能优化算法中的个体管理策略，即可以在智能优化算法的每次迭代中选取如 EI 函数较好的部分个体进行真实评估。

以上主要是在进化过程中采用单个代理模型，但是如果在设计空间中已经抽取了一定数量的样本点，则可以利用这些样本点建立组合代理模型。利用组合代理模型辅助进化算法有多方面的优势：首先组合代理模型对适应度的评估更加稳健，能够进一步避免进化过程陷入局部凹坑；其次多个代理模型之间的预测信息能够构建预测方差信息，从而指导智能优化算法的进化方向[36, 152-153]。具体来说，有的研究[154-155]利用组合代理模型对智能优化算法中的个体适应度进行评估，结果表明即使采用简单加权之后的组合代理模型仍然能够使智能优化算法得到的解的稳健性水平显著提升。除此之外，有的学者[156-157]采用不同代理模型各自引导智能优化算法进行进化，在一定代数计算后交换各个子种群个体之间的信息，从而保证在进化过程中子代个体基因的多样性。

采用多个代理模型辅助智能优化算法还有另一种情形，即采用不同精度水平的代理模型来辅助智能优化算法进行寻优[125, 158]。这类做法的主要目的有两个：第一个目的是利用多个精度水平的数据建立不同精度水平的代理模型，可以在进化过程的不同阶段选择不同精度水平的代理模型，能够减少整个寻优过程所需要的计算资源[18, 149]；第二个目的则是在进化的过程中利用低精度模型提供的整体趋势进行寻优，使得智能优化算法能够快速地搜索到全局最优值附近[146]。这类做法认为高精度模型的适应度函数一般都是极其多峰的，倘若直接用高精度代理模型辅助智能优化算法进行寻优，则智能算法有较大可能陷入局部凹坑。

1.3.3 代理模型辅助合作协同进化方法研究进展

如果黑箱优化问题设计变量的维数很高，则称之为大规模黑箱优化问题（large-scale black-box optimization problems，LBOP），如大型船舶中剖面优化、舱段结构优化问题。

若以各板列板的厚度、骨材间距和骨材型号作为设计变量,可能会有成百上千的设计变量,就目前而言,求解有如此多设计变量的优化问题非常具有挑战性。鉴于黑箱优化问题的特性,元启发式算法仍然是优秀的求解算法之一。然而,对于求解 LBOP,在低维优化问题上表现优秀的大部分算法的性能下降得十分严重。这是因为随着维度的升高,设计空间体积呈现指数增长。若设计方案的目标函数评价次数不够,现有优化算法很难对如此巨大的空间进行充分探索。关于设计变量维度达到多少则可定义为大规模优化问题目前尚无统一的定论,而对于进化计算,一般认为设计变量维度达到 1 000~5 000 即可定义为 LBOP[159]。

合作协同进化算法（cooperative co-evolutionary algorithm,CCEA）运用生物协同演化的思想将问题分解为一系列子问题（即子种群）。具体来说,CCEA 将一个高维问题分解成 s 个低维子问题,并为每个子问题建立一个用于进化的对应子种群,以串行或并行方式,利用进化算法对每个子种群单独优化,称为一轮优化。由于每个子问题的决策变量仅是全部决策变量的一部分,所以在优化子问题评价某个体的适应度值时,需要从对应的合作者库中选择合作者,补齐剩余的设计变量,使其形成一个完整的解以评价其适应度值。合作者库是根据合作者信息池构建的,而后者又是由各子问题中选出的代表解组成的,两者在优化过程中不断更新,不同子种群之间就可以以此方式实现信息交换。值得指出的是,每个子种群可选择多个代表解,并将其纳入合作者信息池。评价子种群个体适应度值时,也可以与多个合作者形成多个完整的解,以综合评价其适应度值。总之,通过不断重复上述一轮优化过程,直至获得最终的优化解。CCEA 在解决 LBOP 时表现出了高效性,成为解决 LBOP 的主要和热门方法之一。Ma 等[160]对 2018 年以前提出的 CCEA 进行了较为详细和全面的总结,在此基础上,本小节对 2018 年至今在求解 LBOP 方面采用 CCEA 所取得的研究进展进行总结,如表 1.1 所示。

表 1.1　合作协同进化算法研究文献汇总

研究内容	典型文献
分组策略	[132,161-183]
合作者选择策略	[172,180,184-201]
适应度评价策略	[190-191,197,202-209]
资源分配策略	[210-214]

倘若直接用合作协同进化算法求解船舶优化设计问题,会因为需要巨大的计算资源使设计者望而却步。此时,利用代理模型辅助合作协同进化算法为其在实际工程中的应用提供了新的可能。代理模型可用于指导初始解的生成、辅助评价解的目标函数值、指导新生成解的采样策略等。对于昂贵的优化问题,最常用的方法是采用代理模型替代昂贵的耗时计算。对于低维度昂贵的优化问题,目前的研究已相当成熟,典型方法可分为代理辅助进化算法（surrogate-assisted evolutionary algorithm,SAEA）[138]和贝叶斯优化框架（Bayesian optimization framework）[136,215]。这两类算法可详见文献[146,216]。但是,传统上适用于低维度昂贵优化问题的方法却不能用于求解昂贵 LBOP,究其原因,主要有两方面困难：①随着求解问题的维度增加,优化算法的搜索能力大幅度降低,即使采用本节所述大规模优化算法可提高算法获取高维度问题优化解的搜索能力,但仍难以找到真实的全局最优

解；②随着求解问题的维度增加，代理模型的精度会迅速下降，构建代理模型所需样本点数也会迅速增加。不仅如此，代理模型本身的计算复杂度也会随着维度的增加而增加。

目前，关于代理模型辅助LBOP的研究并不多见[113, 217-218]。这些研究可以分为使用和不使用分解策略两大类。求解LBOP时使用代理模型辅助元启发式算法的典型文献见表1.2。表中，RBF为径向基函数，GP（Gaussian process）为高斯过程。

表1.2 代理模型辅助元启发式算法的文献分类

是否基于分解策略	典型文献	
	RBF 模型	GP 模型
否	[134, 141-142, 219-221]	[113, 141, 218]
是	[222-225]	[225]

1. 不使用分解策略的方法

对于不使用分解策略的方法，原则上求解低维度的昂贵优化问题仍可直接使用代理模型拟合目标函数值（也称适应度近似）的方法。然而，由于代理模型在高维度空间中的精度迅速下降，以及建模成本显著上升，采用适应度近似的方法求解LBOP效果严重下降，此时，可以考虑使用其他代理模型。例如：根据父代适应度拟合子代的适应度值（也称适应度继承），利用不同精度代理模型迁移个体间的适应度（也称适应度迁移）；或使用代理模型指导交叉变异操作、初始种群生成等。另外，还可以采取降维的方式，结合整体与局部代理模型等各种途径来缓解维度灾难的问题。部分研究采用的是基于高维空间到低维空间映射的降维方法（如文献[113]和文献[218]中使用的Sammon映射方法）。然而，降维也意味着会丢失一定数量的设计变量对目标函数的影响，研究证明此方法仅适用于中等规模（50～100个变量）的优化问题[113, 217-218]。

为了获取全局最优解，Sun等[134]提出代理模型辅助合作的粒子群优化（surrogate-assisted cooperative swarm optimization，SA-COSO）算法，即通过代理模型辅助的粒子群优化（particle swarm optimization，PSO）算法与代理模型辅助社会学习的粒子群优化（social learning-based PSO，SL-PSO）算法合作来搜索全局最优解。PSO算法与SL-PSO算法之间的合作包含两个方面：一是共享由真实函数评估过的有希望的解；二是SL-PSO算法侧重于全局搜索，而PSO算法侧重于局部搜索。Yu等[219]提出了一个类似于SA-COSO的方法，并提高了SA-COSO的性能。Sun等[217]使用基于适应度近似的竞争群优化（competitive swarm optimizer，CSO）算法处理500个决策变量的问题，该算法采用适应度继承策略[175]替代部分昂贵的适应度评估，适应度继承可以被视为局部代理模型。研究表明，相比未采用任何适应度继承策略的CSO算法，采用代理模型辅助的CSO算法对500个变量的基准测试函数计算所得的结果更好，或者至少有竞争力。

Werth等[135]提出的窗口式优化方法，可根据变量相互作用关系对问题进行初步分组，算法每次迭代都在一个滑动窗口（该窗口仅包含所有设计变量的一个子集）内完成。初步研究的结果表明，运用窗口式优化方法优化5个高达1 000维度的问题是有效的。Fu等[221]提出的采用随机特征选择的代理辅助进化算法（surrogate-assisted evolutionary algorithm with random feature selection，SAEA-RFS）则是利用随机特征选择技术形成的若干子问题进行序贯优化，从而实现优化 LBOP。

在降低代理模型建模成本方面，陈祺东[220]提出代理辅助量子粒子群优化（surrogate-assisted quantum-behaved particle swarm optimization，SAQPSO）算法，也称 SAQPSO-WS 算法，该算法基于曼哈顿距离（Manhattan distance），在优化过程中逐渐丢弃目标函数值不佳的样本点，可降低代理模型的建模成本。

Wang 等[141]提出的全局和局部代理模型辅助采样进化优化（evolutionary sampling assisted optimization，ESAO）算法可以交替进行全局和局部搜索，将 RBF 模型作为全局代理模型，而 RBF 模型与 Kriging 模型作为局部搜索模型。数值实验表明，RBF 模型比 Kriging 模型更适合作为局部代理模型。

Dong 等[142]提出的代理辅助灰狼优化（surrogate-assisted grey wolf optimization，SAGWO）算法。在算法初始阶段中，在样本基础上识别出原始狼群和狼首，用来拟合高维空间。在搜索阶段利用灰狼优化全局搜索，结合多起点局部搜索策略在重点区域局部搜索。SAGWO 算法根据从 RBF 模型中获取的知识，在每次循环内辅助生成新的狼首，并根据狼首所在位置改变狼群位置，从而达到平衡开发和探索的目的。

综上所述，目前对采用不使用分解策略的算法研究，一般都仅局限于约 200 维度的高维优化问题，而上千维的 LBOP 则几乎没有涉及。

2. 使用分解策略的方法

对于使用分解策略的方法，很自然地会想到能够缓解所谓维度灾难问题的代理模型与 CCEA 结合的算法。CCEA 的特点是，首先将 LBOP 分解为一系列低维子问题，有效降低训练代理模型时的维度（即避免代理模型直接拟合原有高维问题），然后再拟合低维子问题的适应度函数。尽管针对 LBOP 的算法研究促进发展出了一些有效的 CCEA，但却鲜有关于 CCEA 与代理模型结合的研究，特别是涉及 LBOP 时。目前，两者相结合的算法研究仍处于比较初级的阶段，通常是直接在子问题优化过程中使用代理模型来替代原有的适应度函数计算。

Ren 等[222]提出了 RBF 模型、基于成功历史的自适应差分进化（success-history based adaptive differential evolution，SHADE）算法和代理辅助的合作协同进化（surrogate assisted cooperative coevolution，SACC）三者结合的混合算法（RBF-SHADE-SACC）。在该算法中，RBF 模型作为各子问题的代理模型，SHADE 算法作为各子问题的优化器。在对子问题的优化过程中，只有代理模型预测值较优的个体才会被用于真实目标函数的计算，其他个体则直接使用 RBF 模型进行适应度计算。值得指出的是，RBF-SHADE-SACC 算法默认原问题的理想分组情况已知，但在实际应用中很难实现。

在 Blanchard 等[223]提出的 SACC 代理模型辅助协作进化算法中，RBF 作为代理模型，JADE 作为子问题的优化器，使用随机分组策略。在使用 JADE 优化子问题的过程中，RBF 被用于替代耗时的真实函数计算，最优解的评估采用的是真实函数，并将其加入代理模型样本点库。其后，Blanchard 等[224]又提出改进 SACC-EAM 的 SACC-EAM-II 算法，通过使用递归差分分组（recursive differential grouping，RDG）策略代替原有的分组策略达到提高算法性能的目的。

De Falcon 等[225]提出的基于随机分组策略的代理模型辅助合作协同进化算法框架，使用随机分组策略，以 JADE 作为优化器，在优化子问题的过程中可以使用全局代理模型或局部代理模型。研究表明：在大多数问题中，降低子问题的维度（2~4 维）能够显著提升收敛性，每个子问题最佳的进化代数会随着目标函数的不同而不同；将高斯过程（GP）、径向基函数（RBF）、支持向量机回归（SVR）作为全局代理模型，以及二次多项式近似（quadratic polynomial approximation，QPA）作为局部代理模型时，总体上性能最好的代理模型是 GP 和 RBF，而在大多数情况下，SVR 模型早期收敛速度更快；对于多模态函数，SACC 算法性能提升效果不大。

除代理模型与 CCEA 结合的算法利用了分解策略外，贝叶斯优化也可以使用分解策略处理大规模优化问题。例如 Wang 等[226]将原有大规模优化问题分解为低维子空间后，使用子采样和子空间嵌入的组合来共同解决高维和大规模优化问题，此外，还采用了模型聚合方法来解决应用子空间嵌入法时产生的代理模型不确定性问题。

综上所述：①不使用分解策略的算法由于"维度灾难"问题，不能再像低维问题中用代理模型直接替换适应度评估，而需要采取降维、局部搜索等特殊的改进方法。从结果上看，这些方法应用于解决中、高维度问题（500 维以下）的效果较好，超过 500 维的 LBOP 得到的优化解仍不够理想。②由于分解机制，采用使用分解策略的算法可以在分解后的低维子问题中直接使用代理模型替换子问题的适应度计算，所以其研究一般都涉及约 1 000 维的 LBOP。然而，这种算法只是在子问题中机械地套用低维问题的方法，没有考虑分解策略的特点。虽然相比于不使用代理模型的算法节省了计算资源，但是在 LBOP 上获得的优化解仍然与真实的优化解有较大差距。

因此，代理模型辅助大规模元启发式算法仍然具有很大的改进空间，且有较大的研究价值。

1.3.4 优化设计代理模型方法在船舶工程中的应用研究进展

船舶优化设计是业界十分关注的问题之一，例如船舶水动力性能的优化[227-228]、舱段结构优化[229-230]、声性能优化[231]等。船舶优化设计的目标函数或约束条件通常是由数值仿真方法，例如计算流体动力学（computational fluid dynamics，CFD）方法、有限元方法（finite element method，FEM）、边界元方法（boundary element method，BEM）计算得到，一般具有两个显著特点：一是无法采用显式解析式得到；二是计算时间较长。

虽然基于代理模型的优化方法在过去 20 年已经得到了长足的发展，但是这类优化方法在船舶优化设计领域的应用较少。上海交通大学王德禹教授课题组致力于开发基于代理模型的可靠性优化方法，提出了基于合成少数过采样技术（synthetic minority oversampling technique，SMOT）的一系列可靠性分析算法，其中包括静态代理模型辅助结构可靠性分析方法[232]和动态代理模型辅助结构可靠性分析方法[233-237]，并且在船舶板架、舱段等可靠性问题上得到了应用。除此之外，该团队还结合主效应分析和信任域的方法，研究出存在可靠性约束的船舶动态代理模型轻量化方法，并且在船舶舱段结构的优化设计中进行应用[238]。上海交通大学杨德庆教授课题组致力于研究基于代理模型技术的船舶声学性能优化设计[239-240]，并且成功应用于小水线面双体船声学性能和优化设计[241]。对于参数极多的船型优化设计，冯榆坤[242]基于支持向量机代理模型，在小样本集情况下构建精度足够的代理模型,并且完成了肥大型船快速性能的优化。优化后的最优船型所需收到功率较原型船降低了 8.43%,快速性能大幅度提高。对于耗时的船舶流体性能优化设计,杨潇[243]基于二次响应面模型和 Stacking 集成学习方法对训练数据建立代理模型,利用网格搜索策略对 Stacking 模型进行优化,在保证其他性能不变的前提下,优化后的设计方案成功降低游艇阻力约 5%。除此之外,许多研究者研究不同种类代理模型在不同船型上快速预报船舶流体性能的适用性[244-246]和优化算法[227-228, 245, 247],结果显示,对于基于极为耗时的 CFD 的船舶流体性能研究,代理模型预测和优化方法仍然有广阔的应用前景。

除此之外,笔者所在研究团队近十年来对船舶代理模型建模技术、船舶代理模型优化技术和船舶代理模型可靠性分析技术等方法进行了一系列的研究。2014 年综述了船舶结构优化设计技术研究进展,指出启发式算法和基于代理模型的优化算法更适合船舶结构优化设计[10]。2021 年综述了基于代理模型的大规模优化方法,指出了其在船舶领域的应用前景和研究方向[248]。此外,在建模方面,研究了混合代理模型技术,并且成功用于船舶板架的性能预报[249-250];研究了基于奇异值分解的代理模型技术,用于基座阻抗特性的预报[251-252];研究了变可信度代理模型技术,应用于变刚度加筋圆柱壳的强度和稳定性预报[61]。在船舶结构优化设计方面,提出了一系列融合工程设计经验和代理模型建模技术的船舶优化设计方法,成功应用于水下航行器舱壁、特种耐压结构优化设计[22, 253, 267]、船舶强框架优化设计[256, 268]、船舶板架优化设计[255, 257, 268]、船舶舱段优化[268]和性能预报[254, 258-259]等。此外,研究了基于代理模型的并行优化算法[260-262]、多目标优化算法[5, 263]和昂贵约束处理方法[19, 50, 148, 264-266],这些船舶优化设计的代理模型方法除适应船舶结构优化设计外,对其他领域的耗时优化设计问题仍然适用或值得借鉴。

总的来说,船舶优化设计的代理模型技术仍然处于起步阶段,具有非常高的研究价值。研究适用于船舶优化的代理模型技术,对今后船舶行业的进一步发展具有较高的理论意义和工程价值。

参 考 文 献

[1] CAI S, ZHANG P, DAI W, et al. Multi-objective optimization for designing metallic corrugated core sandwich panels under air blast loading. Journal of Sandwich Structures and Materials, 2021, 23(4): 1192-1220.

[2] CAI S, LIU J, ZHANG P, et al. Dynamic response of sandwich panels with multi-layered aluminum foam/UHMWPE laminate cores under air blast loading. International Journal of Impact Engineering, 2020, 138: 103475.

[3] CHEN G C, CHENG Y S, ZHANG P, et al. Contact underwater explosion response of metallic sandwich panels with different face-sheet configurations and core materials. Thin-Walled Structures, 2020, 157: 107126.

[4] CHEN G C, CHENG Y S, ZHANG P, et al. Blast resistance of metallic double arrowhead honeycomb sandwich panels with different core configurations under the paper tube-guided air blast loading. International Journal of Mechanical Sciences, 2021, 201: 106457.

[5] ZHAN D, CHENG Y, LIU J. Expected improvement matrix-based infill criteria for expensive multiobjective

optimization. IEEE Transactions on Evolutionary Computation, 2017, 21(6): 956-975.

[6] GU L. A comparison of polynomial based regression models in vehicle safety analysis. Proceedings of the International Design Engineering Technical Conferences and Computers and Information in Engineering Conference, 2001. American Society of Mechanical Engineers.

[7] WANG G G, SHAN S. Review of metamodeling techniques in support of engineering design optimization. Journal of Mechanical Design, 2007, 129(4): 370-380.

[8] FORRESTER A I J, KEANE A J. Recent advances in surrogate-based optimization. Progress in Aerospace Sciences, 2009, 45(1-3): 50-79.

[9] VIANA F A C, SIMPSON T W, BALABANOV V, et al. Special section on multidisciplinary design optimization: Metamodeling in multidisciplinary design optimization: How far have we really come? AIAA Journal, 2014, 52(4): 670-690.

[10] 赵留平, 詹大为, 程远胜, 等. 船舶结构优化设计技术研究进展. 中国舰船研究, 2014, 9(4): 1-10.

[11] BHOSEKAR A, IERAPETRITOU M. Advances in surrogate based modeling, feasibility analysis, and optimization: A review. Computers and Chemical Engineering, 2018, 108: 250-267.

[12] LIU H, ONG Y S, CAI J. A survey of adaptive sampling for global metamodeling in support of simulation-based complex engineering design. Structural and Multidisciplinary Optimization, 2017, 57(1): 393-416.

[13] 韩忠华. Kriging 模型及代理优化算法研究进展. 航空学报, 2016, 37(11): 3197-3225.

[14] CHATTERJEE T, CHAKRABORTY S, CHOWDHURY R. A critical review of surrogate assisted robust design optimization. Archives of Computational Methods in Engineering, 2017, 26(1): 245-274.

[15] FORRESTER A I J, SÓBESTER A, KEANE A J. Engineering design via surrogate modelling a practical guide. New Jersey: John Wiley and Sons, 2008.

[16] GARUD S S, KARIMI I A, KRAFT M. Design of computer experiments: A review. Computers and Chemical Engineering, 2017, 106: 71-95.

[17] ZHANG J, CHOWDHURY S, ZHANG J, et al. Adaptive hybrid surrogate modeling for complex systems. AIAA Journal, 2013, 51(3): 643-656.

[18] ZHOU Q, WU J, XUE T, et al. A two-stage adaptive multi-fidelity surrogate model-assisted multi-objective genetic algorithm for computationally expensive problems. Engineering with Computers, 2021, 37(1): 623-639.

[19] QIAN J, CHENG Y, ZHANG A, et al. Optimization design of metamaterial vibration isolator with honeycomb structure based on multi-fidelity surrogate model. Structural and Multidisciplinary Optimization, 2021, 64(1): 423-439.

[20] DU W. Multi-scale modeling, surrogate-based analysis, and optimization of lithium-ion batteries for vehicle applications. Ann Arbor: University of Michigan, 2013.

[21] 李沛峰, 张彬乾, 陈迎春. 基于响应面和遗传算法的翼型优化设计方法研究. 西北工业大学学报, 2012, 30(3): 395-401.

[22] 程远胜, 孙莹, 闫国强, 等. 基于神经网络与遗传算法的潜艇舱壁结构优化. 中国造船, 2008, 49(4): 81-87.

[23] 信桂锁, 薄瑞峰, 冯超, 等. 基于多岛遗传算法和响应面模型的机床床身的轻量化设计. 机械设计与

研究, 2017, 33(5): 102-106.

[24] 刘海涛. 基于近似模型的工程优化方法中相关问题研究及应用. 大连: 大连理工大学, 2016.

[25] JONES D, SCHONLAU M, WELCH W. Efficient global optimization of expensive black-box functions. Journal of Global Optimization, 1998, 13(4): 455-492.

[26] GUTMANN H M. A radial basis function method for global optimization. Journal of Global Optimization, 2001, 19(3): 201-227.

[27] SAKATA S, ASHIDA F, ZAKO M. Structural optimization using Kriging approximation. Computer Methods In Applied Mechanics And Engineering, 2003, 192(7-8): 923-939.

[28] RATLE A. Accelerating the convergence of evolutionary algorithms by fitness landscape approximation. Proceedings of the International Conference on Parallel Problem Solving from Nature, 1998.

[29] DEB K. An efficient constraint handling method for genetic algorithms. Computer Methods in Applied Mechanics and Engineering, 2000, 186(2-4): 311-338.

[30] ANDRE J, SIARRY P, DOGNON T. An improvement of the standard genetic algorithm fighting premature convergence in continuous optimization. Advances in Engineering Software, 2001, 32(1): 49-60.

[31] JIN Y, OLHOFER M, SENDHOFF B. A framework for evolutionary optimization with approximate fitness functions. IEEE Transactions on Evolutionary Computation, 2002, 6(5): 481-494.

[32] ONG Y S, NAIR P B, KEANE A J. Evolutionary optimization of computationally expensive problems via surrogate modeling. AIAA Journal, 2003, 41(4): 687-696.

[33] JIN Y. A comprehensive survey of fitness approximation in evolutionary computation. Soft Computing, 2005, 9(1): 3-12.

[34] BUCHE D, SCHRAUDOLPH N N, KOUMOUTSAKOS P. Accelerating evolutionary algorithms with Gaussian process fitness function models. IEEE Transactions on Systems, Man, and Cybernetics, Part C(Applications and Reviews), 2005, 35(2): 183-194.

[35] LIU N, PAN J, SUN C, et al. An efficient surrogated-assisted quasi-affine transformation evolutionary algorithm for expensive optimization problems. Knowledge-Based Systems, 2020, 209: 106418.

[36] TENNE Y, ARMFIELD S. A framework for memetic optimization using variable global and local surrogate models. Soft Computing, 2009, 13(8): 781-793.

[37] VENTURELLI G, BENINI E, LANIEWSKI-WOLLK L. A Kriging-assisted multiobjective evolutionary algorithm. Applied Soft Computing, 2017, 58: 155-175.

[38] JONES D R. A taxonomy of global optimization methods based on response surfaces. Journal of Global Optimization, 2001, 21(4): 345-383.

[39] MORRIS M D, MITCHELL T J, YLVISAKER D. Bayesian design and analysis of computer experiments: Use of derivatives in surface prediction. Technometrics, 1993, 35(3): 243-255.

[40] SCHONLAU M. Computer experiments and global optimization. Waterloo: University of Waterloo, 1997.

[41] SÓBESTER A, LEARY S J, KEANE A J. On the design of optimization strategies based on global response surface approximation models. Journal of Global Optimization, 2005, 33(1): 31-59.

[42] PONWEISER W, WAGNER T, VINCZE M. Clustered multiple generalized expected improvement: A novel infill sampling criterion for surrogate models. Proceedings of the 2008 IEEE Congress on Evolutionary Computation(IEEE World Congress on Computational Intelligence), 2008.

[43] KLEIJNEN J P C, VAN BEERS W, VAN NIEUWENHUYSE I. Expected improvement in efficient global optimization through bootstrapped Kriging. Journal of Global Optimization, 2011, 54(1): 59-73.

[44] CHAUDHURI A, HAFTKA R T. Efficient global optimization with adaptive target setting. AIAA Journal, 2014, 52(7): 1573-1578.

[45] COX D D, JOHN S. A statistical method for global optimization. Proceedings of the 1992 IEEE International Conference on Systems, Man, and Cybernetics, 1992.

[46] SRINIVAS N, KRAUSE A, KAKADE S M, et al. Information-theoretic regret bounds for Gaussian process optimization in the bandit setting. IEEE Transactions on Information Theory, 2012, 58(5): 3250-3265.

[47] DESAUTELS T, KRAUSE A, BURDICK J W. Parallelizing exploration-exploitation tradeoffs in Gaussian process bandit optimization. The Journal of Machine Learning Research, 2014, 15(1): 3873-3923.

[48] ZHENG J, LI Z, GAO L, et al. A parameterized lower confidence bounding scheme for adaptive metamodel-based design optimization. Engineering Computations, 2016, 33(7): 2165-2184.

[49] CHENG J, JIANG P, ZHOU Q, et al. A lower confidence bounding approach based on the coefficient of variation for expensive global design optimization. Engineering Computations, 2019, 36(3): 1-21.

[50] ZENG Y, CHENG Y, LIU J. An efficient global optimization algorithm for expensive constrained black-box problems by reducing candidate infilling region. Information Sciences, 2022, 609: 1641-1669.

[51] YONDO R, ANDRÉS E, VALERO E. A review on design of experiments and surrogate models in aircraft real-time and many-query aerodynamic analyses. Progress in Aerospace Sciences, 2018, 96: 23-61.

[52] CANDELIERI A, PEREGO R, ARCHETTI F. Bayesian optimization of pump operations in water distribution systems. Journal of Global Optimization, 2018, 71(1): 213-235.

[53] ZHAN D, MENG Y, XING H. A fast multi-point expected improvement for parallel expensive optimization. IEEE Transactions on Evolutionary Computation, 2022, doi: 10. 1109.

[54] GINSBOURGER D, LE RICHE R, CARRARO L. Kriging is well-suited to parallelize optimization// Computational intelligence in expensive optimization problems. Berlin: Springer, 2010: 131-162.

[55] JANUSEVSKIS J, LE RICHE R, GINSBOURGER D, et al. Expected improvements for the asynchronous parallel global optimization of expensive functions: Potentials and challenges. Proceedings of the International Conference on Learning and Intelligent Optimization, 2012.

[56] CHEVALIER C, GINSBOURGER D. Fast computation of the multi-points expected improvement with applications in batch selection. Proceedings of the International Conference on Learning and Intelligent Optimization, 2013.

[57] SÓBESTER A, LEARY S J, KEANE A J. A parallel updating scheme for approximating and optimizing high fidelity computer simulations. Structural and Multidisciplinary Optimization, 2004, 27(5): 371-383.

[58] FENG Z W, ZHANG Q B, ZHANG Q F, et al. A multiobjective optimization based framework to balance the global exploration and local exploitation in expensive optimization. Journal of Global Optimization, 2015, 61(4): 677-694.

[59] VIANA F A C, HAFTKA R T, WATSON L T. Sequential sampling for contour estimation with concurrent function evaluations. Structural and Multidisciplinary Optimization, 2011, 45(4): 615-618.

[60] VIANA F A, HAFTKA R T, WATSON L T. Efficient global optimization algorithm assisted by multiple surrogate techniques. Journal of Global Optimization, 2013, 56(2): 669-689.

[61] YI J, LIU J, CHENG Y. A fast forecast method based on high and low fidelity surrogate models for strength and stability of stiffened cylindrical shell with variable ribs. 2018 IEEE 8th International Conference on Underwater System Technology: Theory and Applications(USYS), Wuhan, China, 2018: 1-6.

[62] ZHOU Q, WANG Y, CHOI S K, et al. A sequential multi-fidelity metamodeling approach for data regression. Knowledge-Based Systems, 2017, 134: 199-212.

[63] KEANE A J, SÓBESTER A, FORRESTER A I J. Multi-fidelity optimization via surrogate modelling. Proceedings of the Royal Society A: Mathematical, Physical and Engineering Sciences, 2007, 463(2088): 3251-3269.

[64] 周奇, 杨扬, 宋学官, 等. 变可信度近似模型及其在复杂装备优化设计中的应用研究进展. 机械工程学报, 2020, 56(24): 219-245.

[65] GHOSH S, KRISTENSEN J, ZHANG Y, et al. A strategy for adaptive sampling of multi-fidelity Gaussian process to reduce predictive uncertainty. 2019, arXiv: 11739.

[66] SONG X, LV L, SUN W, et al. A radial basis function-based multi-fidelity surrogate model: Exploring correlation between high-fidelity and low-fidelity models. Structural and Multidisciplinary Optimization, 2019, 60(3): 965-981.

[67] SHI M, WANG S, SUN W, et al. A support vector regression-based multi-fidelity surrogate model. 2019, 1-22. https: //ui. adsabs. harvard. edu/abs/2019, arXiv190609439S.

[68] DONG H, SONG B, WANG P, et al. Multi-fidelity information fusion based on prediction of Kriging. Structural and Multidisciplinary Optimization, 2014, 51(6): 1267-1280.

[69] LIU H, ONG Y, CAI J, et al. Cope with diverse data structures in multi-fidelity modeling: A Gaussian process method. Engineering Applications of Artificial Intelligence, 2018, 67: 211-225.

[70] GUO Z, SONG L, PARK C, et al. Analysis of dataset selection for multi-fidelity surrogates for a turbine problem. Structural and Multidisciplinary Optimization, 2018, 57(6): 2127-2142.

[71] LIU J, YI J, ZHOU Q, et al. A sequential multi-fidelity surrogate model-assisted contour prediction method for engineering problems with expensive simulations. Engineering with Computers, 2022, 38: 31-49.

[72] YI J, WU F, ZHOU Q, et al. An active-learning method based on multi-fidelity Kriging model for structural reliability analysis. Structural and Multidisciplinary Optimization, 2020, 63(1): 173-195.

[73] STROH R, DEMEYER S, FISCHER N, et al. Sequential design of experiments to estimate a probability of exceeding a threshold in a multi-fidelity stochastic simulator. 61st ISI World Statistics Conference, Marrakech, 2017.

[74] MARQUES A, LAM R, WILLCOX K. Contour location via entropy reduction leveraging multiple information sources. Proceedings of the Advances in Neural Information Processing Systems, Montreal, CANADA, 2018.

[75] CHAUDHURI A, MARQUES A N, WILLCOX K E. MFEGRA: Multifidelity efficient global reliability analysis. Structural and Multidisciplinary Optimization, 2021, 64(4): 797-811.

[76] MARQUES A N, OPGENOORD M M J, LAM R R, et al. Multifidelity method for locating aeroelastic futter boundaries. AIAA Journal, 2020, 58(4): 1772-1784.

[77] ZHOU Q, WANG Y, SEUNGKYUM C, et al. A robust optimization approach based on multi-fidelity metamodel. Structural and Multidisciplinary Optimization, 2017, 57(2): 775-797.

[78] PEHERSTORFER B, WILLCOX K, GUNZBURGER M. Survey of multifidelity methods in uncertainty propagation, inference, and optimization. SIAM Review, 2018, 60(3): 550-591.

[79] WU Y, HU J, ZHOU Q, et al. An active learning multi-fidelity metamodeling method based on the bootstrap estimator. Aerospace Science and Technology, 2020, 106: 106116.

[80] HUANG D, ALLEN T T, NOTZ W I, et al. Sequential Kriging optimization using multiple-fidelity evaluations. Structural and Multidisciplinary Optimization, 2006, 32(5): 369-382.

[81] ZHANG Y, HAN Z-H, ZHANG K-S. Variable-fidelity expected improvement method for efficient global optimization of expensive functions. Structural and Multidisciplinary Optimization, 2018, 58(4): 1431-1451.

[82] LIU Y, CHEN S, WANG F, et al. Sequential optimization using multi-level Co-Kriging and extended expected improvement criterion. Structural and Multidisciplinary Optimization, 2018, 58(3): 1155-1173.

[83] SHU L, JIANG P, WANG Y. A multi-fidelity Bayesian optimization approach based on the expected further improvement. Structural and Multidisciplinary Optimization, 2021, 63(4): 1709-1719.

[84] XIONG Y, CHEN W, TSUI K L. A new variable-fidelity optimization framework based on model fusion and objective-oriented sequential sampling. Journal of Mechanical Design, 2008, 130(11): 111401.

[85] JIANG P, CHENG J, ZHOU Q, et al. Variable-fidelity lower confidence bounding approach for engineering optimization problems with expensive simulations. AIAA Journal, 2019, 57(12): 5416-5430.

[86] CHENG J, JIANG P, ZHOU Q, et al. A parallel constrained lower confidence bounding approach for computationally expensive constrained optimization problems. Applied Soft Computing, 2021, 106: 107276.

[87] RUAN X, JIANG P, ZHOU Q, et al. Variable-fidelity probability of improvement method for efficient global optimization of expensive black-box problems. Structural and Multidisciplinary Optimization, 2020, 62(6): 3021-3052.

[88] SASENA M J. Flexibility and efficiency enhancements for constrained global design optimization with Kriging approximations. Ann Arbor: University of Michigan, 2002.

[89] PARR J M, KEANE A J, FORRESTER A I J, et al. Infill sampling criteria for surrogate-based optimization with constraint handling. Engineering Optimization, 2012, 44(10): 1147-1166.

[90] PARR J M. Improvement criteria for constraint handling and multiobjective optimization. Southampton: University of Southampton, 2013.

[91] FONSECA C M, FLEMING P J. An overview of evolutionary algorithms in multiobjective optimization. Evolutionary Computation, 1995, 3(1): 1-16.

[92] LI Y, WU Y, ZHANG Y, et al. A Kriging-based bi-objective constrained optimization method for fuel economy of hydrogen fuel cell vehicle. International Journal of Hydrogen Energy, 2019, 44(56): 29658-29670.

[93] REGIS R G. Constrained optimization by radial basis function interpolation for high-dimensional expensive black-box problems with infeasible initial points. Engineering Optimization, 2013, 46(2): 218-243.

[94] DONG H, SONG B, DONG Z, et al. SCGOSR: Surrogate-based constrained global optimization using space reduction. Applied Soft Computing, 2018, 65: 462-477.

[95] LIU H, XU S, CHEN X, et al. Constrained global optimization via a DIRECT-type constraint-handling

technique and an adaptive metamodeling strategy. Structural and Multidisciplinary Optimization, 2016, 55(1): 155-177.

[96] AKBARI H, KAZEROONI A. KASRA: A Kriging-based adaptive space reduction algorithm for global optimization of computationally expensive black-box constrained problems. Applied Soft Computing, 2020, 90(1): 1-22.

[97] TAO T, ZHAO G, REN S. An efficient Kriging-based constrained optimization algorithm by global and local sampling in feasible region. Journal of Mechanical Design, 2020, 142(5): 051401.

[98] SASENA M J, PAPALAMBROS P, GOOVAERTS P. Exploration of metamodeling sampling criteria for constrained global optimization. Engineering Optimization, 2002, 34(3): 263-278.

[99] BICHON B J, ELDRED M S, SWILER L P, et al. Efficient global reliability analysis for nonlinear implicit performance functions. AIAA Journal, 2008, 46(10): 2459-2468.

[100] LI X, QIU H, CHEN Z, et al. A local Kriging approximation method using MPP for reliability-based design optimization. Computers and Structures, 2016, 162: 102-115.

[101] SHU L, JIANG P, WAN L, et al. Metamodel-based design optimization employing a novel sequential sampling strategy. Engineering Computations, 2017, 34(8): 2547-2564.

[102] DONG H, SONG B, DONG Z, et al. Multi-start space reduction (MSSR) surrogate-based global optimization method. Structural and Multidisciplinary Optimization, 2016, 54(4): 907-926.

[103] SHI R, LIU L, LONG T, et al. Filter-based adaptive Kriging method for black-box optimization problems with expensive objective and constraints. Computer Methods in Applied Mechanics and Engineering, 2019, 347: 782-805.

[104] WU Y, YIN Q, JIE H, et al. A RBF-based constrained global optimization algorithm for problems with computationally expensive objective and constraints. Structural and Multidisciplinary Optimization, 2018, 58(4): 1633-1655.

[105] BASUDHAR A, DRIBUSCH C, LACAZE S, et al. Constrained efficient global optimization with support vector machines. Structural Multidisciplinary Optimization, 2012, 46(2): 201-221.

[106] GREFENSTETTE J J, FITZPATRICK J M. Genetic search with approximate function evaluations. Proceedings of the First International Conference on Genetic Algorithms and Their Applications, Pittsburgh, 1985.

[107] SCHNEIDER G, SCHUCHHARDT J, WREDE P. Artificial neural networks and simulated molecular evolution are potential tools for sequence-oriented protein design. Bioinformatics, 1994, 10(6): 635-645.

[108] YANG D, FLOCKTON S J. Evolutionary algorithms with a coarse-to-fine function smoothing. Proceedings of 1995 IEEE International Conference on Evolutionary Computation, 1995: 657-662.

[109] PIERRET S, VAN DEN BRAEMBUSSCHE R. Turbomachinery blade design using a Navier-Stokes solver and artificial neural network. Journal of Turbomachinery, 1999, 1(1): 301-309.

[110] BULL L. On model-based evolutionary computation. Soft Computing, 1999, 3(2): 76-82.

[111] JIN Y, SENDHOFF B. Fitness approximation in evolutionary computation: A survey. Proceedings of the GECCO, 2002.

[112] HAFTKA R T, VILLANUEVA D, CHAUDHURI A. Parallel surrogate-assisted global optimization with expensive functions: A survey. Structural and Multidisciplinary Optimization, 2016, 54(1): 3-13.

[113] BO L, QINGFU Z, GIELEN G G E. A Gaussian process surrogate model assisted evolutionary algorithm for medium scale expensive optimization problems. IEEE Transactions on Evolutionary Computation, 2014, 18(2): 180-192.

[114] REGIS R G. Particle swarm with radial basis function surrogates for expensive black-box optimization. Journal of Computational Science, 2014, 5(1): 12-23.

[115] LI M, LI G, AZARM S. A Kriging metamodel assisted multi-objective genetic algorithm for design optimization. Journal of Mechanical Design, 2008, 130(3): 031401.

[116] EJDAY M, FOURMENT L. Metamodel assisted evolutionary algorithm for multi-objective optimization of non-steady metal forming problems. International Journal of Material Forming, 2010, 3: 5-8.

[117] BITTNER F, HAHN I. Kriging-assisted multi-objective particle swarm optimization of permanent magnet synchronous machine for hybrid and electric cars. IEEE International Electric Machines and Drives Conference(IEMDC), 2013: 15-22.

[118] ZAPOTECAS M S, COELLO C A. Combining surrogate models and local search for dealing with expensive multi-objective optimization problems. 2013 IEEE Congress on Evolutionary Computation. 2013: 2572-2579.

[119] AZZOUZ N, BECHIKH S, BEN SAID L. Steady state IBEA assisted by MLP neural networks for expensive multi-objective optimization problems. Proceedings of the 2014 Genetic and Evolutionary Computation Conference, 2014: 581-588.

[120] PAVELSKI L M, DELGADO M R, DE ALMEIDA C P, et al. Extreme learning surrogate models in multi-objective optimization based on decomposition and differential evolution. 2014 Brazilian Conference on Intelligent Systems, 2014: 318-323.

[121] ROSALES-PEREZ A, GONZALEZ J A, COELLO C A, et al. Surrogate-assisted multi-objective model selection for support vector machines. Neurocomputing, 2015, 150: 163-172.

[122] SHARMA I, HOADLEY A, MAHAJANI S M, et al. Methodology for "surrogate-assisted" multi-objective optimisation (MOO) for computationally expensive process flowsheet analysis// VARBANOV P S, KLEMES J J, ALWI S R W, et al. Pres15: Process integration, modelling and optimisation for energy saving and pollution reduction, 2015: 349-354.

[123] TUAN Q H, OGAWA H, BIL C. Investigation on effective sampling strategy for multi-objective design optimization of RBCC propulsion systems via surrogate-assisted evolutionary algorithms// HAIYAN H. 2014 Asia-Pacific International Symposium on Aerospace Technology, 2015: 1252-1262.

[124] HUSSEIN R, DEB K, ACM. A generative Kriging surrogate model for constrained and unconstrained multi-objective optimization. Proceedings of the 2016 Genetic and Evolutionary Computation Conference, 2016: 573-580.

[125] LIU B, KOZIEL S, ZHANG Q. A multi-fidelity surrogate-model-assisted evolutionary algorithm for computationally expensive optimization problems. Journal of Computational Science, 2016, 12: 28-37.

[126] LI M, GABRIEL F, ALKADRI M, et al. Kriging-assisted multi-objective design of permanent magnet motor for position sensorless control. IEEE Transactions on Magnetics, 2016, 52(3): 7001904.

[127] PALAR P S, TSUCHIYA T, PARKS G T. A comparative study of local search within a surrogate-assisted multi-objective memetic algorithm framework for expensive problems. Applied Soft Computing, 2016,

43: 1-19.

[128] DONG J, LI Q, DENG L. Fast multi-objective optimization of multi-parameter antenna structures based on improved MOEA/D with surrogate-assisted model. Aeu-International Journal of Electronics and Communications, 2017, 72: 192-199.

[129] LUO J, YANG Y, LIU Q, et al. A new hybrid memetic multi-objective optimization algorithm for multi-objective optimization. Information Sciences, 2018, 448: 164-186.

[130] KARAKASIS M K, GIANNAKOGLOU K C. On the use of metamodel-assisted multi-objective evolutionary algorithms. Engineering Optimization, 2006, 38(8): 941-957.

[131] REGIS R G, SHOEMAKER C A. Combining radial basis function surrogates and dynamic coordinate search in high-dimensional expensive black-box optimization. Engineering Optimization, 2013, 45(5): 529-555.

[132] REN Y, WU Y. An efficient algorithm for high-dimensional function optimization. Soft Computing, 2013, 17(6): 995-1004.

[133] PERDIKARIS P, VENTURI D, KARNIADAKIS G E. Multifidelity information fusion algorithms for high-dimensional systems and massive data sets. SIAM Journal on Scientific Computing, 2016, 38(4): B521-B538.

[134] SUN C L, JIN Y C, CHENG R, et al. Surrogate-assisted cooperative swarm optimization of high-dimensional expensive problems. IEEE Transactions on Evolutionary Computation, 2017, 21(4): 644-660.

[135] WERTH B, PITZER E, AFFENZELLER M. Enabling high-dimensional surrogate-assisted optimization by using sliding windows. Proceedings of the 2017 Genetic and Evolutionary Computation Conference Companion, 2017: 1630-1637.

[136] AMINE B M, BARTOLI N, REGIS R G, et al. Efficient global optimization for high-dimensional constrained problems by using the Kriging models combined with the partial least squares method. Engineering Optimization, 2018, 50(12): 2038-2053.

[137] CHAKRABORTY S, ZABARAS N. Efficient data-driven reduced-order models for high-dimensional multiscale dynamical systems. Computer Physics Communications, 2018, 230: 70-88.

[138] CAI X, GAO L, LI X. Efficient generalized surrogate-assisted evolutionary algorithm for high-dimensional expensive problems. IEEE Transactions on Evolutionary Computation, 2019, 24(2): 365-379.

[139] SARKAR S, MONDAL S, JOLY M, et al. Multifidelity and multiscale Bayesian framework for high-dimensional engineering design and calibration. Journal of Mechanical Design, 2019, 141(12): 121001.

[140] TIAN J, TAN Y, ZENG J, et al. Multiobjective infill criterion driven Gaussian process-assisted particle swarm optimization of high-dimensional expensive problems. IEEE Transactions on Evolutionary Computation, 2019, 23(3): 459-472.

[141] WANG X, WANG G G, SONG B, et al. A novel evolutionary sampling assisted optimization method for high-dimensional expensive problems. IEEE Transactions on Evolutionary Computation, 2019, 23(5): 815-827.

[142] DONG H, DONG Z. Surrogate-assisted grey wolf optimization for high-dimensional, computationally

expensive black-box problems. Swarm Evolutionary Computation, 2020, 57: 100713.

[143] PUNZO A, BLOSTEIN M, MCNICHOLAS P D. High-dimensional unsupervised classification via parsimonious contaminated mixtures. Pattern Recognition, 2020, 98: 107031.

[144] ANDERSON K S, HSU Y. Genetic crossover strategy using an approximation concept. Proceedings of the 1999 Congress on Evolutionary Computation-CEC99(Cat No 99TH8406), 1999.

[145] ABBOUD K, SCHOENAUER M. Surrogate deterministic mutation: Preliminary results. Proceedings of the International Conference on Artificial Evolution, 2001: 104-116.

[146] JIN Y. Surrogate-assisted evolutionary computation: Recent advances and future challenges. Swarm and Evolutionary Computation, 2011, 1(2): 61-70.

[147] JIANG P, ZHOU Q, LIU J, et al. A three-stage surrogate model assisted multi-objective genetic algorithm for computationally expensive problems. Proceedings of the 2019 IEEE Congress on Evolutionary Computation(CEC), Wellington, New Zealand, 2019: 1680-1687.

[148] QIAN J, YI J, CHENG Y, et al. A sequential constraints updating approach for Kriging surrogate model-assisted engineering optimization design problem. Engineering with Computers, 2020, 36(3): 993-1009.

[149] SUN C, JIN Y, ZENG J, et al. A two-layer surrogate-assisted particle swarm optimization algorithm. Soft Computing, 2015, 19(6): 1461-1475.

[150] JIN Y, SENDHOFF B. Reducing fitness evaluations using clustering techniques and neural network ensembles. Proceedings of the Genetic and Evolutionary Computation Conference, 2004: 688-699.

[151] KIM H S, CHO S B. An efficient genetic algorithm with less fitness evaluation by clustering. Proceedings of the 2001 Congress on Evolutionary Computation(IEEE Cat No 01TH8546), 2001: 887-894.

[152] GOEL T, HAFTKA R T, SHYY W, et al. Ensemble of surrogates. Structural and Multidisciplinary Optimization, 2006, 33(3): 199-216.

[153] SANCHEZ E, PINTOS S, QUEIPO N V. Toward an optimal ensemble of kernel-based approximations with engineering applications. Structural and Multidisciplinary Optimization, 2008, 36(3): 247-261.

[154] LIM D, ONG Y S, JIN Y, et al. A study on metamodeling techniques, ensembles, and multi-surrogates in evolutionary computation. Proceedings of the 9th Annual Conference on Genetic and Evolutionary Computation, 2007, 1-2: 1288.

[155] SAMAD A, KIM K Y, GOEL T, et al. Multiple surrogate modeling for axial compressor blade shape optimization. Journal of Propulsion Power, 2008, 24(2): 301-310.

[156] JIANG X, CHAFEKAR D, RASHEED K. Constrained multi-objective GA optimization using reduced model. Proceedings of the 2003 Genetic and Evolutionary Computation Conference Workshop Program, 2003.

[157] ISAACS A, RAY T, SMITH W. An evolutionary algorithm with spatially distributed surrogates for multiobjective optimization. Proceedings of the Australian Conference on Artificial Life, 2007.

[158] WANG L, YAO Y, ZHANG T, et al. A novel self-adaptive multi-fidelity surrogate-assisted multi-objective evolutionary algorithm for simulation-based production optimization. Journal of Petroleum Science and Engineering, 2022, 211: 110111.

[159] LI X, TANG K, OMIDVAR M N, et al. Benchmark functions for the CEC 2013 special session and

competition on large-scale global optimization. Melbourne: RMIT University, 2013.

[160] MA X, LI X, ZHANG Q, et al. A survey on cooperative co-evolutionary algorithms. IEEE Transactions on Evolutionary Computation, 2018, 23(3): 421-441.

[161] OMIDVAR M N, YANG M, MEI Y, et al. DG2: A faster and more accurate differential grouping for large-scale black-box optimization. IEEE Transactions on evolutionary computation, 2017, 21(6): 929-942.

[162] SUN Y, KIRLEY M, HALGAMUGE S K. Quantifying variable interactions in continuous optimization problems. IEEE Transactions on Evolutionary Computation, 2016, 21(2): 249-264.

[163] SUN Y, KIRLEY M, HALGAMUGE S K. A recursive decomposition method for large scale continuous optimization. IEEE Transactions on Evolutionary Computation, 2017, 22(5): 647-661.

[164] YANG M, ZHOU A, LI C, et al. An efficient recursive differential grouping for large-scale continuous problems. IEEE Transactions on Evolutionary Computation, 2020, 25(1): 159-171.

[165] YU T L, GOLDBERG D E, SASTRY K, et al. Dependency structure matrix, genetic algorithms, and effective recombination. Evolutionary Computation, 2009, 17(4): 595-626.

[166] 刘礼文. 求解大规模全局优化问题的高效算法研究. 西安: 西安电子科技大学, 2019.

[167] SUN J, DONG H. Cooperative co-evolution with correlation identification grouping for large scale function optimization. Proceedings of the 2013 IEEE Third International Conference on Information Science and Technology(ICIST), 2013: 889-893.

[168] SUN Y, LI X, ERNST A, et al. Decomposition for large-scale optimization problems with overlapping components. Proceedings of the 2019 IEEE Congress on Evolutionary Computation (CEC), 2019: 326-333.

[169] TSUTSUI S, GOLDBERG D E. Simplex crossover and linkage identification: Single-stage evolution vs. multi-stage evolution. Proceedings of the 2002 Congress on Evolutionary Computation CEC'02(Cat No 02TH8600), 2002, 1: 974-979.

[170] SUN Y, OMIDVAR M N, KIRLEY M, et al. Adaptive threshold parameter estimation with recursive differential grouping for problem decomposition. Proceedings of the 2018 Genetic and Evolutionary Computation Conference, 2018: 889-896.

[171] MEI Y, OMIDVAR M N, LI X, et al. A competitive divide-and-conquer algorithm for unconstrained large-scale black-box optimization. ACM Transactions on Mathematical Software, 2016, 42(2): 1-24.

[172] OMIDVAR M N, LI X, MEI Y, et al. Cooperative co-evolution with differential grouping for large scale optimization. IEEE Transactions on Evolutionary Computation, 2013, 18(3): 378-393.

[173] LI X, YAO X. Tackling high dimensional nonseparable optimization problems by cooperatively coevolving particle swarms. Proceedings of the 2009 IEEE Congress on Evolutionary Computation, 2009: 1546-1553.

[174] RAY T, YAO X. A cooperative coevolutionary algorithm with correlation based adaptive variable partitioning. Proceedings of the 2009 IEEE Congress on Evolutionary Computation, 2009: 983-989.

[175] YANG Z, ZHANG J, TANG K, et al. An adaptive coevolutionary differential evolution algorithm for large-scale optimization. Proceedings of the 2009 IEEE Congress on Evolutionary Computation, 2009: 102-109.

[176] SINGH H K, RAY T. Divide and conquer in coevolution: A difficult balancing act. Agent-Based Evolutionary Search, 2010: 117-138.

[177] OMIDVAR M N, LI X, YAO X. Cooperative co-evolution with delta grouping for large scale non-separable function optimization. Proceedings of the 2010 IEEE Congress on Evolutionary Computation, Barcelona, 2010.

[178] CHEN W, WEISE T, YANG Z, et al. Large-scale global optimization using cooperative coevolution with variable interaction learning. Proceedings of the International Conference on Parallel Problem Solving from Nature, 2010: 300-309.

[179] SUN Y, KIRLEY M, HALGAMUGE S K. Extended differential grouping for large scale global optimization with direct and indirect variable interactions. Proceedings of the 2015 Annual Conference on Genetic and Evolutionary Computation, 2015: 313-320.

[180] YANG Z, TANG K, YAO X. Large scale evolutionary optimization using cooperative coevolution. Information Sciences, 2008, 178(15): 2985-2999.

[181] YANG Z, TANG K, YAO X. Multilevel cooperative coevolution for large scale optimization. Proceedings of the 2008 IEEE Congress on Evolutionary Computation (IEEE World Congress on Computational Intelligence), 2008: 1663-1670.

[182] OMIDVAR M N, LI X, YANG Z, et al. Cooperative co-evolution for large scale optimization through more frequent random grouping. Proceedings of the 2010 IEEE Congress on Evolutionary Computation, Barcelona, 2010.

[183] TEZUKA M, MUNETOMO M, AKAMA K. Linkage identification by nonlinearity check for real-coded genetic algorithm. Proceedings of the 6th Annual Genetic and Evolutionary Computation Conference, 2004: 222-233.

[184] MA X, LIU F, QI Y, et al. A multiobjective evolutionary algorithm based on decision variable analyses for multiobjective optimization problems with large-scale variables. IEEE Transactions on Evolutionary Computation, 2015, 20(2): 275-298.

[185] SHI M, GAO S. Reference sharing: A new collaboration model for cooperative coevolution. Journal of Heuristics, 2017, 23(1): 1-30.

[186] SON Y S, BALDICK R. Hybrid coevolutionary programming for Nash equilibrium search in games with local optima. IEEE Transactions on Evolutionary Computation, 2004, 8(4): 305-315.

[187] GLORIEUX E, SVENSSON B, DANIELSSON F, et al. Improved constructive cooperative coevolutionary differential evolution for large-scale optimisation. Proceedings of the 2015 IEEE Symposium Series on Computational Intelligence, 2015: 1703-1710.

[188] PANAIT L, WIEGAND R P, LUKE S. Improving coevolutionary search for optimal multiagent behaviors. Proceedings of the International Joint Conference on Artificial Intelligence, 2003.

[189] SEREDYNSKI F. Loosely coupled distributed genetic algorithms. Proceedings of the International Conference on Parallel Problem Solving from Nature, 1994.

[190] BUCCI A, POLLACK J B. On identifying global optima in cooperative coevolution. Proceedings of the 7th Annual Conference on Genetic and Evolutionary Computation, 2005: 539-544.

[191] SHI M. Comparison of sorting algorithms for multi-fitness measurement of cooperative coevolution. Proceedings of the 11th Annual Conference Companion on Genetic and Evolutionary Computation Conference: Late Breaking Papers, 2009: 2583-2588.

[192] SHI M, WU H. Pareto cooperative coevolutionary genetic algorithm using reference sharing collaboration. Proceedings of the 11th Annual Conference on Genetic and Evolutionary Computation, 2009: 867-874.

[193] PANAIT L, LUKE S. A comparative study of two competitive fitness functions. Proceedings of the Genetic and Evolutionary Computation Conference(GECCO 2002), 2002.

[194] DE OLIVEIRA F B, ENAYATIFAR R, SADAEI H J, et al. A cooperative coevolutionary algorithm for the multi-depot vehicle routing problem. Expert Systems with Applications, 2016, 43: 117-130.

[195] LI X, YAO X. Cooperatively coevolving particle swarms for large scale optimization. IEEE Transactions on Evolutionary Computation, 2011, 16(2): 210-224.

[196] LICHBACH M I. The cooperator's dilemma. Ann Arbor: University of Michigan Press, 1996.

[197] TAN K C, YANG Y, GOH C K. A distributed cooperative coevolutionary algorithm for multiobjective optimization. IEEE Transactions on Evolutionary Computation, 2006, 10(5): 527-549.

[198] AU C K, LEUNG H F. Investigating collaboration methods of random immigrant scheme in cooperative coevolution. Proceedings of the 2009 IEEE Congress on Evolutionary Computation, 2009: 2700-2707.

[199] PANAIT L, LUKE S, HARRISON J F. Archive-based cooperative coevolutionary algorithms. Proceedings of the 8th Annual Conference on Genetic and Evolutionary Computation, Seattle, 2006.

[200] LUKE S, SULLIVAN K, ABIDI F. Large scale empirical analysis of cooperative coevolution. Proceedings of the 13th Annual Conference Companion on Genetic and Evolutionary Computation, 2011: 151-152.

[201] PANAIT L, LUKE S. Selecting informative actions improves cooperative multiagent learning. Proceedings of the Fifth International Joint Conference on Autonomous Agents and Multiagent Systems, 2006: 760-766.

[202] GOH C K, TAN K C. A competitive-cooperative coevolutionary paradigm for dynamic multiobjective optimization. IEEE Transactions on Evolutionary Computation, 2008, 13(1): 103-127.

[203] MORIARTY D E, MIIKKULAINEN R. Forming neural networks through efficient and adaptive coevolution. Evolutionary Computation, 1997, 5(4): 373-399.

[204] HAMEED A, CORNE D, MORGAN D, et al. Large-scale optimization: Are co-operative co-evolution and fitness inheritance additive? Proceedings of the 2013 13th UK Workshop on Computational Intelligence(UKCI), 2013.

[205] HAMEED A, KONONOVA A, CORNE D. Engineering fitness inheritance and co-operative evolution into state-of-the-art optimizers. Proceedings of the 2015 IEEE Symposium Series on Computational Intelligence, 2015: 1695-1702.

[206] FICICI S G, POLLACK J B. Pareto optimality in coevolutionary learning. Proceedings of the European Conference on Artificial Life, 2001: 316-325.

[207] IORIO A W, LI X. A cooperative coevolutionary multiobjective algorithm using non-dominated sorting. Proceedings of the Genetic and Evolutionary Computation Conference, 200: 537-548.

[208] DE JONG E D. Towards a bounded Pareto-Coevolution archive. Proceedings of the 2004 Congress on Evolutionary Computation(IEEE Cat No 04TH8753), 2004: 2341-2348.

[209] WIEGAND R P, LILES W C, DE JONG K A. An empirical analysis of collaboration methods in cooperative coevolutionary algorithms. Proceedings of the Genetic and Evolutionary Computation Conference(GECCO), 2001.

[210] CUI M, LI L, SHI M. A selective biogeography-based optimizer considering resource allocation for large-scale global optimization. Computational Intelligence Neuroscience, 2019: 1240162.

[211] OMIDVAR M N, KAZIMIPOUR B, LI X, et al. CBCC3: A contribution-based cooperative co-evolutionary algorithm with improved exploration/exploitation balance. Proceedings of the 2016 IEEE Congress on Evolutionary Computation(CEC), 2016: 3541-3548.

[212] WIEGAND R P. Applying diffusion to a cooperative coevolutionary model. Proceedings of the International Conference on Parallel Problem Solving from Nature, 1998: 560-569.

[213] OMIDVAR M N, LI X, YAO X. Smart use of computational resources based on contribution for cooperative co-evolutionary algorithms. Proceedings of the 13th Annual Conference on Genetic and Evolutionary Computation, 2011: 1115-1122.

[214] POTTER M A, DE JONG K A. A cooperative coevolutionary approach to function optimization. Proceedings of the International Conference on Parallel Problem Solving from Nature, 1994: 249-257.

[215] YANG Z, QIU H, GAO L, et al. A surrogate-assisted particle swarm optimization algorithm based on efficient global optimization for expensive black-box problems. Engineering Optimization, 2019, 51(4): 549-566.

[216] ZHAN D, XING H. Expected improvement for expensive optimization: A review. Journal of Global Optimization, 2020, 78(3): 507-544.

[217] SUN C, DING J, ZENG J, et al. A fitness approximation assisted competitive swarm optimizer for large scale expensive optimization problems. Memetic Computing, 2018, 10(2): 123-134.

[218] TENNE Y, IZUI K, NISHIWAKI S. Dimensionality-reduction frameworks for computationally expensive problems. Proceedings of the IEEE Congress on Evolutionary Computation, Barcelona, 2010.

[219] YU H, TAN Y, ZENG J, et al. Surrogate-assisted hierarchical particle swarm optimization. Information Sciences, 2018, 454: 59-72.

[220] 陈祺东. 基于QPSO算法求解复杂优化问题的策略研究. 无锡: 江南大学, 2020.

[221] FU G, SUN C, TAN Y, et al. A surrogate-assisted evolutionary algorithm with random feature selection for large-scale expensive problems. Proceedings of the International Conference on Parallel Problem Solving from Nature, 2020: 125-139.

[222] REN Z, PANG B, WANG M, et al. Surrogate model assisted cooperative coevolution for large scale optimization. Applied Intelligence, 2019, 49(2): 513-531.

[223] BLANCHARD J, BEAUTHIER C, CARLETTI T. A surrogate-assisted cooperative co-evolutionary algorithm for solving high dimensional, expensive and black box optimization problems. Proceedings of the International Conference on Engineering Optimization, 2018.

[224] BLANCHARD J, BEAUTHIER C, CARLETTI T. A surrogate-assisted cooperative co-evolutionary algorithm using recursive differential grouping as decomposition strategy. Proceedings of the 2019 IEEE Congress on Evolutionary Computation(CEC), 2019: 689-696.

[225] DE FALCO I, DELLA CIOPPA A, TRUNFIO G A. Investigating surrogate-assisted cooperative coevolution for large-scale global optimization. Information Sciences, 2019, 482: 1-26.

[226] WANG H, ZHANG E, NG S H, et al. A model aggregation approach for high-dimensional large-scale optimization. 2022, arXiv: 220507525.

[227] 毕晓君, 王朝. 基于MOEA/D的船舶水动力性能优化. 哈尔滨工程大学学报, 2018, 39(10): 1681-1687.

[228] 卢溦. 双体滑行艇水动力性能优化设计及预报. 哈尔滨: 哈尔滨工程大学, 2013.

[229] 常琦. 基于描述性计算和直接计算方法的油船结构优化设计. 哈尔滨: 哈尔滨工程大学, 2019.

[230] 孟松. 基于改进粒子群算法的油船结构优化研究. 大连: 大连海事大学, 2019.

[231] 宋翔, 余培汛, 白俊强, 等. 基于Hanson噪声模型的螺旋桨气动与噪声优化设计. 西北工业大学学报, 2020, 38(4): 685-694.

[232] 龙周, 陈松坤, 王德禹. 基于SMOTE算法的船舶结构可靠性优化设计. 上海交通大学学报, 2019, 53(1): 26-34.

[233] 李放. 基于集成学习法的船舶结构可靠性优化设计研究. 上海: 上海交通大学, 2020.

[234] 刘婧. 基于SMOTE算法和代理模型的船舶结构可靠性优化研究. 上海: 上海交通大学, 2020.

[235] 刘婧, 王德禹. 基于SMOTE算法和动态代理模型的船舶结构可靠性优化. 中国舰船研究, 2020, 15(5): 114-123.

[236] 罗文俊. 基于动态代理模型的船舶结构可靠性优化研究. 上海: 上海交通大学, 2020.

[237] 罗文俊, 王德禹. 基于兴趣子域动态代理模型的船舶结构可靠性优化. 中国舰船研究, 2021, 16(4): 96-107.

[238] 龙周. 基于代理模型的船舶结构轻量化技术研究. 上海: 上海交通大学, 2019.

[239] 成嘉鹏, 杨德庆, 易桂莲. 水下圆柱壳声学代理模型优化设计. 噪声与振动控制, 2016, 36(3): 1-5.

[240] 杨德庆, 杨康, 王博涵. 刚度-质量-阻尼综合优化的船舶减振统一阻抗模型法. 振动工程学报, 2020, 33(3): 485-493.

[241] 成嘉鹏. 船舶声学近似分析与优化设计方法研究. 上海: 上海交通大学, 2016.

[242] 冯榆坤. 基于支持向量回归算法的船型优化设计研究. 上海: 上海交通大学, 2020.

[243] 杨潇. 基于CFD的游艇流体力学仿真及艇身造型优化研究. 成都: 电子科技大学, 2020.

[244] 郭军. 喷水推进船快速性数值预报及优化研究. 上海: 上海交通大学, 2020.

[245] 张乔宇. 代理模型在船舶阻力预报及优化中的应用. 北京: 中国舰船研究院, 2020.

[246] 宋保维, 王新晶, 王鹏. 基于变保真度模型的AUV流体动力参数预测. 机械工程学报, 2017, 53(18): 176-182.

[247] 王瑞宇. 局部气垫双体船阻力性能优化研究. 哈尔滨: 哈尔滨工程大学, 2016.

[248] 江璞玉, 刘均, 周奇, 等. 大规模黑箱优化问题元启发式求解方法研究进展. 中国舰船研究, 2021, 16(4): 1-18.

[249] 余恩恩. 几种单一代理模型和混合代理模型序列采样策略及其应用. 武汉: 华中科技大学, 2019.

[250] YU E, LIU J, ZHAN D, et al. A Maximum space distance-based adaptive sampling surrogate model for prediction of strength of a ship grillage. Proceedings of the The 28th International Ocean and Polar Engineering Conference, 2018: 588-593.

[251] 夏志. 水下结构物基座阻抗预报的代理模型技术研究. 武汉: 华中科技大学, 2019.

[252] 夏志, 刘均, 程远胜. 基于代理模型的水下结构物基座阻抗特性快速预报. 中国舰船研究, 2020, 15(3): 81-87.

[253] 程远胜, 夏兴隆, 田旭军, 等. 厚板削斜和纵筋加强非轴对称锥柱结合壳优化. 中国造船, 2011, 52(3): 36-45.

[254] 张峰, 何书韬, 刘均, 等. 基于代理模型的集成上层建筑开口群角隅应力分析. 中国舰船研究, 2015,

10(5): 41-46.

[255] 韩涛, 汪俊泽, 王元, 等. 屈曲利用因子约束下船体板架结构优化设计方法. 海洋工程, 2021, 39(3): 42-50, 134.

[256] 汪俊泽, 王元, 易家祥, 等. 船舶强框架序贯代理模型辅助遗传优化方法. 中国舰船研究, 2021, 16(4): 44-52.

[257] 郑少平. 基于数据挖掘和代理模型技术的船舶板架结构轻量化设计研究. 武汉: 华中科技大学, 2013.

[258] 郑少平, 陈静, 程远胜, 等. 代理模型技术及其在船舶板架强度和稳定性计算中的应用. 中国造船, 2013, 54(1): 40-51.

[259] 陈静, 詹大为, 刘江鹆, 等. 基于 Kriging 模型的船舶典型双层底板架强度和稳定性全局敏度分析. 中国舰船研究, 2014, 9(1): 72-80.

[260] 詹大为. 并行 EGO 算法研究及其应用. 武汉: 华中科技大学, 2018.

[261] ZHAN D, QIAN J, CHENG Y. Balancing global and local search in parallel efficient global optimization algorithms. Journal of Global Optimization, 2017, 67(4): 873-892.

[262] ZHAN D, QIAN J, CHENG Y. Pseudo expected improvement criterion for parallel EGO algorithm. Journal of Global Optimization, 2016, 68(3): 641-662.

[263] ZHAN D, QIAN J, LIU J, et al. Pseudo expected improvement matrix criteria for parallel expensive multi-objective optimization. Proceedings of the Advances in Structural and Multidisciplinary Optimization, 2018.

[264] QIAN J, CHENG Y, ZHANG J, et al. A parallel constrained efficient global optimization algorithm for expensive constrained optimization problems. Engineering Optimization, 2020, 53(2): 1-21.

[265] JIANG P, CHENG Y, YI J, et al. An efficient constrained global optimization algorithm with a clustering-assisted multiobjective infill criterion using gaussian process regression for expensive problems. Information Sciences, 2021, 569: 728-745.

[266] YI J, CHENG Y, LIU J. An adaptive constraint-handling approach for optimization problems with expensive objective and constraints. Proceedings of the 2020 IEEE Congress on Evolutionary Computation(CEC), 19-24 July 2020.

[267] 钱家昌. 基于序贯 Kriging 代理模型的优化方法及其工程应用. 武汉: 华中科技大学, 2020.

[268] 汪俊泽. 船舶典型结构快速优化设计方法研究. 武汉: 华中科技大学, 2022.

第 2 章

序贯代理模型方法的基本理论

2.1 代理模型原理

代理模型旨在用较少的样本点来近似拟合黑箱问题的输入-输出关系。本书船舶优化设计的代理模型方法主要基于 Kriging 代理模型进行研究。因此，本节详细介绍 Kriging 代理模型的基本原理。

2.1.1 单精度 Kriging 代理模型

单精度 Kriging 代理模型是 20 世纪 50 年代南非地质学家 Krige[1]提出的一种插值模型，后经 Sacks 等[2]在计算机实验设计领域的拓展而受到工程界的关注。Kriging 代理模型由模型构建、超参数估计和模型预测三部分构成。Kriging 代理模型也称为高斯过程模型，假设当前样本点库中已采样 N 个样本点 $\boldsymbol{X} = \{\boldsymbol{x}_1, \boldsymbol{x}_2, \cdots, \boldsymbol{x}_N\}$ 及其高精度仿真获得的样本点响应值 $\boldsymbol{Y} = \{\boldsymbol{y}_1, \boldsymbol{y}_2, \cdots, \boldsymbol{y}_N\}$。Kriging 代理模型可以表示为

$$\hat{f}(\boldsymbol{x}) = \beta(\boldsymbol{x}) + \varepsilon(\boldsymbol{x}) \tag{2.1}$$

式中：$\beta(\boldsymbol{x})$ 为 Kriging 代理模型的均值，可以用来模拟高斯过程模型的整体趋势。一般而言，$\beta(\boldsymbol{x})$ 可以采用多种形式，如常数项、一次函数、二次函数等[3]。在本书中，采用常数项进行 Kriging 代理模型的建模，此时 $\beta(\boldsymbol{x}) = \beta$。$\varepsilon(\boldsymbol{x})$ 是 Kriging 代理模型的误差项，用来模拟 Kriging 代理模型的局部特征。$\varepsilon(\boldsymbol{x})$ 本质上也是高斯过程，其均值为 0，方差为 σ^2。

Kriging 代理模型任意两点 $\boldsymbol{x}_i$ 和 $\boldsymbol{x}_j$ 空间相关函数也有多种形式，如线性函数、指数函数、高斯过程函数等[4]。研究发现，高斯过程函数的适用性好于其他形式的函数，高斯过程空间相关函数可表示为

$$\mathrm{Cor}[\varepsilon(\boldsymbol{x}_i), \varepsilon(\boldsymbol{x}_j)] = \exp\left(-\sum_{k=1}^{d} \boldsymbol{\theta}_k (x_i^k - x_j^k)^{p_k}\right) \tag{2.2}$$

式中：$\boldsymbol{\theta} = [\theta_1, \theta_2, \cdots, \theta_d]^\mathrm{T}$ 和 $\boldsymbol{p} = [p_1, p_2, \cdots, p_d]^\mathrm{T}$ 分别为两列 d 维的超参数，分别用来调整 Kriging 代理模型两个样本点之间的平滑度和相关程度。

超参数 β、σ^2、$\boldsymbol{\theta}$ 和 $\boldsymbol{p}$ 的取值对代理模型的预测精度有很大的影响。一般通过最大似然估计（maximum likelihood estimation，MLE）确定超参数的取值，MLE 的表达式为

$$\begin{aligned}\ln[L(\beta, \sigma, \boldsymbol{\theta}, \boldsymbol{p})] &= \ln\left(\frac{1}{2\pi\sigma^2 |\boldsymbol{R}|^{1/2}} \exp\left[-\frac{(\boldsymbol{Y} - \boldsymbol{e}\beta)^\mathrm{T} \boldsymbol{R}^{-1} (\boldsymbol{Y} - \boldsymbol{e}\beta)^\mathrm{T}}{2\sigma^2}\right]\right) \\ &= -\frac{n}{2}\ln(2\pi) - \frac{n}{2}\ln(2\sigma^2) - \frac{1}{2}\ln|\boldsymbol{R}| - \frac{(\boldsymbol{Y} - \boldsymbol{e}\beta)^\mathrm{T} \boldsymbol{R}^{-1} (\boldsymbol{Y} - \boldsymbol{e}\beta)^\mathrm{T}}{2\sigma^2}\end{aligned} \tag{2.3}$$

式中：$\boldsymbol{e}$ 为 N 维单位向量；$\boldsymbol{R}$ 为当前样本点的相关性矩阵。

$$\boldsymbol{R} = \begin{bmatrix} \mathrm{Cor}\,(\varepsilon(\boldsymbol{x}_1),\varepsilon(\boldsymbol{x}_1)) & \mathrm{Cor}\,(\varepsilon(\boldsymbol{x}_1),\varepsilon(\boldsymbol{x}_2)) & \cdots & \mathrm{Cor}\,(\varepsilon(\boldsymbol{x}_1),\varepsilon(\boldsymbol{x}_N)) \\ \mathrm{Cor}\,(\varepsilon(\boldsymbol{x}_2),\varepsilon(\boldsymbol{x}_1)) & \mathrm{Cor}\,(\varepsilon(\boldsymbol{x}_2),\varepsilon(\boldsymbol{x}_2)) & \cdots & \mathrm{Cor}\,(\varepsilon(\boldsymbol{x}_2),\varepsilon(\boldsymbol{x}_N)) \\ \vdots & \vdots & & \vdots \\ \mathrm{Cor}\,(\varepsilon(\boldsymbol{x}_N),\varepsilon(\boldsymbol{x}_1)) & \mathrm{Cor}\,(\varepsilon(\boldsymbol{x}_1),\varepsilon(\boldsymbol{x}_2)) & \cdots & \mathrm{Cor}\,(\varepsilon(\boldsymbol{x}_N),\varepsilon(\boldsymbol{x}_N)) \end{bmatrix} \quad (2.4)$$

超参数的取值可以通过最大化式（2.3）得到。由于其是超静定函数，为了获得合适的超参数取值，需要采用遗传算法[5]、差分进化算法[6]等智能优化算法进行寻优。此时有

$$\begin{cases} \hat{\beta}|(\sigma,\boldsymbol{\theta},\boldsymbol{p}) = \arg\max_{\beta} \ln(L(\beta\,|\,\sigma,\boldsymbol{\theta},\boldsymbol{p})) = \boldsymbol{e}^{\mathrm{T}}\boldsymbol{R}^{-1}\boldsymbol{Y}(\boldsymbol{e}^{\mathrm{T}}\boldsymbol{R}^{-1}\boldsymbol{e})^{-1} \\ \hat{\sigma}^2|(\beta,\boldsymbol{\theta},\boldsymbol{p}) = \arg\max_{\sigma^2} \ln(L(\sigma^2\,|\,\beta,\boldsymbol{\theta},\boldsymbol{p})) = \dfrac{(\boldsymbol{Y}-\boldsymbol{e}\beta)^{\mathrm{T}}\boldsymbol{R}^{-1}(\boldsymbol{Y}-\boldsymbol{e}\beta)}{N} \\ \hat{\boldsymbol{\theta}}|(\sigma,\beta,\boldsymbol{p}) = \arg\max_{\theta} \ln(L(\boldsymbol{\theta}\,|\,\sigma,\beta,\boldsymbol{p})) \\ \hat{\boldsymbol{p}}|(\sigma,\beta,\boldsymbol{\theta}) = \arg\max_{p} \ln(L(\boldsymbol{p}\,|\,\sigma,\beta,\boldsymbol{\theta})) \end{cases} \quad (2.5)$$

当所有超参数的取值都确定后，代理模型的预测值可以表示为

$$\hat{f}(\boldsymbol{x}) = \hat{\beta} + \boldsymbol{r}(\boldsymbol{x})^{\mathrm{T}} \boldsymbol{R}^{-1}(\boldsymbol{Y} - \boldsymbol{e}\hat{\beta}) \quad (2.6)$$

$$\hat{s}^2(\boldsymbol{x}) = \hat{\sigma}^2 \left[1 - \boldsymbol{r}(\boldsymbol{x})^{\mathrm{T}} \boldsymbol{R}^{-1} \boldsymbol{r}(\boldsymbol{x}) + \dfrac{(1 - \boldsymbol{e}^{\mathrm{T}} \boldsymbol{R}^{-1} \boldsymbol{r}(\boldsymbol{x}))^2}{\boldsymbol{e}^{\mathrm{T}} \boldsymbol{R}^{-1} \boldsymbol{e}} \right] \quad (2.7)$$

式中：$\hat{f}(\boldsymbol{x})$ 为预测均值；$\hat{s}^2(\boldsymbol{x})$ 为预测方差；$\boldsymbol{r}(\boldsymbol{x})$ 为一个 N 维相关向量，表示预测点和样本点之间的空间相关性。

$$\boldsymbol{r}(\boldsymbol{x}) = [\mathrm{Cor}(Z(\boldsymbol{x}_1),Z(\boldsymbol{x})),\mathrm{Cor}(Z(\boldsymbol{x}_2),Z(\boldsymbol{x})),\cdots,\mathrm{Cor}(\varepsilon(\boldsymbol{x}_N),\varepsilon(\boldsymbol{x}))]^{\mathrm{T}} \quad (2.8)$$

下面通过一个简单的数值算例来展示 Kriging 代理模型的拟合原理。采用的数值算例为 Forrester 函数[7]，其数学表达式为

$$f(x) = (6x-2)^2 \sin(12x-4) \quad (2.9)$$

式中：x 的设计空间为 [0, 1]。

在设计空间中随机抽取样本点 6 个，形成样本点集合 $\boldsymbol{X} = [0, 0.2, 0.4, 0.6, 0.7, 1]$，计算得到相应的响应值集合 $\boldsymbol{Y} = [3.027\,2, -0.639\,7, 0.114\,8, -0.149\,4, -4.605\,8, 15.829\,7]$。图 2.1 为基于上述样本点建立的单精度 Kriging 代理模型对原 Forrester 函数的近似。图中实线表示真实的 Forrester 函数，圆点表示 6 个样本点，虚线表示单精度 Kriging 代理模型的预测均值，

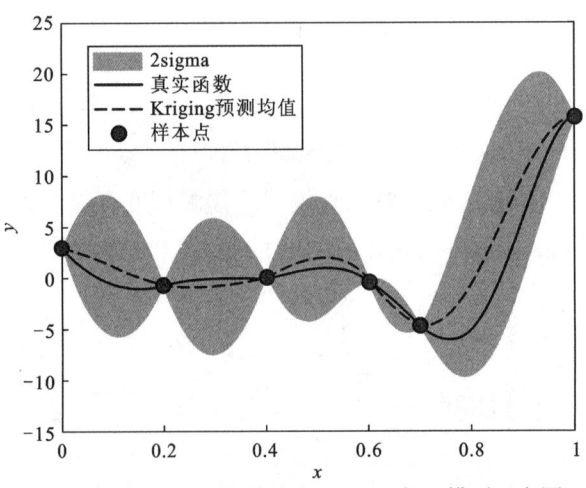

图 2.1 Forrester 函数单精度 Kriging 代理模型示意图

灰色区域表示单精度 Kriging 代理模型预测均值的 95%置信区间。从图 2.1 中可知，Kriging 代理模型的预测均值准确地通过每一个样本点，且在样本点处 Kriging 的预测方差为 0，这说明 Kriging 代理模型是一个插值模型。除此之外，根据 Kriging 代理模型预测方差的分布可以知道，预测方差距离样本点近时取值小，而远离样本点时取值大。根据该性质学者们设计出大量的优化加点准则来指导序贯代理模型优化设计方法更新样本点。

2.1.2 变可信度 Kriging 代理模型

2.1.1 小节中介绍的单精度 Kriging 代理模型虽然能够利用高精度样本点数据对黑箱问题的输入输出关系进行拟合，但是对于实际复杂工程问题，对任意设计方案的响应值描述，根据采用的方法不同可以得到不同精度的响应值。与此同时，获取高精度响应值需要耗费更多的计算资源；获取低精度响应值虽然耗费的计算资源少，但是这类响应值一般只能用于对设计方案的性能进行初步评估，不能用作最终评估，即低精度响应值计算不耗时，但是置信水平低。以船舶水动力学优化设计为例，可以通过不同的方式进行流体力学仿真来获取高/低精度样本点响应：不同的数学模型（如采用 Navier-Stokes 黏性牛顿流体方程代替 Euler 非黏性方程），不同的有限元分析模型网格（如采用粗糙的有限元网格简化精细的有限元网格），不同抽象级别模型（如采用二维模型简化三维模型）和不同的仿真迭代次数（如采用提前停止迭代代替充分迭代）。变可信度近似模型利用能够反映系统输出性能整体趋势的低精度模型降低变可信度近似建模的计算复杂性，同时使用少量的高精度样本点数据来保证变可信度近似模型的精度。变可信度近似模型是当前近似模型领域的重点研究方向之一，需要解决的核心问题是如何有效融合高/低精度模型的样本点数据信息。变可信度近似模型的建模方法流程如图 2.2 所示。现有的变可信度近似模型主要包括三种：基于标度函数的变可信度近似模型、基于空间映射的变可信度近似模型和 Co-Kriging 类变可信度近似模型。

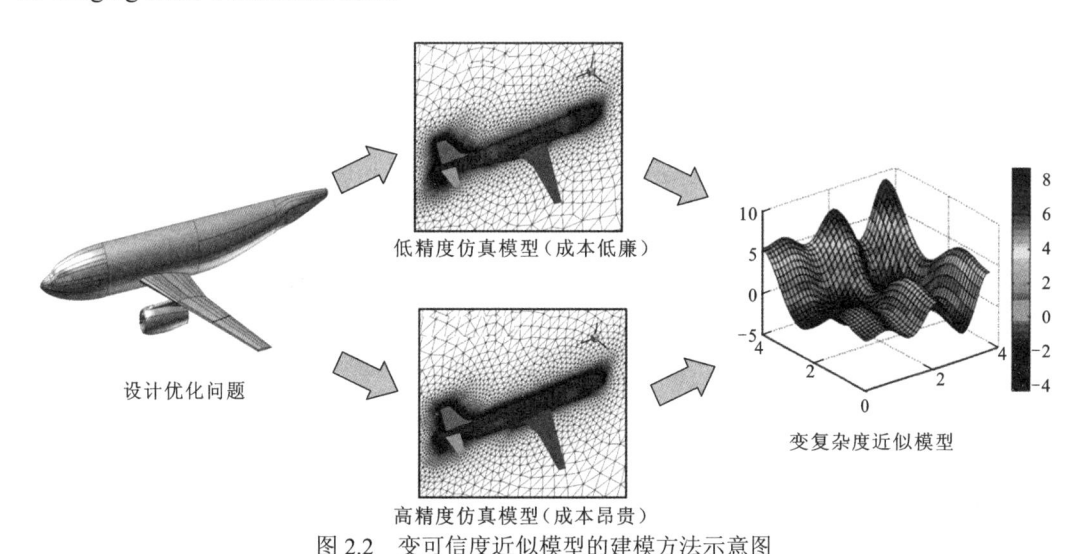

图 2.2 变可信度近似模型的建模方法示意图

1. 基于标度函数的变可信度近似模型

根据高精度模型和低精度模型之间数据的修正方式不同，基于标度函数的变可信度近似建模方法可以细分为：基于加法标度函数的变可信度近似建模方法、基于乘法标度函数的变可信度近似建模方法和基于混合标度函数的变可信度近似建模方法。

假设存在一个 m 维设计变量 x，它的响应可以通过高精度模型 $y_h(x)$ 和低精度模型 $y_l(x)$ 分别获得。其中，高精度模型 $y_h(x)$ 的模型精度较高，对应的计算成本也较高，而低精度模型 $y_l(x)$ 需要的计算成本较低，模型精度也较低。高/低精度模型的样本点集合为

$$\begin{cases} D_h = \{x_1^h, x_2^h, \cdots, x_{n_h}^h\} \\ D_l = \{x_1^l, x_2^l, \cdots, x_{n_l}^l\} \end{cases} \tag{2.10}$$

式中：n_h 和 n_l 分别为高/低精度样本点的数量。通常情况下，低精度样本点的数量多于高精度样本点的数量（$n_l > n_h$）。

对应的模型响应为

$$\begin{cases} y_h = \{y_h(x_1^h), y_h(x_2^h), \cdots, y_h(x_{n_h}^h)\} \\ y_l = \{y_l(x_1^l), y_l(x_2^l), \cdots, y_l(x_{n_l}^l)\} \end{cases} \tag{2.11}$$

1）基于加法标度函数的变可信度近似模型

Lewis 等[8]提出了基于加法标度函数的变可信度近似建模方法。在该方法中，标度因子被定义为高精度样本点 x_i^h 处高/低精度模型之间响应的差值：

$$\delta_i(x_i^h) = y_h(x_i^h) - \hat{y}_l(x_i^h) \tag{2.12}$$

式中：$\delta_i(x_i^h)$ 为高精度模型在高精度样本点 x_i^h 处的标度因子；$y_h(x_i^h)$ 为高精度模型在样本点 x_i^h 处的真实响应；$\hat{y}_l(x_i^h)$ 为低精度近似模型在高精度样本点 x_i^h 处的响应预测值。

在不同高精度样本点处的标度因子 $\delta = \{\delta_1, \delta_2, \cdots, \delta_{n_h}\}$ 可以构建加法标度函数 $\hat{\delta}(x)$。因此，基于加法标度函数的变可信度近似模型可以表示为

$$\hat{y}_h(x) = \hat{y}_l(x) + \hat{\delta}(x) \tag{2.13}$$

基于加法标度函数的变可信度近似建模方法形式简洁，目前已经得到了广泛应用，但过于简单的形式往往导致其难以解决复杂的工程实际问题。

2）基于乘法标度函数的变可信度近似模型

基于乘法标度函数的变可信度近似建模方法是由 Haftka 等[9]在 1991 年提出的。该方法通过定义高精度模型在样本点 x_i^h 处的响应和该样本点处低精度模型的响应之间的比率关系 l_i 构建高/低精度模型之间的相关性：

$$l_i(x_i^h) = \frac{y_h(x_i^h)}{\hat{y}_l(x_i^h)} \tag{2.14}$$

与基于加法标度函数的变可信度近似建模方法类似，针对所有的高精度样本点 D_h，都可以建立在该样本点处的标度因子 $l = \{l_1, l_2, \cdots, l_{n_h}\}$。通过不同高精度样本点处的标度因子构建乘法标度函数 $\hat{l}(x)$，高精度模型的预测响应，也就是构建的变可信度近似模型，可以表示为

$$\hat{y}_h(x) = \hat{y}_l(x) \cdot \hat{l}(x) \tag{2.15}$$

显而易见,标度因子是通过分数的形式定义的,因此,当式(2.14)中分母 $\hat{y}_l(x_i^h) = 0$ 时,基于乘法标度函数的变可信度近似建模方法可能会失效。该特征会导致基于乘法标度函数的变可信度近似模型在处理带有约束的优化问题时受到限制,因为优化问题的最优解往往处于约束边界。

3)基于混合标度函数的变可信度近似模型

为了综合基于加法标度函数和基于乘法标度函数的变可信度近似建模方法的优点,Gano 等[10]于 2005 年提出了一种基于混合标度函数的变可信度近似建模方法。该方法通过引入权重系数来综合衡量加法标度函数和乘法标度函数对最终变可信度近似模型的贡献:

$$\hat{y}_h(x) = \omega(\hat{y}_l(x) \times \hat{l}(x)) + (1-\omega)(\hat{y}_l(x) + \hat{\delta}(x)) \tag{2.16}$$

式中:ω 为权重系数。

基于混合标度函数的变可信度近似建模方法适用于复杂工程产品设计,但权重系数 ω 的设置仍然依赖设计人员的经验。

2. 基于空间映射的变可信度近似模型

1994 年,Bandler 等[11]首次提出了基于空间映射的变可信度近似建模方法的概念。该方法核心思想在于通过构建转换关系 $\boldsymbol{F}$,映射高精度模型的输入集合 D_h 和低精度模型的输入集合 D_l 之间的关系。转换关系 $\boldsymbol{F}$ 通过迭代求解,直至高/低精度模型的输出响应满足以下关系式:

$$\|\hat{y}_h(x) - \hat{y}_l(x)\| \leq \varepsilon \tag{2.17}$$

式中:ε 为容差因子;$\|\cdot\|$ 为选择的特定范数形式。

基于空间映射的变可信度近似建模方法通过构建映射关系可以适用于高/低精度样本点维度不一致的情况。而对于设计空间为高维度的问题,通常难以寻找到合适的转换关系 $\boldsymbol{F}$,这也限制了该方法在复杂工程问题的应用。

3. Co-Kriging 类变可信度近似模型

Kennedy 和 O'Hagan[12]于 2000 年提出了 Co-Kriging 模型的概念,该方法是一种基于贝叶斯理论的变可信度近似建模方法。Co-Kriging 模型可表示为

$$\hat{y}_h(x) = \rho \hat{y}_l(x) + \hat{\delta}(x) \tag{2.18}$$

式中:$\hat{y}_l(x)$ 为低精度 Kriging 模型;ρ 为标度因子;$\hat{\delta}(x)$ 为高/低精度模型之间的差异模型。

对高/低精度样本点 D_h 和 D_l,可以构建高/低精度样本点之间的相关性,从而构建一个 $(n_l + n_h) \times (n_l + n_h)$ 维的矩阵:

$$C = \begin{bmatrix} \sigma_l^2 R_l(D_l, D_l) & \rho \sigma_l^2 R_l(D_l, D_h) \\ \rho \sigma_l^2 R_l(D_h, D_l) & \rho^2 \sigma_l^2 R_l(D_h, D_h) + \sigma_d^2 R_d(D_h, D_h) \end{bmatrix} \tag{2.19}$$

式中

$$\begin{cases} R_{\mathrm{l}}(D_{\mathrm{l}},D_{\mathrm{l}}) = (R_{\mathrm{l}}(x_i^{\mathrm{l}},x_j^{\mathrm{l}}))_{i,j} \in \mathbf{R}^{n_{\mathrm{l}} \times n_{\mathrm{l}}} \\ R_{\mathrm{l}}(D_{\mathrm{l}},D_{\mathrm{h}}) = (R_{\mathrm{l}}(x_i^{\mathrm{l}},x_j^{\mathrm{h}}))_{i,j} \in \mathbf{R}^{n_{\mathrm{l}} \times n_{\mathrm{h}}} \\ R_{\mathrm{l}}(D_{\mathrm{h}},D_{\mathrm{l}}) = R_{\mathrm{l}}(D_{\mathrm{l}},D_{\mathrm{h}})^{\mathrm{T}} \in \mathbf{R}^{n_{\mathrm{h}} \times n_{\mathrm{l}}} \\ R_{\mathrm{l}}(D_{\mathrm{h}},D_{\mathrm{h}}) = (R_{\mathrm{l}}(x_i^{\mathrm{h}},x_j^{\mathrm{h}}))_{i,j} \in \mathbf{R}^{n_{\mathrm{h}} \times n_{\mathrm{h}}} \\ R_{\mathrm{d}}(D_{\mathrm{h}},D_{\mathrm{h}}) = (R_{\mathrm{d}}(x_i^{\mathrm{h}},x_j^{\mathrm{h}}))_{i,j} \in \mathbf{R}^{n_{\mathrm{h}} \times n_{\mathrm{h}}} \end{cases} \quad (2.20)$$

σ_{l}^2 和 σ_{d}^2 分别为低精度模型和差异模型的过程方差；$(R_{\mathrm{l}}(\cdot,\cdot))_{i,j}$ 和 $(R_{\mathrm{d}}(\cdot,\cdot))_{i,j}$ 分别为低精度模型和差异模型的相关性矩阵的第 (i,j) 个矩阵元素；$R(x_i,x_j)$ 为样本点 x_i 和 x_j 之间的相关性函数，计算公式为

$$R(x_i,x_j) = \exp\left(-\sum_{k=1}^{m}\theta_k |x_{i,k}-x_{j,k}|^2\right) \quad (2.21)$$

式中：θ_k 为模型相关性参数，θ_k 越大则模型相关性随着样本点距离的增大衰减得越快；$x_{i,k}$ 和 $x_{j,k}$ 分别为样本点 x_i 和 x_j 的第 k 个分量。

对于一个预测点 x，Co-Kriging 模型的预测响应 $\hat{y}_{\mathrm{h}}(x)$ 和预测均方误差（mean square error，MSE）$\hat{s}_{\mathrm{h}}(x)^2$ 分别为

$$\begin{cases} \hat{y}_{\mathrm{h}}(x) = f(x)^{\mathrm{T}}\beta^* + c(x)^{\mathrm{T}}C^{-1}(y-F\beta^*) \\ \hat{s}_{\mathrm{h}}(x)^2 = (\rho^2\sigma_{\mathrm{l}}^2 + \sigma_{\mathrm{d}}^2) + u^{\mathrm{T}}(F^{\mathrm{T}}C^{-1}F)^{-1}u - c^{\mathrm{T}}C^{-1}c \end{cases} \quad (2.22)$$

式中

$$c = \begin{bmatrix} \rho\sigma_{\mathrm{l}}^2 R_{\mathrm{l}}(D_{\mathrm{l}},x) \\ \rho^2\sigma_{\mathrm{l}}^2 R_{\mathrm{l}}(D_{\mathrm{h}},x) + \sigma_{\mathrm{d}}^2 R_{\mathrm{d}}(D_{\mathrm{h}},x) \end{bmatrix}, \quad y=[y_{\mathrm{l}}^{\mathrm{T}}\ y_{\mathrm{h}}^{\mathrm{T}}]^{\mathrm{T}}, u=F^{\mathrm{T}}C^{-1}c-f \quad (2.23)$$

F 和 $f(x)$ 分别为回归函数；y_{h} 和 y_{l} 分别表示高/低精度模型响应构成的向量；C 为参数矩阵。

Co-Kriging 模型由于预测精度较高，同时能够提供预测点处的预测均方误差，目前已经被广泛应用于不确定性设计优化领域。然而，Co-Kriging 模型的建模方式比较复杂，建模成本也较为昂贵。

4. 层次变可信度 Kriging 代理模型

本小节简要介绍层次变可信度 Kriging 代理模型的建模方法，详细的建模过程可以参考文献[13]和文献[14]。在构建层次变可信度 Kriging 代理模型的过程中，首先需要建立相应的低精度 Kriging 模型，将低精度模型的预估值作为高精度模型的趋势函数。假设高精度函数为一个平稳的随机过程，此时高精度模型可以表示为

$$Y(\boldsymbol{x}) = \beta_0 \hat{y}_{lf}(\boldsymbol{x}) + Z(\boldsymbol{x}) \quad (2.24)$$

式中：$\hat{y}_{lf}(\boldsymbol{x})$ 为低精度 Kriging 模型的预估函数；β_0 为某一未知的常数，表示模型的全局趋势；$Z(\boldsymbol{x})$ 为一个均值为 0 的随机过程，其方差为

$$\mathrm{Cov}[Z(\boldsymbol{x}),Z(\boldsymbol{x}')] = \sigma^2 R(\boldsymbol{x},\boldsymbol{x}') \quad (2.25)$$

式中：σ^2 为随机过程 $Z(\boldsymbol{x})$ 的方差；$R(\boldsymbol{x},\boldsymbol{x}')$ 为设计点 $\boldsymbol{x}$ 与 $\boldsymbol{x}'$ 之间的空间相关函数，主要取决于两点之间的欧拉距离。给定高精度的样本集 X_{hf} 及样本集处的响应值 f_{hf}，层次变可信度 Kriging 代理模型对某未知点处的预估值可以表示为

$$\hat{y}(\boldsymbol{x}) = \beta_0 \hat{y}_{lf}(\boldsymbol{x}) + \boldsymbol{r}^{\mathrm{T}}(\boldsymbol{x})\boldsymbol{R}^{-1}(f_{hf} - \beta_0 \boldsymbol{F}) \tag{2.26}$$

式中：$\boldsymbol{R}$ 为相关矩阵，$\boldsymbol{R}_{i,j} = R(\boldsymbol{x}_i, \boldsymbol{x}_j), \boldsymbol{x}_i, \boldsymbol{x}_j \in \boldsymbol{X}_{hf}$，$R(\boldsymbol{x}_i, \boldsymbol{x}_j)$ 为相关函数；$\boldsymbol{r}(\boldsymbol{x})$ 为相关向量，其元素为 $r_i(\boldsymbol{x}) = R(\boldsymbol{x}, \boldsymbol{x}_i), \boldsymbol{x}_i \in \boldsymbol{X}_{hf}$。向量 $\boldsymbol{F}$ 中的元素为低精度 Kriging 模型在高精度样本 $\boldsymbol{X}_{hf}$ 上的预估值。本小节选用的相关函数为高斯相关函数：

$$R(\boldsymbol{x}, \boldsymbol{x}') = \prod_{k=1}^{d} R_k(\boldsymbol{\theta}, x_k - x_k') = \prod_{k=1}^{d} \exp(\theta_k |x_k - x_k'|^2) \tag{2.27}$$

式中：d 为设计变量的维度。

假设样本集分布服从高斯过程，则采样点处的响应值可以看作相关随机函数，其极大似然函数为

$$L(\beta_0, \sigma^2, \boldsymbol{\theta}) = \frac{1}{\sqrt{(2\pi\sigma^2)^{m_{hf}}|\boldsymbol{R}|}} \exp\left(-\frac{1}{2}\frac{(f_{hf} - \beta_0 \boldsymbol{F})^{\mathrm{T}} \boldsymbol{R}^{-1}(f_{hf} - \beta_0 \boldsymbol{F})}{\sigma^2}\right) \tag{2.28}$$

式中：m_{hf} 为高精度样本集中样本数量。

因此，比例因子 β_0 和过程方差 σ^2 的最优估计为

$$\begin{cases} \beta_0(\boldsymbol{\theta}) = (\boldsymbol{F}^{\mathrm{T}}\boldsymbol{R}^{-1}\boldsymbol{F})^{-1}\boldsymbol{F}^{\mathrm{T}}\boldsymbol{R}^{-1}f_{hf} \\ \sigma^2(\boldsymbol{\theta}, \beta_0) = \frac{1}{m_{hf}}(f_{hf} - \beta_0\boldsymbol{F})^{\mathrm{T}}\boldsymbol{R}^{-1}(f_{hf} - \beta_0\boldsymbol{F}) \end{cases} \tag{2.29}$$

将式（2.29）代入式（2.28）并取对数，得到对数极大似然函数：

$$\begin{cases} \max f(\boldsymbol{\theta}) = -m \ln \sigma^2(\boldsymbol{\theta}) - \ln |\boldsymbol{R}(\boldsymbol{\theta})| \\ \text{s.t. } \theta_i > 0, \quad \theta_i \in \boldsymbol{\theta} \end{cases} \tag{2.30}$$

式（2.30）难以得到 $\boldsymbol{\theta}$ 的导数，因此采用数值优化算法（如遗传算法）解决该优化问题，关于超参数的训练方法可以参考文献[15]。

2.2 标准高效全局优化方法

2.2.1 标准无约束 EI 准则的高效全局优化方法

标准无约束 EGO 算法主要用于求解耗时的无约束单目标优化问题。假设一个无约束单目标优化问题为

$$\begin{cases} \text{find} & \boldsymbol{x} = [x_1, x_2, \cdots, x_n] \\ \text{minimize} & f(\boldsymbol{x}) \\ \text{subject to} & a_i \leqslant x_i \leqslant b_i, \quad i = 1, 2, \cdots, n \end{cases} \tag{2.31}$$

式中：n 为设计变量的个数；a_i 和 b_i 分别为设计变量的上下限，且满足 $a_i < b_i$。如果原问题是最大化问题，可以将目标函数 $f(\boldsymbol{x})$ 乘以 -1 变成最小化问题。假设目标函数 $f(\boldsymbol{x})$ 的计算十分耗时，无法直接采用元启发式算法对原问题进行优化求解，因为元启发式算法需要对目标进行成千上万次计算，而设计者无法负担如此冗长的优化时间。EGO 算法使用 Kriging 代理模型对原问题的目标函数进行近似，根据 Kriging 代理模型的预测函数和误差

函数构造期望改进（EI）准则，每次迭代根据 EI 准则选取更新点进行计算，通过更新点对设计空间进行搜索，最终找到原问题的最优解。

EI 准则是 EGO 算法的核心内容，它决定了每一个更新点的选取，也决定了 EGO 算法的搜索方向。根据 Kriging 代理模型的基本原理，对于任意未知点 x，Kriging 模型提供了预测值 $\hat{y}(x)$ 及预测值的标准差 $s(x)$。如何利用 Kriging 模型提供的这两方面信息选取最有潜力的点作为更新点是 EGO 算法的核心问题。一方面，可以选取 Kriging 模型预测值 $\hat{y}(x)$ 最小值作为更新点。另一方面，可以选取 Kriging 模型标准差 $s(x)$ 最大值作为更新点。选取 $\hat{y}(x)$ 最小值作为更新点能充分发掘当前最优解附近区域，对当前最优解进行进一步提高，但这样的搜索集中在局部区域，有可能让搜索陷入原问题的某个局部最优点。选取 $s(x)$ 最大值作为更新点能最大可能地探索未知区域，将更新点选取在采样点稀疏的区域，使搜索跳出局部区域，但这样的搜索十分缓慢，需要大量地补充更新点才能找到原问题最优解。

EI 准则对这两种搜索模式（局部搜索和全局搜索）进行了很好的平衡与综合。对于未知点 x，可以将其响应看作一个符合均值为 $\hat{y}(x)$、标准差为 $s(x)$ 的正态分布的随机变量，即

$$Y(x) \sim N(\hat{y}(x), s(x)) \tag{2.32}$$

如果当前样本点中最小目标函数值为 $f_{\min}$，那么未知点 x 对当前最优解的提高（improvement）也可以看作一个随机变量：

$$I(x) = \max(f_{\min} - Y(x), 0) \tag{2.33}$$

EI 函数的物理意义为这个提高值的数学期望：

$$\mathrm{EI}(x) = \int_{-\infty}^{f_{\min}} (f_{\min} - Y) \frac{1}{\sqrt{2\pi} s(x)} \exp\left(-\frac{\hat{y}(x)^2}{2s(x)^2}\right) dY \tag{2.34}$$

求解这个积分可以得到 EI 函数的表达式为[16]

$$\mathrm{EI}(x) = (f_{\min} - \hat{y}(x)) \Phi\left(\frac{f_{\min} - \hat{y}(x)}{s(x)}\right) + s(x) \phi\left(\frac{f_{\min} - \hat{y}(x)}{s(x)}\right) \tag{2.35}$$

式中：$\phi(\cdot)$ 和 $\Phi(\cdot)$ 为标准正态分布的概率密度函数和累积分布函数。从式（2.35）可以看出 EI 函数是 $\hat{y}(x)$ 和 $s(x)$ 的非线性组合。EI 函数的第一项随着 $\hat{y}(x)$ 的减小而增大，因而倾向于选取预测值小的点作为更新点。EI 函数第二项随着 $s(x)$ 的增大而增大，因而倾向于选取预测方差值大的点作为更新点。EI 函数是这两项的组合，因此 EI 函数在选取更新点时既会考虑 Kriging 模型预测值小的点，也会考虑方差值大的点，平衡这两方面最终选取 $\hat{y}(x)$ 较小且 $s(x)$ 较大的点。

图 2.3 所示为 Forrester 函数[7]的 EI 函数，图中实线代表真实的 Forrester 函数，圆点代表 4 个样本点，虚线代表 Kriging 的预测值，点线代表此时的 EI 函数。图中 Forrester 函数、样本点和 Kriging 代理模型的预测值都是左侧坐标轴作为标尺，而 EI 函数则是按右侧坐标轴作为标尺。由图可知，EI 函数是一个连续函数，而且在样本点处的值为 0，在其他地方的值大于 0。

图 2.3 Forrester 函数的 EI 函数

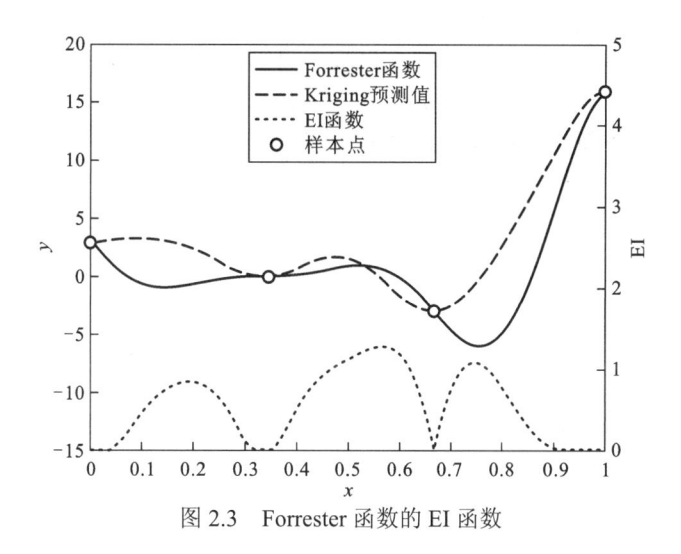

EGO 算法框架简单而且十分经典，其算法描述如算法 2.1 所示。EGO 算法是一种典型的两步算法：第一步进行实验设计生成初始样本点，第二步进行迭代循环直至达到停机条件。EGO 算法的每一次迭代包含三个步骤：①依据样本点集合构造 Kriging 代理模型，如算法中步骤 2 所示；②选取 EI 函数值最大的点作为更新点，如步骤 3 所示；③计算更新点的真实响应值，并将更新点加入样本，如步骤 4~8 所示。EGO 算法正是通过这种不断选择并计算有潜力的更新点的方式来达到寻找最优点的目的。

算法 2.1　标准 EGO 算法流程

Require: 初始样本点 (X,Y)
Ensure: 最优解 $(x_{\min}, y_{\min})$

```
1: while 不满足停机准则 do
2:   用样本点集合 (X,Y) 构造 Kriging 代理模型
3:   x^(u) = argmax EI(x)
4:   计算更新点 x^(u) 的真实目标值 y(x^(u))
5:   X ← X ∪ x^(u)
6:   Y ← Y ∪ y(x^(u))
7:   y_min ← min(Y)
8:   x_min ← x ∈ X : y(x) = y_min
9: end while
```

图 2.4 所示为 EGO 算法在 Forrester 函数上的迭代过程，图中每一行代表 EGO 算法的一次迭代过程，其中第一行代表初始状态，EGO 算法通过 5 次迭代找到了 Forrester 函数的最优解。左侧图中实线代表真实的 Forrester 函数，虚线代表 Kriging 代理模型，白色圆点代表已有样本点，灰色圆点代表更新点。右侧图中实线代表此时的 EI 函数，灰色圆点代表 EI 函数的最大值，即根据 EI 函数选取的更新点。图 2.4（a）中白色圆点为 4 个初始样本点，虚线为初始 Kriging 代理模型。在得到 Kriging 代理模型后，EGO 算法计算此时的 EI 函数［图 2.4（b）中的实线］并通过数值优化方法找到 EI 函数的最大值［图 2.4（b）中的灰色圆点］，并将其作为更新点。接着，EGO 算法计算更新点的真实目标值，并将其加入

样本集合中。然后进入第一次迭代过程，用加入更新点的样本集合重新构造 Kriging 代理模型[图 2.4（c）中的虚线]，得到新的 EI 函数[图 2.4（d）中的实线]，最大化此时的 EI 函数即可得到第二个更新点[图 2.4（d）中的灰色圆点]。EGO 算法就是按照这种方式迭代寻优，并最终通过 5 次迭代找到了 Forrester 函数的最优解。

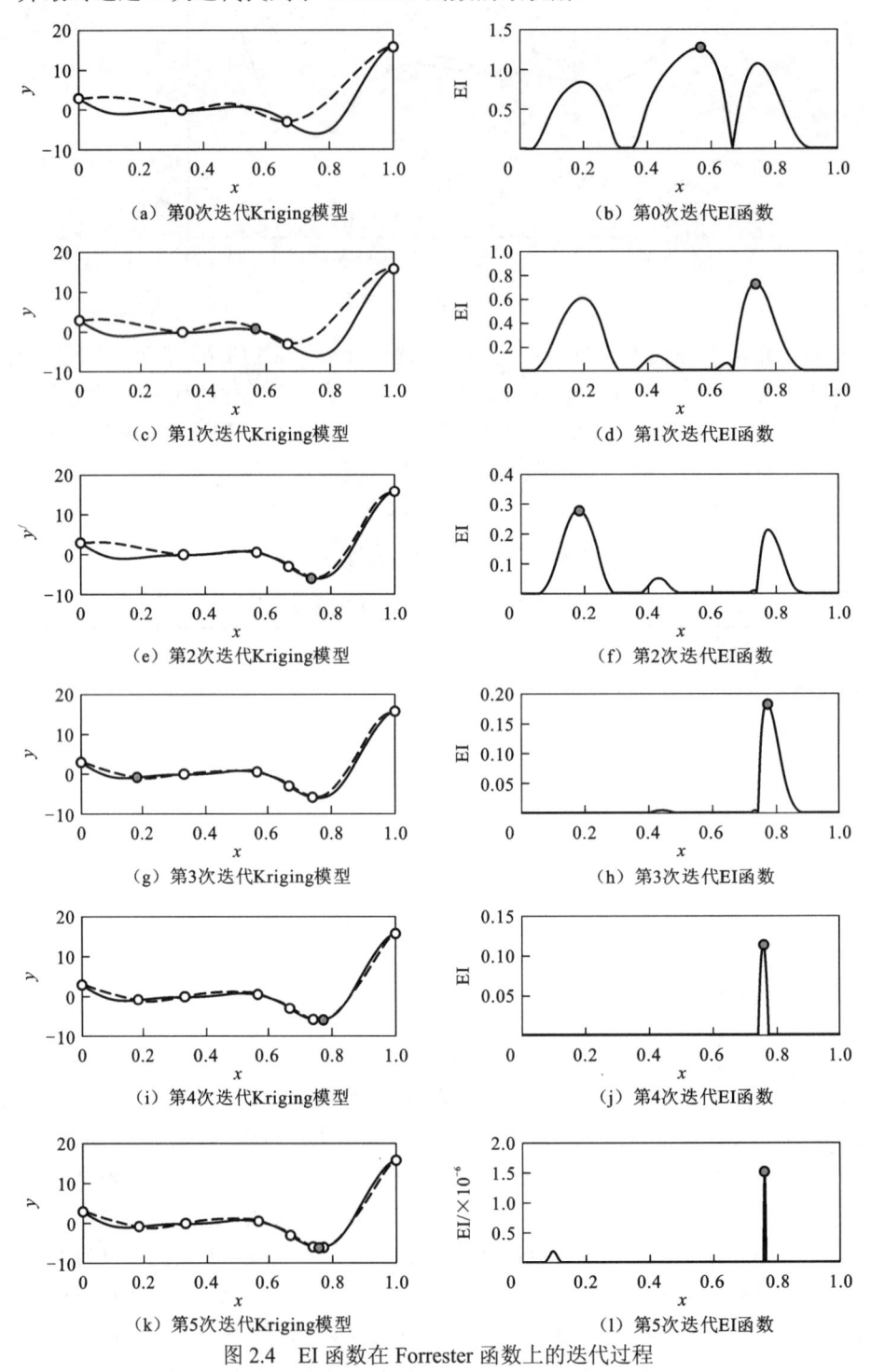

（a）第0次迭代Kriging模型

（b）第0次迭代EI函数

（c）第1次迭代Kriging模型

（d）第1次迭代EI函数

（e）第2次迭代Kriging模型

（f）第2次迭代EI函数

（g）第3次迭代Kriging模型

（h）第3次迭代EI函数

（i）第4次迭代Kriging模型

（j）第4次迭代EI函数

（k）第5次迭代Kriging模型

（l）第5次迭代EI函数

图 2.4　EI 函数在 Forrester 函数上的迭代过程

由此可见，EI 准则的寻优方式与基于导数的优化算法和元启发式优化算法都有很大的不同。通过 EI 函数的指导对设计空间进行搜索，其前后两个搜索点（更新点）之间没有相关性，常常从一个区域跳到另一个区域，这样也避免了搜索陷入某个局部区域。在每一次迭代过程中，需要对 EI 函数进行优化来选取更新点。由于 EI 函数通常是多峰值且高非线性的，常常需要采用元启发式优化算法寻找其最大值。采用元启发式算法对 EI 函数进行求解需要对 EI 函数进行成千上万次的计算，但 EI 函数是解析表达式，计算十分快速，因此总的优化时间只需要几秒到几分钟时间，相比于耗时的仿真计算，对 EI 函数的优化求解时间可忽略不计。

2.2.2 标准无约束 PI 准则的高效全局优化方法

对于任何未试验点 x，通过构建 Kriging 代理模型可以提供该点处的预测响应服从的分布，如式（2.32）所示。针对当前样本点的真实最小值 $y_{\min}$，P 表示所添加的新采样点的响应小于当前最优解 $y_{\min}$ 的概率。它可以表述为

$$P(\boldsymbol{x}) = P(Y(\boldsymbol{x}) < y_{\min}) = \varPhi\left(\frac{y_{\min} - \hat{y}(\boldsymbol{x})}{\hat{s}(\boldsymbol{x})}\right) \tag{2.36}$$

对于 PI 准则，较小的预测响应 $\hat{y}(x)$ 和较大的预测均方误差 $\hat{s}(x)^2$ 都会导致 PI 函数值的增大。因此，最大化 PI 函数的方法倾向于添加预测响应较小和预测均方误差较大的未试验点，进而实现全局搜索和局部搜索的平衡。

图 2.5 所示为 PI 准则在图形中的真实含义，同样采用 Forreser 函数[7]来说明其基本原理。图中实线表示模型的真实响应曲线。初始样本点在图中用黑色圆圈表示，基于初始样本点构建的 Kriging 代理模型则用深色虚线表示。对于未试验点 $\boldsymbol{x}$（三角形），其分布可以用均值为 $\hat{y}(\boldsymbol{x})$、标准差为 $\hat{s}(\boldsymbol{x})$ 的正态分布（浅色虚线）表示。阴影区域的面积表示未试验点 $\boldsymbol{x}$ 处的 PI 函数值，表示参考当前最优解 $y_{\min}$，添加该未试验点后使最小值小于 $y_{\min}$ 的概率。

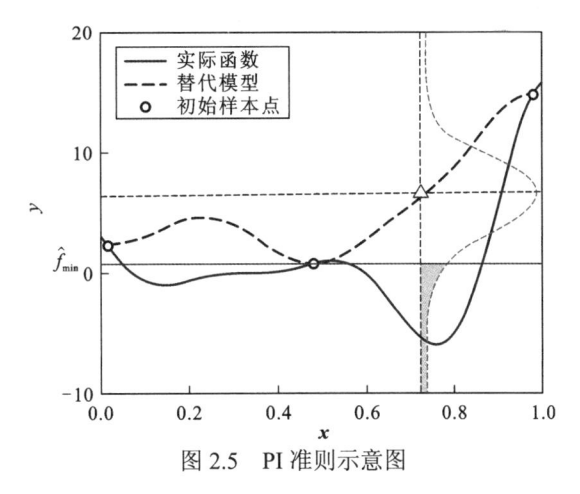

图 2.5 PI 准则示意图

利用 PI 准则指导单精度 Kriging 代理模型进行序贯更新获取优化问题最优解的过程与算法 2.1 一致，因此在本小节不再赘述。

2.2.3 标准 LCB 准则的无约束高效全局优化方法

LCB 准则是另一种常用的单精度 Kriging 代理模型序贯优化加点准则[17]，其目的是根据预测响应和预测标准差的组合确定新的采样点。LCB 函数的表达式为

$$\mathrm{LCB}(\boldsymbol{x}) = \hat{y}(\boldsymbol{x}) - b\hat{s}(\boldsymbol{x}) \tag{2.37}$$

式中：$\hat{y}(\boldsymbol{x})$ 和 $\hat{s}(\boldsymbol{x})$ 分别为近似模型的预测响应和预测标准差；b 为设计者定义的平衡常数，它在平衡全局搜索和局部搜索之间的关系方面起着重要作用。

通过最小化 LCB 函数，该方法倾向于将采样点添加到预测响应值较小和预测不确定性较高的位置。b 值越大，意味着该准则对预测不确定性越重视，从而强制采用更加全局的搜索策略。相反，当 b 值较小时，LCB 函数会将更多的注意力转向局部预测响应值较小的区域。

2.2.4 标准约束高效全局优化方法

标准无约束 EGO 算法主要用于无约束的单目标优化问题，而绝大多数实际优化问题都包含一个或多个约束条件。一个含有约束的单目标优化问题可以描述为

$$\begin{cases} \text{find} & \boldsymbol{x} = [x_1, x_2, \cdots, x_d] \\ \text{minimize} & f(\boldsymbol{x}) \\ \text{subject to} & g_j(\boldsymbol{x}) \leq 0, \quad j = 1, 2, \cdots, c \\ & a_i \leq x_i \leq b_i, \quad j = 1, 2, \cdots, n \end{cases} \tag{2.38}$$

式中：c 为约束函数的个数。本小节只考虑 $g(\boldsymbol{x}) \leq 0$ 的不等式约束，对 $g(\boldsymbol{x}) \geq 0$ 的不等式约束可以通过乘以 -1 将约束转化为 $-g(\boldsymbol{x}) \leq 0$；对 $g(\boldsymbol{x}) = 0$ 的等式约束可以通过 $g(\boldsymbol{x}) \geq -\epsilon$ 和 $g(\boldsymbol{x}) \leq \epsilon$（其中 ϵ 为一个很小的正数）两个不等式约束来近似。

同样，假设目标函数 $f(\boldsymbol{x})$ 和约束条件 $g_j(\boldsymbol{x})$ 都需要通过耗时的仿真计算得到。对于计算快速的约束条件（解析表达式），可以在最大化 EI 函数时直接将约束条件考虑进去，将选取更新点的问题由无约束优化 EI 函数变成有约束优化 EI 函数：

$$\begin{cases} \text{find} & \boldsymbol{x} = [x_1, x_2, \cdots, x_n] \\ \text{maximize} & \mathrm{EI}(\boldsymbol{x}) \\ \text{subject to} & g_{j,\text{cheap}} \leq 0, \quad j = 1, 2, \cdots, c_{\text{cheap}} \end{cases} \tag{2.39}$$

式中：$\mathrm{EI}(\boldsymbol{x})$ 为无约束期望提高函数；$g_{j,\text{cheap}}$ 为第 j 个计算快速的约束条件；c_{cheap} 为计算快速的约束条件的个数。若约束条件的计算也涉及耗时的仿真计算，则不能直接考虑约束，而需要对约束条件构建代理模型，并在优化过程中尽可能地减少对约束条件进行耗时的仿真计算。一般将这类目标函数和约束函数都需要进行耗时仿真计算的优化问题称为耗时的约束优化问题。

Schonlau[18]对耗时约束条件的处理进行了考虑，并提出了 CEI 准则。在生成初始样本点后，既要计算样本点目标函数的真实响应值 $\{y^{(1)}, y^{(2)}, \cdots, y^{(N)}\}$，也要计算样本点各个约束函数的真实响应值 $\{g_j^{(1)}, g_j^{(2)}, \cdots, g_j^{(N)}\}$ ($j = 1, 2, \cdots, c$)。在构造代理模型阶段，既要对目标函

数构造 Kriging 代理模型，也要对各个约束函数构造 Kriging 代理模型。此时，对任意未知点 $\boldsymbol{x}$，目标函数的预测值为 $\hat{y}(\boldsymbol{x})$，预测误差为 $s(\boldsymbol{x})$，第 j 个约束函数的预测值为 $\hat{g}_j(\boldsymbol{x})$，预测误差为 $e_j(\boldsymbol{x})$。即目标函数是个随机变量并满足

$$Y(\boldsymbol{x}) \sim N(\hat{y}(\boldsymbol{x}), s(\boldsymbol{x})) \tag{2.40}$$

第 j 个约束函数也是随机变量并满足

$$G_j(\boldsymbol{x}) \sim N(\hat{g}_j(\boldsymbol{x}), e_j(\boldsymbol{x})), \quad j=1,2,\cdots,c \tag{2.41}$$

Schonlau[18] 定义满足约束的提高函数为

$$I(\boldsymbol{x}) = \begin{cases} \max(f^*_{\min} - Y(\boldsymbol{x}), 0), & \text{若} G_j \leqslant 0 \text{ 且 } j=1,2,\cdots,c \\ 0, & \text{其他} \end{cases} \tag{2.42}$$

式中：$f^*_{\min}$ 为当前样本点中满足约束条件的最小目标函数值。约束提高函数的物理意义是当 $\boldsymbol{x}$ 满足所有的约束条件时，提高函数为 $\max(f^*_{\min} - Y(\boldsymbol{x}), 0)$；而当 $\boldsymbol{x}$ 不满足任意一个约束时，提高函数为 0。假设目标函数 $Y(\boldsymbol{x})$ 及各个约束函数 $G_j(\boldsymbol{x})$ 相互独立，可以很容易地计算出此时的约束期望提高函数[18]：

$$\begin{aligned} \text{CEI}(\boldsymbol{x}) &= \text{EI}(\boldsymbol{x}) \times \prod_{j=1}^{c} \Pr(G_j(\boldsymbol{x}) \leqslant 0) \\ &= \left[(f_{\min} - \hat{y}(\boldsymbol{x}))\Phi\left(\frac{f_{\min} - \hat{y}(\boldsymbol{x})}{s(\boldsymbol{x})}\right) + s(\boldsymbol{x})\phi\left(\frac{f_{\min} - \hat{y}(\boldsymbol{x})}{s(\boldsymbol{x})}\right) \right] \times \prod_{j=1}^{c} \Phi\left(\frac{-\hat{g}_j(\boldsymbol{x})}{e_j(\boldsymbol{x})}\right) \end{aligned} \tag{2.43}$$

式中：$\text{EI}(\boldsymbol{x})$ 为不考虑约束的期望提高函数；$\Pr(G_j(\boldsymbol{x}) \leqslant 0)$ 为方案 $\boldsymbol{x}$ 满足第 j 个约束的概率；$\prod_{j=1}^{c} \Pr(G_j(\boldsymbol{x}) \leqslant 0)$ 为方案 $\boldsymbol{x}$ 满足所有约束的概率。通常将方案 $\boldsymbol{x}$ 满足所有约束的概率称为可行性概率（probability of feasibility，PoF）：

$$\text{PoF}(\boldsymbol{x}) = \prod_{j=1}^{c} \Pr(G_j(\boldsymbol{x}) \leqslant 0) = \prod_{j=1}^{c} \Phi\left(\frac{-\hat{g}_j(\boldsymbol{x})}{e_j(\boldsymbol{x})}\right) \tag{2.44}$$

CEI 准则的第一项倾向于选取期望提高值的点，而第二项倾向于选取满足约束可能性大的点。通过将这两项相乘，CEI 准则会选取既有很大可能满足约束又有较大提高的点作为更新点。现在考虑一个只带有一个简单约束条件的优化问题（本书称为 Branin1 函数）[7]：

$$\begin{cases} f = \left[15x_2 - \dfrac{5.1}{4\pi^2}(15x_1 - 5)^2 + \dfrac{5}{\pi}(15x_1 - 5) - 6 \right] \\ \quad + 10\left[\left(1 - \dfrac{1}{8\pi}\right)\cos(15x_1 - 5) + 1 \right] + 5(15x_1 - 5) \\ g = -x_1 x_2 + 0.2 \leqslant 0 \end{cases} \tag{2.45}$$

式中：$x_1, x_2 \in [0,1]$。

图 2.6(a) 为 Branin1 约束优化问题的示意图，其中实线表示的是目标函数的等高线图，灰色区域表示可行域，白色区域表示非可行域，灰色区域与白色区域相交处则表示约束条件等于 0 的边界线。黑色圆点表示 Branin1 约束优化问题的全局最优可行解，它位于约束条件的边界上。

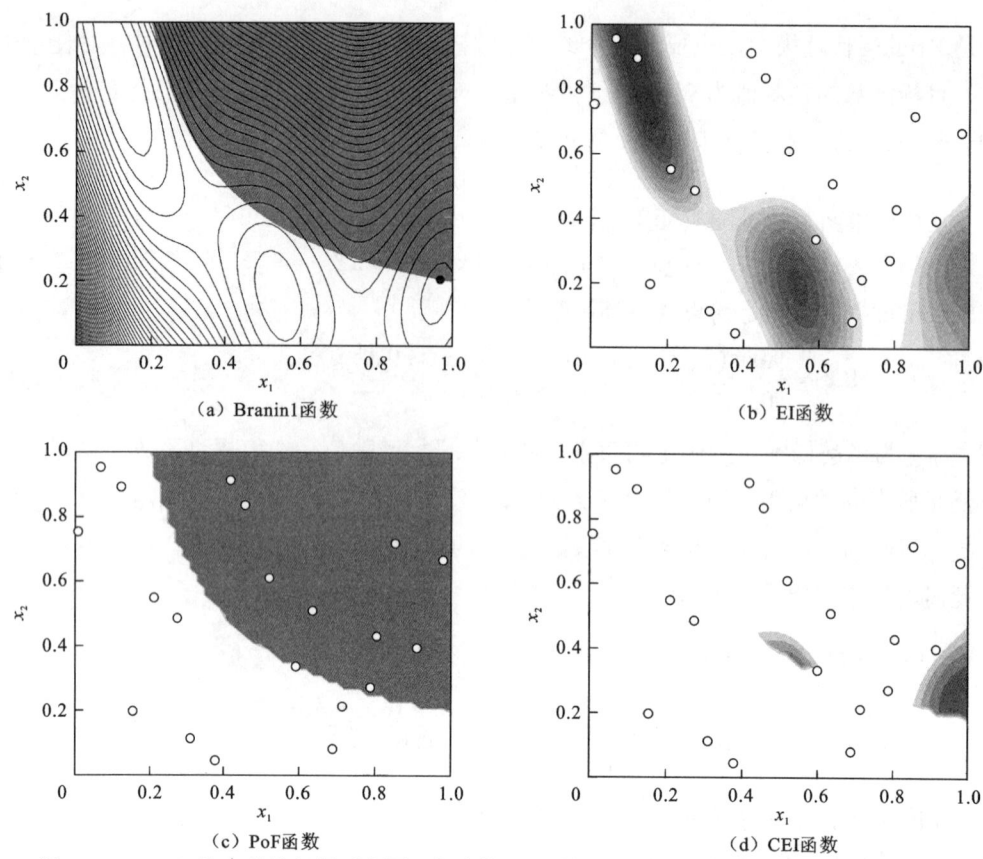

图 2.6 Branin1 约束优化问题示意图及相应的 EI 函数、PoF 函数和 CEI 函数的等高线云图

图 2.6（b）～（d）依次展示的是 Branin1 约束优化问题的 EI 函数、PoF 函数及 CEI 函数的等高线云图，云图颜色越深代表函数值越大，图中白色圆点表示的是构建 Kriging 代理模型使用的样本点。在图 2.6（b）中，EI 函数三个峰值的位置与 Branin1 问题目标函数三个极小值的位置十分接近，这表示此时 EI 函数能较好地对问题的目标空间进行搜索。在图 2.6（c）中，PoF 函数对约束条件的近似也比较精确，PoF 函数在左下方非可行域的值为 0，在右上方可行域的值为 1，并且在靠近约束边界的地方，PoF 函数的值从左下方向右上方由 0 急剧变化到 1。在图 2.6（d）中，CEI 函数是 EI 函数与 PoF 函数的乘积，也是对目标和约束综合考虑的结果，CEI 函数靠右的峰值区域与 Branin1 问题的真实最优可行解十分接近，这表示使用 CEI 准则可以有效地对 Branin1 函数最优解进行搜索。

CEI 准则是约束 EGO 算法采用的主要准则，但当样本集中没有可行解时，约束 EGO 算法会采用 PoF 准则作为更新准则选取尽可能满足约束条件的更新点。一旦找到一个可行解，约束 EGO 算法就会将更新准则转换为 CEI 准则对当前最优的可行解进行改进。

约束 EGO 算法的流程和无约束 EGO 算法流程大致相同，也可以分为两步：第一步进行实验设计生成初始样本点；第二步进入循环迭代并在每次迭代过程中选取一个更新点。但是约束 EGO 算法的迭代过程与无约束 EGO 算法略有不同，约束 EGO 算法会根据当前样本中是否含有可行解来决定是采用 PoF 准则还是 CEI 准则来选取更新点。如果当前样本中没有可行解，那么约束 EGO 算法最重要的任务就是找到一个可行解，此时的更新准则是最大化 PoF 函数来选取最有可能满足约束条件的点。如果样本点中已经至少有一个可行解（初始采样得到或者最大化 PoF 准则得到），那么约束 EGO 算法的任务则是提高当前最优的可行解，此时的更新准则变成最大化 CEI 函数来选取对当前最优可行解有潜在提高的点。

约束 EGO 算法的流程如算法 2.2 所示。首先，在计算初始样本点时不仅要计算所有样本点的目标函数值，还需要计算所有样本点约束函数值。同样，在构建 Kriging 代理模型时，不仅要构建目标函数的代理模型，还需要构建各个约束函数的代理模型，如步骤 2～5 所示。接着，在选取更新点之前需要对当前样本集中是否有可行解进行判断，如果没有可行解，则依据 PoF 准则选取更新点；如果此时样本集中已有至少一个可行解，则依据 CEI 准则选取更新点，如步骤 6～10 所示。得到更新点后，约束 EGO 算法计算更新点的真实目标函数值和真实约束函数值，并将更新点加入样本集中，如步骤 11～16 所示。在一个迭代过程的最后环节，如果此时样本集中依然没有可行解，则输出"没有找到可行解"的消息；如果此时样本集中有可行解，则更新当前最优的可行解，如步骤 17～21 所示。至此，约束 EGO 算法完成了一次迭代过程，如果此时没有达到预定的停机条件，则算法回到步骤 2，进入下一次迭代。

算法 2.2　标准约束 EGO 算法流程

Require：初始样本点 X，目标函数 y 和约束函数 $\{g_1, g_2, \cdots, g_c\}$
Ensure：最优可行解 $(x_{\min}, y_{\min})$
1: **while** 不满足停机准则 **do**
2: 　用样本点集合 (X, y) 构造 Kriging 代理模型
3: 　**for** $i = 1$ to c **do**
4: 　　用样本点集合 (X, g_i) 构造 Kriging 代理模型
5: 　**end for**
6: 　**if** 当前样本集没有可行解 **then**
7: 　　$x^{(u)} = \mathrm{argmax}\ \mathrm{PoF}(x)$
8: 　**else**
9: 　　$x^{(u)} = \mathrm{argmax}\ \mathrm{CEI}(x)$
10: 　**end**
11: 　计算更新点 $x^{(u)}$ 的真实目标值和约束值
12: 　$X \leftarrow X \cup x^{(u)}$
13: 　$y \leftarrow y \cup y(x^{(u)})$
14: 　**for** $i = 1$ to c **do**
15: 　　$g_i \leftarrow g_i \cup g_i(x^{(u)})$
16: 　**end for**
17: 　**if** 当前样本集没有可行解 **then**
18: 　　输出"没有找到可行解"
19: 　**else**
20: 　　更新当前最优可行解 $(x_{\min}, y_{\min})$
21: 　**end if**
22: **end while**

图 2.7 所示为约束 EGO 算法在 Branin1 函数上的迭代过程。左图中实线表示 Branin1 目标函数的等高线图，灰色区域代表可行域，白色圆点代表样本点，黑色圆点代表 Branin1 约束优化问题的最优可行解。右图中云图代表此时 CEI 准则的等高线，白色圆点代表样本点，球状圆点代表 CEI 函数最大值所在的位置。

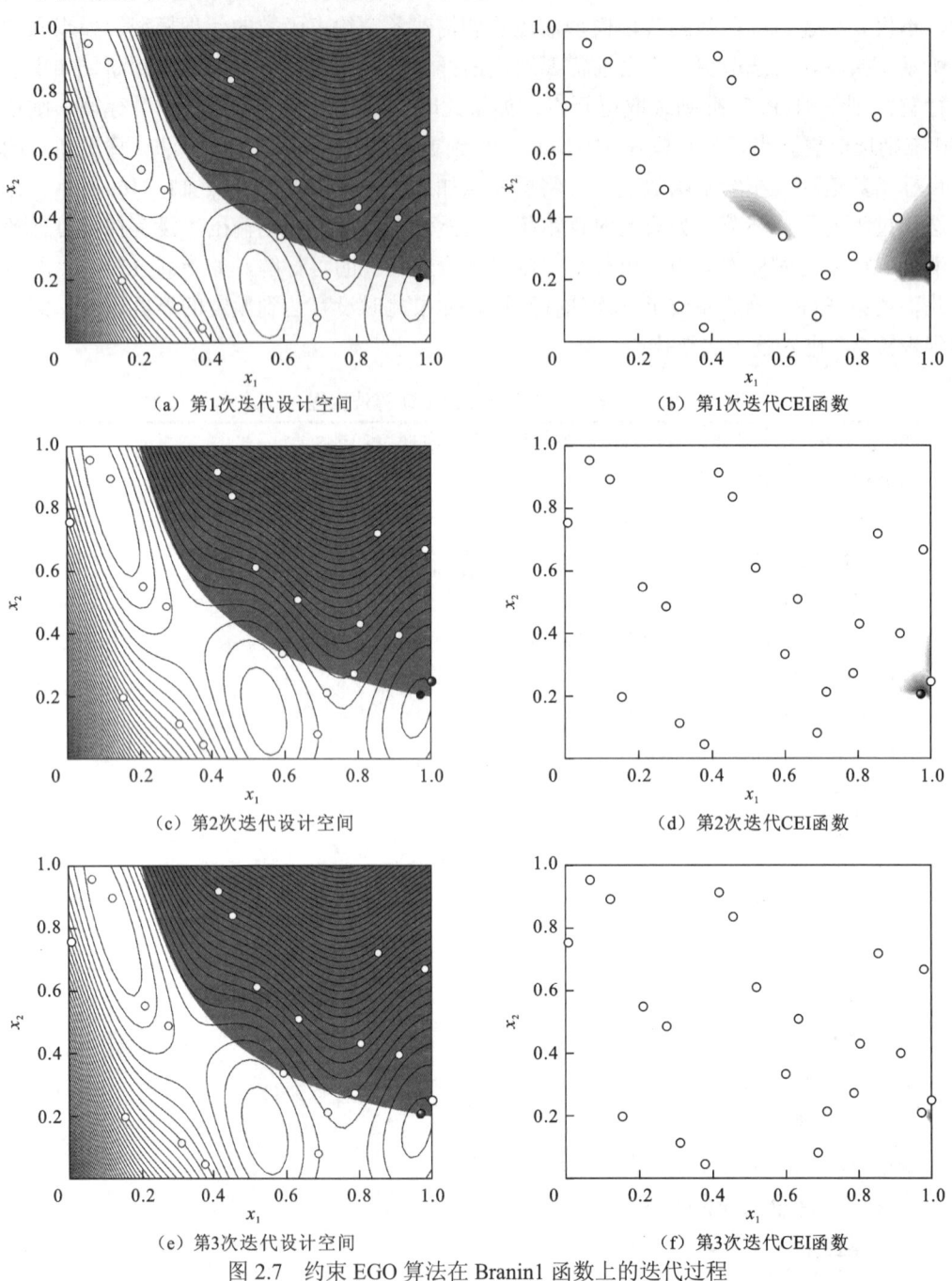

（a）第1次迭代设计空间

（b）第1次迭代CEI函数

（c）第2次迭代设计空间

（d）第2次迭代CEI函数

（e）第3次迭代设计空间

（f）第3次迭代CEI函数

图 2.7 约束 EGO 算法在 Branin1 函数上的迭代过程

约束 EGO 算法执行步骤如下。首先在设计空间选取 21 个初始样本点，然后计算初始样本点的真实目标函数值和约束函数值，并依据计算的数据构建目标函数和约束函数的初始 Kriging 代理模型。由于初始样本点中有可行解,约束 EGO 算法直接采用 CEI 准则进行搜索。约束 EGO 算法依据代理模型的信息计算出此时的 CEI 函数,如图 2.7(b)等高线云图所示,并采用元启发式优化算法对 CEI 函数进行优化求解得到 CEI 准则最大值所在的位置。然后选取这个点作为第一个更新点,如图 2.7(b)中球状圆点所示。得到第一个更新点的位置后,约束 EGO 算法会计算第一个更新点的真实目标函数值和约束函数值,并将其加入样本集中,同时更新目标函数和约束函数的代理模型。依据更新的代理模型便可得到更新后的 CEI 函数,如图 2.7(d)等高线云图所示。同样采用元启发式优化算法对此时的 CEI 函数进行求解便可以得到第二个更新点,如图 2.7(d)中球状圆点所示。同样,约束 EGO 算法会计算第二个更新点的真实目标函数值和约束函数值,并将其加入样本集中,更新目标函数和约束函数的代理模型,进一步选取第三个更新点。实际上可以发现,第二个更新点距 Branin1 约束优化问题的真实最优解已经十分接近。

在这个示例中,由于 Branin1 优化问题的约束函数十分简单,约束 EGO 算法只需要依据 CEI 准则进行 2 次迭代就可以找到十分接近 Branin1 函数最优解的方案。当问题的约束函数更加复杂时,约束 EGO 算法往往也需要更多次的迭代才能找到较优的可行方案。

由上述步骤可以看出,约束 EGO 算法的计算流程与无约束 EGO 算法十分相近,只不过无约束 EGO 算法采用 EI 准则对代理模型进行动态更新,而约束 EGO 算法则是采用 PoF 准则(当前样本集中没有可行解时)和 CEI 准则(当前样本集中有可行解时)对代理模型进行更新。PoF 准则和 CEI 准则有许多与 EI 准则类似的性质,具体如下。

(1)PoF 准则和 CEI 准则都是数值大于或等于 0 的函数。而且,当前样本集中没有可行解时,PoF 准则在样本点处值为 0,在非样本点处值大于 0;当前样本集中有可行解时,CEI 准则在样本点处值为 0,在非样本处值大于 0。

(2)PoF 准则和 CEI 准则都有显式的解析表达式,计算快速。因此可以采用元启发式优化算法对其进行优化求解来选取更新点,优化求解相对耗时,仿真计算的时间可忽略不计。

(3)根据 PoF 准则和 CEI 准则选取更新点的问题都是无约束优化问题,相对约束优化问题的求解要简单。

2.3 代理模型辅助智能优化方法

2.3.1 遗传算法基本原理

遗传算法是一种比较常用的启发式优化算法,可模拟自然界中的自然选择与遗传过程中的繁衍、交叉和变异现象,用一定量的候选解(个体)组成候选解群(种群),每轮进化过程中都产生一部分新的个体(候选解),并按照某种指标选出较优的个体,组成新种群,再利用遗传算子对新种群进行交叉变异操作产生新个体,如此反复,直到满足某种收敛指标为止。遗传算法的本质特征在于群体搜索策略和简单的遗传算子,群体搜索使遗传算法得以突破领域搜索的限制,实现在设计空间上的分布式信息采集与搜索。因此,遗传算法对多峰、黑箱问题具有极强的全局寻优能力。值得一提的是,遗传算法在优化过程中不需要原问题的导数信息,这使得遗传算法在实际问题中具有较大的应用前景。

遗传算法中的关键设置包括编码与解码策略、遗传算子(选择算子、交叉算子、变异算子)、优化控制参数。图2.8为遗传算法的流程图。

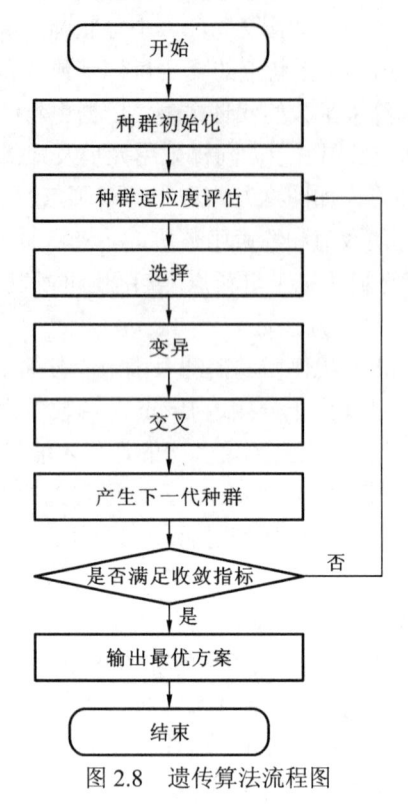

图 2.8 遗传算法流程图

1. 编码与解码

编码是指将原优化问题的候选解转化为个体基因的形式以便于遗传算子操作,解码即编码的逆过程,将个体基因转化为原优化问题的解。

在遗传算法中,一般采用二进制编码,即每个设计变量的可取值为一个子串,将多个设计变量的子串首尾相连组成一个染色体位串,即可表示一个方案。举例来说,假设某一维设计变量 x,其取值空间为$[a,b]$,进行优化设计时要求精确到小数点后5位。此时,要求 x 的取值空间分为 $(b-a) \times 10^6$,子串长度 m 为

$$2^m - 1 \geq (b-a) \times 10^6 \geq 2^{m-1} \tag{2.46}$$

将二进制转为十进制(解码)按照式(2.47)计算:

$$x = a + \text{decimal}(\text{Substring}) \times \frac{b-a}{2^{m-1}} \tag{2.47}$$

若设计变量的可取值的个数为 $m = 2^n$,则只需用 n 位二进制数便能全部表达这 m 个设计值。

2. 选择操作

遗传算子中选择算子对种群个体进行"优胜劣汰"操作,使适应度较高的个体被遗

传到下一代种群的概率较大。选择算子的种类有很多，包括轮盘赌选择策略、锦标赛选择策略、精英保留选择策略、线性排序选择策略、指数排序选择策略等。

3. 交叉操作

交叉算子对不同个体间进行交叉操作，主要的类型有单点交叉、多点交叉、洗牌交叉、循环交叉等。交叉操作是产生新个体的主要方法，它决定了遗传算法的全局搜索能力。

图2.9为遗传算法单点交叉示意图，从中部将A和B两个父代个体截断，然后将A的前半部分基因和B的前半部分基因组合成A′子代个体；将A的后半部分基因和B的后半部分基因组合成B′子代个体。由此可知，交叉操作能够保证个体基因的大面积交换，从而保证遗传算法的全局寻优能力。

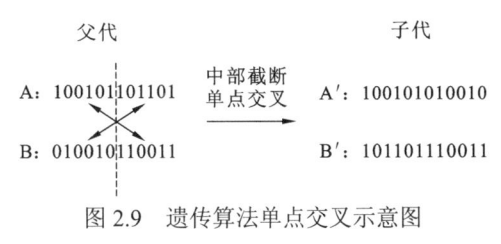

父代　　　　　　　　　　　　　　子代

A: 100101|101101　　中部截断
　　　　　×　　　　单点交叉　　　A′: 100101010010
B: 010010|110011　　────→　　　B′: 101101110011

图2.9　遗传算法单点交叉示意图

4. 变异操作

变异算子对某个个体进行基因变异操作，主要的类型有基本位变异、均匀变异、高斯变异等。优化控制参数主要有种群规模、交叉概率、变异概率、代沟、最大进化代数等。

图2.10为遗传算法单点变异的示意图，从图中可知，变异操作是将基因中某一部分基因的二进制编码进行随机翻转。该操作能够在遗传算法陷入局部最优时，使算法能够跳出当前局部最优向全局最优进行搜索，同时能够在一定程度上保证种群基因的多样性。

父代　　　　　　　　　　　　　　子代

A: 100101101101　　单点变异　　A′: 100101001101
　　　↑　　　　　　────→　　　　　↑

图2.10　遗传算法单点变异示意图

2.3.2　合作协同进化算法基本原理

合作协同进化算法（CCEA）[19]最初用于求解一些复杂问题（并不一定是高维问题），后来被发现能够高效快速地求解100～1000维的大规模问题，如式（2.48）所示的无约束大规模优化问题。

$$\begin{aligned}&\min f(\boldsymbol{x})\\&\boldsymbol{x}=[x_1,x_2,\cdots,x_d]\\&d=100\sim1000\end{aligned} \quad (2.48)$$

CCEA 采用一种"分而治之"的策略,将原始复杂的大规模问题分解为一系列小规模优化问题,再采用进化算法分别求解,最后将各子问题的解组合起来作为最终的优化解。其中涉及两个主要问题,即分解方法与优化方法。

分解方法的原则是尽量将有交互作用的设计变量分为一组。所谓的交互作用可以描述为:假定对于某一无约束大规模优化问题,两个变量 x_i 和 x_j 存在交互作用,则意味着 x_i 的取值会影响 x_j 的最优解,即 x_i 取不同值的情况下,x_j 的最优解可能不同。例如:$\min f(\boldsymbol{x}) = x_1^2 + x_1 x_2$,当 $x_2 = 0$ 时,x_1 的最优解为 0,当 $x_2 = 2$ 时,x_1 的最优解为 −1,则对此优化问题,x_1 和 x_2 存在交互作用。如果一个大规模优化问题有 m 组只有内部交互作用的设计变量,每组的设计变量数为 v_i,目标函数可以表示为

$$f(\boldsymbol{x}) = \sum_{i=1}^{m} f_i(x_k^i), \quad k = [1, v_i] \tag{2.49}$$

当 $m = 1$ 时,该问题不可分;当 $m > 1$ 时,则该问题可分。在 $m > 1$ 的情况下,如果 v_i 始终为 1,则称该问题完全可分,否则称该问题部分可分。对于式(2.49)中的可分问题,最理想的分组方案就是按照式(2.49)的形式将有交互作用的设计变量分为一组。但是许多实际问题目标函数的形式并不明确,因此发展出了多种分解方法。

目前的分解方法大致分为三种,即静态分解(static decomposition)、随机分解(random decomposition)和基于学习的分解(learning based decomposition)。静态分解是将设计变量分成固定的几个组,是最简单的分解方式;随机分解方法是在每轮协同进化前,随机地将所有设计变量分成 k 个 s 维问题;基于学习的分解方式是通过计算结果学习变量之间的相关性(interdependency)以作为分组依据。目前的分解方法针对的几乎均是黑盒优化问题,即不考虑问题的先验知识,如实际结构优化设计问题中设计变量的物理意义。

对原大规模优化问题进行分解并得到一系列子问题之后,CCEA 需要优化器(optimizer)来求解各子问题。到目前为止,所有的进化算法在 CCEA 中均有应用,包括遗传算法、粒子群算法、差分进化算法等。

合作协同进化算法流程如图 2.11 所示,其中上下文向量(context vector)为一个完整的设计变量取值方案,为分组中个体的适应度计算所需,其作用过程如图 2.12 所示,将原问题分解后,优化每个子问题时,仅考虑部分变量,子问题种群中也仅包含部分变量的取值,而适应度(原目标函数)需要完整的设计变量取值才能计算,因此需要将子种群个体嵌入上下文向量中的对应位置,组成一个完整方案,再计算适应度值。图 2.12 中的符号意义与图 2.11 中的一样,S_i 为分解后的第 i 个组,P_{ij} 为该组对应的子种群 P_i 的第 j 个个体。

2.3.3 基于个体管理策略的代理模型辅助进化算法

进化算法是求解复杂黑箱优化问题的有效方法之一。直接应用进化算法来求解实际工程问题是不可行的。因为进化算法需要利用大量的样本点,但是船舶性能特征量的样本点响应获取过程特别耗时[20]。因此,学者们尝试用代理模型来代替进化算法中一些重要步骤的耗时函数计算,如用代理模型代替交叉、变异和适应度函数的真实计算。其中,用

图 2.11 合作协同进化算法流程

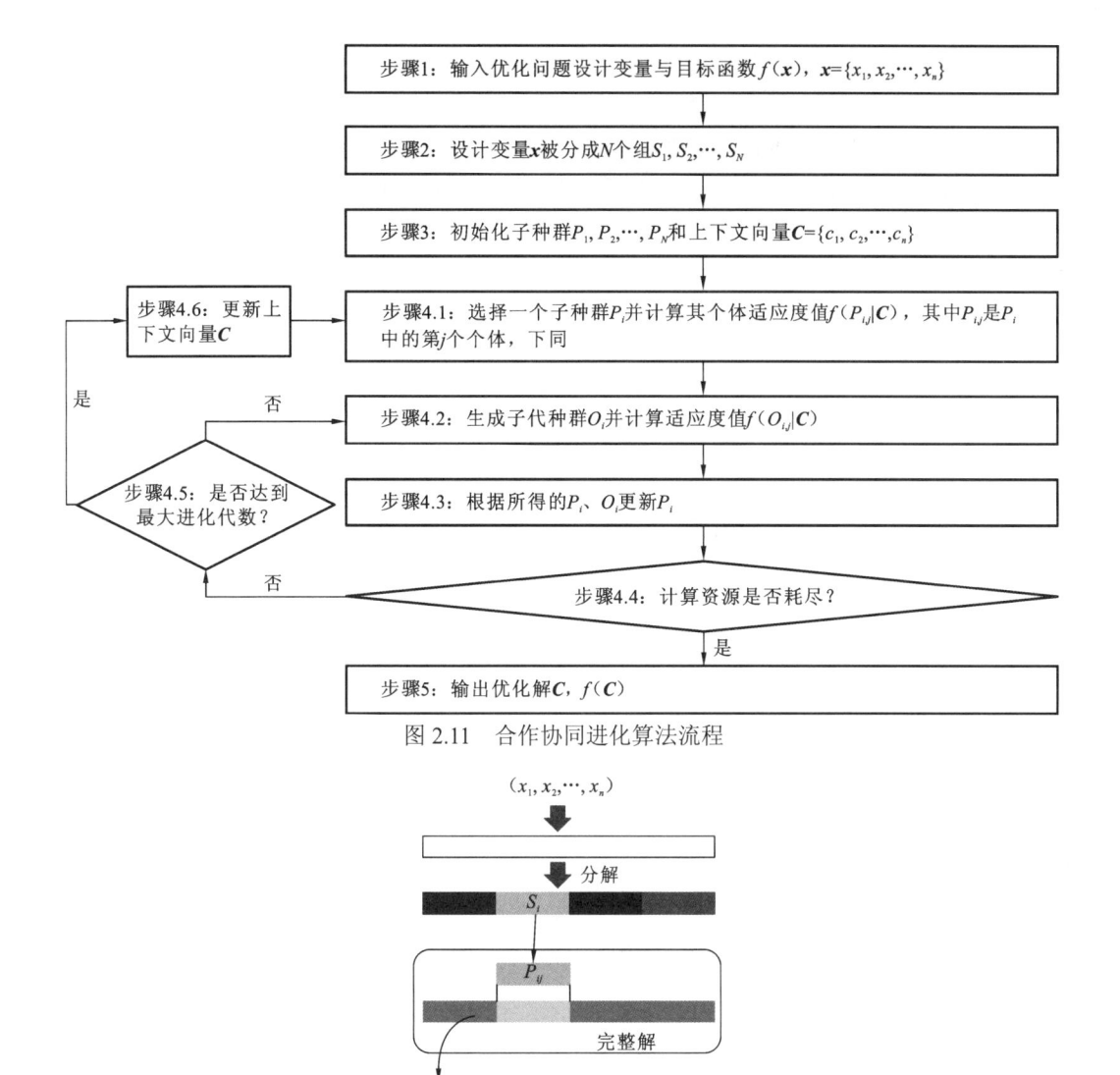

图 2.12 CCEA 中的上下文向量作用过程

代理模型代替进化算法适应度函数的真实评估是最为常用的做法[21]。用代理模型来代替适应度函数两种常用策略为基于个体管理的策略和基于代数管理的策略。本小节重点介绍基于个体管理策略的代理模型辅助进化算法。

所谓基于个体管理策略的代理模型辅助进化算法，就是在进化算法的每代中利用代理模型来评估部分个体的适应度值。这样能够有效地降低进化计算每代需要真实评估的个体的数量，以降低进化算法求解所需要的真实响应评估的次数。一般而言，基于个体的管理策略又可以细分为预选策略和最优策略[22]。

图 2.13 和图 2.14 分别为预选策略和最优策略的示意图。如图 2.13 所示，预选策略在每代中通过 a 个父代首先产生 b^* 个子代个体。该子代个体数量一般多于需要的子代个体数量 b。然后，通过代理模型对 b^* 的响应值进行评估，根据一定的准则（如挑选适应度最好的一部分个体）对代理模型评估后的个体进行选择，挑选出需要的子代。这部分个体需要进行真实评估，然后根据准则选取 a 个个体当作下一次代的父代个体。而图 2.14 中的最优

策略总体和预选策略相似，都需要首先通过代理模型评估子代个体。不同的是，在每代中只需要根据 a 个父代首先产生 b 个子代个体。而每代中只需要挑选 $b^*(b^*<b)$ 个个体进行评估。对于最优策略，每代中需要评估的个体数量一般远小于子代个体的数量。因此，相对于预选策略，最优策略一般更能够节省采用进化算法求解实际工程问题的计算资源。

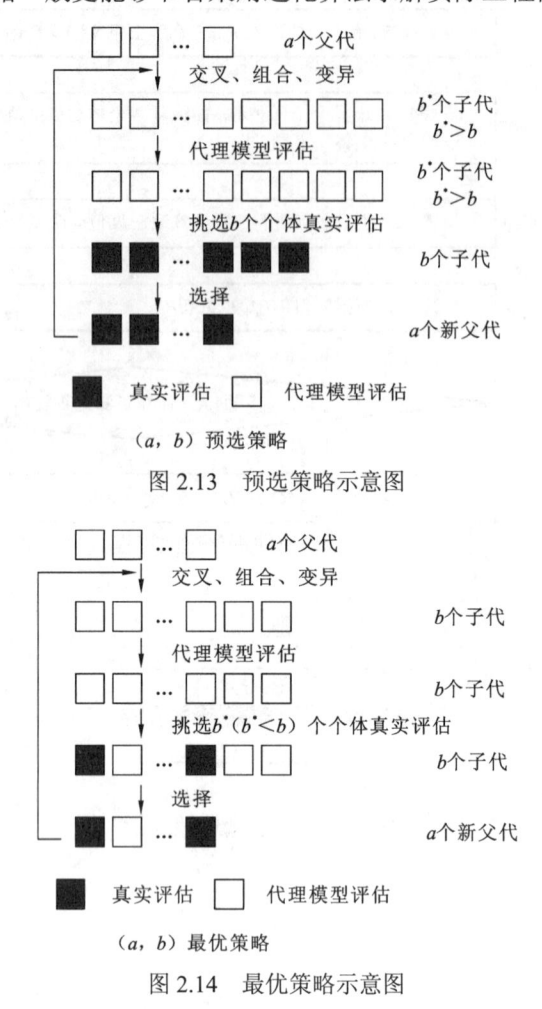

（a，b）预选策略

图 2.13 预选策略示意图

（a，b）最优策略

图 2.14 最优策略示意图

2.3.4 基于代数管理策略的代理模型辅助进化算法

一般而言，个体策略能够更好地保证算法的局部搜索。基于代数管理策略的代理模型辅助进化算法则是为了更好地保证算法的全局搜索方向，防止算法陷入局部凹坑。

顾名思义，基于代数管理策略的代理模型辅助进化算法就是在进化过程中基于代数的操作。一般而言，该操作对每隔数代（或数十代）全部子代个体进行真实评估。该操作的目的在于防止代理模型因误差而导致进化算法进入局部凹坑。迄今为止，基于代数的管理策略仍然面临一个问题就是间隔代数如何选取，设计者一般基于优化问题特性，根据经验进行选取。

参 考 文 献

[1] KRIGE D G. A statistical approach to some basic mine valuation problems on the witwatersrand. Journal of The Chemical, Metallurgical and Mining Society of South Africa, 1952, 52(6): 119-139.

[2] SACKS J, WELCH W J, MITCHELL T J, et al. Design and analysis of computer experiments. Statistical Science, 1989, 4(4): 409-423.

[3] LOPHAVEN S N, NIELSEN H B, SØNDERGAARD J. DACE: A Matlab Kriging toolbox. Princeton: CiteSeer, 2002.

[4] FUHG J N, FAU A, NACKENHORST U. State-of-the-art and comparative review of adaptive sampling methods for Kriging. Archives of Computational Methods in Engineering, 2020: 1-59.

[5] DEB K. An efficient constraint handling method for genetic algorithms. Computer Methods in Applied Mechanics and Engineering, 2000, 186(2-4): 311-338.

[6] MEZURA-MONTES E, COELLO C A. Constraint-handling in nature-inspired numerical optimization: Past, present and future. Swarm and Evolutionary Computation, 2011, 1(4): 173-194.

[7] FORRESTER A I J, SÓBESTER A, KEANE A J. Engineering design via surrogate modelling a practical guide. New Jersey: John Wiley and Sons, 2008.

[8] LEWIS R, NASH S. A multigrid approach to the optimization of systems governed by differential equations. Proceedings of the 8th Symposium on Multidisciplinary Analysis and Optimization, 2000: doi 10. 2514/6. 2000-4890.

[9] HAFTKA R T. Combining global and local approximations. AIAA Journal, 1991, 29(9): 1523-1525.

[10] GANO S E, RENAUD J E, SANDERS B. Hybrid variable fidelity optimization by using a Kriging-based scaling function. AIAA Journal, 2005, 43(11): 2422-2433.

[11] BANDLER J W, BIERNACKI R M, CHEN S H, et al. Space mapping technique for electromagnetic optimization. IEEE Transactions on Microwave Theory and Techniques, 1994, 42(12): 2536-2544.

[12] KENNEDY M C, O'HAGAN A. Predicting the output from a complex computer code when fast approximations are available. Biometrika, 2000, 87(1): 1-13.

[13] HAN Z H, GÖRTZ S. Hierarchical Kriging model for variable-fidelity surrogate modeling. AIAA Journal, 2012, 50(9): 1885-1896.

[14] HU J, ZHOU Q, JIANG P, et al. An adaptive sampling method for variable-fidelity surrogate models using improved hierarchical kriging. Engineering Optimization, 2018, 50(1): 145-163.

[15] TOAL D J, BRESSLOFF N W, KEANE A J. Kriging hyperparameter tuning strategies. AIAA Journal, 2008, 46(5): 1240-1252.

[16] JONES D, SCHONLAU M, WELCH W. Efficient global optimization of expensive black-box functions. Journal of Global Optimization, 1998, 13: 455-492.

[17] COX D D, JOHN S. A statistical method for global optimization. Proceedings of the 1992 IEEE International Conference on Systems, Man, and Cybernetics, 1992: 1241-1246.

[18] SCHONLAU M. Computer experiments and global optimization. Waterloo: University of Waterloo, 1997.

[19] POTTER M A, DE JONG K A. A cooperative coevolutionary approach to function optimization. Proceedings of the International Conference on Parallel Problem Solving from Nature, 1994: 249-257.

[20] YI J, LIU J, CHENG Y. A fast forecast method based on high and low fidelity surrogate models for strength and stability of stiffened cylindrical shell with variable ribs. 2018 IEEE 8th International Conference on Underwater System Technology: Theory and Applications(USYS), Wuhan, China, 2018: 1-6.

[21] JIN Y. A comprehensive survey of fitness approximation in evolutionary computation. Soft Computing, 2005, 9(1): 3-12.

[22] JIN Y. Surrogate-assisted evolutionary computation: Recent advances and future challenges. Swarm and Evolutionary Computation, 2011, 1(2): 61-70.

第 3 章

基于信息熵的单精度序贯 Kriging 代理模型下置信边界优化方法

3.1 概　　述

船舶与水下航行器设计有时涉及目标函数耗时、约束函数不耗时这一类优化问题，如质量约束下船舶与水下航行器基座结构阻抗优化设计就属于这类问题。对这类优化设计问题，通常采用代理模型替代昂贵的目标函数的仿真计算。随后，在优化过程中序贯更新代理模型进行寻优。这种用代理模型替代目标函数的优化问题的数学模型可以描述为

$$\begin{aligned}\min\ &\hat{f}(\boldsymbol{x})\\ \text{s.t.}\ &g_j(\boldsymbol{x})\leqslant 0\quad j=1,2,\cdots,J\\ &\boldsymbol{x}_{\text{lb}}\leqslant \boldsymbol{x}\leqslant \boldsymbol{x}_{\text{ub}}\end{aligned} \quad (3.1)$$

式中：$\hat{f}(\boldsymbol{x})$ 为目标函数的代理模型；$\boldsymbol{x}=(x_1,x_2,\cdots,x_N)^{\text{T}}$ 为设计变量向量，N 为设计变量空间的维度；$\boldsymbol{x}_{\text{lb}}$ 和 $\boldsymbol{x}_{\text{ub}}$ 分别为设计变量 $\boldsymbol{x}$ 的下限和上限；$\boldsymbol{g}=(g_1,g_2,\cdots,g_J)$ 为约束条件；J 为约束条件的个数。

为高效求解上述优化问题，本章提出单一精度来源下，基于信息熵的序贯 Kriging 代理模型下置信边界优化方法，通过大量数值函数测试该方法的有效性。

3.2 基 本 思 想

对于复杂的水下结构物设计优化问题，受限于计算资源，调用仿真的次数越少越好。本节提出一种基于信息熵的序贯代理模型下置信边界（EW-LCB）优化方法，用于解决目标耗时的优化问题。EW-LCB 优化方法通过逐次选择更新样本点来减少仿真调用次数，在计算资源限制条件下获得最优化解。

代理模型下置信边界优化方法通过在全局最优化过程中引入代理模型不确定性及其预测值的线性组合作为下界函数，通过最小化下界函数确定新增采样点。LCB 表达式参见式（2.37）。

通过最小化 LCB 函数，倾向于在模型最小预测值或者模型误差最大处新增采样点。当增大 b 值时，LCB 方法更侧重于在模型误差大的空间采样，提升了全局搜索能力；当 $b=0$ 时，最小化 LCB 函数等同于最小化模型预测值，则侧重于局部搜索。但是，一般而言，LCB 函数中自定义控制参数一般取常数值，也就意味着在整个迭代过程中全局搜索和局部搜索的权重是一直保持不变的。对于一些复杂问题，LCB 方法的效率会受到影响。在 LCB 方法基础上，为了在优化过程中自适应平衡全局搜索与局部搜索，使得原有的 LCB 函数能够在迭代过程中根据当前最优解和代理模型的信息自动为全局搜索项和局部搜索项分配权重系数。因此，本小节提出 EW-LCB 函数：

$$\text{EW-LCB}(\boldsymbol{x})=w_f\hat{f}(\boldsymbol{x})-w_s\hat{s}(\boldsymbol{x})\exp((-1)^t t) \quad (3.2)$$

式中：w_f 为局部搜索权重系数；w_s 为全局搜索权重系数；t 为当前基于代理模型最优解连续出现的次数，即利用 $\exp((-1)^t t)$ 使算法在陷入局部最优时，能够及时跳出局部最优。

局部搜索权重系数 w_f 和全局搜索权重系数 w_s 的确定至关重要。提出的 EW-LCB 函数引入信息熵理论[1]，对当前代理模型预测值和方差的变异性大小进行客观赋值，以合理利用计算资源提升优化效率。对于预测均值和预测方差，哪个指标的信息熵较大，则表明该指标的变异程度小，能够提供的信息量较少；反之，则表明变异程度大，提供的信息较多。由此，w_f 和 w_s 的取值计算公式为

$$w_f = \frac{1 - E_{\hat{f}(x)}}{2 - E_{\hat{f}(x)} - E_{\hat{s}(x)}}, \quad w_s = \frac{1 - E_{\hat{s}(x)}}{2 - E_{\hat{f}(x)} - E_{\hat{s}(x)}} \tag{3.3}$$

式中：$E_{\hat{f}(x)}$ 和 $E_{\hat{s}(x)}$ 分别为 Kriging 代理模型预测均值和预测方差在序贯过程中某次迭代下的信息熵值。

预测均值和预测方差的信息熵值在序贯过程的每次迭代中能够通过额外产生一系列的检验点而自动确定。也就是说在每次迭代中，Kriging 代理模型预测均值和预测方差信息熵的计算，需要额外在设计空间中采样。然后，对 n 个检验样本点的预测均值和预测方差进行归一化处理。预测均值和预测方差归一化的计算公式为

$$\bar{\hat{f}}(x_i) = \frac{\hat{f}(x_i) - \max\{\hat{f}(x_1), \hat{f}(x_2), \cdots, \hat{f}(x_n)\}}{\max\{\hat{f}(x_1), \hat{f}(x_2), \cdots, \hat{f}(x_n)\} - \min\{\hat{f}(x_1), \hat{f}(x_2), \cdots, \hat{f}(x_n)\}} \tag{3.4}$$

$$\bar{\hat{s}}(x_i) = \frac{\hat{s}(x_i) - \max\{\hat{s}(x_1), \hat{s}(x_2), \cdots, \hat{s}(x_n)\}}{\max\{\hat{s}(x_1), \hat{s}(x_2), \cdots, \hat{s}(x_n)\} - \min\{\hat{s}(x_1), \hat{s}(x_2), \cdots, \hat{s}(x_n)\}} \tag{3.5}$$

如式（3.4）和式（3.5）所示，归一化的本质是把所有的数据都转换到 0~1，以防止在工程优化设计过程中数据数量级不一致而导致信息熵的权重失去意义。然后，通过归一化之后的数据集可以计算预测均值的信息熵值：

$$E_{\hat{f}(x)} = -\frac{1}{\ln n} \sum_{i=1}^{n} p_{\hat{f}(x_i)} \ln p_{\hat{f}(x_i)}$$

$$p_{\hat{f}(x_i)} = \frac{\bar{\hat{f}}(x_i)}{\sum_{i=1}^{n} \bar{\hat{f}}(x_i)} \tag{3.6}$$

式（3.6）中，如果 $p_{\hat{f}(x_i)} = 0$，表示该点对信息熵的计算没有贡献，但是若直接将 $p_{\hat{f}(x_i)} = 0$ 代入式（3.6），式（3.6）的 $\ln p_{\hat{f}(x_i)}$ 将趋于负无穷大。因此，定义 $\lim_{p_{\hat{f}(x_i)} \to 0} p_{\hat{f}(x_i)} \ln p_{\hat{f}(x_i)} = 0$。同理可得，预测方差的信息熵值为

$$E_{\hat{s}(x)} = -\frac{1}{\ln n} \sum_{i=1}^{n} p_{\hat{s}(x_i)} \ln p_{\hat{s}(x_i)} \tag{3.7}$$

3.3 求解流程

EW-LCB 方法的基本流程如图 3.1 所示。EW-LCB 首先生成初始样本点 $\{x_i\}, i = 1, 2, \cdots, n$，并调用评估函数或者仿真模型求取其响应值 $y_k(x_i), i = 1, 2, \cdots, n$，其中 k 是迭代次数。如果不满足停止准则，则基于样本点及其响应值构建 Kriging 代理模型，并通过 EW-LCB 方法生成新的采样点添加到当前样本空间中，不断迭代更新直至收敛。

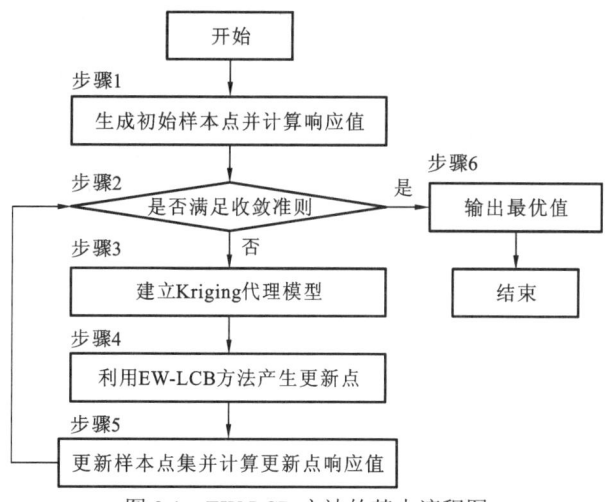

```
                          开始
                           │
  步骤1                     ▼
         ┌─────────────────────────────┐
         │   生成初始样本点并计算响应值    │
         └─────────────────────────────┘
                           │
  步骤2                     ▼                   步骤6
         ┌─────────────────────┐  是   ┌─────────────┐
    ┌───▶│   是否满足收敛准则    │─────▶│  输出最优值   │
    │    └─────────────────────┘       └─────────────┘
    │              │ 否                        │
    │   步骤3       ▼                          ▼
    │    ┌─────────────────────┐         ┌─────────┐
    │    │  建立Kriging代理模型  │         │  结束   │
    │    └─────────────────────┘         └─────────┘
    │   步骤4       │
    │    ┌─────────────────────┐
    │    │ 利用EW-LCB方法产生更新点│
    │    └─────────────────────┘
    │   步骤5       │
    │    ┌─────────────────────────────┐
    └────│ 更新样本点集并计算更新点响应值 │
         └─────────────────────────────┘
```

图 3.1 EW-LCB 方法的基本流程图

为了可视化表达提出的 EW-LCB 方法的基本思想与计算步骤，选取函数 $y=0.5\sin[4\pi\sin(x+0.5)]+(x+0.5)^2/3, x\in(0,1)$ 作为辅助进行描述。该示例函数具有局部最优解 $x=0$、$y=-0.0445$ 和全局最优解 $x=0.5312$、$y=-0.1341$。

步骤1：生成初始样本点并计算响应值。优化过程从构建初始样本点的 Kriging 代理模型开始。初始样本点的质量与数量对 Kriging 代理模型的准确性存在较大影响。若初始样本点选择越多，则工程仿真中需要的计算资源就越多，反之，如果初始样本点太少，则所构建的 Kriging 代理模型的精度可能较差，无法体现主要特征，导致后续优化可能无法获得全局优化方案。因为拉丁超立方设计（latin hypercube design，LHD）具有良好的空间均匀性，本节采用 LHD 生成初始样本点，以通过有限的样本点获得尽可能多的设计空间特征。为了平衡代理模型的精度和计算资源需求，选择初始样本点个数 $n=10d$，其中 d 是设计变量的维度[2, 3]。值得说明的是，为了与文献[4]提出的 PLCB 方法比较，同时更清楚地展示 EW-LCB 方法的优化过程，该算例中初始样本点设置为 $x=[0, 0.5, 1]$，其响应值为 $y=[-0.0445, -0.1229, 0.7343]$。当前响应集中的最小值为 -0.1229，比全局最小值大 0.0112。

步骤2：收敛准则。由于数值测试函数的最优解是已知的，相应的收敛准则设置为用 Kriging 代理模型获得的最优解与真实最优解之间的相对误差为 0.2%。如果满足迭代停止条件将不再更新样本点，并转入步骤6，否则，进入下一轮迭代。

步骤3~5：基于Kriging代理模型更新样本点及其响应值。

在步骤3中，基于步骤 1 所生成的初始样本点及其响应值建立初始 Kriging 代理模型，并在后续迭代过程中不断更新Kriging代理模型，初始Kriging代理模型如图3.2所示。

在步骤4中，采用更新准则来获取新增样本点，并更新现有 Kriging 代理模型。更新准则参照式（3.2）。

在示例函数的首次迭代过程中，局部搜索权重系数 $w_f=0.4961$，全局搜索权重系数与空间距离指标的乘积 $w_s\exp((-1)^t t)=0.5039$，而 $w_f<w_s\exp((-1)^t t)$，表明该阶段更加侧重于全局搜索而非局部搜索。

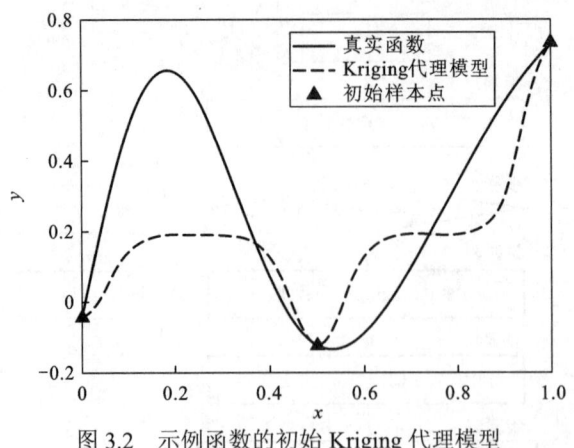

图 3.2　示例函数的初始 Kriging 代理模型

在步骤 5 中，计算新增样本点的响应值，并更新样本点集。重复上述三个步骤，直到满足收敛准则。

图 3.3～图 3.5 为第 1～3 次序贯更新的 Kriging 代理模型图。随着迭代的进行，Kriging 代理模型精度逐步提高。同时，由于本函数只有一个全局最优值，不存在局部最优值，所提出的 EW-LCB 函数在序贯的过程中能够快速收敛至全局最优解。

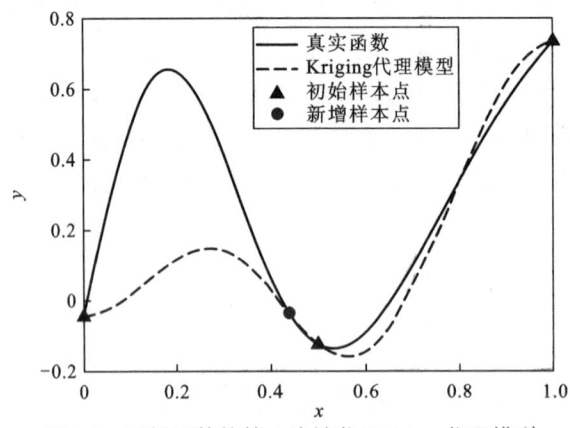

图 3.3　示例函数的第 1 次迭代 Kriging 代理模型

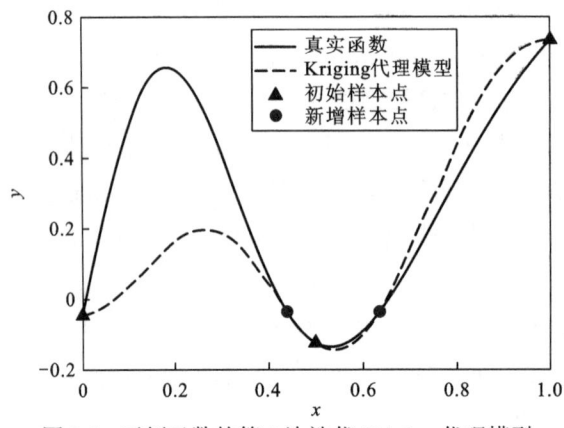

图 3.4　示例函数的第 2 次迭代 Kriging 代理模型

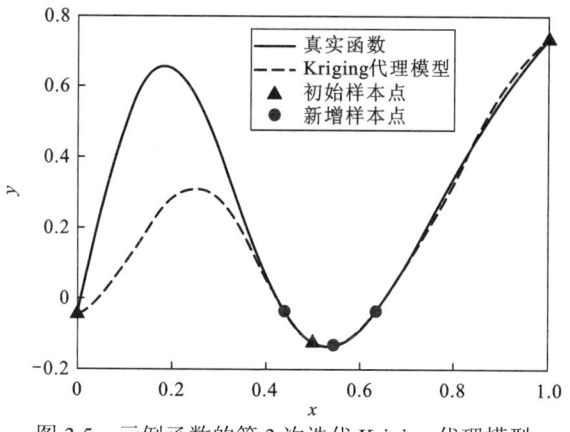

图 3.5　示例函数的第 3 次迭代 Kriging 代理模型

步骤 6：输出优化解。一旦满足迭代终止条件，将输出优化解，如图 3.6 所示。获得的最优解为 $x = 0.5312$，该值与理论全局最小值相等。在这种情况下，最终的 Kriging 模型并不等同于实际函数，这是因为要获得函数最优解，并不需要获得实际函数的所有特征。这表明采用 EW-LCB 方法在获得最优解的同时能够节省计算资源。

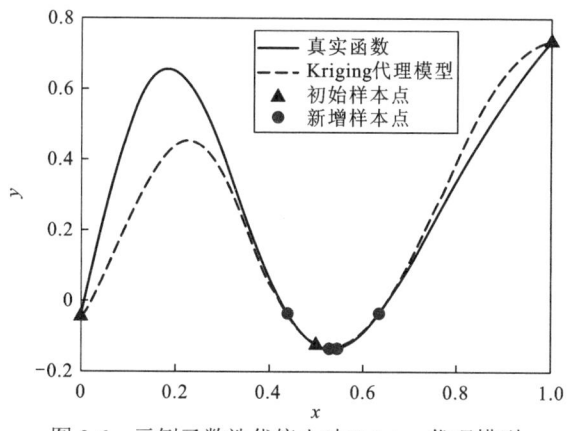

图 3.6　示例函数迭代停止时 Kriging 代理模型

3.4　数值算例及分析

本节用 15 个数值测试函数来说明 EW-LCB 方法的有效性，数值测试函数的表达式如下。
（1）Peaks（PK）函数：

$$f(x) = 3(1-x_1)^2 e^{-x_1^2-(x_2+1)^2} - 10\left(\frac{x_1}{5} - x_1^3 - x_2^5\right)e^{-x_1^2-x_2^2} - \frac{1}{3}e^{-x_2^2-(x_1+1)^2} \tag{3.8}$$

式中：设计变量个数为 2，设计变量的取值范围为 $x_1, x_2 \in [-2,2]$，最优化值为 -6.5511。

（2）Banana（BA）函数：

$$f(x) = 100(x_1^2 - x_2)^2 + (1-x_1)^2 \tag{3.9}$$

式中：设计变量个数为 2，设计变量的取值范围为 $x_1, x_2 \in [-2,2]$，最优化值为 0。

（3）Sasena（SA）函数：
$$f(x) = 2 + 0.01(x_2 - x_1^2)^2 + (1 - x_1)^2 + 2(2 - x_2)^2 + 7\sin(0.5x_1)\sin(0.7x_1x_2) \quad (3.10)$$
式中：设计变量个数为 2，设计变量的取值范围为 $x_1, x_2 \in [0,5]$，最优化值为 -1.4565。

（4）Six-humpcamp-back（SC）函数：
$$f(x) = \left(4 - 2.1x_1^2 + \frac{x_1^4}{3}\right)x_1^2 + x_1x_2 + (-4 + 4x_2^2)x_2^2 \quad (3.11)$$
式中：设计变量个数为 2，设计变量的取值范围为 $x_1, x_2 \in [-2,2]$，最优化值为 -1.0316。

（5）Himmelblau（HM）函数：
$$f(x) = (x_1^2 + x_2 - 11)^2 + (x_2^2 + x_1 - 7)^2 \quad (3.12)$$
式中：设计变量个数为 2，设计变量的取值范围为 $x_1, x_2 \in [-6,6]$，最优化值为 0。

（6）Goldstein-Price（GP）函数：
$$f(x) = [1 + (x_1 + x_2 + 1)^2(19 - 14x_1 + 3x_1^2 - 14x_2 + 6x_1x_2 + 3x_2^2)] \\ \times [30 + (2x_1 - 3x_2)^2(18 - 32x_1 + 12x_1^2 + 48x_2 - 36x_1x_2 + 27x_2^2)] \quad (3.13)$$
式中：设计变量个数为 2，设计变量的取值范围为 $x_1, x_2 \in [-2,2]$，最优化值为 3。

（7）Generalized polynomial（GF）函数：
$$\begin{cases} f(x) = u_1^2 + u_2^2 + u_3^2 \\ u_i = c_i - x_1(1 - x_2^i), \quad i = 1,2,3 \\ c_1 = 1.5, \quad c_2 = 2.25, \quad c_3 = 2.625 \end{cases} \quad (3.14)$$
式中：设计变量个数为 2，设计变量的取值范围为 $x_1, x_2 \in [-5,5]$，最优化值为 -76.2233。

（8）Levy3（L3）函数：
$$f(x) = \sin^2(\pi\omega_1) + \sum_{i=1}^{2}(\omega_i - 1)^2[1 + 10\sin^2(\pi\omega_i + 1)] + (\omega_3 - 1)^2[1 + \sin^2(2\pi\omega_3)] \\ \omega_i = 1 + \frac{x_i - 1}{4}, \quad i = 1,2,3, \quad x_i \in [-10,10] \quad (3.15)$$
式中：设计变量个数为 3，设计变量的取值范围为 $x_1, x_2, x_3 \in [-10,10]$，最优化值为 -76.2233。

（9）Forrester 1：
$$\begin{cases} f(x) = (6x - 2)^2 \sin(12x - 4) \\ y_h = f(x) \\ y_l = 0.5f(x) + 10(x - 0.5) - 5 \end{cases} \quad (3.16)$$
式中：设计变量的取值范围为 $x \in [0,1]$，最优化值为 $f^* = -6.020740$，对应的设计变量取值为 $x^* = 0.75725$。

（10）Sasena1D：
$$\begin{cases} f_h(x) = -\sin x - e^{\left(\frac{x}{100}\right)} + 10 \\ f_l(x) = f_h(x) + 0.03(x - 3)^2 + 0.3 \end{cases} \quad (3.17)$$
式中：设计变量的取值范围为 $x \in [0,10]$，最优化值为 $f^* = 7.9182$，最优化值对应的设计变量的取值为 $x^* = 0.75725$。

（11）Hartmann 3：

$$\begin{cases} f_h = -\sum_{i=1}^{4} \alpha_i \exp\left[-\sum_{j=1}^{3} \beta_{ij}(x_j - p_{ij})^2\right] \\ f_l = -\sum_{i=1}^{4} \alpha_i \exp\left\{-\sum_{j=1}^{3} \beta_{ij}\left[x_j - \frac{3}{4}p_{ij}(0.4+1)\right]^2\right\} \end{cases} \tag{3.18}$$

各系数矩阵取值为

$$\boldsymbol{\alpha} = \begin{bmatrix} 1 \\ 1.2 \\ 3 \\ 3.2 \end{bmatrix} \quad \boldsymbol{\beta} = \begin{bmatrix} 3.0 & 10 & 30 \\ 0.1 & 10 & 35 \\ 3.0 & 10 & 30 \\ 0.1 & 10 & 35 \end{bmatrix} \quad \boldsymbol{P} = \begin{bmatrix} 0.3689 & 0.1170 & 0.2673 \\ 0.4699 & 0.4387 & 0.7470 \\ 0.1091 & 0.8732 & 0.5547 \\ 0.0381 & 0.5743 & 0.8828 \end{bmatrix} \tag{3.19}$$

式中：设计变量的取值范围为 $x_1, x_2, x_3 \in [0,1]$，最优化值为 $f^* = -3.8627$，最优化值对应的设计变量的取值为 $x^* = [0.114, 0.556, 0.852]$。

（12）Ackley 5：

$$\begin{cases} f(x_1, \cdots, x_5) = -a\exp\left[-b\sqrt{\frac{1}{n}\sum_{i=1}^{5} x_i^2}\right] - \exp\left[\frac{1}{n}\sum_{i=1}^{5}\cos(cx_i)\right] + a + \exp(1) \\ a = 20;\ b = 0.2;\ c = 2\pi \\ y_h = f(x_1, \cdots, x_5) \\ y_l = f(x_1, \cdots, x_5) + \sum_{i=1}^{5} x_i - \exp(1) + \exp(1.1) \end{cases} \tag{3.20}$$

式中：设计变量的取值范围为 $x_i \in [-2,2], i = 1,2,3,4,5$，最优化值为 $f^* = 0$，最优化值对应的设计变量的取值为 $\boldsymbol{x}^* = [0, \cdots, 0]$。

（13）H4：

$$\begin{cases} f(x) = 100(x_2 - x_1^2)^2 - (x_1 - 1)^2 + 100(x_3 - x_2^2)^2 - (x_2 - 1)^2 \\ \qquad + 100(x_4 - x_3^2)^2 - (x_3 - 1)^2 \\ y_h = f(x) \\ y_l = 100(0.5x_2 - 0.6x_1^2)^2 - (0.6x_1 - 0.5)^2 \\ \qquad + 100(0.5x_3 - 0.6x_2^2)^2 - (0.6x_2 - 0.5)^2 \\ \qquad + 100(0.5x_4 - 0.6x_3^2)^2 - (0.6x_3 - 0.5)^2 \end{cases} \tag{3.21}$$

式中：设计变量的取值范围为 $x \in [0,2]$，最优化值为 $f^* = 0.0$，最优化值对应的设计变量的取值为 $\boldsymbol{x}^* = [1, \cdots, 1]$。

（14）H7：

$$\begin{cases} f(x) = x_1^2 + x_2^2 + x_1 x_2 - 14x_1 - 16x_2 + (x_3 - 10)^2 \\ \qquad + 4(x_4 - 5)^2 + (x_5 - 3)^2 + 2(x_6 - 2)^2 + 5x_7^2 \\ \qquad + 7(x_8 - 11)^2 + 2(x_9 - 10)^2 + 10(x_{10} - 7)^2 + 45 \\ y_h = f(x) \\ y_l = f(x) + x_1 x_3 + x_2 x_8 + x_5 x_6 - 5 \end{cases} \tag{3.22}$$

式中：设计变量的取值范围为 $x \in [-10,10]$，最优化值为 $f^* = -24$。

（15）Hartmann 6：

$$f(x_1,\cdots,x_6) = -\sum_{i=1}^{4} c_i \exp\left[-\sum_{j=1}^{6} \alpha_{ij}(x_j - p_{ij})^2\right]$$

$$y_h = f(x_1,\cdots,x_6) \quad (3.23)$$

$$y_l = -\sum_{i=1}^{4} lc_i \exp\left[-\sum_{j=1}^{6} \alpha_{ij}(l_j x_j - p_{ij})^2\right]$$

式中

$$[\alpha_{ij}] = \begin{bmatrix} 10 & 3 & 17 & 3.50 & 1.7 & 8 \\ 0.05 & 10 & 17 & 0.1 & 8 & 14 \\ 3 & 3.5 & 1.7 & 10 & 17 & 8 \\ 17 & 8 & 0.05 & 10 & 0.1 & 14 \end{bmatrix}, \quad [c_i] = \begin{bmatrix} 1.0 \\ 1.2 \\ 3.0 \\ 3.2 \end{bmatrix}$$

$$[p_{ij}] = \begin{bmatrix} 0.1312 & 0.1696 & 0.5569 & 0.0124 & 0.8283 & 0.5886 \\ 0.2329 & 0.4135 & 0.8307 & 0.3726 & 0.1004 & 0.9991 \\ 0.2348 & 0.1451 & 0.3522 & 0.2883 & 0.3047 & 0.6650 \\ 0.4047 & 0.8828 & 0.8732 & 0.5743 & 0.1091 & 0.0381 \end{bmatrix} \quad (3.24)$$

$$[c_i] = [1.1 \ \ 0.8 \ \ 2.5 \ \ 3]^T, \quad [l_j] = [0.75 \ \ 1 \ \ 0.8 \ \ 1.3 \ \ 0.7 \ \ 1.1]^T$$

式中：设计变量的取值为 $x_j \in [0,1]$，$j = 1,2,3,4,5,6$，最优化值为 $f^* = -3.32237$，最优化值对应的设计变量的取值为 $\boldsymbol{x}^* = (0.202, 0.150, 0.477, 0.275, 0.312, 0.657)$。

为了综合测试本章提出的 EW-LCB 方法的效果，将 EW-LCB 方法与 EI[3]、WEI[5]、LCB[6]和 PLCB[4]这 4 种典型目标函数代理模型序贯优化方法进行比较。为了避免优化结果的随机性，每种方法使用不同的初始样本点运行 50 次，并统计迭代次数的均值和方差用于评价各种方法的性能。5 种方法的 50 次计算的统计结果如表 3.1 所示。

表 3.1　15 个数值算例统计优化结果的比较

测试函数	比较项目	EI	WEI	LCB	PLCB	EW-LCB
PK	FE$_{mean}$	29.72/3	30.02/4	29.68/2	30.94/5	**26.76/1**
	FE$_{std}$	2.499/2	2.832/3	**2.055/1**	5.207/4	5.43/5
BA	FE$_{mean}$	32.40/3	31.96/2	33.00/4	33.68/5	**25.84/1**
	FE$_{std}$	3.499/3	3.458/2	5.364/4	5.964/5	**2.98/1**
SA	FE$_{mean}$	33.72/3	36.34/5	34.64/4	31.66/2	**28.32/1**
	FE$_{std}$	4.436/3	4.579/4	**2.731/1**	5.420/5	3.44/2
SC	FE$_{mean}$	39.30/4	40.66/5	39.20/3	35.14/2	**32.42/1**
	FE$_{std}$	3.965/3	**3.634/1**	3.785/2	5.292/4	5.55/5
HM	FE$_{mean}$	45.76/4	46.22/5	43.38/3	40.66/2	**37.16/1**
	FE$_{std}$	2.987/3	2.873/2	**1.748/1**	5.157/5	3.39/4
GP	FE$_{mean}$	Failed/5	Failed/5	Failed/5	97.62/2	**91.40/1**
	FE$_{std}$	Failed/5	Failed/5	Failed/5	34.68/2	**10.74/1**

续表

测试函数	比较项目	EI	WEI	LCB	PLCB	EW-LCB
GF	FE_{mean}	Failed/5	Failed/5	Failed/5	139.2/2	**117.54/1**
	FE_{std}	Failed/5	Failed/5	Failed/5	76.83/2	**31.60/1**
L3	FE_{mean}	395.2/3	522.8/4	533.0/5	**166.1/1**	203.12/2
	FE_{std}	119.1/3	147.0/4	159.4/5	**54.12/1**	88.95/2
Forrester	FE_{mean}	10.58/4	10.54/3	10.50/2	10.96/5	**10.48/1**
	FE_{std}	**0.50/1**	**0.50/1**	0.51/3	1.01/5	0.51/3
Sasena1D	FE_{mean}	16.61/2	17.25/4	16.98/3	17.88/5	**16.38/1**
	FE_{std}	3.38/2	3.51/3	3.68/4	4.66/5	**3.21/1**
Hatman3	FE_{mean}	37.82/4	38.86/5	37.66/3	37.62/2	**36.92/1**
	FE_{std}	3.05/2	3.53/3	3.59/4	3.88/5	**2.83/1**
Ackley 5	FE_{mean}	246.3/4	Failed/5	227.6/3	215.1/2	**144.7/1**
	FE_{std}	25.59/2	Failed/5	48.20/4	35.08/2	**22.42/1**
H 4	FE_{mean}	71.46/4	65.80/2	**60.46/1**	74.28/5	66.90/3
	FE_{std}	19.12/4	19.43/5	18.46/3	**17.15/1**	17.34/2
H 7	FE_{mean}	Failed/5	Failed/5	Failed/5	Failed/5	**188.40/1**
	FE_{std}	Failed/5	Failed/5	Failed/5	Failed/5	**22.14/1**
Hartmann6	FE_{mean}	127.06/1	120.18/2	137.80/3	137.96/5	**113.66/1**
	FE_{std}	81.39/3	77.40/2	85.05/5	81.54/4	**76.93/1**

注：加黑数字为最佳优化结果

在表 3.1 中，FE_{mean} 表示迭代次数的平均值，体现该方法的效率，FE_{std} 表示迭代次数的方差，反映该方法的鲁棒性。在表 3.1 中，均值或方差之后的数字是方法的排序，如 26.76/1，意味着排序第 1。加粗的数字表明是 5 种方法中排序第 1 的值。可以看出，EW-LCB 方法在大多数数值测试函数中排名第 1，表明该方法的优化求解效率最高。

表 3.2 给出了 5 种方法性能的平均排序结果。平均排名（FE_{mean}）顺序依次是 EW-LCB、PLCB、LCB、EI 和 WEI，鲁棒性（FE_{std}）排名依次是 EW-LCB、EI、WEI、LCB 和 PLCB，结果表明 EW-LCB 方法的平均排名和鲁棒性均是 5 种方法中最好的。

表 3.2 5 种方法的平均排名结果

加点准则		EI	WEI	LCB	PLCB	EW-LCB
平均排序	FE_{mean}	3.71	4.07	3.40	3.33	**1.20**
	FE_{std}	3.07	3.33	3.47	3.67	**2.07**

为了评估所提出的 EW-LCB 方法与其他 4 种方法之间的差异是否显著，使用 Bergmann-Hommel 方法[7]获得多个测试算例的 p_i 值，如表 3.3 所示。可以看出，所有 p_i 值均小于 0.05，表明 EW-LCB 方法与其他 4 种方法具有显著的差异，进一步表明 EW-LCB 方法的求解效率是全部 5 种方法中最好的。

表 3.3　数值测试函数中通过不同重要性测试计算的 p 值

假设检验	p 值
EI vs. EW-LCB	0.002 7
WEI vs. EW-LCB	0.000 1
LCB vs. EW-LCB	0.001 6
PLCB vs. EW-LCB	0.005 7

为进一步研究初始样本点数量对优化结果的影响,在上述算例基础上,新增两种初始样本点方案,初始样本点全部由 LHD 方法生成,选取 SA 和 L3 函数对优化结果进行分析讨论。表 3.4 给出了不同初始采样方案的对比结果,符号/前面的数值代表新增采样点均值,符号/后面的数字代表以均值为评价指标的每种方法的效率排序。为了更加直观地显示在不同初始样本数量下不同算法获取函数最优值所需要的最终样本点资源,图 3.7 所示为不同算法的最终样本点数量随初始样本点数量的变化情况。

表 3.4　不同初始样本点方案对 SA 和 L3 函数优化结果的影响

测试函数	初始样本点数量	EI	WEI	LCB	PLCB	EW-LCB
SA	$5d$	27.48/4	29.98/5	26.90/3	23.90/2	23.52/1
	$10d$	32.40/3	31.96/2	33.00/5	32.78/4	29.50/1
	$15d$	41.56/4	43.54/5	41.38/3	39.38/2	38.16/1
L3	$5d$	391.6/3	520.5/5	510.2/4	140.9/1	174.1/2
	$10d$	395.2/3	522.8/4	533.0/5	166.1/1	203.1/2
	$15d$	406.7/3	524.5/4	539.8/5	166.3/1	205.1/2

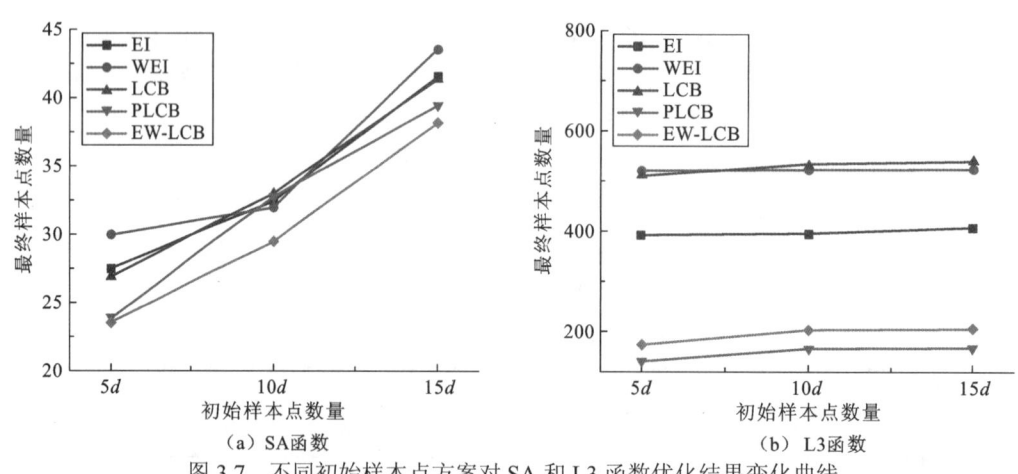

图 3.7　不同初始样本点方案对 SA 和 L3 函数优化结果变化曲线

从表 3.4 和图 3.7 可以看出,对于较为简单的函数,如 SA 函数,初始样本点数量对算法有较大的影响。在初始样本点较少时,5 种算法都只需要较少的样本点;然而当初始样本点数量较多时,5 种算法都需要更多的样本点。但是总体而言,EW-LCB 在 5 种方法中均排名第一,然而 EI、WEI、LCB、PLCB 4 种方法排名变化很大。例如,当初始样本数量为 5d 和 15d 时，PLCB 方法排名第 2，但是当初始样本数量为 10d 时，排名第 4。对于较为复杂的函数，如 L3 函数，初始样本点取以上三种规模对 5 种方法总共所需要的样本点数量影响不大。其中，EW-LCB 方法在所有的方法中排名第 2。因此，本章提出的 EW-LCB 方法不管是求解简单问题还是求解复杂问题都能有较好的表现。总的来看，与其他 4 种方法相比，EW-LCB 方法在全局搜索和局部搜索之间的平衡能力更强。

参 考 文 献

[1] GADRE S R. Information entropy and Thomas-Fermi theory. Physical Review A, 1984, 30(1): 620-621.

[2] LOEPPKY J L, SACKS J, WELCH W J. Choosing the sample size of a computer experiment: A practical guide. Technometrics, 2009, 51(4): 366-376.

[3] JONES D, SCHONLAU M, WELCH W. Efficient global optimization of expensive black-box functions. Journal of Global Optimization, 1998, 13: 455-492.

[4] ZHENG J, LI Z, GAO L, et al. A parameterized lower confidence bounding scheme for adaptive metamodel-based design optimization. Engineering Computations, 2016, 33(7): 2165-2184.

[5] XIAO S, ROTARU M, SYKULSKI J K. Adaptive weighted expected improvement with rewards approach in Kriging assisted electromagnetic design. IEEE Transactions on Magnetics, 2013, 49(5): 2057-2060.

[6] COX D D, JOHN S. A statistical method for global optimization. Proceedings of the 1992 IEEE International Conference on Systems, Man, and Cybernetics, 1992: 1241-1246.

[7] GARCIA S, HERRERA F. An extension on 'statistical comparisons of classifiers over multiple data sets' for all pairwise comparisons. Journal of Machine Learning Research, 2008, 9(11): 2677-2694.

第4章

基于约束精度自检测的多阶段协同序贯代理模型优化方法

4.1 概　　述

船舶与水下航行器设计常常涉及目标函数和约束函数均耗时这一类优化问题，如强度约束下船舶板架结构稳定性优化设计、强度约束下水下航行器耐压结构稳定性优化设计等。利用序贯代理模型优化方法求解目标函数和约束函数均耗时优化问题时，传统的约束处理方法已经在 1.3.1 小节进行了介绍。主流的几种求解方法都在制订加点准则、确定更新点时同时兼顾了目标函数的最优性提高和约束函数的可行性提高。但是通过这些加点准则确定的更新点在每次迭代中既不能保证最优性提升最大，也不能保证约束函数可行性提升最大。

基于上述考虑，本章提出一种协同序贯更新的代理模型优化方法，即在单次迭代更新中添加一个目标函数，最优性提高最大的更新点，同时添加一个约束函数，可行性提高最大的更新点，以加快算法的寻优速度。但是，单次更新两个样本点势必会导致在同等的计算资源下，算法迭代次数只有传统算法的一半。并且，约束函数代理模型在约束优化问题中的主要作用是为设计方案提供可行/不可行状态的快速评估，也就是说约束函数代理模型并不要求全局精度高，只要约束函数代理模型在约束边界精度能提供准确的可行/不可行的状态预测，则可以在后续的优化中将约束耗时的优化问题转化为约束不耗时的优化问题。

为了解决上述问题，本章首先提出约束函数序贯加点准则，该加点准则兼顾约束函数之间的关系、约束函数代理模型的不确定性和设计方案的可行性提高。通过该序贯加点准则可以选择对积极约束函数的约束边界提升最大的样本点来更新约束函数代理模型，使其能够在序贯优化设计的过程中为设计方案提供准确的可行/不可行的预测。该加点准则与传统约束加点准则不同的是其主要在约束边界附近加点，提升约束边界的局部精度，而不是在设计空间中添加样本点来提升约束函数在整个设计空间中的整体精度。除此之外，为了进一步提升算法的优化效率，本章提出一个约束边界精度检测指标，该指标能够在算法序贯更新的过程中提供约束函数代理模型对约束边界精度的预测。结合约束边界精度检测指标和序贯过程中的目标函数优化值，提出选择算法在每次迭代过程中选取两个更新候选点（目标函数候选点和约束函数候选点）中的一个或者两个来更新代理模型，以最大化地利用计算资源，提升算法效率。结合上述分析，将本章提出的方法命名为"基于约束精度自检测的多阶段协同序贯单精度代理模型优化方法"。

4.2 目标函数和约束函数代理模型序贯加点准则

4.2.1 目标函数代理模型序贯加点准则

在序贯 Kriging 代理模型优化方法中，LCB 加点准则是一个通用的有效目标函数序贯更新准则，其数学表达式如式（2.37）所示。但是标准 LCB 加点准则只能用于无约束的优化问题。倘若直接利用标准 LCB 加点准则来指导约束优化问题选取更新点，则更新点会有很大的概率处于不可行区域中，从而降低算法的优化效率。因此，利用 LCB 加点准则对约束优化问题进行选点是需要对标准 LCB 加点准则进行改写的，改写后称为惩罚置信下限（penalized lower confidence bounding，PLCB）加点准则。PLCB 加点准则的表达式为

$$\text{PLCB}(\boldsymbol{x}) = \text{LCB}(\boldsymbol{x}) + \alpha \max\{\hat{g}_j(\boldsymbol{x}) - a\hat{s}_{g_j}(\boldsymbol{x}), 0\}, \quad j = 1, 2, \cdots, c \tag{4.1}$$

式中：LCB($\boldsymbol{x}$) 为标准 LCB 加点准则，其表达式如式（2.37）所示；α 为惩罚系数，用来调整对违反约束的惩罚程度；$\hat{g}_j(\boldsymbol{x})$ 和 $\hat{s}_{g_j}(\boldsymbol{x})$ 分别为第 j 条约束函数 Kriging 代理模型的预测均值和标准差；a 为约束函数松弛因子，一般而言，$a = 0$ 或者 $a = 1.96$ [1]。

在序贯优化过程中，可以通过最小化式（4.1）得到目标函数候选点的信息，即

$$\boldsymbol{x}_{\text{obj}} = \arg\min \text{PLCB}(\boldsymbol{x}) \tag{4.2}$$

4.2.2 约束函数代理模型序贯加点准则

约束函数序贯加点准则的目的是在序贯过程中选取更新点来更新约束函数 Kriging 代理模型，使其能够在序贯优化过程中为设计方案提供准确的可行性预报。在这种情况下，对用于序贯优化加点的标准 LCB 加点准则进行一定的改写，使其能够用于确定在序贯过程中对约束函数 Kriging 代理模型加点，称为修改置信下限（modified lower confidence bounding，MLCB）加点准则：

$$\text{MLCB}_j(\boldsymbol{x}) = |\hat{g}_j(\boldsymbol{x}) - z_j| - 1.96\hat{s}_{g_j}(\boldsymbol{x}), \quad j = 1, 2, \cdots, c \tag{4.3}$$

式中：z_j 为约束优化问题中第 j 条约束的限界值，本章所有测试算例的限界值均为 0。

由式（4.3）可知，$|\hat{g}_j(\boldsymbol{x}) - z_j|$ 为 MLCB 加点准则的局部搜索项，通过该项能够使更新点更多地关注已经搜索出的约束边界附近，在序贯过程中逐步提高已有预测约束边界附近的精度；$\hat{s}_{g_j}(\boldsymbol{x})$ 是 MLCB 加点准则的全局搜索项，通过该项在序贯过程中更新点能够更多地关注 Kriging 代理模型预测方差大的地方，使得一些由于模型预测误差而没有找全的约束边界在序贯过程中逐步被发掘。因此，MLCB 加点准则能够较好地在全局搜索和局部搜索之间取得平衡。

理论上来说，对于耗时约束优化问题中的每一条耗时约束，都能够通过式（4.3）产生一个最佳的更新点。但是如果在序贯过程中，每个约束 Kriging 代理模型的最佳更新点都用来更新代理模型，则每次迭代都需要耗费大量的计算资源用于更新约束 Kriging 代理模型。且随着约束函数数量的增加，每次迭代所需要更新的样本点的数量也会增加，这对实际问题而言显然是承受不起的。事实上，在设计空间中任一设计方案的可行性主要是由积极约束控制，积极约束可以表示为

$$\hat{g}'(\boldsymbol{x}) = \max\{\hat{g}_j(\boldsymbol{x})\}, \quad j = 1, 2, \cdots, c \tag{4.4}$$

由式（4.4）可知，对于任一设计方案，当 $\hat{g}'(\boldsymbol{x}) < 0$，表示该设计方案可行；反之亦然。因此，将式（4.3）中的 $\hat{g}_j(\boldsymbol{x})$ 和 $\hat{s}_{g_j}(\boldsymbol{x})$ 替换成积极约束相应的预测均值和预测标准差就能够在序贯过程中产生一个对积极约束边界精度提升最大的候选点。

但是式（4.3）中全局搜索和局部搜索之间的权重系数采用的仍然是常数 1.96。研究表明常数权重可能使算法陷入局部最优[2-3]。因此，本章提出一个指标来权衡全局搜索和局

部搜索。最终的 MLCB 加点准则可以表示为

$$\mathrm{MLCB}(x) = |\hat{g}'(x)| - (1.96 + \ln \mathrm{flag})\hat{s}'_g(x) \tag{4.5}$$

式中：$\hat{g}'(x)$ 和 $\hat{s}'_g(x)$ 分别为积极约束的预测均值和预测方差；由于各约束的约束限界值 Z 都为 0，所以式（4.5）中未包括 z；flag 为序贯过程中当前最优解出现的次数。

由式（4.5）可知，当 flag 的取值增大，说明序贯过程的最优解一直没有得到更新，算法有较大的风险陷入局部最优。此时通过式（4.5）逐渐增大全局搜索的权重，从而使算法能够搜索在设计空间中未被发掘的可行域，使得算法跳出当前局部凹坑。

综上，利用 MLCB 加点准则式（4.5），可以在算法序贯更新过程的每次迭代中得到一个对积极约束边界精度提升最大的候选点：

$$x_{\mathrm{cons}} = \arg\min \mathrm{MLCB}(x) \tag{4.6}$$

4.3 约束代理模型边界精度自检测方法

在序贯更新的过程中，由于约束 Kriging 代理模型误差的存在，任意设计方案的可行性可以分成两大类：①即使考虑 Kriging 代理模型的误差，设计方案的可行性也不会发生改变；②考虑 Kriging 代理模型的误差，设计方案的可行性会产生改变。具体如图 4.1 所示，可以细分成以下 4 种情况。

（1）考虑代理模型误差，设计方案预测仍然是可行的，如三角形点。

（2）考虑代理模型误差，设计方案预测仍然是不可行的，如星点。

（3）考虑代理模型误差，设计方案预测由可行变为不可行，如圆点。

（4）考虑代理模型误差，设计方案预测由不可行变为可行，如方形点。

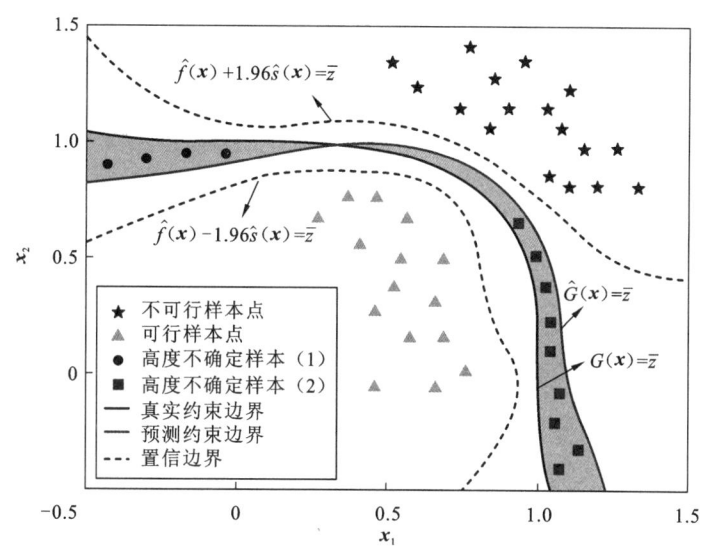

图 4.1　Kriging 代理模型误差对设计方案可行性的影响

第（3）种和第（4）种情况的点的产生主要是由于约束函数 Kriging 代理模型精度不足，尤其是由约束边界精度不足导致的。若能够在序贯过程中计算得出这两类点占整个设

计空间总点数的比例,则能够在序贯过程中提供实时的约束边界的预估精度,这对耗时约束算法具有重要意义。

第 2 章已经给出 Kriging 代理模型的详细推导。由于 Kriging 代理模型服从正态分布,在设计空间中考虑了 95%的置信区间仍然会改变预测符号的点可以表示为

$$\begin{cases} X_1 = \{x | \hat{g}'(x) < 0; \hat{g}'(x) + 1.96\hat{s}'(x) > 0\} \\ X_2 = \{x | \hat{g}'(x) > 0; \hat{g}'(x) - 1.96\hat{s}'(x) < 0\} \end{cases} \tag{4.7}$$

式中:X_1 为 Kriging 代理模型预测可行,但是考虑了 95%的置信区间会改变预测符号的点(图 4.1 中的圆点);X_2 为 Kriging 代理模型预测不可行,但是考虑了 95%的置信区间会改变预测符号的点(图 4.1 中的方形点)。通常来说,点集 X_1 和 X_2 中的点的数量越少,则意味着约束 Kriging 代理模型在约束边界的精度越高。

基于上述分析,可以在设计空间中产生一系列(N_{test} 个)检验点,然后计算点集 X_1 和 X_2 中检验点数量占总数量的比值为

$$R = \frac{N_{X_1} + N_{X_2}}{N_{\text{test}}} \tag{4.8}$$

式中:N_{X_1} 和 N_{X_2} 分别为点集 X_1 和 X_2 中检验点的数量,检验点通过最优拉丁超立方抽样(optimal Latin hypercube sampling,OLHS)[4]产生。

考虑很多约束优化问题的可行域会极小,在这种情况下,式(4.8)取值也会偏小。因此,将式(4.8)进一步修正为

$$R = \frac{N_{X_1} + N_{X_2}}{N_f} \tag{4.9}$$

式中:N_f 为检验点中预测可行的点的数量。

通过式(4.9)可知,修正后的 R 能够很好地提供 Kriging 代理模型对约束边界的预测精度。具体来说,R 的取值为 0~1,且 R 取值越接近 0,约束代理模型对约束边界的拟合精度越高。

4.4 多阶段优化设计求解流程

通过上述分析可知,目标函数 PLCB 加点准则和约束函数 MLCB 加点准则在每次迭代中能够产生两个候选点,这两个候选点分别能够对最优解的提升最大和对积极约束边界精度提升最大。同时,4.3 节中推导出序贯迭代过程中可以实时检测约束 Kriging 代理模型在约束边界精度的指标 R。因此,本章提出一个多阶段协同序贯优化(multi-stage collaborative sequential optimization,MCSO)算法。MCSO 算法的流程图如图 4.2 所示。从图中可以看出,MCSO 算法一共由 8 个步骤组成,下面将详细阐述每个步骤的具体内容。

步骤 1:通过 OLHS 方法产生初始样本点,初始样本点的个数通过式(4.10)确定:

$$N_{\text{init}} \begin{cases} \min\left(\frac{(d+1)(d+2)}{2}, 5d\right), & \text{若} d < 10 \\ d+1, & \text{其他} \end{cases} \tag{4.10}$$

图 4.2 MCSO 算法流程图

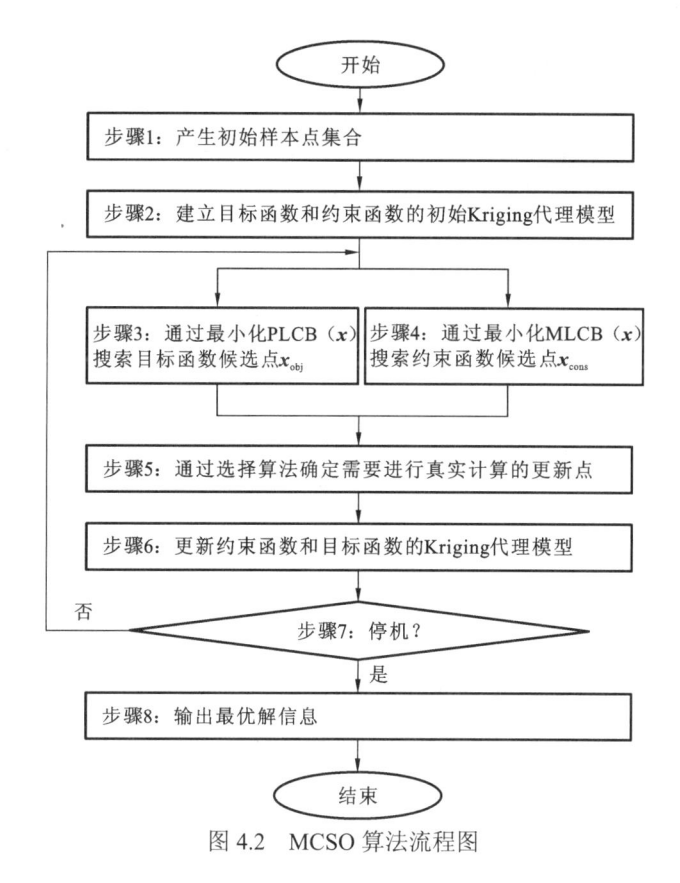

然后获取初始样本点目标函数和约束函数的真实响应值。

步骤 2：建立目标函数和约束函数初始 Kriging 代理模型。

步骤 3：通过粒子群算法[5]搜索 PLCB(x) 来确定目标函数候选点 x_{obj}。

步骤 4：通过粒子群算法[5]搜索 MLCB(x) 来确定约束函数候选点 x_{cons}。

步骤 5：通过算法 4.1（选择算法）确定当前迭代的更新点。

算法 4.1　MCSO 算法中更新点选择算法

输入：目标函数候选点 x_{obj}，约束函数候选点 x_{cons}，约束边界精度指标 R，当前样本点集合 (X, Y, g)

1: 开始
2: If sum max{g,0}≠0　　　　　←第一阶段：找到可行解
3: 　　then $x_{new} = x_{cons}$
4: else if $R \leqslant 0.05$　　　　　←第三阶段：寻优收敛阶段
5: 　　then $x_{new} = x_{obj}$
6: else if $D(x_{obj}, x_{cons}) \leqslant \gamma$　　←避免样本点聚集
7: 　　then $x_{new} = x_{obj}$
8: else　　　　　　　　　　　　←第二阶段：加速阶段
9: 　　$x_{new} = (x_{cons} \cup x_{cons})$
10: 结束

输出：更新点集 x_{new}

步骤 6：计算更新点目标函数和约束函数的真实响应值并且把更新点加入样本点集合中，然后更新目标函数和约束函数 Kriging 代理模型。

步骤 7：在当前样本点集合中搜索可行最优值。然后评估是否满足停机准则。如果满足停机准则，算法运行至步骤 8；如果不满足停机准则，算法返回步骤 3 继续迭代。一般而言，对数值测试问题和工程问题设置两种不同的停机准则。对于数值测试问题，由于真实最优值的信息已知，所以一般设置停机准则为当前最优值在真实最优值的某一预设误差之间即可停机；对于实际工程问题，由于最优值的信息一般不可知，且计算仿真资源有限，此时停机准则设置为序贯过程达到一定迭代次数停机。

步骤 8：输出停机时的真实最优值。

在步骤 5 中提到了选择算法，该算法是为了能够在序贯过程中最大化计算资源提出的。由此，根据序贯过程中优化值的取值情况和约束函数 Kriging 代理模型在积极约束边界的精度预测指标 R，本章提出了选择算法，其具体细节如算法 4.1 所示。

由算法 4.1 可知，算法每次需要输入目标函数候选点和约束函数候选点信息，当前迭代的约束边界精度指标 R 和当前样本点集合(X, Y, g)。算法主要由三个阶段构成。

第一阶段为寻找可行解，即算法开始迭代时，代理模型精度较低，容易找不到可行解。在第一阶段，MCSO 算法的主要任务为快速找到一个可行解，此时只选择约束函数候选点作为更新点进入下一次迭代。

在第二阶段，MCSO 算法已经找到了可行解，则算法 4.1 同时将目标函数和约束函数候选点当作更新点。此时每次迭代会有两个更新点，MCSO 算法进入加速阶段，目标函数和约束函数 Kriging 代理模型的精度会得到快速提升。

在第三阶段，约束函数 Kriging 代理模型的约束边界精度指标 $R \leqslant 0.05$，这说明约束函数 Kriging 代理模型已经能够很好地拟合积极约束边界。此时，MCSO 算法只选择目标函数候选点更新代理模型，旨在进一步提升优化解的质量。

值得注意的是，算法 4.1 的第 6 行和第 7 行是当目标函数和约束函数候选点的欧氏距离小于一定阈值时，只选择目标函数候选点来更新 Kriging 代理模型。一般而言，将阈值 γ 设置为 0.01。

4.5　数值算例及分析

4.5.1　示例函数

首先利用两个二维函数来可视化 MCSO 算法的有效性。将两个算例与经典的 CEI 算法[6]和仅使用 PLCB 加点准则（$a = 0$ 和 $a = 1.96$）[1]进行对比来说明 MCSO 算法相对经典约束处理方法的优越性。

（1）Branin 1 函数[7]：

$$f(x) = \left[15x_2 - \frac{5.1}{4\pi^2}(15x_1-5)^2 + \frac{5}{\pi}(15x_1-5) - 6\right]^2$$
$$+ 10\left[\left(1 - \frac{1}{8\pi}\right)\cos(15x_1-5) + 1\right] + 5(15x_1-5) \quad (4.11)$$
$$g(x) = -x_1 x_2 + 0.2 \leqslant 0$$
$$0 \leqslant x_1, x_2 \leqslant 1$$

式中：设计变量个数为 2 个，约束函数个数为 1 个，最优可行解为(0.9677, 0.2067)，对应的最小目标函数值为 5.5757。

（2）Branin 2 函数[7]：

$$f(x) = \left[15x_2 - \frac{5.1}{4\pi^2}(15x_1-5)^2 + \frac{5}{\pi}(15x_1-5) - 6\right]^2$$
$$+ 10\left[\left(1 - \frac{1}{8\pi}\right)\cos(15x_1-5) + 1\right] + 5(15x_1-5)$$
$$g(x) = 6 - \left(4 - 2.1x_1^2 + \frac{1}{3}x_1^4\right)x_1^2 - x_1 x_2 - (-4 + 4x_2^2)x_2^2 \quad (4.12)$$
$$- 3\sin(6 - 6x_1) - 2\sin(6 - 6x_2) \leqslant 0$$
$$0 \leqslant x_1, x_2 \leqslant 1$$

式中：设计变量个数为 2 个，约束函数个数为 1 个，最优可行解为(0.941, 0.317)，对应的最小目标函数值为 12.001。

图 4.3 所示为 Branin 1 函数的序贯迭代过程。

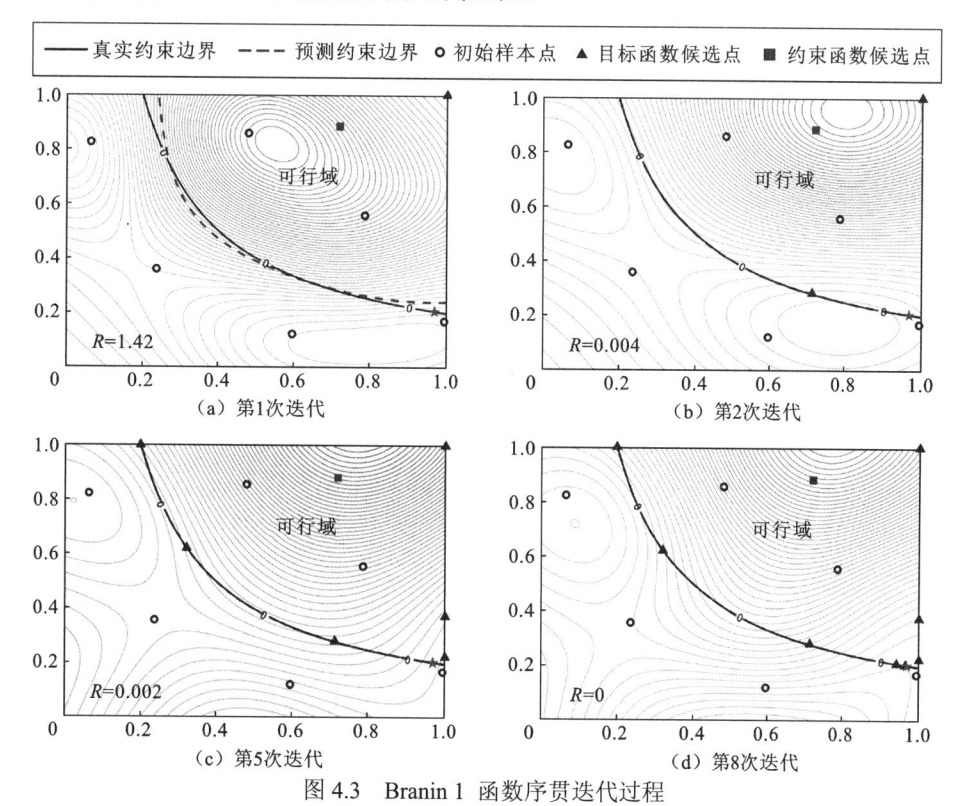

图 4.3 Branin 1 函数序贯迭代过程

由图 4.3（a）可知，等高线表示目标函数 Kriging 代理模型在设计空间的取值情况。该约束优化问题的真实最优解在设计空间中的位置为星点。MCSO 算法在初始迭代时在设计空间中通过 OLHS 随机抽取了 6 个初始样本点，随后进行第 1 次迭代。基于初始 Kriging 代理模型计算得到 $R=1.42$ 且初始样本点中存在可行解，因此将第 1 次迭代目标函数候选点（实心三角）和约束函数候选点（实心正方形）同时当作更新点来更新代理模型，以加速 MCSO 算法的搜索过程。当算法运行到第 2 次迭代，如图 4.3（b）所示，此时 $R=0.004$，可以看出真实约束边界（实线）和预测约束边界（虚线）几乎重合。约束 Kriging 代理模型在第 2 次迭代已经能够很好地拟合约束边界，此后的迭代中 MCSO 算法只选择目标函数候选点作为更新点来更新 Kriging 代理模型。MCSO 算法第 5 次迭代的等高线图如图 4.3（c）所示，可以看出后几次迭代目标函数候选点大多位于约束边界附近，这是因为约束边界的目标函数取值较小。最终，MCSO 算法在第 8 次迭代时搜索到了真实最优解的附近。整个迭代过程一共耗费了 15 个样本点（包含初始样本点）的计算资源，而在第 2 次迭代之后 MCSO 算法由于约束边界已经拟合准确，算法可以搜索目标函数满足约束的最优解。

总的来说，Branin 1 函数的约束边界较为简单，因此在序贯过程中只需要较少的样本点就能够较好地对其进行拟合。为了进一步说明 MCSO 算法在约束函数非线性较高条件下的性能。图 4.4 所示为 MCSO 算法求解 Branin 2 函数的序贯迭代过程。

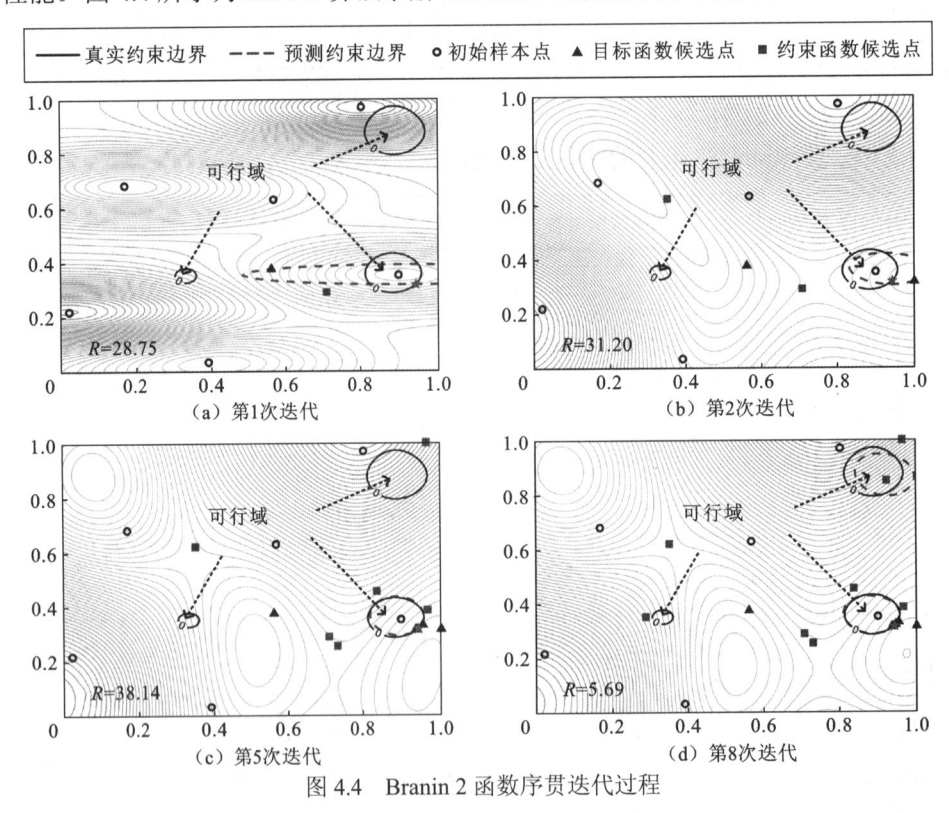

图 4.4　Branin 2 函数序贯迭代过程

从图 4.4（a）中可以看出，Branin 2 函数有三个非连续的可行域，真实最优解位于右下角的可行域中。对于 Branin 2 函数，初始约束 Kriging 代理模型并不能很好地拟合约束边界，如图 4.4（a）所示，左下和右上的两块可行域初始约束 Kriging 代理模型完全没有找到，对于右下的可行域，初始约束 Kriging 代理模型也完全没有很好地拟合出其边界。

$R = 28.75$ 也很好地说明了初始约束 Kriging 代理模型对约束边界较差的拟合情况。因此，MCSO 算法在第 1 次迭代起就在每次迭代同时将目标函数候选点和约束函数候选点当作更新点来更新 Kriging 代理模型。在第 2 次迭代中，如图 4.4（b）所示，Kriging 代理模型对右下的可行域边界的拟合精度得到一定的提升。直到第 5 次迭代，如图 4.4（c）所示，Kriging 代理模型基本拟合出了右下的可行域边界，且从第 2 次迭代到第 5 次迭代目标函数候选点也一直在右下的可行域内进行局部搜索。值得注意的是，虽然在图 4.4（c）中 $R = 38.14$，但是已经有一个约束函数候选点在设计空间的右上角，说明此时约束函数候选点已经逐渐找到了右上可行域附近。如图 4.4（d）所示，从第 6 次迭代到第 8 次迭代，约束函数 MLCB 准则产生的更新点更多地分布在右上和左下可行域。这说明 MLCB 加点准则有良好的全局搜索能力，因此在第 8 次迭代时 $R = 5.69$。由于在第 8 次迭代目标函数 PLCB 加点准则已经搜索到了全局最优解，即使约束函数 MLCB 并没有完全完成对设计空间的约束边界的搜索，算法此时也达到了停机条件。

综合 Branin 1 函数和 Branin 2 函数的序贯加点过程，能够充分展示 MCSO 算法对不同复杂度的约束优化问题的寻优能力。为了进一步量化分析 MCSO 算法相比经典约束优化算法的性能优势，表 4.1 给出了不同算法独立运行 30 次的结果对比。

表 4.1　MCSO 算法与经典约束优化算法结果对比

优化算法	Branin1		Branin2	
	f_{min}	NFE	f_{min}	NFE
CEI	5.589 9	17.77	12.071 8	34.67
PLCB1（$a=0$）	5.585 5	21.40	55.490 4（1）	35.79
PLCB2（$a=1.96$）	5.671 4	41.33	15.817 6（3）	32.93
MCSO	**5.584 0**	**17.07**	**12.066 0**	**29.77**

注：括号中的数字表示 30 次运行中失败的次数

表 4.1 中 NFE 表示所需要样本点的均值。从表 4.1 中可以看出，4 种算法对 Branin 1 函数基本都能够收敛到最优解附近，其中 MCSO 算法停机时最优解是 4 种算法中最优的，同时 MCSO 算法所需要的计算资源也是 4 种算法中最少的。需要指出的是，对 Branin 1 函数采用 CEI 准则进行加点能够得到与 MCSO 算法相当的计算结果，因为 Branin 1 函数总体来讲较为简单。对 Branin 2 函数采用 CEI 加点准则平均耗费了 34.67 个样本点收敛到 12.071 8 的最优解，这也体现了 CEI 加点准则对低维问题的有效性。同样对 Branin 2 函数两种 PLCB 加点准则都不能很好地收敛到最优解，其中 $a=0$ 算法最终得到的优化解为 55.490 4，且 30 次独立运行中有 1 次没有找到可行解；而 $a=1.96$ 算法最终得到的优化解为 15.817 6，且 30 次独立运行中有 3 次没有找到可行解。以上结果说明，单独利用 PLCB 加点准则来处理约束优化问题时，不论 a 的取值为多少，算法都有明显的短板。MCSO 算法对更为复杂的 Branin 2 函数，平均耗费了 29.77 个样本点得到了 12.066 0 的最优解。MCSO 算法耗费的计算资源相比利用 CEI 准则进行加点能够节省约 5 个样本点，这说明了随着问题复杂度的提高，MCSO 算法的优势更加明显。为了直观地展示不同方法的有效性，图 4.5 和图 4.6 为两种 Branin 函数不同方法的结果箱形图。

图 4.5　Branin 1 函数不同方法结果箱形图

图 4.6　Branin 2 函数不同方法结果箱形图

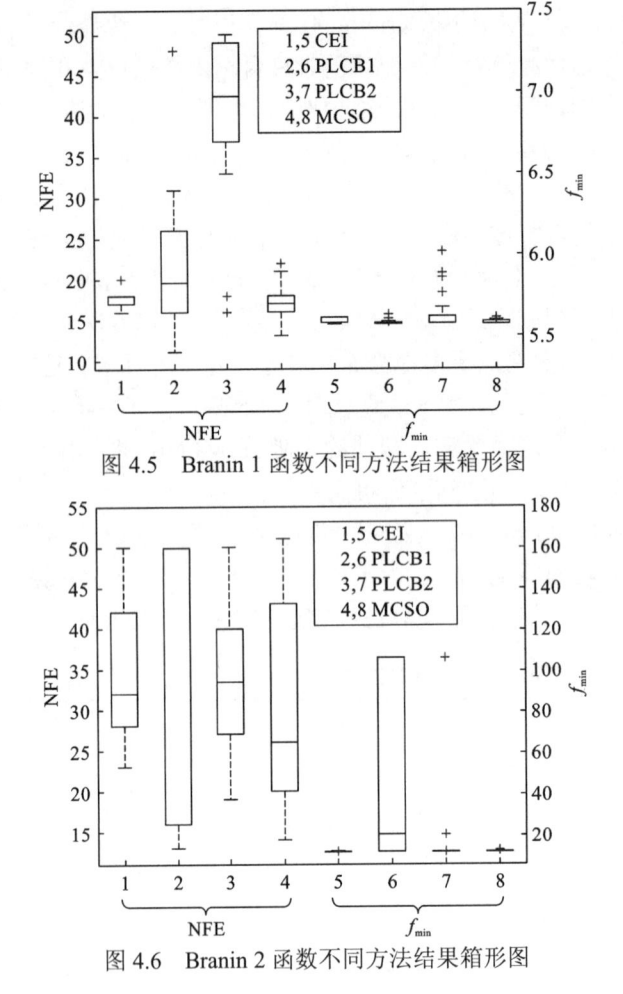

需要注意的是，绘制的箱形图不包括 PLCB 的不可行情况。采用 PLCB1 加点准则进行序贯加点，算法有极大概率掉进局部凹坑，因为图 4.6 中的大多数情况都找到了另外两个局部最优值。利用 PLCB2 加点准则进行加点，由于对约束进行一定程度的放松，算法收敛速率较慢。因为约束放松之后，算法会一直在靠近约束边界的不可行域内进行搜索。因此，如图 4.5 所示，采用 PLCB2 加点准则 NFE 箱形图取值显著大于其他算法。利用 CEI 准则进行加点，在 NFE 和最优值上的性能都比单独采用 PLCB 加点准则的效率高。但是，总的来说，与经典约束优化算法相比，MCSO 算法具有更好的稳健性。

4.5.2　额外数值测试函数

为了进一步验证本章提出的 MCSO 算法性能优越性，将其与最新的基于克里金的双目标约束优化算法[8]、空间减缩代理模型约束全局优化算法[10]和基于期望改进和可行性概率的双目标优化算法[9]进行对比。测试函数来自 CEC 2006 测试功能集的 G4、G6、G7、G8 和减速器设计问题[10]，测试函数的基本信息如表 4.2 所示。但是，由于对比的几种算法没有原始代码，后续的结果中引用的都是相应论文中的结果。同时，为了对比的公平，初始样本点个数设置为 $2d+3$（为了与其他对比算法保持一致）。30 次独立计算的结果如表 4.3 所示。

表 4.2 测试函数和算法基本设置

项目	测试函数				
	G4	G6	G7	G8	SR7
维度	5	2	10	2	7
约束个数	6	2	8	2	11
理论最优值	−30 665.539	−6 961.813 9	24.306 2	−0.095 825	2 994.42
停机限界值	−30 665	−6 061.5	25	−0.095 7	2 995`
最大迭代数	60	50	150	50	100
可行域大小/%	26.952 4	0.006 7	0.000 1	0.860 3	0.097 8

表 4.3 与先进算法结果对比

测试函数	算法	NFE$_{mean}$	f_{min} [mean±std]
G4	MCSO	34.0	**−30 665.51±0.055**
	KBCO	43.5	−30 665.47±0.063
	SCGOSR	53.9	−30 665.46±0.064
	BOAEF	47.1	−30 665.47±**0.045**
G6	MCSO	**29.1**	−6 961.80±**0.008**
	KBCO	41.7	**−6 961.81**±0.012
	SCGOSR	75.1	−6 961.80±0.016
	BOAEF	42.3	−6 961.80±0.015
G7	MCSO	134.8	24.909 0±**0.627**
	KBCO	**121.6**	**24.504 7**±0.183
	SCGOSR	178.2	24.655 9±0.314
	BOAEF	133.4	24.588 3±0.321
G8	MCSO	**38.8**	**−0.095 8**±0.000 057
	KBCO	45.8	−0.095 8±0.000 021
	SCGOSR	51.8	−0.095 8±**0.000 013**
	BOAEF	46.2	−0.095 8±0.000 014
SR7	MCSO	**53.1**	2 994.36±0.000 5
	KBCO	76.3	2 995.24±0.89
	SCGOSR	88.1	2 996.21±1.73
	BOAEF	81.9	2 996.18±1.16

如表 4.3 所示，在大多数测试函数上，与其他算法相比，MCSO 算法可以节省大量的计算资源。具体来说，在 G4、G6、G8、SR7 的情况下，资源的减少与问题的复杂程度呈

正比。关于准确性，MCSO 算法在 G4、SR7 的情况下，在均值和标准差上都获得了较小的值。在这些情况下，初始样本集中没有可行解，但是 MCSO 算法可以通过多次迭代的 MLCB 准则找到可行解。在 G6 和 G8 的情况下，MCSO 算法的均值和标准差与其他算法相比具有竞争力。在 G7 的情况下，MCSO 算法花费的资源略多，但价值较大。G7 的复杂度高于其他测试函数，因为其约束的维度和数量分别为 10 和 8。此外，可行区域的比例仅为 0.000 1%。需要注意的是，MCSO 算法仅使用平均 16.6 次迭代找到可行区域，在这种情况下，收敛速度受 PLCB 准则的影响。因此，MCSO 算法具有通过另一种有效的全局优化算法进一步提高效率的巨大潜力。

参 考 文 献

[1] JIANG P, CHENG Y, YI J, et al. An efficient constrained global optimization algorithm with a clustering-assisted multiobjective infill criterion using Gaussian process regression for expensive problems. Information Sciences, 2021, 569: 728-745.

[2] ZHENG J, LI Z, GAO L, et al. A parameterized lower confidence bounding scheme for adaptive metamodel-based design optimization. Engineering Computations, 2016, 33(7): 2165-2184.

[3] CHENG J, JIANG P, ZHOU Q, et al. A lower confidence bounding approach based on the coefficient of variation for expensive global design optimization. Engineering Computations, 2019, 36(3): 1-21.

[4] GARUD S S, KARIMI I A, KRAFT M. Design of computer experiments: A review. Computers and Chemical Engineering, 2017, 106: 71-95.

[5] REGIS R G. Particle swarm with radial basis function surrogates for expensive black-box optimization. Journal of Computational Science, 2014, 5(1): 12-23.

[6] JONES D, SCHONLAU M, WELCH W. Efficient global optimization of expensive black-box functions. Journal of Global Optimization, 1998, 13: 455-492.

[7] FORRESTER A I J, SÓBESTER A, KEANE A J. Engineering design via surrogate modelling a practical guide. New Jersey: A John Wiley and Sons, 2008.

[8] LI Y, WU Y, ZHANG Y, et al. A Kriging-based bi-objective constrained optimization method for fuel economy of hydrogen fuel cell vehicle. International Journal of Hydrogen Energy, 2019, 44(56): 29658-29670.

[9] PARR J M, KEANE A J, FORRESTER A I J, et al. Infill sampling criteria for surrogate-based optimization with constraint handling. Engineering Optimization, 2012, 44(10): 1147-1166.

[10] DONG H, SONG B, DONG Z, et al. SCGOSR: Surrogate-based constrained global optimization using space reduction. Applied Soft Computing, 2018, 65: 462-477.

第5章

基于置信区间的序贯单精度代理模型辅助遗传优化方法

5.1 概　　述

船舶与水下航行器设计有时涉及目标函数不耗时、约束函数耗时这一类优化问题，如船舶与水下航行器结构轻量化设计就属于这类问题。这类优化设计问题的目标函数是结构质量，其计算通常是不耗时的，而约束一般包括强度（应力）、稳定性（失稳特征值）、刚度（变形）约束，甚至包括振动特征量如固有频率等约束，这些物理特征量的计算一般是耗时的。对于目标函数不耗时、约束函数耗时这一类优化问题，采用代理模型替代昂贵的约束函数的仿真计算。随后，在优化过程中直接利用代理模型序贯进行寻优。不同于目标函数代理模型更新时更关注局部精度，即如何有效利用代理模型序贯更新样本点迭代得到最优值；约束函数代理模型序贯过程关注的是约束函数边界的精度是否足够，即如何有效利用代理模型序贯更新样本点，以保证能够在优化过程中对违反约束的情况进行准确判断。这种用代理模型替代约束函数的优化问题的数学模型可以表示为

$$\begin{cases} \min \quad f(\boldsymbol{x}) \\ \text{s.t.} \quad \hat{g}_{j1}(\boldsymbol{x}) \leqslant 0, \quad j=1,2,\cdots,J_1 \\ \qquad g_{j2}(\boldsymbol{x}) \leqslant 0, \quad j=1,2,\cdots,J_2 \\ \qquad \boldsymbol{x}_{\text{lb}} \leqslant \boldsymbol{x} \leqslant \boldsymbol{x}_{\text{ub}} \end{cases} \tag{5.1}$$

式中：f 为目标函数；$\boldsymbol{x}=(x_1,x_2,\cdots,x_N)^{\text{T}}$ 代表设计变量向量，N 为设计变量空间的维度；$\boldsymbol{x}_{\text{lb}}$ 和 $\boldsymbol{x}_{\text{ub}}$ 分别为设计变量 $\boldsymbol{x}$ 的下限和上限；$\hat{g}_{j1}(\boldsymbol{x}), j=1,2,\cdots,J_1$ 为计算昂贵的约束条件的代理模型，J_1 为计算昂贵的约束条件的个数；$g_{j2}(\boldsymbol{x}), j=1,2,\cdots,J_2$ 为计算不昂贵的约束条件，J_2 为计算不昂贵的约束条件的个数。

一般而言，利用 Kriging 代理模型来处理昂贵约束优化问题主要有以下 5 种方法。

1. EV 方法

EV 方法是约束函数 Kriging 代理模型常用的更新方法之一，其核心是利用 Kriging 代理模型给出的未知点的均值和方差构造 EV 函数，其函数表达式为

$$\text{EV}_i = \begin{cases} (\hat{g}_i(\boldsymbol{x})-0)\varPhi\left(\dfrac{\hat{g}_i(\boldsymbol{x})-0}{\hat{s}_i(\boldsymbol{x})}\right) + \hat{s}_i(\boldsymbol{x})\phi\left(\dfrac{\hat{g}_i(\boldsymbol{x})-0}{\hat{s}(\boldsymbol{x})_i}\right), & \hat{s}_i(\boldsymbol{x})>0 \\ 0, & \hat{s}_i(\boldsymbol{x})=0 \end{cases} \tag{5.2}$$

式中：$\hat{g}_i(\boldsymbol{x})$ 为第 i 个约束函数 Kriging 预测均值；$\hat{s}_i(\boldsymbol{x})$ 为其预测标准差。

EV 方法和 EI 准则的更新思想相似，都考虑了全局搜索和局部搜索。式（5.2）中：第一项主要是受均值控制，倾向于选取预测均值满足约束函数的更新点；第二项主要受方差控制，倾向于选择 Kriging 代理模型预测方差大的更新点。EV 方法的另一个优点是能够同时处理多个约束函数的优化问题，此时 EV 函数的值由向量表示。

2. PoF 方法

PoF 方法是根据样本点可行性概率函数进行序贯优化的方法[2]。PoF 的表达式如

(2.44) 所示。

3. MAX-MSE 方法

MAX-MSE 方法是代理模型建模中常见的一种更新方法，不仅可以用来处理约束 Kriging 代理模型更新，同时也能指导目标函数 Kriging 代理模型更新。MAX-MSE 方法的核心是根据 Kriging 代理模型提供预测方差的特性，选取方差最大的点作为约束函数 Kriging 代理模型的更新点，使约束函数获得更高的全局精度。MAX-MSE 方法表达式[3]为

$$\max \hat{s}^2(x) \tag{5.3}$$

式中：$\hat{s}^2(x)$ 为 Kriging 代理模型的预测方差。Kriging 代理模型协方差矩阵中相关系数取值与空间距离相关，即样本点之间空间距离越近空间相关性越大。因此，MAX-MSE 加点会自适应地趋近约束边界。但是，MAX-MSE 方法中方差最大的样本点需要通过优化算法获得，如 DIRECT SEARCH 算法[4]、遗传算法[5]、粒子群算法[6-7]等。

4. WAE 方法

WAE 方法利用代理模型中留一交叉检验[8-9]的思想，通过分析现有样本点数据，求解得到加权累计误差最大的样本点。WAE 方法是 MAX-MSE 方法的扩展，其加权累计误差的计算表达式为

$$e_{\text{WAES}}(x) = \sqrt{\sum_{i=1}^{n} w_i (\hat{g}_{-i}(x) - \hat{g}(x))^2} \tag{5.4}$$

式中：$\hat{g}$ 为当前样本点集中所有样本点构建约束函数 Kriging 代理模型预测均值；$\hat{g}_{-i}(x)$ 为当前样本点集中去除第 i 个样本点，剩下样本点构建的 Kriging 代理模型在 x 点的预测值；w_i 为加权系数，反映不同样本点的重要程度。

WAE 方法单独使用时，其建立的误差准则可能使更新点聚集在样本空间内的某一个区域，导致其空间探索性不好。同时，当样本点过度聚集时，代理模型容易出现过拟合的现象。因此，可引入一个距离准则来限制样本点之间的最小距离：

$$\min \|x - x_i\| \geq d \tag{5.5}$$

式中：d 为 WAE 方法加点的距离阈值，d 值可以通过计算样本点的点对之间的最小距离的平均值获得。

5. EAMGO 方法

EAMGO 方法是 AMGO 方法[10]的扩展，前者相较于后者能够自适应更新约束代理模型。在每次迭代过程中，更新点是通过选取约束代理模型值之和最小且满足最小距离准则的样本点。EAMGO 方法指导约束函数代理模型序贯更新的数学表达式为

$$\begin{cases} \min_{x} \sum_{j=1}^{m} \hat{g}_j^k(x) \\ \text{s.t.} \ \hat{g}_j^k(x) \leq 0, \quad j = 1, 2, \cdots, J \\ \quad \|x - x_i\| \geq \zeta_{\text{iter}} d_{\max} \\ \quad x_{\text{lb}} \leq x \leq x_{\text{ub}} \end{cases} \tag{5.6}$$

式中：k 为当前代理模型迭代数；d_{max} 为当前代理模型样本点集中任意两点之间的最大距离；ζ_{iter} 为预先设置好的距离系数数组；x_i 为当前样本点集中的第 i 个样本点。

为高效求解上述优化问题，本章提出单一精度数据来源下，基于置信区间的单精度序贯 Kriging 代理模型优化方法，并通过大量数学函数测试该方法的有效性和适用性。

5.2 基 本 思 想

针对现有约束函数 Kriging 代理模型的序贯更新策略更多考虑整体函数的不确定度，尚未考虑约束代理模型不确定度对预测点可行性判断的弊端，本节提出一种基于置信区间的序贯约束 Kriging 代理模型优化方法（sequential constraint updating approach based on the confidence intervals，SCU-CI）。

基于置信区间的序贯约束 Kriging 代理模型优化方法的核心思想是：基于 Kriging 代理模型的预估不确定性是否改变了设计方案的可行性状态。引入目标切换和序贯更新策略来确定：①是否应该使用实际的仿真模型或 Kriging 代理模型来评估设计方案的可行性；②在进化过程中考虑置信区间下会改变可行性状态的样本点，则采用距离准则来选择其中一部分样本点更新 Kriging 代理模型。

Kriging 代理模型的预测值具有预估不确定性，可能导致不可行的优化解。因此，提出的 SCU-CI 考虑了 Kriging 代理模型的预估不确定性。需要注意的是，只要设计方案的可行性不会因 Kriging 代理模型的不确定性而改变，就可以用 Kriging 代理模型而不是用高昂的仿真模型来预测设计方案的可行性。然而，如果设计方案的可行性因 Kriging 代理模型的不确定性而发生变化，则应通过仿真模型对设计方案的可行性进行评价。因此，在 SCU-CI 中引入目标切换准则，以确定是否应该使用仿真模型或 Kriging 代理模型来评估个体的可行性。

当考虑 Kriging 代理模型的预估不确定性影响时，遗传算法的每一次迭代存在 4 种可能的情况，如图 5.1 所示。第一种情况如图 5.1（a）所示，A 点是一种可行的设计方案，且置信区间不与约束边界相交，这意味着在给定的置信概率下，A 点是可行的。类似地，第四种情况如图 5.1（d）所示，在给定的置信概率下，D 点是一个不可行的解。因此，对于图 5.1（a）和（d）这两种情况，虽然 Kriging 代理模型在 A 点和 D 点具有预测误差，但这些预测误差并不影响这两类点的可行性判断。因此，在随后的优化过程中，不需要添加这些点作为更新 Kriging 代理模型的新样本点。

第二种情况如图 5.1（b）所示，B 点是可行的，而它的置信区间与约束边界相交。这意味着在给定的置信概率下，B 点可能变得不可行。同样，第三种情况如图 5.1（c）所示，C 点是不可行的，但是由于 Kriging 代理模型的预测误差，C 点可能变得可行。对于这两种情况，B 点和 C 点的可行性是不确定的。

因此，应该从可行性不确定的点中选择新的样本点。这些点所满足的条件可以表示为

$$\begin{cases} \hat{g}_i(x_j) \leq 0 \ \& \ \hat{g}_i(x_j)+2\hat{s}_i(x_j) \geq 0, \ i=1,2,\cdots,J \\ \hat{g}_i(x_j) \geq 0 \ \& \ \hat{g}_i(x_j)-2\hat{s}_i(x_j) \leq 0, \ i=1,2,\cdots,J \end{cases} \tag{5.7}$$

(a) 可行性类型1　　　　　　　　　　　　(b) 可行性类型2

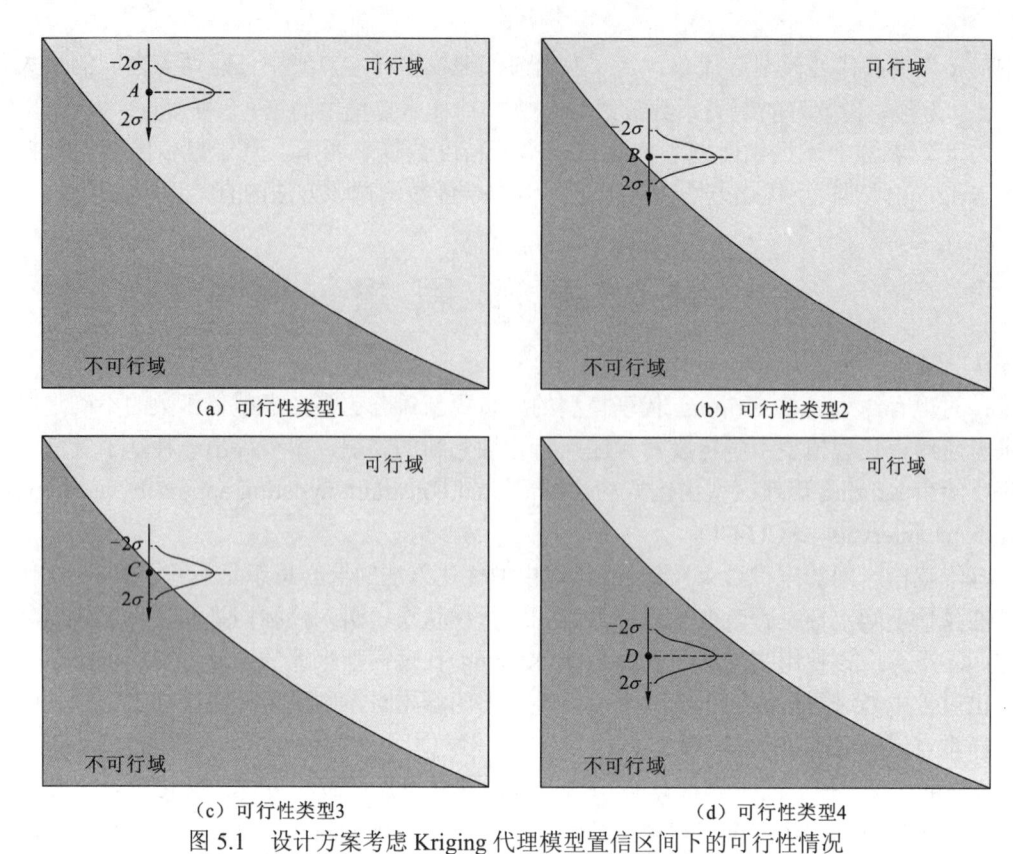

(c) 可行性类型3　　　　　　　　　　　　(d) 可行性类型4

图 5.1　设计方案考虑 Kriging 代理模型置信区间下的可行性情况

式中：$\hat{g}_i$ 为优化问题的预测约束值；$\hat{s}_i$ 为对应 Kriging 代理模型的标准方差，95.5%的置信区间为预报均值上下 2 倍的预测方差。

需要注意的是，如果将目标切换准则选择的更新点都通过仿真模型进行评估，则可能会造成不必要的计算成本。主要原因是：①这些样本点在设计空间内可能非常接近，会导致 Kriging 代理模型的过采样或过拟合；②当一个新的样本点被用来更新 Kriging 代理模型时，在新样本点附近的未观察点的预测误差将显著降低。

因此，那些非常接近现有样本点的点不宜被选为新的样本点。基于上述考虑，提出距离度量准则来避免样本点过于聚集。选择满足以下距离约束的点作为新的样本点：

$$\begin{cases} d(x) > \dfrac{\overline{d}}{\delta} \\ d(x) = \min\left(\sqrt{(x-x_i^{(n)})^{\mathrm{T}}(x-x_i^{(n)})}\right) & (i=1,2,\cdots,N^{(n)}) \\ \overline{d} = \sum_{i=1}^{n}\min\left(\sqrt{(x_i-x_j^{(n)})^{\mathrm{T}}(x_i-x_j^{(n)})}\right) & (j=1,2,\cdots,i-1,i+1,n) \end{cases} \quad (5.8)$$

式中：δ 为距离阈值控制参数，本小节取值为 2；x 为需要判断的样本点；$x_i^{(n)}$ 为当前样本点集合中的第 n 个样本点。确定满足要求的新样本点的算法见算法 5.1。

算法 5.1　确定满足距离约束条件的新样本点计算方法

```
Input：第 5.2 节选定的点
Begin：
选定的个体 SI={SI₁, SI₂, ⋯, SI_l}            ←第 5.2 节选定的点
现有样本点 SP={x₁, x₂, ⋯, xₙ}
for k=1:l
    d(SI_k)                                  ←计算 SI_k 的距离度量值
    if d(SI_k) > d̄/n                         ←满足约束条件的个体被确定为新的样本点
    SP={SP SI_k}
    End if
End for
Output：新采样点
```

5.3　求　解　流　程

SCU-CI 旨在序贯更新 Kriging 代理模型时确保优化方案的可行性，主要流程如图 5.2 所示。

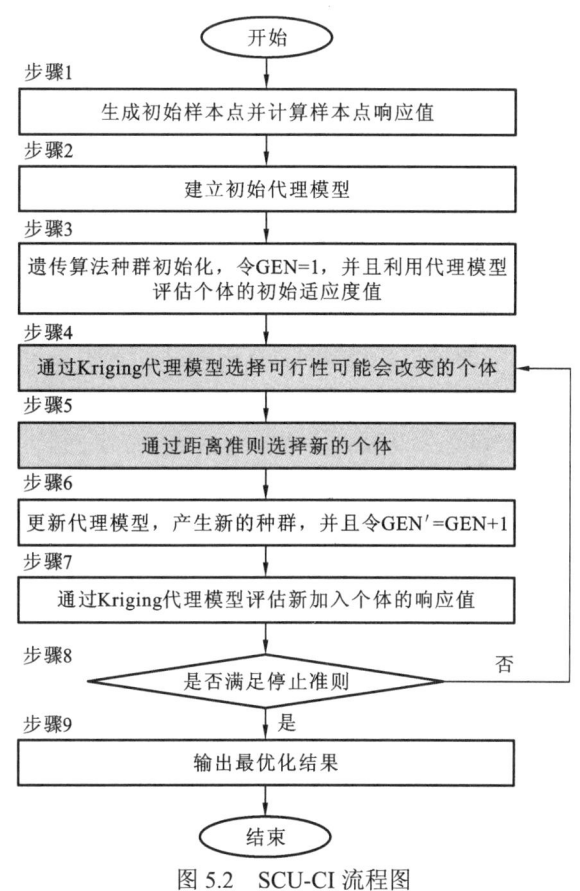

图 5.2　SCU-CI 流程图

SCU-CI 方法总体框架与遗传算法的框架一致，首先产生种群，在种群的基础上进行交叉、变异等操作。但是，对耗时约束则利用 Kriging 代理模型将其替代，并且通过提出的准则选择不确定的个体进行真实计算，如步骤 4 和步骤 5 所示。

为了可视化说明 SCU-CI 的基本思想与计算步骤，选取 Zhou 等[3]的数值算例，对 SCU-CI 步骤进行逐步的详细阐述。该函数优化问题是在两个约束条件下找到目标函数的最小值，该优化问题的数学表达式为

$$\begin{cases} \min \quad f = x_1^3 \sin(x_1 + 4) + 10x_1^2 + 22x_1 + 5x_1x_2 + 2x_2^2 + 3x_2 + 12 \\ \text{s.t.} \quad g_1 = x_1^2 + 3x_1 - x_1 \sin(x_1) + x_2 - 2.75 \leq 0 \\ \quad\quad g_2 = -\log_2(0.1x_1 + 0.41) + x_2 e^{-x_1 + 3x_2 - 4} + x_2 - 3 \leq 0 \\ \quad\quad -3 \leq x_1 \leq 1.5, \ -4 \leq x_2 \leq 1.5 \end{cases} \tag{5.9}$$

本示例中，假设非线性约束 g_2 是一个需要高昂计算代价的模型，而目标函数 f 和约束 g_1 是可以显式表示的，计算代价小。采用最优解和样本点数量两个指标对方法的精度和效率进行评价，这两个指标都是以较小的值为更好。由于示例的最优解是已知的，序贯更新的停止准则与工程问题的收敛准则是不同的。为便于更好地比较不同约束优化序贯更新方法的性能，收敛准则满足下列条件之一：

$$\begin{cases} \left| \dfrac{y_{\text{GEN}} - y^*}{y^*} \right| \leq \varepsilon \\ n = \text{MAXGEN} \end{cases} \tag{5.10}$$

式中：y_{GEN} 为第 GEN 代中的最优解；y^* 为数值算例的真正最优解；MAXGEN 为遗传算法的最大迭代次数；ε 在本示例中设置为 0.02。

SCU-CI 的主要步骤如下。

步骤 1：生成初始采样点并获得样本点处的响应值。初始采样的基本要求是使样本点在整个设计空间内均匀分布。本节采用最优拉丁超立方法进行初始采样。对于示例函数，不同的约束更新方法均采用最优拉丁超立方生成 20 个初始样本点。

步骤 2：构建初始 Kriging 代理模型。

步骤 3：初始化遗传算法的种群，设置代数 GEN =1，通过 Kriging 代理模型评估初始个体的约束值。其中，遗传算法的种群大小为 40，最大迭代次数为 100，交叉概率为 0.8，变异概率为 0.15，代沟设置为 0.95。

步骤 4：根据式（5.7），从 Kriging 代理模型中选择那些由于预估不确定性而可能改变可行性的个体。

为了展示 SCU-CI 方法的序贯更新过程，图 5.3 给出了遗传算法在不同代时样本点的约束置信区间。

如图 5.3（a）所示，在设计空间中，第 1 代个体随机分布，约束 Kriging 模型中大部分个体的置信区间较大。随着优化迭代过程的进行，新的采样点被添加到约束边界附近。如图 5.3（b）所示，第 6 代的个体更接近约束边界，置信区间越来越小。如图 5.3（c）所示，在遗传算法的最后一代中，所有个体都接近约束边界，且有较小的置信区间（大部分接近 0）。也就是说，随着遗传算法的进化过程，Kriging 代理模型的不确定性在逐渐减小，这能够确保遗传算法逐渐收敛到可行的全局最优解。

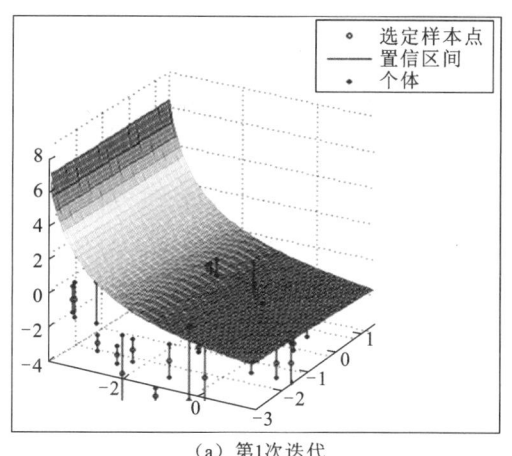

(a)第1次迭代

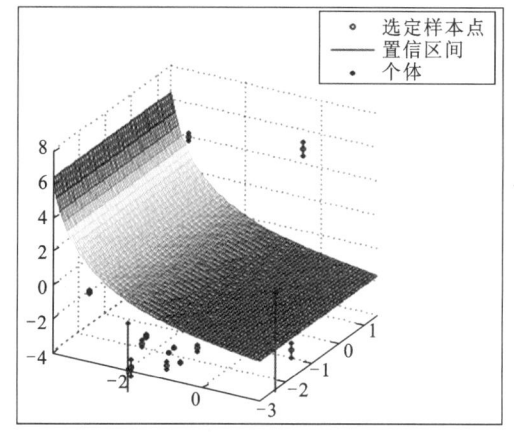

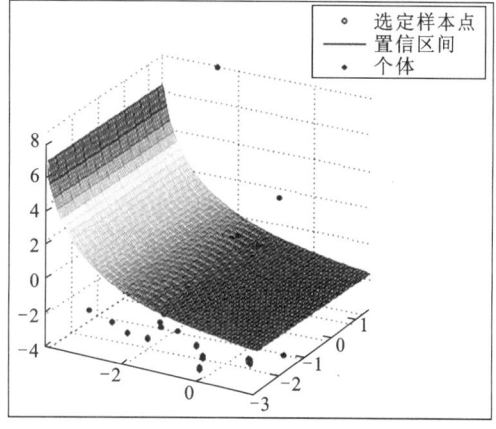

(b)第6次迭代　　　　　　　　　　　(c)最后一次迭代

图 5.3　不同代时样本点及其约束置信区间

步骤 5：根据式（5.8），用距离准则确定新的采样点。

为了更加直观地展示在序贯过程中更新点在样本空间内的分布，图 5.4 为 SCU-CI 新增样本点分布，其中灰色三角形表示新添加的样本点，虚线和点划线分别表示两个约束，灰色区域是优化问题的可行区域。

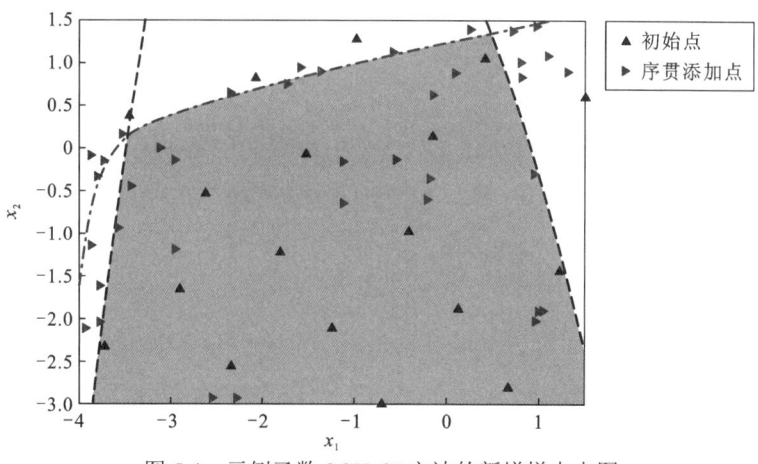

图 5.4　示例函数 SCU-CI 方法的新增样本点图

如图 5.4 所示，SCU-CI 方法新增样本点分布在约束边界及边界附近。结合图 5.3 和图 5.4，SCU-CI 方法的搜索空间能够自适应地定位到由 Kriging 代理模型预估不确定性可能导致个体可行性状态发生改变的区域，因此，具有更大的可能性来获得一个理想的可行解决方案。

步骤 6：更新 Kriging 代理模型。生成新的种群并更新计数 GEN′ = GEN +1。

步骤 7：用 Kriging 代理模型评估新个体的约束值。

步骤 8：检查停止准则是否满足：如果是，转到步骤 9；否则，回到步骤 4。停止准则满足下列条件之一：

$$\begin{cases} |y_{\text{GEN}} - y_{\text{GEN}-1}| \leq \varepsilon_y, \ |y_{\text{GEN}-1} - y_{\text{GEN}-2}| \leq \varepsilon_y \\ \text{GEN} = \text{MAXGEN} \end{cases} \quad (5.11)$$

式中：$y_{\text{GEN}-2}$、$y_{\text{GEN}-1}$ 和 y_{GEN} 为在第 GEN-2、GEN-1 和 GEN 代的最优解；ε_y 为松弛因子；MAXGEN 为 GA 的最大代数。

步骤 9：输出优化设计解。

为了进一步分析提出的 SCU-CI 方法和其他基于代理模型的序贯约束更新方法的性能差异，表 5.1 列出了不同方法求解示例函数的优化结果。

表 5.1　不同方法求解示例函数的优化结果

方法	x_1	x_2	$\hat{g}_2$	最优解	g_1	g_2	NS
EV	-1.917 8	0.726 9	-0.251 4	-3.295 9	-5.902 1	0.051 2	36
MAX-MSE	-1.832 3	0.752 3	-0.142 4	-3.328 8	-5.907 2	0.058 8	74
PoF	-1.908 3	0.731 6	-0.007 5	-3.309 6	-5.902 3	0.060 7	48
WAE	-2.100 4	0.745 8	-5.399 5	-3.344 6	-5.706 4	0.401 1	42
EAMGO	-1.751 2	0.745 6	-0.068 9	-3.221 9	-5.938 4	-0.068 9	77
SCU-CI	-1.901 3	0.716 4	-0.022 0	-3.251 4	-5.920 9	-0.015 4	62

如表 5.1 所示：EV、MAX-MSE、PoF 和 WAE 4 种方法的最终方案不满足约束条件 g_2，并未获得满足约束条件的最优解；仅有 EAMGO、SCU-CI 两种方法获得了满足约束条件的最优解。同时，与 EAMGO 方法相比，SCU-CI 方法可以得到更好的最优解，同时所需的新增样本点更少。图 5.5 所示为 6 种方法的最优解在样本空间中的分布。

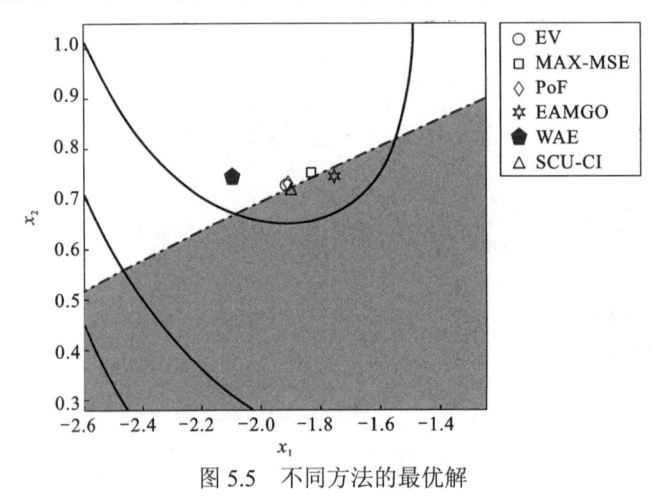

图 5.5　不同方法的最优解

如图 5.5 所示，只有 SCU-CI 方法和 EAMGO 方法得到的最优解属于可行区域，且非常接近约束边界，而其他方法得到的最优解不满足所有约束条件，是不可行的。这是由于提出的 SCU-CI 方法重点在于更新约束边界附近的样本点，在约束边界处 Kriging 代理模型的精度较高，能够准确地判断某方案是否可行。从图 5.5 中可知，其他方法的最优解也在约束边界附近，但是却落在不可行区域。由于这类方法兼顾全局精度，在约束边界附近仍然存在较大的不确定性，在进化过程中 Kriging 代理模型会对解的可行性产生误判。

5.4 数值算例及分析

为分析 SCU-CI 方法的有效性，本节选取 8 个典型数值测试算例，并将 SCU-CI 方法和常用的 5 种典型约束函数代理模型的序贯更新方法 EV、PoF、MAX-MSE、WAE、EAMGO 进行对比。

8 个数值测试算例的真实最优解等详细的描述可以查阅文献[11]。需要说明的是，带上标 h 的函数为测试算例的高精度函数，带上标 l 的函数为测试算例的低精度函数，其中，高精度函数用于开展本节的单精度序贯优化方法测试，高/低精度函数用于下一节的多精度序贯优化方法测试，相关测试算例公式如下。

（1）Gomez：

$$\begin{aligned}
\min f &= \left(4 - 2.1x_1^2 + \frac{1}{3}x_1^4\right)x_1^2 + x_1 x_2 + (-4 + 4x_2^2)x_2^2 \\
\text{s.t.} \quad g^h &= -\sin(4\pi x_1) + 2\sin^2(2\pi x_2) \leqslant 0 \\
g^l &= -\sin[4\pi(x_1 + 0.5)] + 2\sin^2(1.8\pi x_2) \leqslant 0 \\
&-1 \leqslant x_i \leqslant 1, \quad i = 1, 2
\end{aligned}$$

(5.12)

式中：设计变量个数为 2，约束函数个数为 1。

（2）Constrained Branin：

$$\begin{aligned}
\min f &= \frac{1}{51.95}[(ax_2 - bx_1^2 + cx_1 - d)^2 + h(1 - ff)\cos x_1 - 44.81] \\
\text{s.t.} \quad g^h &= \max_{j \in \{1,2\}}\{g_j^h\} \leqslant 0 \\
g_1^h &= \frac{1}{10}[x_1(1 - x_2) - x_2] \\
g_2^h &= \frac{1}{10}\left[1 - \left(\frac{(x_1 - 5)^2}{8} + \frac{(x_2 - 15)^2}{4}\right)\right] \\
g_1^l &= \frac{1}{5}[(x_1 - 0.5)(1 - x_2) - x_2] \\
g_2^l &= \frac{1}{10}\left[1 - \left(\frac{(x_1 - 4)^2}{8} + \frac{(x_2 - 14)^2}{4}\right)\right] \\
a &= 1, \ b = \frac{5.1}{4\pi^2}, \ c = \frac{5}{\pi}, \ d = 6, \ h = 10, \ ff = \frac{1}{8\pi} \\
&-5 \leqslant x_1 \leqslant 10, \quad 0 \leqslant x_2 \leqslant 15
\end{aligned}$$

(5.13)

式中：设计变量个数为2，约束函数个数为2。

（3）New Branin：

$$\min f = \frac{1}{80}[-(x_1-10)^2 - (x_2-15)^2]$$

$$\text{s.t.} \quad g^h = \frac{1}{51.95}[(ax_2 - bx_1^2 + cx_1 - d)^2 + h(1-ff)\cos x_1 - 5 + h] \leq 0$$

$$g^l = \frac{1}{51.95}[(ax_2 - bx_1^2 + cx_1 - d)^2 + h(1-ff)\cos(x_1+2) - 5 + h] \leq 0 \quad (5.14)$$

$$a=1, b=\frac{5.1}{4\pi^2}, c=\frac{5}{\pi}, d=6, h=10, ff=\frac{1}{8\pi}$$

$$-5 \leq x_1 \leq 10, \quad 0 \leq x_2 \leq 15$$

式中：设计变量个数为2，约束函数个数为1。

（4）Sasena：

$$\min f = -(x_1-1)^2 - (x_2-0.5)^2$$

$$\text{s.t.} \quad g = \max_{j \in \{1,2,3\}}\{g_j^h\} \leq 0$$

$$g_1^h = [(x_1-3)^2 + (x_2+2)^2]e^{-x_2^7} - 12$$

$$g_2^h = 10x_1 + x_2 - 7$$

$$g_3^h = (x_1-0.5)^2 + (x_2-0.5)^2 - 0.2 \quad (5.15)$$

$$g_1^l = [(x_1-2)^2 + (x_2+1)^2]e^{-(x_2+0.1)^7} - 12$$

$$g_2^l = 5x_1 + x_2$$

$$g_3^l = (x_1-0.4)^2 + (x_2-0.4)^2 - 0.2$$

$$0 \leq x_i \leq 1, \quad i=1,2$$

式中：设计变量个数为2，约束函数个数为3。

（5）qcp4：

$$\min f = -2x_1 + x_2 - x_3$$

$$\text{s.t.} \quad g = \max_{j \in \{1,2,3\}}\{g_j^h\} \leq 0$$

$$g_1^h = x_1 + x_2 + x_3 - 4$$

$$g_2^h = 3x_2 + x_3 - 6$$

$$g_3^h = -\boldsymbol{x}\boldsymbol{A}^{h\prime}\boldsymbol{A}^h\boldsymbol{x} + 2\boldsymbol{y}'\boldsymbol{A}^h\boldsymbol{x} - \boldsymbol{y}^2 + 0.25\boldsymbol{b} - \boldsymbol{z}^2$$

$$g_1^l = 0.5x_1 + 0.6x_2 + 0.7x_3 \quad (5.16)$$

$$g_2^l = 2x_2 + x_3$$

$$g_3^l = -\boldsymbol{x}'\boldsymbol{A}^{l\prime}\boldsymbol{A}^l\boldsymbol{x} + 2\boldsymbol{y}'\boldsymbol{A}^l\boldsymbol{x} - \boldsymbol{y}^2 + 0.25\boldsymbol{b} - \boldsymbol{z}^2$$

$$\boldsymbol{A}^h = [0,0,1;0,-1,0;-2,1,-1]$$

$$\boldsymbol{A}^l = [0,0,0.8;0,-0.9;-1.5,1,-1]$$

$$\boldsymbol{b} = [3;0;-4], \quad \boldsymbol{y} = [1.5;-0.5;-5], \quad \boldsymbol{z} = [0;-1;-6]$$

$$\boldsymbol{x} = [x_1;x_2;x_3], \quad 0 \leq x_1 \leq 2, \quad 0 \leq x_i \leq 3, \quad i=2,3$$

式中：设计变量个数为3，约束函数个数为3。

（6）G4：

$$\min f = (5.357\,854\,7x_3^2 + 0.835\,689\,1x_1x_5 + 37.293\,239x_1 - 40\,792.141)/2\,000$$

$$\text{s.t. } g = \max_{j \in \{1,2,3,4,5,6\}}\{g_j^h\} \leqslant 0$$

$$g_1^t = 0 - u^t \quad g_4^t = v^t - 110$$
$$g_2^t = u^t - 92 \quad g_5^t = 20 - w^t$$
$$g_3^t = 90 - v^t \quad g_6^t = w^t - 25$$

where $t = h, l$

$u^h = 85.334\,407 + 0.005\,685\,8x_2x_5 + 0.000\,626\,2x_1x_4 - 0.002\,205\,3x_3x_5$

$v^h = 80.512\,49 + 0.007\,131\,7x_2x_5 + 0.002\,995\,5x_1x_2 + 0.002\,181\,3x_3^2$

$w^h = 9.300\,961 + 0.004\,702\,6x_3x_5 + 0.001\,254\,7x_1x_3 + 0.001\,908\,5x_3x_4$

$u^l = 85.334\,407 + 0.005\,685\,8(x_2 - 5)(x_5 + 0.5) + 0.000\,626\,2(x_1 - 0.1)(x_4 + 6) - 0.002\,205\,3x_3x_5$

$v^l = 80.512\,49 + 0.007\,131\,7(x_2 + 1)(x_5 - 1) + 0.002\,995\,5(x_1 + 0.5)(x_2 - 6) + 0.002\,181\,3x_3^2$

$w^l = 9.300\,961 + 0.004\,702\,6(x_3 + 0.5)(x_5 + 4) + 0.001\,254\,7(x_1 - 6)(x_3 - 0.9) + 0.001\,908\,5x_3x_4$

$78 \leqslant x_1 \leqslant 102, \ 33 \leqslant x_2 \leqslant 45, \ 27 \leqslant x_i \leqslant 45, \ i = 3,4,5$

(5.17)

式中：h、l 分别为高、低精度函数；t 为精度层级。设计变量个数为 5，约束函数个数为 6。

（7）G24：

$$\min f = \frac{5}{7}(-x_1 - x_2)$$

$$\text{s.t. } g = \max_{j \in \{1,2\}}\{g_j^h\} \leqslant 0$$

$$g_1^h = 0.25(-2x_1^4 + 8x_1^3 - 8x_1^2 + x_2 - 2)$$

$$g_2^h = 0.25(-4x_1^4 + 32x_1^3 - 88x_1^2 + 96x_1 + x_2 - 36)$$

$$g_1^l = 0.25[-2(x_1 + 0.5)^4 + 8(x - 0.3)^3 - 8x_1^2 + x_2 - 2]$$

$$g_2^l = 0.25[-4(x_1 - 0.5)^4 + 32(x_1 + 0.5)^3 - 88x_1^2 + 96x_1 + x_2 - 36]$$

$$0 \leqslant x_1 \leqslant 3, \ 0 \leqslant x_2 \leqslant 4$$

(5.18)

式中：设计变量个数为 2，约束函数个数为 2。

（8）Angun：

$$\min f = \frac{5}{34.8}[5(x_1 - 1)^2 + (x_2 - 5)^2 + 4x_1x_2]$$

$$\text{s.t. } g = \max_{j \in \{1,2\}}\{g_j^h\} \leqslant 0$$

$$g_1^h = \frac{5}{17.154\,4}[(x_1 - 3)^2 + x_2^2 + x_1x_2 - 4]$$

$$g_2^h = \frac{5}{17.154\,4}[x_1^2 + 3(x_2 + 1.061)^2 - 9]$$

$$g_1^l = \frac{5}{17.154\,4}[(x_1 - 2)^2 + (x_2 - 1)^2 + x_1x_2 - 4]$$

$$g_2^l = \frac{5}{17.154\,4}[(x_1 - 0.5)^2 + 3(x_2 + 0.5)^2 - 9]$$

$$0 \leqslant x_1 \leqslant x_3, \ -2 \leqslant x_2 \leqslant 1$$

(5.19)

式中：设计变量个数为 2，约束函数个数为 2。

上述数值测试算例的真实最优解是已知的，因此使用的收敛准则与示例中的收敛准则相同。考虑遗传算法计算结果的随机性，对每个算例运行 30 次并记录统计结果。如前所述，由于 Kriging 代理模型的预估不确定性，得到的最优解可能会不满足实际约束。对于约束优化问题，满足约束是首要条件，其次是最优目标函数和求解效率。因此，记录并比较每一个数值算例在运行 30 次情况下的可行性比率。表 5.2 所示为数值测试算例采用不同方法的可行性比率。

表 5.2　数值测试算例采用不同方法的可行性比率

测试函数	EV	MAX-MSE	PoF	WAE	EAMGO	SCU-CI
Gomez	0.000(4)	0.000(4)	0.000(4)	0.333(3)	1.000(1)	0.900(2)
Constrained Branin	0.967(3)	0.933(4)	1.000(1)	0.367(5)	0.000(6)	1.000(1)
New Branin	0.933(2)	0.867(3)	0.867(3)	0.200(6)	0.867(3)	1.000(1)
Sasena	0.000(4)	0.000(4)	0.000(4)	0.733(2)	1.000(1)	0.133(3)
qcp4	0.833(1)	0.700(3)	0.000(5)	0.067(4)	0.000(5)	0.833(1)
G4	0.667(3)	0.700(2)	0.300(4)	0.200(5)	0.000(6)	0.733(1)
G24	0.333(4)	0.733(2)	0.467(3)	0.167(5)	0.000(6)	0.833(1)
Angun	1.000(1)	1.000(1)	1.000(1)	1.000(1)	1.000(1)	1.000(1)

注：表中数字为可行性比率，括号中的数字为该方法在 6 个方法中的性能排序

从表 5.2 可以很明显地看出，SCU-CI 方法可以保证大多数数值测试算例的可行性，而其他 5 种方法则不行。

表 5.3 所示为 6 种约束优化序贯更新方法在 8 个附加数值测试算例上的平均排序结果，其中 SCU-CI 方法的平均排序为 1.375，是所有方法中最好的，EV 排在第 2 位，其次是 MAX-MSE 方法，WAE 方法的平均排序是最差的。

表 5.3　数值测试算例采用 6 种方法的平均排序结果

	EV	MAX-MSE	PoF	WAE	EAMGO	SCU-CI
排序	2.750	2.875	3.125	3.875	3.625	1.375

此外，采用 Bergmann-Hommel 方法[13]计算调整后的 p 值，p 值用于测试多个数据集之间关于可行性比率的差异，如表 5.4 所示。

表 5.4　数值测试算例可行性比率 p 值

i	假设检验	p 值
1	WAE vs. SCU-CI	0.011 1
2	EAMGO vs. SCU-CI	0.013 4
3	PoF vs. SCU-CI	0.023 1
4	MAX-MSE vs. SCU-CI	0.061 4
5	EV vs. SCU-CI	0.094 8

表 5.4 中列出的 WAE vs. SCU-CI、EAMGO vs. SCU-CI 和 PoF vs. SCU-CI 均小于 0.05，说明 SCU-CI 方法和这 3 种约束更新方法在保证解的可行性方面存在显著差异，因此，SCU-CI 方法显著优于 WAE 方法、EAMGO 方法和 PoF 方法。而 SCU-CI 方法与 MAX-MSE 和 EV 两种方法的差异不显著。

为了进一步比较 MAX-MSE 方法、EV 方法和提出的 SCU-CI 方法的效率，记录了仿真次数（NS）的均值。应注意的是，最优解（目标函数值）的质量是在收敛条件下考虑的。表 5.5 给出了不同算法的 NS 均值，其中 SCU-CI 方法在 6 个数值测试算例中具有最小的 NS 均值，这表明 SCU-CI 方法是这 3 种约束更新方法中最有效的方法。

此外，对比 MAX-MSE 方法、EV 方法和 SCU-CI 方法的效率 p 值，如表 5.6 所示。可以看出，SCU-CI 方法与 MAX-MSE 方法和 EV 方法在效率上存在显著差异，因此，SCU-CI 方法比 MAX-MSE 方法和 EV 方法更高效。

表 5.5 数值测试算例的 EV 方法、MAX-MSE 方法和 SCU-CI 方法的 NS 均值

测试函数	EV	MAX-MSE	SCU-CI
Gomez	49.633	100.000	64.900
Constrained Branin	100.000	63.133	61.367
New Branin	2.333	1.933	1.367
Sasena	86.800	96.700	54.700
qcp4	100.000	100.000	93.667
G4	74.300	86.700	59.533
G24	16.667	26.933	10.333
Angun	13.367	12.067	12.833

表 5.6 数值测试算例不同方法的效率 p 值

i	假设检验	p 值
1	MAX-MSE vs. SCU-CI	0.007 5
2	EV vs. SCU-CI	0.045 0

参 考 文 献

[1] SASENA M J, PAPALAMBROS P, GOOVAERTS P. Exploration of metamodeling sampling criteria for constrained global optimization. Engineering Optimization, 2002, 34(3): 263-278.

[2] SCHONLAU M. Computer experiments and global optimization. Waterloo: University of Waterloo, 1997.

[3] ZHOU Q, WANG Y, CHOI S K, et al. A sequential multi-fidelity metamodeling approach for data regression. Knowledge-Based Systems, 2017, 134: 199-212.

[4] KOLDA T G, LEWIS R M, TORCZON V. Optimization by direct search: New perspectives on some classical and modern methods. SIAM Review, 2003, 45(3): 385-482.

[5] ANDRE J, SIARRY P, DOGNON T. An improvement of the standard genetic algorithm fighting premature

convergence in continuous optimization. Advances in Engineering Software, 2001, 32(1): 49-60.

[6] REGIS R G. Particle swarm with radial basis function surrogates for expensive black-box optimization. Journal of Computational Science, 2014, 5(1): 12-23.

[7] SUN C L, JIN Y C, CHENG R, et al. Surrogate-assisted cooperative swarm optimization of high-dimensional expensive problems. IEEE Transactions on Evolutionary Computation, 2017, 21(4): 644-660.

[8] AUTE V, SALEH K, ABDELAZIZ O, et al. Cross-validation based single response adaptive design of experiments for Kriging metamodeling of deterministic computer simulations. Structural and Multidisciplinary Optimization, 2013, 48(3): 581-605.

[9] XIAO N, ZUO M, GUO W. Efficient reliability analysis based on adaptive sequential sampling design and cross-validation. Applied Mathematical Modelling, 2018, 58: 404-420.

[10] JIE H, WU Y, DING J. An adaptive metamodel-based global optimization algorithm for black-box type problems. Engineering Optimization, 2015, 47(11): 1459-1480.

[11] WANG G G, SHAN S. Review of metamodeling techniques in support of engineering design optimization. Journal of Mechanical Design, 2007, 129(4): 370-380.

第 6 章
基于混合分组策略和样本迁移的协同贝叶斯优化方法

6.1 概　　述

对于大型复杂工程优化设计，通常会遇到一类设计变量特别多的优化问题，如大型船舶中剖面结构优化和舱段结构优化，这一类问题称为大规模优化问题（large-scale optimization problems，LSOP）。这类问题非常具有挑战性，因为需要优化的变量可能达到数百到数千个。随着设计变量维度的增加，目标函数的特性变得复杂，决策空间的体积也迅速增大。为了处理如此多的变量，一个被广泛采用的方法是基于分解的协同优化方法，其基本思想如算法 6.1[1]所示。

算法 6.1　协同优化算法框架

输入：目标函数 $f(x)$，设计变量个数 n

输出：最终优化解 x^i

1　设置索引 $i = 1$，当前最优解 x^0；
2　while 未达到停机准则 do
3　　使用某种准则生成并选择一个子集 $s_i \subset \{1, \cdots, n\}$；
4　　使用优化求解器更新 $x^i_{\in s_i} = \underset{x_{\in s_i}}{\arg\min}\, f(x_{\in s_i}; x^{i-1}_{\notin s_i})$ 并且保持除 $x^i_{\in s_i}$ 之外的所有变量不变；
5　　设置 $i = i + 1$；
6　end

算法 6.1 的关键思想是将原始的 LSOP 分解成一系列的低维子问题，以此来缓解高维度带来的困难。低维子问题求解器的选择比较灵活，对于不昂贵的问题可以是各种智能优化算法或者基于梯度的优化算法；对于昂贵优化问题，目前的研究才刚刚起步，集中于代理模型辅助的智能算法作为求解器。然而，作为解决低维问题的另一种高效方法，贝叶斯优化很少用于解决 LSOP。一方面，贝叶斯优化所需的样本点数量随着维度的增加而迅速增加，而在实际工程应用中很难有这么多的样本点。此外，随着样本点数量的增加，代理模型本身的计算复杂度也会增加，以至于代理模型本身的计算成本不能忽视。另一方面，贝叶斯优化的采集函数（也称序贯准则）的维数与原始优化问题的维数相等。因此，采集函数的优化也将成为一个 LSOP，其本身也很难优化。尽管基于分解的方法可以在一定程度上缓解这些问题，但它也带来了新的挑战，分解后的子问题的维度对贝叶斯优化而言可能仍然太高。此外，由于分解，大量的样本点在优化过程中被浪费了。为了解决这些问题，本章将贝叶斯优化方法扩展到 LSOP，主要贡献为：①以分解协同优化的方式将贝叶斯优化扩展到可以处理 LSOP；②提出一种混合分组策略，使贝叶斯优化能够处理分解后维度仍然过高的子问题；③为了重新利用优化过程中产生的历史样本点，对维度大于阈值的子问题提出针对加法可分的样本迁移策略，对维度小于阈值的子问题提出迁移 GPR 模型。

6.2 混合分组策略

在算法 6.1 的步骤 3 中，子集的生成和选择都对算法的性能有很大的影响，分别称为分组策略和资源分配策略。本节主要介绍分组策略。

如果一个目标函数能写成如下的形式[2]：

$$\mathop{\arg\min}\limits_{x_1,\cdots,x_k} f(x) = \left\{\mathop{\arg\min}\limits_{x_1} f(x_1,\cdots),\cdots,\mathop{\arg\min}\limits_{x_k} f(\cdots,x_k)\right\} \quad (6.1)$$

则称其为部分可分的函数，其中 k 是原问题分解形成的子问题的数量，$x_1,\cdots,x_k$ 是 x 中互不相交的子集。由式（6.1）可以看出，如果通过独立优化一部分变量得到的最优解等于这些维度上的全局最优解，那么该函数就被认为是部分可分，加法可分函数是部分可分函数的一个特例。如果一个函数可以被表述为以下形式，那么它就被称为加法可分函数[2]：

$$f(x) = \sum_{k=1}^{m} f_k(x_k) \quad (6.2)$$

分组策略的作用就是识别原始 LSOP 的可分性，并且给出分解方案，主要可以分为两大类[3, 4]。第一类试图学习变量之间的交互作用，并将相互有交互作用的变量放入同一个子问题。这种方法的优点是在处理可分问题时效率较高，而缺点是难以处理不可分问题，并且需要额外的计算资源来学习变量的相互作用。第二类是随机分解原始问题，不考虑变量的相互作用。这种策略中的子问题可以是固定的或动态改变的。这种方法的优点是可以处理不可分问题，而且不需要额外的计算资源；缺点是对于可分问题，将两个相互作用的变量分配到同一个子组件的概率相对较低，特别是当相互作用的变量数量很大时。值得指出的是，大多数第一类方法只能学习到式（6.2）中加法可分函数的可分性。

理论上来说，可以利用这些分组策略将原始 LSOP 分解为一系列的子问题，然后通过贝叶斯优化求解每个子问题。但是，如果采用基于交互学习的分组策略，分组结果是不可控的，也就是说，有可能经过分解后某些子问题的维度对贝叶斯优化而言仍然过高，尤其是对不可分问题这个现象特别显著。相反，如果采用随机分组策略，则不能很好地利用问题的可分性，会降低处理可分问题时的效率。出于这些考虑，本节提出一种混合分组策略，它可以结合这两种策略的优点。算法 6.2 给出了使用混合分组策略的协同贝叶斯优化的伪代码流程。

算法 6.2　使用混合分组策略的协同贝叶斯优化

输入：昂贵最大规模化问题的目标函数 $f(x)$

输出：最终优化解 x^{best}

1　给定当前最优解 x^{best}；

2　使用基于交互学习的分组策略获得分组结果：$\{s_1,\cdots,s_m\}$ = grouping $(f(x))$；

3　对于每个 $i = 1,\cdots,m$，设置 $\Delta F_i = 0$；

4	while 不满足停机准则 do
5	for $i=1$ to m do
6	设置上次迭代的最优解 $\hat{x}^{\text{best}} = x^{\text{best}}$;
7	if $|s_i| > d_{\max}$ then
8	使用随机分组进一步分解子问题: $\{\tilde{s}_1,\cdots,\tilde{s}_k\} = \text{random grouping}(s_i)$;
9	for $j=1$ to k do
10	使用贝叶斯优化获得优化解: $\hat{x}_{\in \tilde{s}_j} \arg\min_{x\in \tilde{s}_j} f(x_{\in \tilde{s}_j}; x_{\notin \tilde{s}_j}^{\text{best}})$;
11	if $f(x_{\in \tilde{s}_j}; x_{\notin \tilde{s}_j}^{\text{best}}) < f(x^{\text{best}})$ then
12	设置 $x^{\text{best}} = \{\hat{x}_{\in \tilde{s}_j}; x_{\notin \tilde{s}_j}^{\text{best}}\}$;
13	end
14	end
15	else
16	用贝叶斯优化获得优化解: $\hat{x}_{\in s_j} = \arg\min_{x\in s_j} f(x_{\in s_j}; x_{\notin s_j}^{\text{best}})$;
17	if $f(\hat{x}_{\in s_j}; x_{\notin s_j}^{\text{best}}) < f(x^{\text{best}})$ then
18	设置 $x^{\text{best}} = \{\hat{x}_{\in s_j}; x_{\notin s_j}^{\text{best}}\}$;
19	end
20	end
21	设置 $\Delta F_i = (\Delta F_i + |f(\hat{x}^{\text{best}}) - f(x^{\text{best}})|)/2$;
22	end
23	while $\min(\Delta F_i | i=1,\cdots,m) \neq \max(\Delta F_i | i=1,\cdots,m)$ do
24	设置索引 $i = \arg\max(\Delta F_i)$;
25	重复步骤 6 到步骤 21;
26	end
27	end

混合分组策略体现在算法 6.2 的步骤 2、步骤 7 和步骤 8 中。在步骤 2 中,首先通过基于交互学习的分组策略对原始 LSOP 进行分解,然后在协同贝叶斯优化框架的每次迭代时,如果分解后子问题的维度仍然高于给定的阈值 $d_{\max}$,则通过随机分组策略对其进一步分解。因此,混合分组策略可以充分利用原始 LSOP 的可分性,同时可以将维度过高的子问题的维度降低到可以用贝叶斯优化的水平。此外,与基于交互学习的分组策略相比,它不会产生额外的计算成本。此外,在后文中将说明,混合分组策略可以与所提出的样本迁移和迁移高斯过程回归相协作,以加强彼此的效果。

至于资源分配策略,本小节采用与合作协同进化框架(cooperative coevolution framework,CCFR)[5]相同的基于贡献的资源分配策略,如步骤 24 所示。

6.3 样本迁移策略

如 6.1 节所述，由于分解，很多优化过程中的样本点被丢弃了。这可以通过图 6.1 中的一个简单例子来说明。

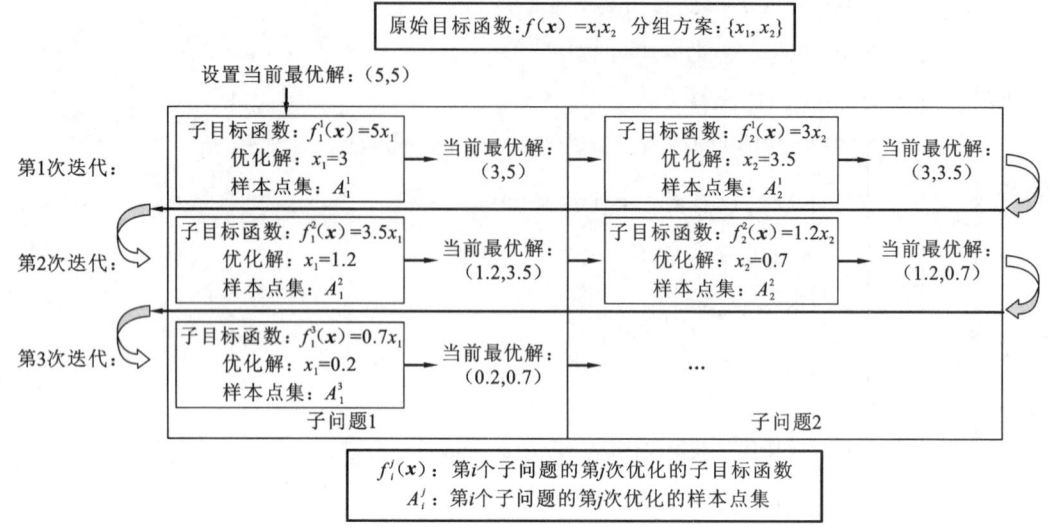

图 6.1 协同贝叶斯优化示例

图 6.1 所示为以二维函数 $f(\boldsymbol{x}) = x_1 x_2$ 为目标函数的协同贝叶斯优化的例子。假设它被分解成两个一维的子问题并且初始的最优解为(5, 5)。轮流优化两个子问题。那么第 1 个子问题第 1 次迭代时的子目标函数应该为 $f_1^1(\boldsymbol{x}) = 5x_1$，假设利用贝叶斯优化对子目标函数 $f_1^1(\boldsymbol{x}) = 5x_1$ 进行寻优获得的最优解和样本点集分别为 $x_1 = 3$ 和 A_1^1。于是当前的最优解更新为(3, 5)并且第 2 个子问题第 1 次迭代时的子目标函数应该为 $f_2^1(\boldsymbol{x}) = 3x_2$。从图 6.1 中可以看到，对于第 1 个子问题，每次优化的子目标函数是不同的。因此，使用贝叶斯优化每次优化子问题 1 时需要对子目标函数重新采样，生成新的样本集（如 A_1^3）。由于子目标函数发生了变化，以前的优化所产生的样本点（如 A_1^1、A_1^2）不能再使用。同样的情况也发生在第 2 个子问题上。

更一般地，假设 $\boldsymbol{x}_a$ 是目标函数 $f(\boldsymbol{x})$ 某个子问题的设计变量，$\boldsymbol{x}_b$ 是剩余的设计变量，即 $f(\boldsymbol{x}) = f(\boldsymbol{x}_a; \boldsymbol{x}_b)$。那么在每次优化 $\boldsymbol{x}_a$ 时，$\boldsymbol{x}_b$ 可以看作子目标函数 $f(\boldsymbol{x}_a; \boldsymbol{x}_b)$ 的参数。由于 $\boldsymbol{x}_b$ 在求解原问题的优化过程中是变化的，因此子目标函数 $f(\boldsymbol{x}_a; \boldsymbol{x}_b)$ 也会变化，导致以前的优化所产生的样本点不能再被利用。为了解决这个问题，本节提出一个针对加法可分问题的样本迁移策略和一个针对加法不可分问题的迁移 GPR 模型。

6.3.1 加法可分子问题的样本迁移策略

几乎所有基于交互学习的分组策略都只能识别加法可分的函数。对于加法可分的函数，之前的贝叶斯优化产生的样本点可以根据定理 6.1 进行迁移。

定理 6.1：对于函数 $f(\boldsymbol{x}_a;\boldsymbol{x}_b)$，若 $\boldsymbol{x}_a$ 与 $\boldsymbol{x}_b$ 是互相加法可分的，那么有
$$f(\boldsymbol{x}_a^1;\boldsymbol{x}_b^2) = f(\boldsymbol{x}_a^1;\boldsymbol{x}_b^1) + f(\boldsymbol{x}_a^2;\boldsymbol{x}_b^2) - f(\boldsymbol{x}_a^2;\boldsymbol{x}_b^1)$$

证明：由于 $\boldsymbol{x}_a$ 与 $\boldsymbol{x}_b$ 是互相加法可分的，$f(\boldsymbol{x}_a;\boldsymbol{x}_b)$ 可以表示为
$$f(\boldsymbol{x}_a;\boldsymbol{x}_b) = f_a(\boldsymbol{x}_a) + f_b(\boldsymbol{x}_b) \tag{6.3}$$

因此有
$$\begin{aligned} f(\boldsymbol{x}_a^1;\boldsymbol{x}_b^2) &= f_a(\boldsymbol{x}_a^1) + f_b(\boldsymbol{x}_b^2) = f_a(\boldsymbol{x}_a^1) + f_b(\boldsymbol{x}_b^2) + f_b(\boldsymbol{x}_b^1) - f_b(\boldsymbol{x}_b^1) \\ &= f_a(\boldsymbol{x}_a^1) + f_b(\boldsymbol{x}_b^1) + f_b(\boldsymbol{x}_b^2) - f_b(\boldsymbol{x}_b^1) + f_a(\boldsymbol{x}_a^2) - f_a(\boldsymbol{x}_a^2) \end{aligned} \tag{6.4}$$

对式（6.4）右端进行移项有
$$f(\boldsymbol{x}_a^1;\boldsymbol{x}_b^2) = f_a(\boldsymbol{x}_a^1) + f_b(\boldsymbol{x}_b^1) + f_a(\boldsymbol{x}_a^2) + f_b(\boldsymbol{x}_b^2) - f_a(\boldsymbol{x}_a^2) - f_b(\boldsymbol{x}_b^1) \tag{6.5}$$

根据式（6.3）有
$$f_a(\boldsymbol{x}_a^1) + f_b(\boldsymbol{x}_b^1) = f(\boldsymbol{x}_a^1;\boldsymbol{x}_b^1) \tag{6.6}$$
$$f_a(\boldsymbol{x}_a^2) + f_b(\boldsymbol{x}_b^2) = f(\boldsymbol{x}_a^2;\boldsymbol{x}_b^2) \tag{6.7}$$
$$-f_a(\boldsymbol{x}_a^2) - f_b(\boldsymbol{x}_b^1) = -f(\boldsymbol{x}_a^2;\boldsymbol{x}_b^1) \tag{6.8}$$

将式（6.6）～式（6.8）代入式（6.5），有
$$f(\boldsymbol{x}_a^1;\boldsymbol{x}_b^2) = f(\boldsymbol{x}_a^1;\boldsymbol{x}_b^1) + f(\boldsymbol{x}_a^2;\boldsymbol{x}_b^2) - f(\boldsymbol{x}_a^2;\boldsymbol{x}_b^1) \tag{6.9}$$

定理 6.1 对样本点迁移策略十分重要，这意味着若 $\boldsymbol{x}_a$ 与 $\boldsymbol{x}_b$ 是互相加法可分的，当 $\boldsymbol{x}_b$ 作为参数改变时（从 $\boldsymbol{x}_b^1$ 变为 $\boldsymbol{x}_b^2$），当前优化的子目标函数值 $f(\boldsymbol{x}_a^1;\boldsymbol{x}_b^2)$ 可以通过上一次优化的子目标函数值 $f(\boldsymbol{x}_a^1;\boldsymbol{x}_b^1)$ 加上一个常数获得，该常数的值由 $f(\boldsymbol{x}_a^2;\boldsymbol{x}_b^2) - f(\boldsymbol{x}_a^2;\boldsymbol{x}_b^1)$ 给出。因此，可以简单地从上一次优化的样本点集中任意选择一个样本点 $\boldsymbol{x}_a^2$ 并计算它在当前优化子目标函数值 $f(\boldsymbol{x}_a^2;\boldsymbol{x}_b^2)$。然后，之前样本点集的所有样本点都可以通过在它们的子目标函数值上加上常数 $f(\boldsymbol{x}_a^2;\boldsymbol{x}_b^2) - f(\boldsymbol{x}_a^2;\boldsymbol{x}_b^1)$ 而迁移到当前的样本点集。也就是说，定理 6.1 可以用另一种等价形式表示：
$$f_i^j(X_i^{j-1}) = f_i^{j-1}(X_i^{j-1}) + f_i^j(x') - f_i^{j-1}(x') \tag{6.10}$$

式中：f_i^j 为第 i 个子问题第 j 次优化的子目标函数；X_i^{j-1} 为第 i 个子问题第 $j-1$ 次优化的样本点集；$x' \in X_i^{j-1}$ 为该样本点集中的任意一个点。因此式（6.10）中唯一需要耗费额外计算资源的只有 $f_i^j(x')$。因此，理论上来说，只需要进行一次额外的函数计算，就可以将前一个样本点集的样本点迁移到当前的样本点集。基于式（6.10），本小节提出针对加法可分函数的样本迁移策略，如算法 6.3 所示。

算法 6.3　加法可分函数的样本迁移策略

输入：索引 i、j，之前的样本集 $A_i^{j-1} = \{X_i^{j-1}, f_i^{j-1}(X_i^{j-1})\}$

输出：迁移的样本点集 $\hat{A}_i^j$

1　从 A_i^{j-1} 中随机选择两个样本点 $\{x^{(1)}, f_i^{j-1}(x^{(1)})\}$，$\{x^{(2)}, f_i^{j-1}(x^{(2)})\}$；

2　使用当前子目标函数 f_i^j 计算 $x^{(1)}$ 和 $x^{(2)}$ 并获得其目标函数值 $f_i^j(x^{(1)})$、$f_i^j(x^{(2)})$；

3　计算距离 $\hat{d}_1 = f_i^j(x^{(1)}) - f_i^{j-1}(x^{(1)})$ 和 $\hat{d}_2 = f_i^j(x^{(2)}) - f_i^{j-1}(x^{(2)})$；

```
4    if |d̂₁ - d̂₂| ≤ c₁ then
5        for A_i^{j-1} 中所有样本点 X_i^{j-1} do
6            设置 X̂_i^j = X_i^{j-1} 和 f_i^j(X̂_i^j) = f_i^{j-1}(X_i^{j-1}) + (d̂₁ + d̂₂)/2 ;
7        end
8    else
9        设置 X̂_i^j = {x^{(1)}, x^{(2)}} 和 f_i^j(X̂_i^j) = {f_i^j(x^{(1)}), f_i^j(x^{(2)})}
10   end
11   设置 Â_i^j = {X̂_i^j, f_i^j(X̂_i^j)} ;
```

在算法 6.3 中，从之前的样本点集 A_i^{j-1} 中随机选择两个样本点 $x^{(1)}$、$x^{(2)}$，并计算它们当前的子目标函数值 $f_i^j(x_1)$、$f_i^j(x_2)$ 以获得常数距离。理论上来说，只需要选择一个点就可以计算出这个常数距离。然而，实际应用中分组的准确性不能保证 100%，因此当前子问题的设计变量不一定与剩余的变量加法可分。从式（6.10）中可以看出，在任何选定的点计算的常数距离应该是相等的。但实际上，由于数值误差等，它可能并不严格相等。在这项工作中，如果两个选定点的目标函数距离值之差小于给定的阈值 c_1，就认为这个子问题和剩余变量是加法可分的，该常数距离取这两个选定点的对应距离 $d̂_1$、$d̂_2$ 的均值以减小数值误差。然后，A_i^{j-1} 中所有的点都可以根据式（6.10）迁移到 $Â_i^j$。否则，只有这两个选定点迁移到 $Â_i^j$。因此，无论在哪种情况下，对这两点进行的额外函数计算都不会被浪费。

需要指出的是，由于基于交互学习的分组策略已经探索了问题的可分性，本小节将阈值较为宽容地设为 0.1。此外，式（6.10）是该子问题加法可分性的必要非充分条件，这意味着即使式（6.10）成立也不一定保证该子问题加法可分。然而，对子问题的每一次优化，都会执行算法 6.3 的步骤 4 来检查式（6.10）是否成立。考虑分组策略也同时探索了可分性，随着检查次数的增加，判断的准确性会提高。

6.3.2 加法不可分问题的迁移 GPR 模型

6.3.1 节提出的样本迁移策略可以直接应用于子问题维度低于阈值 d_{max} 的情况（即算法 6.2 步骤 15~20）。由于迁移样本点的设计变量和目标函数与当前子问题的设计变量和目标函数相同，这些迁移样本点可以直接作为当前优化的 GPR 模型的样本点使用。然而，对于子问题的维度超过阈值 d_{max} 的情况（即算法 6.2 步骤 7~14），子问题被随机分组策略进一步分解为二级子问题。因此，每次优化时，次级子问题的设计变量只是迁移样本点的设计变量中的一个随机子集。对于这种情况，为了能利用这些迁移样本点，本小节提出迁移 GPR 模型。

对于子问题的维度超过阈值的情况，其一级子问题可以视为一个 LSOP，然后该 LSOP 再由使用随机分组策略的协同贝叶斯优化来求解。因此，算法 6.2 的步骤 8~14 与算法 6.1 没有本质区别。算法 6.3 中的迁移样本集 $Â_i^j$ 可以视为等同于算法 6.1 的优化过程中产生的样本点集。

不失一般性，假设 $\hat{s}$ 是当前子问题的设计变量的索引集，那么一个样本点可以分为两个部分，即 $\boldsymbol{x} = \{\boldsymbol{x}_{\in\hat{s}}; \boldsymbol{x}_{\notin\hat{s}}\}$。当前子问题的设计变量属于第一部分 $\boldsymbol{x}_{\in\hat{s}}$，剩余的变量属于第二部分 $\boldsymbol{x}_{\notin\hat{s}}$，并且这部分变量在优化该子问题时是固定不变的。对于一个子问题而言，它的样本点集也可以分为两部分，第一部分是本次贝叶斯优化时所产生的样本点，这里记为 $\tilde{A}$。第二部分是迁移样本点，记为 $\hat{A}$。可以看出，$\tilde{A}$ 中所有样本点的设计变量的第二部分 $\boldsymbol{x}_{\notin\hat{s}}$ 都是相同的，而 $\hat{A}$ 中的样本点这部分变量可能是不同的。

在迁移学习的领域中，$\tilde{A}$ 被称为目标域数据，$\hat{A}$ 是源域数据。原始的 GPR 模型只能使用 $\tilde{A}$ 中样本点的第一部分设计变量 $\boldsymbol{x}_{\in\hat{s}}$ 来建模，而本小节提出的迁移 GPR 模型能够充分利用 $\tilde{A}$ 和 $\hat{A}$ 中所有的样本点的信息来建模。迁移 GPR 模型和原始 GPR 模型的关键区别在于，迁移 GPR 模型的相关函数（核函数）[6, 7]为

$$\hat{R}(\boldsymbol{x}^{(i)}, \boldsymbol{x}^{(j)}) = \begin{cases} \lambda_{i,j} \cdot R(\boldsymbol{x}_{\in\hat{s}}^{(i)}, \boldsymbol{x}_{\in\hat{s}}^{(j)}), & 若 \boldsymbol{x}^{(i)} \in \hat{A} \text{ 或 } \boldsymbol{x}^{(j)} \in \hat{A} \\ R(\boldsymbol{x}_{\in\hat{s}}^{(i)}, \boldsymbol{x}_{\in\hat{s}}^{(j)}), & 其他 \end{cases} \quad (6.11)$$

式中：$\boldsymbol{x}^{(i)}$ 和 $\boldsymbol{x}^{(j)}$ 分别为总样本点集中的第 i 个和第 j 个样本点。可以看出，如果 $\boldsymbol{x}^{(i)}$ 和 $\boldsymbol{x}^{(j)}$ 有任意一个来自源域 $\hat{A}$，那么就会使用系数 $\lambda_{i,j}$ 来衡量 $\boldsymbol{x}^{(i)}$ 和 $\boldsymbol{x}^{(j)}$ 之间的相似度。根据文献[6]中的定理 1，所有的 $|\lambda_{i,j}| < 1$ 都可以使 $\hat{R}(\boldsymbol{x}^{(i)}, \boldsymbol{x}^{(j)})$ 成为一个合法可用的相关函数。$|\lambda_{i,j}|$ 越接近 1 代表源域与目标域相似度越高。

由于第二部分变量 $\boldsymbol{x}_{\notin\hat{s}}$ 可以看作子目标函数 $f(\boldsymbol{x}_{\in\hat{s}}; \boldsymbol{x}_{\notin\hat{s}})$ 的参数，$\boldsymbol{x}^{(i)}$ 和 $\boldsymbol{x}^{(j)}$ 之间的相似度就可以通过它们参数之间的距离来衡量，因此，$|\lambda_{i,j}|$ 可表示为

$$\lambda_{i,j} = \exp(-\hat{\boldsymbol{\theta}} \cdot |\boldsymbol{x}_{\notin\hat{s}}^{(i)} - \boldsymbol{x}_{\notin\hat{s}}^{(j)}|^2) = \exp\left(-\hat{\boldsymbol{\theta}} \cdot \sum_{l \notin \hat{s}} |x_l^{(i)} - x_l^{(j)}|^2\right) \quad (6.12)$$

式中：$\hat{\boldsymbol{\theta}}$ 是迁移 GPR 模型带来的额外超参数。从式（6.12）可以看出：如果 $\boldsymbol{x}^{(i)}$ 和 $\boldsymbol{x}^{(j)}$ 之间的参数越接近，那么它们的子目标函数相关程度就越高（$|\lambda_{i,j}|$ 接近 1）；如果 $\boldsymbol{x}^{(i)}$ 和 $\boldsymbol{x}^{(j)}$ 之间的参数是相同的，那么 $|\lambda_{i,j}|$ 等于 1，此时，提出的迁移 GPR 模型就退化为普通的 GPR 模型。

如果混合 $\tilde{A}$ 和 $\hat{A}$ 形成混合后的样本点集 $A_{\text{mix}} = \tilde{A} \cup \hat{A}$，理论上来说，$A_{\text{mix}}$ 可以直接用来作为样本点集来建立迁移 GPR 模型。然而，由于 LSOP 的特点，迁移样本点集 $\hat{A}$ 中通常都有大量的样本点，这会使 A_{mix} 中也包含大量样本点，从而导致迁移 GPR 模型计算复杂度过高。因此，本小节同时提出一个预选择策略来减少 A_{mix} 中的样本点数量。

显然，从迁移样本点集 $\hat{A}$ 中预选出来的样本点最好具有两方面特点：①它们的参数 $\boldsymbol{x}_{\notin\hat{s}}$ 应尽可能地接近当前子问题的参数，以避免产生负迁移的现象；②子设计变量 $\boldsymbol{x}_{\in\hat{s}}$ 的分布应尽可能均匀，并远离 $\tilde{A}$ 中的样本点。用一个二维函数的简单例子说明这些特征，如图 6.2 所示。

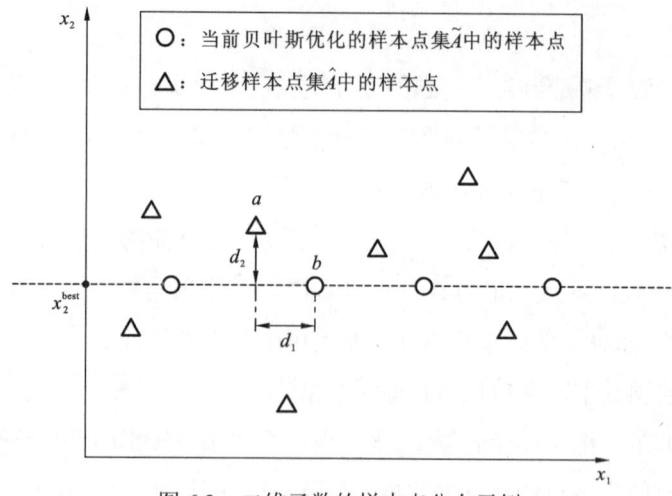

图 6.2 二维函数的样本点分布示例

假设该二维函数是一个 LSOP 并且分成了两个子问题 $\{x_1\}$ 和 $\{x_2\}$。$\boldsymbol{x}^{\text{best}}$ 表示当前的全局最优解。假设目前正在优化第一个子问题 $\{x_1\}$，即 $\boldsymbol{x}_{\in\hat{s}}=\{x_1\}$，$\boldsymbol{x}_{\notin\hat{s}}=\{x_2\}$。于是，该子问题的子目标函数为 $f(x_1;x_2^{\text{best}})$，求解该子问题的贝叶斯优化将沿着图 6.2 中的虚线搜索最优解，生成的样本点（图 6.2 中的圆圈）都位于虚线上。迁移样本点（图 6.2 中的三角形）不一定位于虚线上。对于 $\hat{A}$ 中的某个样本点 a，假设 b 是 $\tilde{A}$ 中沿 x_1 方向离 a 最近的点，对于预选的点，距离 d_1 越大越好，d_2 越小越好。一般地，$\hat{A}$ 中的点 $\hat{\boldsymbol{x}}$、d_1、d_2 可表示为

$$d_1(\hat{\boldsymbol{x}}) = \min_i(\|\hat{\boldsymbol{x}}_{\in\hat{s}} - \hat{\boldsymbol{x}}_{\in\hat{s}}^{(i)}\|) \tag{6.13}$$

$$d_2(\hat{\boldsymbol{x}}) = \|\tilde{\boldsymbol{x}}_{\notin\hat{s}} - \tilde{\boldsymbol{x}}_{\notin\hat{s}}^{\text{any}}\| \tag{6.14}$$

式中：$\tilde{\boldsymbol{x}}^{(i)}$ 为 $\tilde{A}$ 中的第 i 个样本点。由于 $\tilde{A}$ 中的任意一个样本点的参数 $\tilde{\boldsymbol{x}}_{\notin\hat{s}}^{(i)}$ 都是相同的，$\tilde{\boldsymbol{x}}_{\notin\hat{s}}^{\text{any}}$ 为 $\tilde{A}$ 中任意一个样本点的参数。值得指出的是，本章中 $\tilde{\boldsymbol{x}}_{\notin\hat{s}}^{\text{any}}$ 同样也等于当前最优解的参数 $\boldsymbol{x}_{\notin\hat{s}}^{\text{best-so-far}}$。基于式 (6.13) 和式 (6.14)，对 $\hat{A}$ 中的样本点 $\hat{\boldsymbol{x}}$，可以给出其预选择准则：

$$\hat{C}(\hat{\boldsymbol{x}}) = \frac{d_1(\hat{\boldsymbol{x}})}{d_2(\hat{\boldsymbol{x}})} \tag{6.15}$$

$\hat{C}(\hat{\boldsymbol{x}})$ 越大，则说明 $\hat{\boldsymbol{x}}$ 越应该被选中。此外，被选中的点应该在子设计变量 $\boldsymbol{x}_{\in\hat{s}}$ 上的分布尽可能均匀。

基于上述分析，本小节提出使用迁移 GPR 模型的带有预选策略的贝叶斯优化，如算法 6.4 所示。

算法 6.4　使用迁移 GPR 模型的带有预选策略的贝叶斯优化

输入：索引 i,j，迁移样本点集 $\hat{A}_i^j = \{X_i^j, f_i^j(X_i^j)\}$

输出：生成的样本点集 $\tilde{A}_i^j$ 及 $\tilde{A}_i^j$ 中的最终优化解 $\boldsymbol{x}^{\text{best}}$

1　使用拉丁超立方采样生成初始样本点集 $\tilde{A}_i^j$；

2　根据搜索空间的上下界 ub 和 lb 归一化 $\tilde{A}_i^j$ 和 $\hat{A}_i^j$ 中的设计变量；

3　对于 $\hat{A}_i^j$ 中的所有点 $\hat{\boldsymbol{x}}$，计算它们的 $d_2(\hat{\boldsymbol{x}})$ 并且从中选择所有 $d_2(\hat{\boldsymbol{x}})$ 小于 p 的点组成 $\hat{A}'$；

4	基于子设计变量 $\hat{x}_{e\hat{s}}$，使用 DBSCAN 对 $\hat{A}'$ 中的所有点 $\hat{x}$ 进行聚类并得到聚类结果 $C=\{C_1,\cdots,C_N\}$；
5	if 聚类数 $N>N_{\max}$ then
6	基于子设计变量 $\hat{x}_{e\hat{s}}$，使用 K-means 对 $\hat{A}'$ 中的所有点 $\hat{x}$ 聚成 $N_{\max}$ 类并得到聚类结果 $C=\{C_1,\cdots,C_{N_{\max}}\}$；
7	end
8	设置 $\hat{A}''=\varnothing$；
9	for C 中的每个类 C_k do
10	选择 C_k 中具有最大 $\hat{C}(\hat{x})$ 的点 $\hat{x}$ 并将其添加到预选择样本点集中 $\hat{A}''=\hat{A}''\cup\{\hat{x},f_i^j(\hat{x})\}$；
11	end
12	while 不满足停机准则 do
13	混合 $\tilde{A}_i^j$ 和 $\hat{A}''$ 形成混合样本点集 $A_{\mathrm{mix}}=\tilde{A}_i^j\cup\hat{A}''$；
14	基于 A_{mix} 建立迁移 GPR 模型 $\hat{y}_t(x)$；
15	基于 $\hat{y}_t(x)$ 优化其采集函数 $\hat{a}_t(x)$ 并得到候选解 x^*；
16	使用目标函数 $f_i^j(x^*)$ 计算 x^* 并将其添加到样本集 $\tilde{A}_i^j=\tilde{A}_i^j\cup\{x^*,f_i^j(x^*)\}$；
17	重复步骤 5 到 11 形成新的 $\hat{A}''$；
18	end

提出的预选择策略体现在算法 6.4 的步骤 4～12 中。步骤 3 中的 p 为给定的参数。步骤 4 旨在筛选掉具有太大 d_2 值的点以避免产生负迁移现象。之后对预选的点进行聚类，以保证最终选择的点沿子设计变量的分布是均匀的。在每个类中选择预选标准 $\hat{C}(\hat{x})$ 最大的样本点，形成最终的预选样本集 $\hat{A}''$。由于事先并不知道多少个聚类是最合适的，所以首先采用基于密度的带噪声的空间聚类方法（density-based spatial clustering of applications with noise，DBSCAN）来自动确定聚类的数量。如果聚类的数量超过了预定的最大数量 $N_{\max}$，就采用 K-means 将样本点聚类。理论上，只使用 DBSCAN 聚类而不使用 K-means 也是可行的。但是，由于 GPR 的建模成本随着样本点数量的增加而迅速升高，所以仍然要设置最大的聚类数量 $N_{\max}$ 以防止建模成本太高。步骤 13～19 与常规贝叶斯优化基本相同，只是采用的代理模型是迁移 GPR 模型。

6.4　CBO-HGST

结合 6.2 节和 6.3 节中提出的方法，最终提出基于混合分组策略和样本迁移的协同贝叶斯优化（cooperative Bayesian optimization with hybrid grouping and sample transfer，CBO-HGST）算法，如算法 6.5 所示。

算法 6.5 使用迁移 GPR 模型的带有预选策略的贝叶斯优化

输入：昂贵最大规模化问题的目标函数 $f(x)$

输出：最终优化解 x^{best}

1　设置当前优化解：x^{best}；
2　通过基于交互学习的分组策略获得分组结果：$\{s_1, \cdots, s_m\}$ = grouping $(f(x))$；
3　对于每个 $i = 1, \cdots, m$，设置 $\Delta F_i = 0$；
4　while 不满足停机准则 do
5　　for $i = 1$ to m do
6　　　设置上次迭代的最优解 $\hat{x}^{\text{best}} = x^{\text{best}}$；
7　　　使用针对加法可分的样本迁移策略得到迁移样本点集 $\hat{A}_i$ = Sample_transfer(A_i)；
8　　　if $|s_i| > d_{\max}$ then
9　　　　使用随机分组进一步分解子问题：$\{\tilde{s}_1, \cdots, \tilde{s}_k\}$ = random_grouping(s_i)；
10　　　　for $j = 1$ to k do
11　　　　　将 $\hat{A}_i$ 作为迁移样本点集，使用带有预选策略的迁移贝叶斯优化 $\hat{x}_{\in\tilde{s}_j} \underset{x \in \tilde{s}_j}{\arg\min} f(x_{\in\tilde{s}_j}; x_{\notin\tilde{s}_j}^{\text{best}})$ 并得到产生的样本点集 $\tilde{A}_j$；
12　　　　　设置 $\hat{A}_i = \hat{A}_i \cup \tilde{A}_j$；
13　　　　　if $f(x_{\in\tilde{s}_j}; x_{\notin\tilde{s}_j}^{\text{best}}) < f(x^{\text{best}})$ then
14　　　　　　设置 $x^{\text{best}} = \{\hat{x}_{\in\tilde{s}_j}; x_{\notin\tilde{s}_j}^{\text{best}}\}$；
15　　　　　end
16　　　　end
17　　　　设置 $A_i = \hat{A}_i$；
18　　　else
19　　　　将 $\hat{A}_i$ 添加到初始样本点集并使用贝叶斯优化 $\hat{x}_{\in s_j} \underset{x \in s_j}{\arg\min} f(x_{\in s_j}; x_{\notin s_j}^{\text{best}})$ 然后获得产生的样本点集 $\tilde{A}_i$；
20　　　　if $f(x_{\in\tilde{s}_j}; x_{\notin\tilde{s}_j}^{\text{best}}) < f(x^{\text{best}})$ then
21　　　　　设置 $x^{\text{best}} = \{x_{\in s_j}; x_{\notin s_j}^{\text{best}}\}$；
22　　　　end
23　　　　设置 $A_i = \hat{A}_i \cup \tilde{A}_i$；
24　　　end
25　　　设置 $\Delta F_i = (\Delta F_i + |f(\hat{x}^{\text{best}}) - f(x^{\text{best}})|)/2$；
26　　end
27　　while $\min(\Delta F_i | i = 1, \cdots, m) \neq \max(\Delta F_i | i = 1, \cdots, m)$ do
28　　　设置索引 $i = \arg\max(\Delta F_i)$；
29　　　重复步骤 6 到 25；
30　　end
31　end

6.5 数值算例及分析

6.5.1 基准测试函数信息及参数设置

本小节将 CBO-HGST 方法在 CEC2013 大规模优化基准测试套件[2]上进行测试，测试函数的维度高达 1 000，以考察其效率。CEC2013 测试套件中有 15 个大规模优化函数，是 CEC2010 测试套件的扩展。CEC2013 测试套件的特点包括不平衡的子问题、不均匀大小的子组件等。CEC2013 测试套件能够广泛而有效地代表实际工程应用中的大部分问题。表 6.1 所示为 CEC2013 测试套件中每个函数的特性。

表 6.1 CEC2013 测试套件特性[2]

函数	可分性	单峰或多峰	理想分组情况
f1	完全可分	单峰	1 000×1
f2	完全可分	多峰	1 000×1
f3	完全可分	多峰	1 000×1
f4	部分可分	单峰	700×1+4×25+2×50+1×100
f5	部分可分	多峰	700×1+4×25+2×50+1×100
f6	部分可分	多峰	700×1+4×25+2×50+1×100
f7	部分可分	多峰	700×1+4×25+2×50+1×100
f8	部分可分	单峰	10×25+5×50+5×100
f9	部分可分	多峰	10×25+5×50+5×100
f10	部分可分	多峰	10×25+5×50+5×100
f11	部分可分	单峰	10×25+5×50+5×100
f12	有重叠子问题	多峰	1×1 000
f13	有重叠子问题	单峰	1×905
f14	有重叠子问题	单峰	1×905
f15	完全不可分	单峰	1×1 000

高效递归差分分组（efficient recursive differential grouping，ERDG）[8]是迄今为止对计算资源要求最少的基于交互学习的分组算法，这对昂贵的优化问题是非常重要的，因此 CBO-HGST 采用 ERDG[8]作为基于交互学习的分组算法，其余的参数设置见表 6.2。

表 6.2 CBO-HGST 参数设置

CBO-HGST 参数设置：
子问题最大维数阈值：$d_{max}=10$
随机分组生成的次级子问题维数：$d_{sub}=2$
迁移 GPR 模型预选择策略的阈值：$p=0.1$
贝叶斯优化的采集函数：LCB
贝叶斯优化初始样本数：$S_{initial}=3d_{sub}^{current}$，其中 $d_{sub}^{current}$ 是当前子问题维数
贝叶斯优化迭代数：$N_{iteration}=5d_{sub}^{current}$
最大聚类数：$N_{max}=50d_{sub}^{current}$

采集函数优化求解器设置：				
优化算法：差分进化（DE）				
最大代数：MAXGEN = 500				
种群大小：$N_{population} = 15 d_{sub}^{current}$				
交叉概率：CR = 0.8				
缩放因子：F = 0.5				
交叉变异方法：DE/current-to-best/1				

6.5.2 算法对比

本小节将 CBO-HGST 方法与最近三年提出的三种最先进的大规模优化算法进行测试和对比，它们分别是 SACCJADE-GP 方法[9]、SAEA_RFS 方法[10]和 CCFR2 方法[11]。SACCJADE-GP 方法是一个典型的代理模型辅助合作协同进化算法框架，以 GPR 模型为代理模型，以 JADE[12]为优化求解器。SAEA_RFS 方法采用随机特征选择技术，以 RBF 为代理模型，以 DE 为优化求解器。为了展示代理模型的优势，本小节还对比了 CCFR2，它是一种没有使用代理模型的基于贡献的合作协同进化算法，CCFR2 方法采用的分组策略是 ERDG 以示公平。

这些对比算法的参数均按照其原始文献中的建议设置。计算结果基于 25 次独立运行以消除随机性。为了检验统计学意义，对 4 种比较方法进行了 Wilcoxon 的秩和检验[13]和 Holm-Bonferroni 校正[14]，显著性水平设为 0.05。所有比较的算法的最大函数计算次数设为 3×10^4，结果见表 6.3。

表 6.3　CBO-HGST 方法与先进方法的比较

函数	CBO-HGST	SACCJADE-GP	SAEA_RFS	CCFR2
f1	**5.970 04×10⁵** （±3.397 34×10⁵）	3.011 88×10⁷ （±3.607 22×10⁶）	2.271 41×10⁹ （±9.289 72×10⁸）	4.605 42×10¹¹ （±3.205 41×10¹⁰）
f2	**2.753 24×10³** （±8.116 08×10¹）	3.849 10×10³ （±1.002 49×10²）	1.407 40×10⁴ （±4.245 42×10²）	1.448 04×10⁵ （±1.179 86×10⁴）
f3	**2.013 17×10¹** （±7.019 28×10⁻³）	2.026 82×10¹ （±5.949 23×10⁻³）	2.071 51×10¹ （±2.089 87×10⁻²）	2.160 18×10¹ （±5.772 48×10⁻³）
f4	**3.702 69×10¹¹** （±1.699 28×10¹¹）	7.707 13×10¹² （±3.351 35×10¹²）	8.013 46×10¹¹ （±3.554 76×10¹¹）	2.903 98×10¹⁴ （±1.981 25×10¹⁴）
f5	**1.654 11×10⁷** （±3.679 81×10⁶）	2.549 04×10⁷ （±3.510 05×10⁶）	2.230 83×10⁷ （±3.561 62×10⁶）	3.853 59×10⁷ （±1.945 98×10⁷）
f6	**1.049 71×10⁶** （±4.995 18×10³）	1.064 24×10⁶ （±3.529 78×10³）	1.056 47×10⁶ （±3.347 94×10³）	1.081 83×10⁶ （±2.837 30×10³）
f7	**4.911 66×10⁹** （±1.861 28×10⁹）	2.821 81×10¹⁰ （±1.549 99×10¹⁰）	6.186 59×10⁹ （±3.975 34×10⁹）	3.794 19×10¹⁸ （±1.041 64×10¹⁹）
f8	1.181 97×10¹⁶ （±5.262 25×10¹⁵）	3.695 29×10¹⁷ （±1.539 60×10¹⁷）	**1.013 11×10¹⁶** （±4.065 31×10¹⁵）	1.386 03×10¹⁹ （±9.033 63×10¹⁸）

续表

函数	CBO-HGST	SACCJADE-GP	SAEA_RFS	CCFR2
f9	**1.228 31×10^9** (±2.960 39×10^8)	1.901 85×10^9 (±2.544 18×10^8)	1.642 49×10^9 (±3.136 96×10^8)	1.317 33×10^{10} (±5.547 11×10^9)
f10	**9.377 16×10^7** (±6.464 47×10^5)	9.575 25×10^7 (±5.672 36×10^5)	9.400 91×10^7 (±5.351 20×10^5)	9.831 94×10^7 (±5.928 50×10^5)
f11	**7.209 16×10^{11}** (±3.190 14×10^{11})	4.089 28×10^{12} (±2.051 74×10^{12})	7.905 65×10^{11} (±5.322 63×10^{11})	4.007 63×10^{22} (±1.364 25×10^{23})
f12	1.511 06×10^{12} (±2.752 19×10^{10})	**6.608 36×10^8** (±1.207 96×10^8)	1.671 38×10^{11} (±2.363 06×10^{10})	7.880 75×10^{12} (±1.485 93×10^{11})
f13	**4.024 10×10^{10}** (±1.055 75×10^{10})	1.621 27×10^{11} (±5.245 04×10^{10})	5.360 94×10^{10} (±1.917 75×10^{10})	8.603 93×10^{19} (±3.493 93×10^{20})
f14	**7.636 55×10^{11}** (±2.181 09×10^{11})	2.087 90×10^{12} (±9.085 36×10^{11})	9.739 57×10^{11} (±3.535 42×10^{11})	5.096 61×10^{15} (±1.424 45×10^{15})
f15	**1.219 03×10^{10}** (±1.040 61×10^{10})	3.416 55×10^{10} (±3.838 96×10^{10})	2.246 66×10^{10} (±1.093 76×10^{11})	4.760 84×10^{15} (±1.099 43×10^{15})
+/≈/−	—	14/0/1	9/5/1	15/0/0

注："+/≈/−"表示 CBO-HGST 根据校正后的 P 值，显著优于/相当/劣于对比算法的数量；最好的均值结果加粗显示

与 SACCJADE-GP 方法相比，CBO-HGST 方法在 14 个函数上的表现显著更好，而在一个函数（f12）上则显著更差。SACCJADE-GP 方法采用随机分组作为分组策略，因此不能充分利用目标函数的可分性。尽管与随机分组相比，混合分组策略需要消耗额外的计算资源来学习变量之间的交互作用，但可以利用目标函数的可分性。因此，在总计算资源相同的情况下，即使可用于优化的计算资源更少，CBO-HGST 方法得到的解决方案仍然优于 SACCJADE-GP 方法。值得指出的是，对于不可分离的函数（如 f12 到 f15），即使采用了基于交互学习的分组策略，最终效果也等同于使用随机分组策略。因此，与随机分组相比，混合分组策略浪费了计算资源。然而，CBO-HGST 方法在 f13 到 f15 函数上的表现仍然优于 SACCJADE-GP 方法。原因可能是贝叶斯优化比 SAEA 框架对低维问题更有效。此外，CBO-HGST 方法提出的样本迁移可以在优化过程中重新使用历史样本点，而 SACCJADE-GP 方法则丢弃了历史样本点。

SAEA_RFS 方法采用了一种随机特征选择技术，在每次迭代中随机优化一些变量。这种方法与分解策略类似，都是为了降低维度。与分解策略相比，基于随机特征选择的方法有可能错过一些设计变量，而且不考虑变量的交互作用。在每个迭代中，SAEA_RFS 方法从历史样本集中随机选择样本点来建立代理模型。因此，与 SACCJADE-GP 方法相比，在 SAEA_RFS 方法中，所有样本点都有可能被选来建立代理模型，这一点与 CBO-HGST 方法相同。然而，与本章采用的 GPR 不同，SAEA_RFS 方法利用 RBF 作为代理模型。代理模型的类型对方法的性能有很大影响。从统计结果来看，CBO-HGST 方法在 9 个函数上表现明显更好，在 1 个函数上表现明显更差。在 5 个函数上，虽然最优解的平均值有差异，但没有统计学意义上的显著差别。具体而言，CBO-HGST 方法在 1 个函数（f8）上的平均值更差但不明显，在 4 个函数（f7、f10、f11 和 f14）上的平均值更好但不明显。因此，CBO-HGST 方法可以提供比 SAEA_RFS 方法更好或至少有竞争力的性能。

至于 CCFR2 方法，尽管它在 CEC2013 大规模测试套件上的表现优于许多方法，但它

在所有基准函数上的表现都明显差于 CBO-HGST 方法。CEC2013 基准是为 3×10^6 函数计算次数而设计的。实际昂贵的工程应用很难有这么多的计算资源。因此，本章将最大的函数计算次数设为 3×10^4，是原始的 1%。在如此有限的计算资源下，CCFR2 方法甚至无法完成一个迭代的优化，这意味着大量的变量没有被优化。没有代理模型的帮助，CCFR2 方法在所有基准函数上的表现都很差。

值得指出的是，CBO-HGST 方法在 f12 上的表现很差。f12 也是唯一一个 CBO-HGST 方法表现明显差于其他比较算法的基准函数。对于 f12，ERDG 方法仅仅为了分组就消耗了 26980 次函数计算次数，只剩下 3020 次函数计算次数用于优化。因此，一个高效的基于交互学习的分组策略对提高 CBO-HGST 方法的性能有很大帮助。分组所需的计算资源越少，优化可以利用的计算资源就越多。

6.5.3 参数分析

尽管 CBO-HGST 方法中有许多参数（表 6.2），但其中大部分是在其原始方法中提出的，如初始样本数、贝叶斯优化迭代次数和获取函数、差分进化的参数等。这些参数的影响已经在各种相关研究中讨论过，它们对不同的问题有不同的最佳设置。因此，本小节只分析 CBO-HGST 方法特有参数的影响，即随机分组的子问题大小 d_{sub} 和迁移 GPR 预选策略的阈值 p。值得指出的是，还有两个专门针对 CBO-HGST 方法的参数，它们是最大聚类数 N_{max} 和子问题的最大维度的阈值 d_{max}。然而，设置 N_{max} 是为了防止太昂贵的计算负担，理论上它应该被设置得越大越好。d_{max} 不会对 CBO-HGST 方法在 CEC2013 基准测试套件上的性能产生影响。因为此套件的不可分离问题的最小维度是 25，这对贝叶斯优化而言无疑太高，所以任何小于 25 的 d_{max} 值都不会影响 CBO-HGST 方法在 CEC2013 测试套件上的性能。因此，本小节只分析子问题大小 d_{sub} 和阈值 p。

为了研究 d_{sub} 的影响，将其分别设置为 1、2、4 和 6，同时 p 固定为 0.1，结果见表 6.4。对每个设置都使用带有 Holm-Bonferroni 校正的 Wilcoxon's rank-sum 检验，显著性水平被设定为 0.05。最大函数次数设为 3×10^4，$d_{sub}=2$ 作为比较基准。

表 6.4 CBO-HGST 方法中 d_{sub} 的不同设置结果

函数	$d_{sub}=2$	$d_{sub}=1$	$d_{sub}=4$	$d_{sub}=6$
f1	\multicolumn{4}{c}{$5.970\,04\times10^5$ ($\pm3.397\,34\times10^5$)}			
f2	\multicolumn{4}{c}{$2.753\,24\times10^3$ ($\pm8.116\,08\times10^1$)}			
f3	$2.013\,17\times10^1$ ($\pm7.019\,28\times10^{-3}$)	**$2.003\,62\times10^1$** ($\pm2.474\,36\times10^{-3}$)	$2.040\,49\times10^1$ ($\pm9.397\,05\times10^{-3}$)	$2.058\,53\times10^1$ ($\pm1.310\,49\times10^{-2}$)
f4	$3.702\,69\times10^{11}$ ($\pm1.699\,28\times10^{11}$)	**$1.877\,97\times10^{11}$** ($\pm8.421\,28\times10^{10}$)	$8.113\,19\times10^{11}$ ($\pm3.544\,83\times10^{11}$)	$1.449\,38\times10^{12}$ ($\pm5.882\,08\times10^{11}$)
f5	$1.654\,11\times10^7$ ($\pm3.679\,81\times10^6$)	$2.110\,56\times10^7$ ($\pm3.358\,11\times10^6$)	**$1.043\,73\times10^7$** ($\pm3.043\,43\times10^6$)	$1.152\,03\times10^7$ ($\pm2.004\,49\times10^6$)
f6	**$1.049\,71\times10^6$** ($\pm4.995\,18\times10^3$)	$1.055\,91\times10^6$ ($\pm4.339\,13\times10^3$)	$1.056\,89\times10^6$ ($\pm4.225\,05\times10^3$)	$1.065\,05\times10^6$ ($\pm1.369\,99\times10^3$)
f7	**$4.911\,66\times10^9$** ($\pm1.861\,28\times10^9$)	$5.844\,12\times10^9$ ($\pm2.668\,49\times10^9$)	$5.570\,95\times10^9$ ($\pm3.109\,72\times10^9$)	$7.277\,59\times10^9$ ($\pm2.458\,49\times10^9$)

函数	$d_{sub}=2$	$d_{sub}=1$	$d_{sub}=4$	$d_{sub}=6$
f8	1.18197×10^{16} ($\pm 5.26225\times10^{15}$)	$\mathbf{4.19135\times10^{15}}$ ($\pm\mathbf{1.60265\times10^{15}}$)	5.06624×10^{16} ($\pm 2.27780\times10^{16}$)	7.49694×10^{16} ($\pm 4.08121\times10^{16}$)
f9	1.22831×10^{9} ($\pm 2.96039\times10^{8}$)	1.65037×10^{9} ($\pm 3.37524\times10^{8}$)	$\mathbf{8.05746\times10^{8}}$ ($\pm\mathbf{2.13850\times10^{8}}$)	1.17175×10^{9} ($\pm 1.82958\times10^{8}$)
f10	$\mathbf{9.37716\times10^{7}}$ ($\pm\mathbf{6.46447\times10^{5}}$)	9.40682×10^{7} ($\pm 5.95494\times10^{5}$)	9.41590×10^{7} ($\pm 5.98036\times10^{5}$)	9.49661×10^{7} ($\pm 4.33875\times10^{5}$)
f11	$\mathbf{7.20916\times10^{11}}$ ($\pm\mathbf{3.19014\times10^{11}}$)	7.75397×10^{11} ($\pm 5.36685\times10^{11}$)	9.34037×10^{11} ($\pm 4.05706\times10^{11}$)	1.14618×10^{12} ($\pm 4.36059\times10^{11}$)
f12	1.51106×10^{12} ($\pm 2.75219\times10^{10}$)	$\mathbf{1.50791\times10^{12}}$ ($\pm\mathbf{2.85450\times10^{10}}$)	1.52193×10^{12} ($\pm 2.59327\times10^{10}$)	1.55633×10^{12} ($\pm 2.42256\times10^{10}$)
f13	$\mathbf{4.02410\times10^{10}}$ ($\pm\mathbf{1.05575\times10^{10}}$)	4.41363×10^{10} ($\pm 1.11213\times10^{10}$)	4.56289×10^{10} ($\pm 1.10051\times10^{10}$)	8.89323×10^{10} ($\pm 2.18371\times10^{10}$)
f14	7.63655×10^{11} ($\pm 2.18109\times10^{11}$)	$\mathbf{6.84210\times10^{11}}$ ($\pm\mathbf{2.04383\times10^{11}}$)	7.22868×10^{11} ($\pm 1.77665\times10^{11}$)	8.66887×10^{11} ($\pm 1.96474\times10^{11}$)
f15	1.21903×10^{10} ($\pm 1.04061\times10^{10}$)	1.71793×10^{10} ($\pm 1.19376\times10^{10}$)	4.39249×10^{9} ($\pm 3.48844\times10^{9}$)	$\mathbf{1.24548\times10^{9}}$ ($\pm\mathbf{1.11407\times10^{9}}$)
+/≈/−	—	3/9/3	4/8/3	9/4/2
平均排名	**1.923**	2.154	2.462	3.462

表 6.4 中 d_{sub} 不同设置在 f1 和 f2 函数上的结果都是一样的。因为 f1 和 f2 函数是完全可分离的函数,且 ERDG 在 f1 和 f2 函数上的分组正确率是 100%。因此,对这两个函数不会用到参数 d_{sub},关于 f1 和 f2 函数的结果不包括在平均排名的计算中。从显著性检验的结果来看,$d_{sub}=1$、$d_{sub}=2$ 和 $d_{sub}=4$ 的表现相当,在大多数函数上的结果没有明显差异。对于有明显差异的结果,每种设置表现较好和较差的函数数量大致相同。虽然较大的 d_{sub} 可以同时考虑更多的变量交互作用,但为拟合子目标函数而建立的 GPR 模型的精度会随着 d_{sub} 值增大而下降。因此,对一个特定的目标函数的最佳设置应该实现 GPR 模型的精度和变量交互之间的平衡。从平均排名的结果来看,$d_{sub}=2$ 似乎在 CEC2013 基准测试套件上实现了最佳的平衡。值得指出的是,$d_{sub}=6$ 是这些设置中表现最差的,表明当维度增加时,GPR 模型的精度下降得更严重。因此,建议将 d_{sub} 的值设置为 1~4。

为了分析阈值 p 的影响,将其分别设置为 0.05、0.1 和 0.2,同时子问题大小 d_{sub} 固定为 2,结果见表 6.5。对每个设置都使用带有 Holm-Bonferroni 校正的 Wilcoxon's rank-sum 检验,显著性水平被设定为 0.05。所有设置中的最大函数次数设为 3×10^{4},$p=0.1$ 作为比较基准。

表 6.5 CBO-HGST 方法中 p 的不同设置的结果

函数	$p=0.1$	$p=0.05$	$p=0.2$
f1		5.97004×10^{5} ($\pm 3.39734\times10^{5}$)	
f2		2.75324×10^{3} ($\pm 8.11608\times10^{1}$)	
f3	2.01317×10^{1} ($\pm 7.01928\times10^{-3}$)	$\mathbf{2.01317\times10^{1}}$ ($\pm\mathbf{7.03094\times10^{-3}}$)	2.01320×10^{1} ($\pm 6.32251\times10^{-3}$)
f4	3.70269×10^{11} ($\pm 1.69928\times10^{11}$)	3.08313×10^{11} ($\pm 1.13147\times10^{11}$)	$\mathbf{2.79862\times10^{11}}$ ($\pm\mathbf{1.50334\times10^{11}}$)

续表

函数	$p=0.1$	$p=0.05$	$p=0.2$
f5	$1.654\,11\times10^{7}$ ($\pm3.679\,81\times10^{6}$)	$1.662\,04\times10^{7}$ ($\pm3.346\,22\times10^{6}$)	**$1.632\,29\times10^{7}$** **($\pm3.646\,03\times10^{6}$)**
f6	$1.049\,71\times10^{6}$ ($\pm4.995\,18\times10^{3}$)	**$1.049\,42\times10^{6}$** **($\pm5.691\,92\times10^{3}$)**	$1.049\,64\times10^{6}$ ($\pm4.134\,06\times10^{3}$)
f7	**$4.911\,66\times10^{9}$** **($\pm1.861\,28\times10^{9}$)**	$5.098\,00\times10^{9}$ ($\pm1.592\,73\times10^{9}$)	$4.933\,83\times10^{9}$ ($\pm1.370\,20\times10^{9}$)
f8	$1.181\,97\times10^{16}$ ($\pm5.262\,25\times10^{15}$)	**$1.142\,77\times10^{16}$** **($\pm3.65\,091\times10^{15}$)**	$1.311\,96\times10^{16}$ ($\pm7.016\,16\times10^{15}$)
f9	$1.228\,31\times10^{9}$ ($\pm2.960\,39\times10^{8}$)	$1.246\,65\times10^{9}$ ($\pm2.795\,48\times10^{8}$)	**$1.202\,82\times10^{9}$** **($\pm2.467\,67\times10^{8}$)**
f10	**$9.377\,16\times10^{7}$** **($\pm6.464\,47\times10^{5}$)**	$9.401\,89\times10^{7}$ ($\pm4.738\,44\times10^{5}$)	$9.409\,26\times10^{7}$ ($\pm6.952\,32\times10^{5}$)
f11	$7.209\,16\times10^{11}$ ($\pm3.190\,14\times10^{11}$)	**$6.990\,76\times10^{11}$** **($\pm3.518\,23\times10^{11}$)**	$7.777\,09\times10^{11}$ ($\pm4.749\,44\times10^{11}$)
f12	\multicolumn{3}{c}{$1.511\,06\times10^{12}$ ($\pm2.752\,19\times10^{10}$)}
f13	$4.024\,10\times10^{10}$ ($\pm1.055\,75\times10^{10}$)	**$4.016\,16\times10^{10}$** **($\pm1.058\,03\times10^{10}$)**	$4.050\,38\times10^{10}$ ($\pm1.056\,72\times10^{10}$)
f14	**$7.636\,55\times10^{11}$** **($\pm2.181\,09\times10^{11}$)**	$7.639\,96\times10^{11}$ ($\pm2.187\,83\times10^{11}$)	$7.644\,14\times10^{11}$ ($\pm2.211\,36\times10^{11}$)
f15	**$1.219\,03\times10^{10}$** **($\pm1.040\,61\times10^{10}$)**	$1.219\,21\times10^{10}$ ($\pm1.040\,60\times10^{10}$)	$1.219\,17\times10^{10}$ ($\pm1.040\,74\times10^{10}$)
$+/\approx/-$	—	0/15/0	0/15/0
平均排名	**1.833**	1.917	2.250

表 6.5 中每个 p 的设置对 f1、f2 和 f12 函数的结果是相同的。对于 f1 和 f2 函数，CBO-HGST 方法只会采用针对加法可分问题的样本迁移策略，不会采用迁移 GPR 模型。对于 f12 函数，由于 ERDG 消耗了 26 980 次函数求值，只剩下 3 020 次函数求值用于优化，CBO-HGST 方法不能完成一次循环优化。因此对于 f12 函数，无论是对加法可分问题的样本迁移策略还是迁移 GPR 模型都不会被采用。由于阈值 p 是为迁移 GPR 模型设计的，它不会影响 CBO-HGST 方法在这三个函数上的性能。f1、f2 和 f12 函数的计算结果不包括在平均排名的计算中。

从统计学的角度来看，这三个设置（$p=0.1$、$p=0.05$ 和 $p=0.2$）对 CBO-HGST 方法在 CEC2013 基准测试套件上的性能没有显著影响。在所有 15 个测试函数上都没有明显的差异。然而，从平均排名的角度来看，这三种设置的性能有轻微的差异。理论上，p 越大，就会选择更多的参数远离当前子问题的样本点来建立代理模型，这将导致产生负迁移和更多的计算成本。尽管如此，从式（6.12）中可以看出，如果两个样本点的参数相差太远，迁移 GPR 模型就会认为这两个点的相似度很低，从而在一定程度上缓解负迁移现象。但是，如果 p 设置得过大（>0.2），即使迁移 GPR 模型会降低参数相距过远的样本点的相似度，负迁移的现象还是会存在，影响 CBO-HGST 方法的性能。相反，如果 p 设置得太小（<0.05），则只能选择少数样本点来建立转移 GPR 模型，从而降低迁移 GPR 模型的优势。基于以上考虑，建议 p 设置为 0.05~0.20。

6.5.4 有效性分析

为了研究混合分组策略和样本迁移对协同贝叶斯优化（CBO）框架的性能改进，本小节分析使用不同策略的CBO框架。一共有4种CBO框架被用来进行对比，分别是不使用混合分组策略和样本迁移的CBO框架（CBO-RG），只使用样本迁移的CBO框架（CBO-ST），只使用混合分组策略的CBO框架（CBO-HG）及既有混合分组策略又有样本迁移的CBO框架（即CBO-HGST）。值得指出的是，对于不使用混合分组策略和样本迁移的CBO框架，采用随机分组作为其分组策略。因为如果采用基于交互学习的分组策略，一些子问题的维度对贝叶斯优化来说可能太高。为了公平比较，所有比较的算法的参数 p 和 d_{sub} 都固定为 0.1 和 2，结果见表 6.6。每个算法都使用了带有 Holm-Bonferroni 校正的 Wilcoxon 秩和检验，显著性水平被设定为 0.05。所有算法的最大函数计算次数设为 3×10^4，CBO-RG 作为比较基准。

表 6.6 使用不同策略的 CBO 框架结果对比

函数	CBO-RG	CBO-ST	CBO-HG	CBO-HGST
f1	$6.191\,10\times10^{7}$ $(\pm1.702\,59\times10^{7})$	$4.278\,79\times10^{7}$ $(\pm1.502\,23\times10^{7})$	$7.766\,92\times10^{6}$ $(\pm1.145\,62\times10^{7})$	$\mathbf{5.970\,04\times10^{5}}$ $(\pm\mathbf{3.397\,34\times10^{5}})$
f2	$4.698\,70\times10^{3}$ $(\pm1.189\,75\times10^{2})$	$4.290\,50\times10^{3}$ $(\pm1.030\,71\times10^{2})$	$2.863\,81\times10^{3}$ $(\pm9.195\,81\times10^{1})$	$\mathbf{2.753\,24\times10^{3}}$ $(\pm\mathbf{8.116\,08\times10^{1}})$
f3	$2.011\,66\times10^{1}$ $(\pm5.567\,06\times10^{-3})$	$\mathbf{2.011\,52\times10^{1}}$ $(\pm\mathbf{5.635\,15\times10^{-3}})$	$2.013\,27\times10^{1}$ $(\pm5.908\,17\times10^{-3})$	$2.013\,17\times10^{1}$ $(\pm7.019\,28\times10^{-3})$
f4	$1.933\,79\times10^{12}$ $(\pm6.902\,35\times10^{11})$	$2.030\,57\times10^{12}$ $(\pm7.865\,43\times10^{11})$	$5.408\,60\times10^{11}$ $(\pm3.251\,09\times10^{11})$	$\mathbf{3.702\,69\times10^{11}}$ $(\pm\mathbf{1.699\,28\times10^{11}})$
f5	$2.227\,14\times10^{7}$ $(\pm4.237\,18\times10^{6})$	$2.185\,16\times10^{7}$ $(\pm3.828\,37\times10^{6})$	$\mathbf{1.425\,67\times10^{7}}$ $(\pm\mathbf{2.252\,42\times10^{6}})$	$1.654\,11\times10^{7}$ $(\pm3.679\,81\times10^{6})$
f6	$1.059\,04\times10^{6}$ $(\pm3.632\,88\times10^{3})$	$1.059\,88\times10^{6}$ $(\pm3.614\,27\times10^{3})$	$1.063\,06\times10^{6}$ $(\pm2.273\,93\times10^{3})$	$\mathbf{1.049\,71\times10^{6}}$ $(\pm\mathbf{4.995\,18\times10^{3}})$
f7	$7.286\,94\times10^{9}$ $(\pm2.544\,56\times10^{9})$	$7.073\,33\times10^{9}$ $(\pm2.629\,29\times10^{9})$	$\mathbf{4.577\,69\times10^{9}}$ $(\pm\mathbf{1.923\,87\times10^{9}})$	$4.911\,66\times10^{9}$ $(\pm1.861\,28\times10^{9})$
f8	$9.845\,75\times10^{16}$ $(\pm3.096\,73\times10^{16})$	$1.021\,08\times10^{17}$ $(\pm3.546\,13\times10^{16})$	$1.395\,77\times10^{16}$ $(\pm8.841\,87\times10^{15})$	$\mathbf{1.181\,97\times10^{16}}$ $(\pm\mathbf{5.262\,25\times10^{15}})$
f9	$1.680\,61\times10^{9}$ $(\pm3.436\,97\times10^{8})$	$1.695\,65\times10^{9}$ $(\pm2.623\,25\times10^{8})$	$\mathbf{1.222\,91\times10^{9}}$ $(\pm\mathbf{2.197\,44\times10^{8}})$	$1.228\,31\times10^{9}$ $(\pm2.960\,39\times10^{8})$
f10	$9.494\,30\times10^{7}$ $(\pm3.674\,90\times10^{5})$	$9.449\,97\times10^{7}$ $(\pm6.271\,95\times10^{5})$	$9.450\,79\times10^{7}$ $(\pm4.967\,65\times10^{5})$	$\mathbf{9.377\,16\times10^{7}}$ $(\pm\mathbf{6.464\,47\times10^{5}})$
f11	$9.821\,11\times10^{11}$ $(\pm4.699\,15\times10^{11})$	$1.039\,29\times10^{12}$ $(\pm3.127\,61\times10^{11})$	$8.404\,50\times10^{11}$ $(\pm4.265\,52\times10^{11})$	$\mathbf{7.209\,16\times10^{11}}$ $(\pm\mathbf{3.190\,14\times10^{11}})$
f12	$\mathbf{1.588\,13\times10^{9}}$ $(\pm\mathbf{1.459\,59\times10^{8}})$	$1.790\,67\times10^{9}$ $(\pm1.239\,94\times10^{8})$	$1.511\,25\times10^{12}$ $(\pm2.782\,96\times10^{10})$	$1.511\,06\times10^{12}$ $(\pm2.752\,19\times10^{10})$
f13	$3.748\,31\times10^{10}$ $(\pm9.358\,00\times10^{9})$	$\mathbf{3.705\,86\times10^{10}}$ $(\pm\mathbf{1.726\,32\times10^{10}})$	$4.558\,16\times10^{10}$ $(\pm1.072\,96\times10^{10})$	$4.024\,10\times10^{10}$ $(\pm1.055\,75\times10^{10})$
f14	$\mathbf{6.507\,66\times10^{11}}$ $(\pm\mathbf{2.035\,97\times10^{11}})$	$6.841\,70\times10^{11}$ $(\pm1.806\,78\times10^{11})$	$7.165\,98\times10^{11}$ $(\pm2.158\,56\times10^{11})$	$7.636\,55\times10^{11}$ $(\pm2.181\,09\times10^{11})$
f15	$\mathbf{9.304\,11\times10^{9}}$ $(\pm\mathbf{9.185\,49\times10^{9}})$	$1.096\,10\times10^{10}$ $(\pm9.471\,88\times10^{9})$	$1.012\,86\times10^{10}$ $(\pm9.484\,57\times10^{9})$	$1.219\,03\times10^{10}$ $(\pm1.040\,61\times10^{10})$
+/≈/−	—	1/11/3	4/3/8	3/3/9

由表 6.6 可知，CBO-ST 方法和 CBO-HG 方法都优于 CBO-RG 方法，这说明了所提出的迁移 GPR 模型和混合分组策略的有效性。此外，CBO-ST 方法的性能改进没有 CBO-HG 方法显著，因为没有混合策略的帮助，只有迁移 GPR 模型可以应用于 CBO 框架中。对于加法可分问题的样本迁移策略，由于没有混合分组策略来检测加法可分的子问题，所以不能使用。因此，提出的样本迁移和混合分组策略可以相互协作，进一步提高 CBO 框架的性能，从而使 CBO-HGST 方法的性能达到最佳。

参 考 文 献

[1] DUAN Q, SHAO C, QU L, et al. When cooperative co-evolution meets coordinate descent: Theoretically deeper understandings and practically better implementations. Proceedings of the 2019 IEEE Congress on Evolutionary Computation(CEC), 2019: 721-730.

[2] OMIDVAR M N, LI X D, TANG K. Designing benchmark problems for large-scale continuous optimization. Information Sciences, 2015, 316: 419-436.

[3] OMIDVAR M N, LI X D, MEI Y, et al. Cooperative co-evolution with differential grouping for large scale optimization. IEEE Transactions on Evolutionary Computation, 2014, 18(3): 378-393.

[4] MA X L, LI X D, ZHANG Q F, et al. A survey on cooperative co-evolutionary algorithms. IEEE Transactions on Evolutionary Computation, 2019, 23(3): 421-441.

[5] YANG M, OMIDVAR M N, LI C H, et al. Efficient resource allocation in cooperative co-evolution for large-scale global optimization. IEEE Transactions on Evolutionary Computation, 2017, 21(4): 493-505.

[6] CAO B, PAN S J, ZHANG Y, et al. Adaptive transfer learning. Proceedings of the Twenty-Fourth AAAI Conference on Artificial Intelligence(AAAI-10), 2010: 407-412.

[7] DA B S, ONG Y S, GUPTA A, et al. Fast transfer Gaussian process regression with large-scale sources. Knowledge-Based Systems, 2019, 165: 208-218.

[8] YANG M, ZHOU A, LI C, et al. An efficient recursive differential grouping for large-scale continuous problems. IEEE Transactions on Evolutionary Computation, 2020, 25(1): 159-171.

[9] DE FALCO I, DELLA CIOPPA A, TRUNFIO G A. Investigating surrogate-assisted cooperative coevolution for large-scale global optimization. Information Sciences, 2019, 482: 1-26.

[10] FU G, SUN C, TAN Y, et al. A surrogate-assisted evolutionary algorithm with random feature selection for large-scale expensive problems. Proceedings of the International Conference on Parallel Problem Solving from Nature, 2020: 125-139.

[11] YANG M, ZHOU A M, LI C H, et al. CCFR2: A more efficient cooperative co-evolutionary framework for large-scale global optimization. Information Sciences, 2020, 512: 64-79.

[12] JINGQIAO Z, SANDERSON A C. JADE: Adaptive differential evolution with optional external archive. IEEE Transactions on Evolutionary Computation, 2009, 13(5): 945-958.

[13] HOLLANDER M, WOLFE D A, CHICKEN E. Nonparametric statistical methods. New York: John Wiley and Sons, 1999.

[14] HOLM S. A simple sequentially rejective multiple test procedure. Scandinavian Journal of Statistics, 1979: 65-70.

第 7 章

基于变可信度 PI 准则的高效全局优化方法

7.1 概 述

通过构建输入参数与响应之间的关系,近似模型已经被广泛应用于工程优化问题,以代替计算成本昂贵的仿真。然而,在基于近似模型的设计优化领域,在整个设计空间内构建精确的近似模型带来的计算成本仍然是难以承受的。因此,有关学者提出了 EGO 算法,用于序贯更新采样点以平衡开采和勘探之间的关系,并取得了巨大的成功。

尽管现有研究表明 EGO 算法存在诸多优点,但对于计算成本昂贵的高精度模型,即使执行构建近似模型所需的仿真次数也可能导致成本难以负担。为了进一步减轻高精度仿真带来的高昂计算成本,有关研究将变可信度近似模型和 EGO 算法相结合,融合了两者的优势。为了解决带约束的变可信度优化问题,变可信度全局优化方法需要解决两个问题:①如何确定优化过程中序贯更新采样点的位置和模型层级;②如何处理优化问题带有的约束条件。

因此,本章提出了变可信度概率改善(variable-fidelity probability of improvement,VF-PI)方法,用于解决以上问题。本章提出用于 VF-PI 方法的样本点序贯更新准则,并介绍该方法的优化流程。该方法能够确定序贯更新过程中样本点的位置与模型层级,同时考虑如何处理模型约束。采用 8 个数学算例对 VF-PI 方法进行对比和验证。

7.2 基本思想

7.2.1 拓展 PI 准则

尽管现有的研究充分展现了单精度 PI 方法在基于近似模型优化领域的优势,但当优化问题涉及多精度(高/低精度)模型时,单精度 PI 方法不再适用。因此,需要将单精度 PI 方法拓展至变可信度近似模型。拓展 PI(extended probability improvement,EPI)准则需要解决的核心问题是如何构建来自不同精度层级模型的 PI 函数之间的关系,以确定序贯更新的样本点的位置及其模型层级。为此,本小节提出适用于变可信度近似模型的 EPI 准则:

$$\text{EPI}(x,l) = \text{PI}_{\text{vf}}(x) \times \text{Corr}(x,l) \times \text{CR}(l) \times \eta(x,l), \quad l=1,\cdots,s \tag{7.1}$$

式中: s 为变可信度近似模型的最高层级; $\text{PI}_{\text{vf}}(x)$ 为基于变可信度近似模型的标准 PI 函数; $\text{Corr}(x,l)$、$\text{CR}(l)$ 和 $\eta(x,l)$ 分别为与第 l 层级模型相关的模型相关性系数、成本比率和样本点密度函数参数项。$\text{PI}_{\text{vf}}(x)$ 的函数表达式为

$$\text{PI}_{\text{vf}}(x) = \frac{1}{\hat{s}_s(x)\sqrt{2\pi}} \int_{-\infty}^{0} e^{-[i-\hat{y}_s(x)]^2/2\hat{s}_s(x)^2} \mathrm{d}i = \Phi\left(\frac{y_{\min}-\hat{y}_s(x)}{\hat{s}_s(x)}\right) \tag{7.2}$$

式中: $y_{\min}$ 为当前高精度样本点真实响应的最小值, $\hat{y}_s(x)$ 和 $\hat{s}_s(x)$ 为改进 Co-Kriging(improved Co-Kriging,ICK)模型在 x 点处的预测响应和预测标准差。

EPI 准则的系数 $\mathrm{Corr}(x,l)$、$\mathrm{CR}(l)$ 和 $\eta(x,l)$ 的详细说明如下。

1. 模型相关性系数 $\mathrm{Corr}(x, l)$

$\mathrm{PI}_{\mathrm{vf}}(x)$ 表示将采样点 x 添加到高精度模型时变可信度近似模型获得改善的概率。显而易见,对于相同的采样点 x,由于高层级的模型响应比低层级的模型响应更接近真实响应。因此,对于相同的 x,低精度模型进行仿真对变可信度近似模型的改善贡献将小于高精度模型进行仿真的贡献。模型相关性系数 $\mathrm{Corr}(x,l)$ 表示:在采样点 x 处,第 l 层级近似模型和第 S 层级近似模型之间的后验相关性。$\mathrm{Corr}(x,l)$ 的取值范围为 $[0,1]$。当采样点 x 添加到第 l 层级模型时,$\mathrm{Corr}(x,l)$ 可以反馈变可信度近似模型 PI 函数下降的幅度。$\mathrm{Corr}(x,l)$ 计算公式为

$$\mathrm{Corr}(x,l) = \mathrm{Corr}[\hat{y}_s(x), \hat{y}_l(x)] = \frac{\mathrm{cov}[\hat{y}_s(x), \hat{y}_l(x)]}{\sqrt{\hat{s}_s(x)^2 \times \hat{s}_l(x)^2}} \tag{7.3}$$

式中:$\hat{y}_l(x)$ 和 $\hat{s}_l(x)^2$、$\hat{y}_s(x)$ 和 $\hat{s}_s(x)^2$ 分别为第 l 层级和第 S 层级近似模型在 x 处的预测响应和预测 MSE;$\mathrm{cov}[\hat{y}_s(x), \hat{y}_l(x)]$ 为第 l 层级和第 S 层级近似模型的后验协方差,其计算公式为

$$\begin{aligned}\mathrm{cov}[\hat{y}_s(x), \hat{y}_l(x)] &= \mathrm{cov}[y_s(x), y_l(x)] - \boldsymbol{t}_s^{\mathrm{T}} \boldsymbol{V}^{-1} \boldsymbol{t}_l \\ &+ (\boldsymbol{h}_s - \boldsymbol{t}_s \boldsymbol{V}^{-1} \boldsymbol{F}^{\mathrm{T}})^{\mathrm{T}} (\boldsymbol{F}^{\mathrm{T}} \boldsymbol{V}^{-1} \boldsymbol{F})^{-1} (\boldsymbol{h}_l - \boldsymbol{t}_l \boldsymbol{V}^{-1} \boldsymbol{F}^{\mathrm{T}})\end{aligned} \tag{7.4}$$

式中

$$\begin{cases} \boldsymbol{h}_s = \left[\left(\prod_{i=1}^{s-1}\rho_i\right)\boldsymbol{f}_1(x)^{\mathrm{T}}, \left(\prod_{i=2}^{s-1}\rho_i\right)\boldsymbol{f}_2(x)^{\mathrm{T}}, \cdots, \rho_{s-1}\boldsymbol{f}_{s-1}(x)^{\mathrm{T}}, \boldsymbol{f}_s(x)^{\mathrm{T}}\right] \\ \boldsymbol{h}_l = \left[\left(\prod_{i=1}^{l-1}\rho_i\right)\boldsymbol{f}_1(x)^{\mathrm{T}}, \left(\prod_{i=2}^{l-1}\rho_i\right)\boldsymbol{f}_2(x)^{\mathrm{T}}, \cdots, \boldsymbol{f}_l(x)^{\mathrm{T}}, 0, \cdots, 0\right] \\ \boldsymbol{t}_s = [\mathrm{cov}(y_s(x), y_1(D_1)), \cdots, \mathrm{cov}(y_s(x), y_s(D_s))]^{\mathrm{T}} \\ \boldsymbol{t}_l = [\mathrm{cov}(y_l(x), y_1(D_1)), \cdots, \mathrm{cov}(y_l(x), y_s(D_s))]^{\mathrm{T}} \\ \mathrm{cov}(y_s(x), y_1(D_1)) = \left(\prod_{i=1}^{s-1}\rho_i\right)\sigma_1^2 R_1(x, D_1) \\ \mathrm{cov}(y_s(x), y_t(D_t)) = \rho_{t-1}\mathrm{cov}(y_s(x), y_{t-1}(D_t)) + \left(\prod_{i=t}^{s-1}\rho_i\right)\sigma_t^2 R_t(x, D_t) \\ \mathrm{cov}[y_s(x), y_l(x)] = \mathrm{cov}\left[\left(\prod_{i=l}^{s-1}\rho_i\right)y_l(x) + \delta(x), y_l(x)\right] \\ \qquad = \mathrm{cov}\left[\left(\prod_{i=l}^{s-1}\rho_i\right)y_l(x), y_l(x)\right] + \underbrace{\mathrm{cov}[\delta(x), y_l(x)]}_{=0} \\ \qquad = \left(\prod_{i=l}^{s-1}\rho_i\right)\mathrm{cov}[y_l(x), y_l(x)] \end{cases} \tag{7.5}$$

$\boldsymbol{F}$ 为已有所有样本点多项式回归函数构成的 $(n_1 + n_2 + \cdots + n_s) \times [s(p+1)]$ 维矩阵,$p(p = 0,1,2)$ 为多项式回归函数的阶数:

$$\boldsymbol{F} = \begin{pmatrix} F_1(D_1) & 0 & 0 & \cdots & 0 \\ \rho_1 F_1(D_2) & F_2(D_2) & 0 & \cdots & 0 \\ \rho_1\rho_2 F_1(D_3) & \rho_2 F_2(D_3) & F_3(D_3) & \cdots & 0 \\ \vdots & \vdots & \vdots & & \vdots \\ \left(\prod_{i=1}^{s-1}\rho_i\right)F_1(D_s) & \left(\prod_{i=2}^{s-1}\rho_i\right)F_2(D_s) & \left(\prod_{i=3}^{s-1}\rho_i\right)F_3(D_s) & \cdots & F_s(D_s) \end{pmatrix} \qquad (7.6)$$

式中：$\boldsymbol{F}_{t'}(D_t) = [f_{t'}(x_1^t),\cdots,f_{t'}(x_{n_t}^t)]^\mathrm{T}$ $(t'\leqslant t)$ 是一个维度为 $n_t \times p$ 的矩阵。

$\boldsymbol{V}$ 为所有样本点之间相关性构成的 $(n_1+n_2+\cdots+n_s)\times(n_1+n_2+\cdots+n_s)$ 维对称分块矩阵：

$$\boldsymbol{V} = \begin{pmatrix} V_{1,1} & \cdots & V_{1,s} \\ \vdots & & \vdots \\ V_{s,1} & \cdots & V_{s,s} \end{pmatrix} \qquad (7.7)$$

对于 $\boldsymbol{V}$ 对角线上的子矩阵 $V_{k,k}$ $(k>1)$，其第 (i,j) 个矩阵元素为

$$(V_{k,k})_{1\leqslant i,j\leqslant n_k} = \sigma_k^2 R_k(x_i^k,x_j^k) + \sigma_{k-1}^2\rho_{k-1}^2 R_{k-1}(x_i^k,x_j^k) + \cdots + \sigma_1^2\left(\prod_{i=1}^{k-1}\rho_i^2\right)R_1(x_i^k,x_j^k) \\ + \left(S_{k,i} + \rho_{k-1}^2 S_{k-1,i} + \cdots + \left(\prod_{i=1}^{k-1}\rho_i^2\right)S_{1,i}\right)\eta_{i,j} \qquad (7.8)$$

式中：$S_{q,i} = \hat{s}_q(x_i^k)^2$。对于任意 $i\neq j$，$\eta_{i,j}=0$；对于 $i=j$，则 $\eta_{i,j}=1$。

对于非对角线子矩阵 $V_{k,l}$ $(1<k<l)$，其第 (i,j) 个矩阵元素为

$$(V_{k,l})_{1\leqslant i\leqslant n_k,1\leqslant j\leqslant n_l} = \left(\prod_{i=k}^{s-1}\rho_i\right)\sigma_k^2 R_k(x_i^{n_k},x_j^{n_l}) + \sigma_{k-1}^2\rho_{k-1}^2 R_{k-1}(x_i^{n_k},x_j^{n_l}) + \cdots \\ + \sigma_2^2\left(\prod_{i=2}^{k-1}\rho_i^2\right)R_2(x_i^{n_k},x_j^{n_l}) + \sigma_1^2\left(\prod_{i=1}^{k-1}\rho_i^2\right)R_1(x_i^{n_k},x_j^{n_l}) \qquad (7.9)$$

当采样点 x 添加到第 s 层级时，相关系数 $\mathrm{Corr}(x,l)$ 达到最大值 1，这表明添加高精度样本点时变可信度近似模型的 PI 没有降低。如果重复实验没有随机误差，当 (x,l) 处已经存在一个样本点时，则该位置的 $\mathrm{Corr}(x,l)=0$。而对于其他情况，$\mathrm{Corr}(x,l)$ 始终满足不等式 $0<\mathrm{Corr}(x,l)<1$，这使得添加低精度样本点时量化 PI 函数的衰减程度成为可能。

2. 成本比率 $\mathrm{CR}(l)$

假设对第 l 层级模型进行一次仿真的计算成本为 C_l，成本比率 $\mathrm{CR}(l)$ 为进行一次第 s 层级模型仿真和进行一次第 l 层级模型仿真之间的计算成本之比。运行一次高精度模型仿真所消耗的计算成本，可以等效进行第 l 层级模型仿真的次数：

$$\mathrm{CR}(l) = \frac{C_s}{C_l} \qquad (7.10)$$

对于采样点 x，如果将 x 添加到不同层级的模型具有相同的 $\mathrm{PI}_{\mathrm{vf}}(x)$ 值，显然应当优先将采样点添加到层级较低的模型，这是因为进行低层级模型仿真消耗的计算成本更低。成本比率 $\mathrm{CR}(l)$ 的目的是根据不同层级模型的样本点仿真成本来调整 $\mathrm{EPI}(x,l)$ 函数。显而易见，模型所属层级越高，样本点仿真成本越昂贵。于是就有 $\mathrm{CR}(s)=1$，且 $\mathrm{CR}(i)<\mathrm{CR}(j)$

对于任意 $i>j$。因此，定义的成本比率 CR(l) 能够平衡不同精度模型的计算成本与模型贡献之间的关系。

3. 样本点密度函数 $\eta(x,l)$

为了避免序贯更新过程中样本点的聚集，引入样本点密度函数 $\eta(x,l)$ 用于描述第 l 层级样本点的聚集程度[1]。通过采用 GP 模型的相关性函数，可以量化已有样本点与序贯更新的采样点之间的空间距离。样本点密度函数 $\eta(x,l)$ 的表达式为

$$\eta(x,l) = \prod_{i=1}^{n_l}[1-R(x,x_i^l)] \tag{7.11}$$

式中：n_l 为第 l 层级模型的样本点数量；x_i^l 为样本点集合 D_l 中的第 i 个样本点；$R(\cdot,\cdot)$ 为样本点的空间相关性函数，其表达式如式（2.2）所示。

当 (x,l) 接近已有样本点集合 D_l 时，样本点密度函数 $\eta(x,l)$ 的数值将迅速下降；当 (x,l) 处已存在样本时，$\eta(x,l)=0$。此特征对避免样本点的聚集具有显著的作用。

7.2.2 约束拓展 PI 准则

对于带有约束条件的变可信度全局优化问题，假设第 l 层级模型的约束函数为 $G(x,l)$，那么约束函数 $G(x,l)$ 同样可以通过层级低于 l 的样本点构建 ICK 模型。约束函数在 x 处的预测响应同样遵循正态分布：

$$G(x,l) \sim N[\hat{g}(x,l), \hat{s}_g(x,l)^2], \quad l=1,\cdots,s \tag{7.12}$$

式中：$\hat{g}(x,l)$ 和 $\hat{s}_g(x,l)^2$ 分别为第 l 层级 ICK 模型的预测响应和预测均方误差。

本小节采用满足约束条件的概率方法作为约束处理方法。预测点 x 处模型的响应满足约束条件的概率，可以表示为

$$P[G(x,l) \leqslant g] = \Phi\left(\frac{g-\hat{g}(x,l)}{\hat{s}_g(x,l)}\right) \tag{7.13}$$

式中：g 为约束值。

通过将 EPI 函数与上述约束处理方法相结合，得到约束拓展 PI（constrained extended PI，CEPI）准则，用于处理带有约束条件的变可信度优化问题：

$$\text{CEPI}(x,l) = \text{EPI}(x,l)P[G(x,l) \leqslant g] \tag{7.14}$$

若优化问题存在多个约束，CEPI 准则可以进一步拓展到以下形式：

$$\text{CEPI}(x,l) = \text{EPI}(x,l)\prod_{i=1}^{n_c}P[G_i(x,l) \leqslant g_i] \tag{7.15}$$

式中：n_c 为约束的数量；$G_i(x,l)$ 为第 i 个约束函数的预测响应值。

CEPI(x,l) 函数是预测点 x 和模型层级 l 的函数。通过求解以下无约束的优化问题，可以获得序贯更新样本点的位置和所在层级：

$$\text{find } (x,l)$$
$$\max \text{CEPI}(x,l)$$

优化问题的优化目标是寻找到预测点 x 和模型层级 l 的最优组合,使 CEPI(x,l) 函数获得最大值。

7.3 求解流程

VF-PI 方法的优化流程图如图 7.1 所示。流程图每个步骤的具体说明如下。

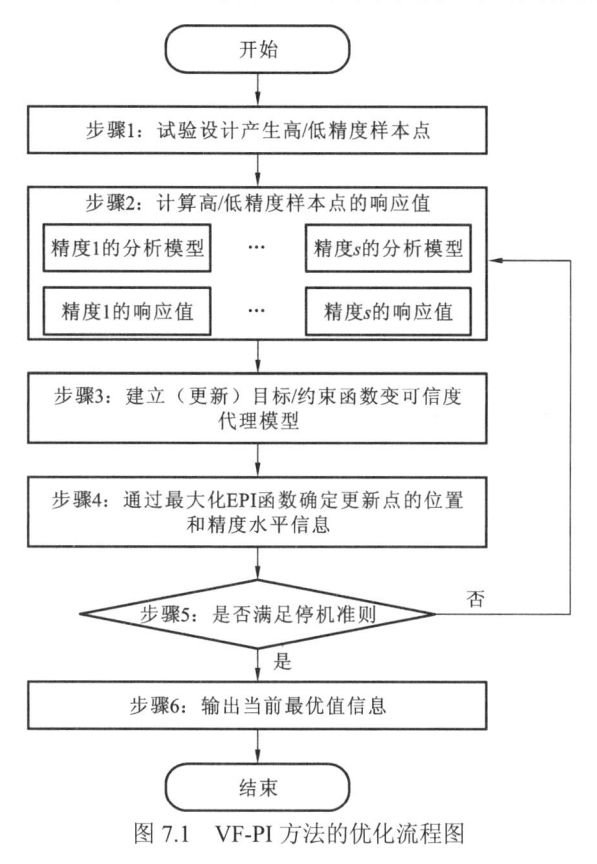

图 7.1 VF-PI 方法的优化流程图

步骤 1:使用试验设计(design of experiments,DOE)方法,如 LHS 方法,为变可信度模型生成初始样本点。

步骤 2:针对变可信度模型的样本点,分别进行模拟仿真,获得变可信度样本点的真实响应。

步骤 3:根据当前的变可信度样本点数据构建 ICK 模型。

步骤 4:通过最大化 EPI 函数,确定序贯更新样本点的位置 x 和层级 l。若优化问题带有约束,则采用 CEPI 准则。

步骤 5:检查迭代停止条件。如果达到迭代停止条件,则算法进入步骤 6。否则,算法进入步骤 2,计算新添加的样本点 (x,l) 的真实响应,并更新变可信度样本点集,重复步骤 2~5。在这一步中,采用以下迭代停止准则:

$$\max_{x,l} \text{CEPI}(x,l)_n < \alpha \ \&\& \ \max_{x,l} \text{CEPI}(x,l)_{n-1} < \alpha \ \&\& \ n \geqslant m+1 \quad (7.16)$$

式中：α 为预定义的终止系数；$\text{CEPI}(x,l)_n$ 为当前迭代循环的 CEPI 函数值；$\text{CEPI}(x,l)_{n-1}$ 为上一次迭代循环的 CEPI 函数值；m 为设计变量的维数；&& 为"且"逻辑运算。

步骤 6：输出优化问题的最优解。

7.4 数值算例及分析

本节采用几个常见的数学算例及微型飞行器机身的优化问题来测试 VF-PI 方法的优化性能。为了量化优化方法的优化效率，将优化终止时的总计算成本（total computational cost，TCC）作为评价指标：

$$\text{TCC} = \sum_{l=1}^{s} n_l C_l \quad (7.17)$$

式中：C_l 为对第 l 层级模型进行一次仿真所需的计算成本；n_l 为优化结束时第 l 层级模型的样本点总数。

7.4.1 演示算例及分析

本小节选取一维 Sasena 函数作为演示算例[2]，用于展示所提出的 VF-PI 方法的优化流程。演示算例的高/低精度模型的数学表达式为

$$\begin{cases} y_2 = -\sin(x) - \exp(x/100) + 10 \\ y_1 = -\sin(x) - \exp(x/100) + 10.3 + 0.03 \times (x-3)^2 \\ \text{w.r.t.} \quad x \in [0,1] \end{cases} \quad (7.18)$$

高/低精度模型的真实曲线如图 7.2。可以看出，高/低精度模型有相同的趋势，并且均有两个局部最优值。但是，高精度模型的全局最优值所在位置靠近低精度模型的局部最优值所在位置，因此低精度模型的数据可能会误导高精度模型全局最优值的搜索。这个算例说明：VF-PI 方法可以在局部最优解和低精度模型的干扰下找到高精度模型的全局最优解。尽管这里使用了解析函数，但仍然假设设计变量与高/低精度响应之间的函数关系、高/低精度模型之间的关系是未知的。

表 7.1 列出了序贯更新过程中添加的高/低精度样本点，对应于图 7.2 中的星形和四边形，符号旁的数字表示添加样本点对应的迭代循环。显而易见，优化过程添加了 3 个高精度样本点和 2 个低精度样本点。在序贯优化过程中，首先添加了高精度样本点以校正变可信度近似模型的预测响应。然后，在第 2 次和第 3 次迭代循环中添加了低精度样本点，以更新高精度近似模型的趋势。最后，在第 4 次和第 5 次迭代循环中，添加了高精度样本点，并获得了优化问题的真实全局最优解。

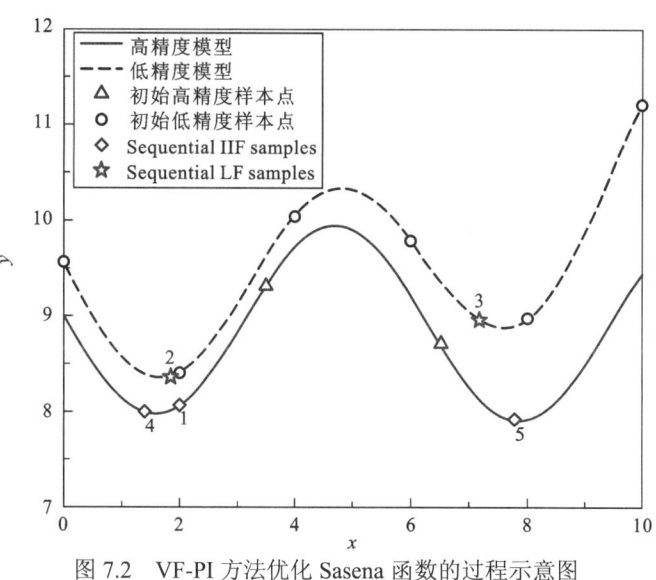

图 7.2　VF-PI 方法优化 Sasena 函数的过程示意图

表 7.1　演示算例的 VF-PI 方法优化过程

迭代循环次数	样本点	模型层级	当前最优解
1	$x = 2.0000$	2	8.0705
2	$x = 1.8537$	1	8.0311
3	$x = 7.1819$	1	7.9853
4	$x = 1.3902$	2	7.9836
5	$x = 7.7932$	2	7.9184

图 7.3 所示为第 1 次迭代循环中的 EPI 函数及其参数项。如图 7.3（a）所示，EPI 函数包含两个层级，即 EPI$(x,1)$ 和 EPI$(x,2)$。在第 1 次迭代循环中，EPI 函数在高精度模型的 $x = 2.0000$ 处取得最大值，将样本点添加到此处，对应图 7.2 和表 7.1 的第 1 次迭代循环。为了验证式（7.1）中 EPI 函数每个参数项的作用，图 7.3（b）～（d）依次给出了 ICK 模型第 1 次迭代循环的 PI$_{vf}(x)$ 函数、相关性系数和样本点密度函数。PI$_{vf}(x)$ 反映了添加高精度样本点时的 PI 值，相关系数 Corr(x,l) 可以量化在设计空间内添加低精度样本点时 PI 值的减少，密度函数 $\eta(x,l)$ 则在避免样本点聚集方面起着积极的作用。

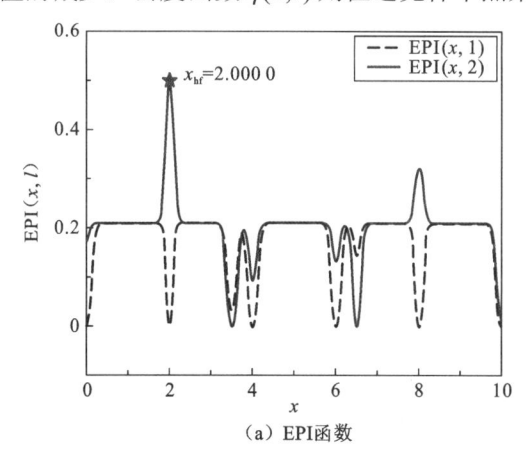

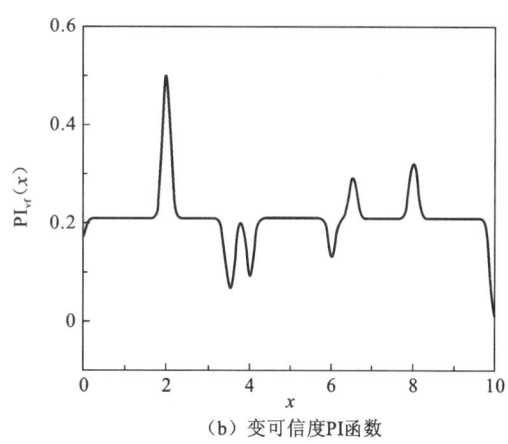

（a）EPI 函数　　　　（b）变可信度 PI 函数

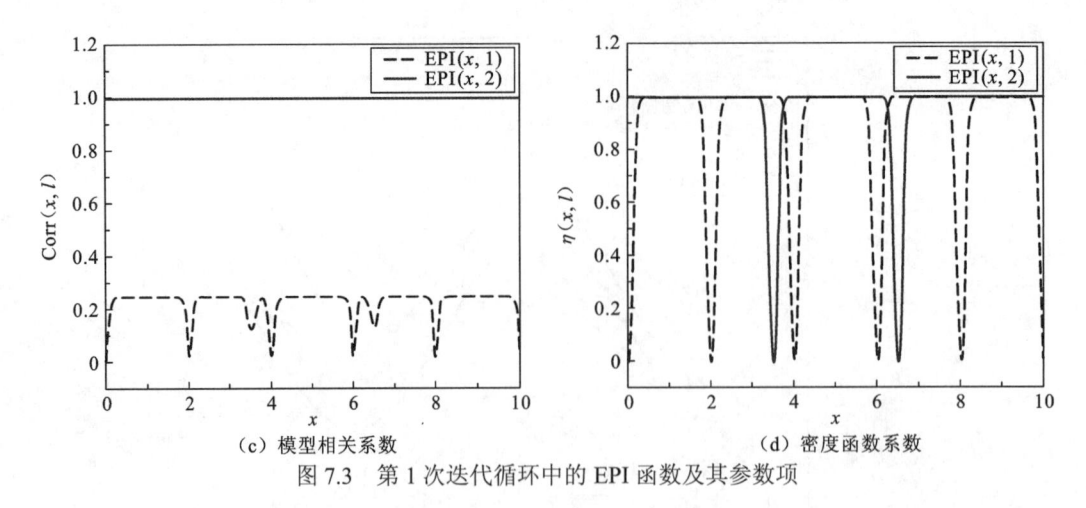

(c)模型相关系数　　　　　　　　　　　　(d)密度函数系数

图 7.3　第 1 次迭代循环中的 EPI 函数及其参数项

将高精度样本点添加到 $x = 2.0000$ 后，将更新 ICK 模型，并继续后续序贯优化过程，后续序贯更新过程如图 7.4 所示。在变可信度序贯优化过程中，将添加成本更低廉的低精度样本点以搜索整个设计空间，然后选择高精度样本点在最优解附近进行局部搜索。优化过程结束后，构建的 ICK 模型的预测误差如图 7.5 所示。ICK 模型在最优解附近的预测误差小于设计空间内其余位置，表明 VF-PI 方法可以充分利用有限的计算资源。

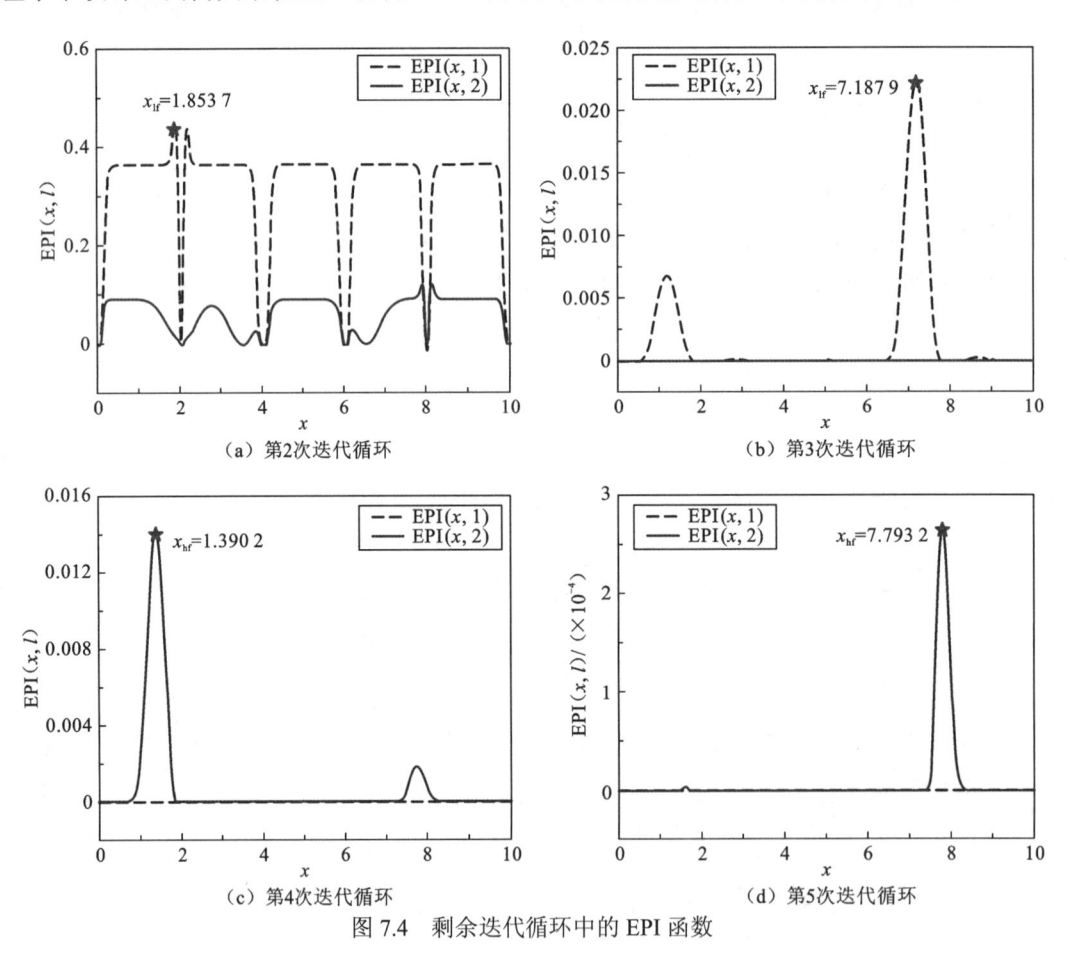

(a)第2次迭代循环　　　　　　　　　　　(b)第3次迭代循环

(c)第4次迭代循环　　　　　　　　　　　(d)第5次迭代循环

图 7.4　剩余迭代循环中的 EPI 函数

图 7.5 最终 ICK 模型的预测误差

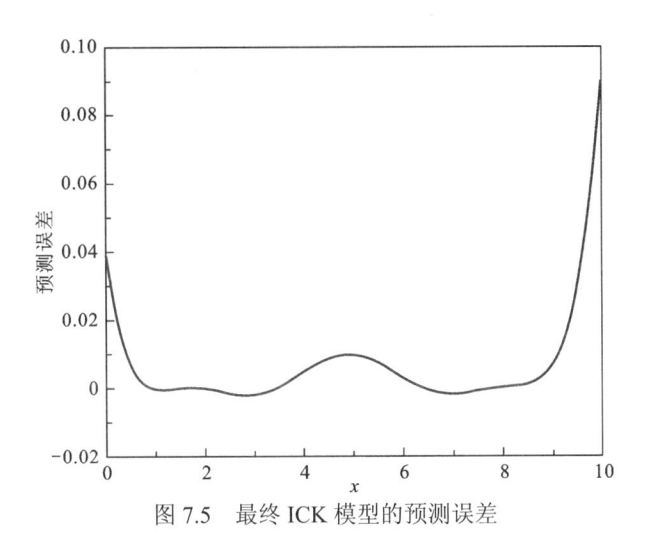

7.4.2 数学算例及分析

本小节将采用 8 个数学算例进一步测试 VF-PI 方法的有效性,这些测试算例选自参考文献[1,3-6],其参数设置如表 7.2[1,7]所示,对应的函数表达式如表 7.3 所示。具体来说,Case 1、Case 2 和 Case 3 包含 3 个复杂度层级(即 $s=3$),用于验证 VF-PI 方法解决 2 个以上复杂度层级优化问题的有效性。Case 4、Case 5 和 Case 8 分别包含 1 个、2 个和 6 个约束函数,用于验证 VF-PI 方法处理约束问题的能力。

表 7.2 测试算例参数设置

测试算例	$y_3(x)$	$y_2(x)$	$y_1(x)$	仿真成本 C_3	C_2	C_1
Case 1	Liu 1-1a	Liu 1-1b	Liu 1-1c	15	2	1
Case 2	Liu 1-2a	Liu 1-2b	Liu 1-2c	15	2	1
Case 3	Liu 2a	Liu 2b	Liu 2c	10	2	1
Case 4	—	Gano 2a	Gano 2b	—	4	1
Case 5	—	G 8a	G 8b	—	2	1
Case 6	—	Hartmann 3	Hartmann 3+MA3×7.6	—	2	1
Case 7	—	Ackley 5	Ackley 5+MA5×0.74	—	5	1
Case 8	—	G 4a	G 4b	—	2	1

表 7.3 测试算例函数表达式

函数	函数表达式
Liu 1-1a	$y_3(x) = \sin(x) + 0.2x + (x-0.5)^2/16 + 0.5$ $x \in [0,10]$ $x^* = 0,\ y_3^* = 0.515\,625$
Liu 1-1b	$y_2(x) = (x-0.5)(x-4)(x-9)/20 + 2$

函数	函数表达式
Liu 1-1c	$y_1(x) = \sin(x) + 0.2x + 0.5$
Liu 1-2a	$y_3(x) = 2\sin(\pi x/5)$ $x \in [0,5]$ $x^* = 2.5,\ y_3^* = 2$
Liu 1-2b	$y_2(x) = x(x-5)(x-12)/30$
Liu 1-2c	$y_1(x) = (x+2)(x-5)(x-12)/30$
Liu 2a	$y_3(x) = \left(1 - e^{\frac{-1}{2x_2}}\right)\left(\frac{1\,000\text{tf} \times x_1^3 + 1\,900x_1^2 + 2\,092x_1 + 60}{1\,000\text{tl} \times x_1^3 + 500x_1^2 + 4x_1 + 20}\right)$ $\text{tf} = 0.2,\ \text{th} = 0.3,\ \text{tl} = 0.1;\ x_1, x_2 \in [0,1]$ $x^* = (0.205\,1,\ 0.025\,6),\ y_3^* = 13.360\,7$
Liu 2b	$y_2(x) = \left(1 - e^{\frac{-1}{2x_2}}\right)\left(\frac{1\,000\text{tf} \times x_1^3 + 1\,900x_1^2 + 2\,092x_1 + 60}{1\,000\text{tl} \times x_1^3 + 500x_1^2 + 4x_1 + 20}\right) + \frac{5e^{-\text{tf}} x_1^{\text{th}/2}}{x_2^{2+\text{th}} + 1}$
Liu 2c	$y_1(x) = \left(1 - e^{\frac{-1}{2x_2}}\right)\left(\frac{1\,000\text{tf} \times x_1^3 + 1\,900x_1^2 + 2\,092x_1 + 60}{1\,000\text{tl} \times x_1^3 + 500x_1^2 + 4x_1 + 20}\right) + \frac{5e^{-\text{tf}} x_1^{\text{th}/2}}{x_2^{2+\text{th}} + 1} + \frac{10x_1^2 + 4x_2^2}{50x_1 x_2 + 10}$
Gano 2a	$y_2(x) = 4x_1^2 + x_2^3 + x_1 x_2$ $g_2(x) = 1/x_1 + 1/x_2 - 2 \leqslant 0$ $x_i \in [0.1, 10],\ i = 1,2$ $x^* = (0.884\,614\,6, 1.150\,003\,9),\ y_2^* = 5.668\,365$
Gano 2b	$y_1(x) = 4(x_1 + 0.1)^2 + (x_2 - 0.1)^3 + x_1 x_2 + 0.1$ $g_1(x) = 1/x_1 + 1/(x_2 + 0.1) - 2 - 0.001 \leqslant 0$
G 8a	$y_2(x) = -\dfrac{\sin^3(2\pi x_1)\sin(2\pi x_2)}{x_1^3(x_1 + x_2)}$ $g_2^1(x) = x_1^2 - x_2 + 1 \leqslant 0$ $g_2^2(x) = 1 - x_1 + (x_2 - 4)^2 \leqslant 0$ $x_i \in [0, 10],\ i = 1, 2$ $x^* = (1.227\,971\,3, 4.245\,373\,3),\ y^* = -0.095\,852$
G 8b	$y_1(x) = -\dfrac{\sin^3(2\pi(x_1+0.1))\sin(2\pi(x_2-0.1))}{(x_1+0.1)^3(x_1+x_2-0.1)}$ $g_1^1(x) = (x_1+0.1)^2 - (x_2-0.1) + 1 \leqslant 0$ $g_1^2(x) = 1 - x_1 + [(x_2-0.1) - 4]^2 \leqslant 0$
Hartmann 3	$y(x) = -\sum_{i=1}^{4} c_i \exp\left[-\sum_{j=1}^{3} \alpha_{ij}(x_j - p_{ij})^2\right]$ where $\alpha_{ij} = \begin{bmatrix} 3 & 10 & 30 \\ 0.1 & 10 & 35 \\ 3 & 10 & 30 \\ 0.1 & 10 & 35 \end{bmatrix}$ $c_i = \begin{bmatrix} 1 \\ 1.2 \\ 3 \\ 3.2 \end{bmatrix}$ $p_{ij} = \begin{bmatrix} 0.368\,9 & 0.117\,0 & 0.267\,3 \\ 0.469\,9 & 0.438\,7 & 0.747\,0 \\ 0.109\,1 & 0.873\,2 & 0.554\,7 \\ 0.038\,15 & 0.574\,3 & 0.882\,8 \end{bmatrix}$ $x_i \in [0,1],\ \text{for } i = 1,2,3,\ \text{and } j = 1,\cdots,4$ $N_{\text{local}} > 1,\ N_{\text{global}} = 1$ $x^* = (0.114, 0.556, 0.852),\ y^* = -3.862\,7$

续表

函数	函数表达式
Ackley 5	$y(x) = -a\exp\left[-b\sqrt{\dfrac{1}{n}\sum_{i=1}^{5}x_i^2}\right] - \exp\left[\dfrac{1}{n}\sum_{i=1}^{5}\cos(cx_i)\right] + a + \exp(1)$ $a = 20;\ b = 0.2;\ c = 2\pi$ $x_i \in [-2,2],\ i = 1,\cdots,5$ $N_{\text{local}} > 1,\ N_{\text{global}} = 1$ $x^* = (0,\cdots,0),\ y^* = 0.0$
MA 3	$y(x) = 0.585 - 0.324x_1 - 0.379x_2 - 0.431x_3 - 0.208x_1x_2 + 0.326x_1x_3$ $\quad + 0.193x_2x_3 + 0.225x_1^2 + 0.263x_2^2 + 0.274x_4^2$
MA 5	$y(x) = 0.585 - 0.001\,27x_1 - 0.001\,13x_2 - 0.006\,63x_3 - 0.012\,9x_4 - 0.006\,11x_5$ $\quad + 0.005\,26x_1x_4 + 0.010\,6x_1x_5 - 0.000\,626x_2x_4 - 0.003\,10x_2x_5$ $\quad - 0.007\,24x_4x_5 - 0.000\,96x_3^2 - 0.012\,4x_4^2 - 0.010\,1x_5^2$
G 4a	$y_2 = 5.357\,854\,7x_3^2 + 0.835\,689\,1x_1x_5 + 37.293\,239x_1 - 40\,792.141$ $g_2^1 = u_2(x) - 92 \leqslant 0$ $g_2^2 = -u_2(x) \leqslant 0$ $g_2^3 = v_2(x) - 110 \leqslant 0$ $g_2^4 = -v_2(x) + 90 \leqslant 0$ $g_2^5 = w_2(x) - 25 \leqslant 0$ $g_2^6 = -w_2(x) + 20 \leqslant 0$ where $u_2(x) = 85.334\,407 + 0.005\,685\,8x_2x_5 + 0.000\,626\,2x_1x_4 - 0.002\,205\,3x_3x_5$ $v_2(x) = 80.512\,49 + 0.007\,131\,7x_2x_5 + 0.002\,995\,5x_1x_2 + 0.002\,183x_3^2$ $w_2(x) = 9.300\,961 + 0.004\,702\,6x_3x_5 + 0.001\,254\,7x_1x_3 + 0.001\,908\,5x_3x_4$; $x_1 \in [78,102], x_2 \in [33,45], x_i \in [27,45], i = 3,4,5$ $x^* = (78,33,29.995\,256\,025\,682,45,36.775\,812\,905\,788),\ y_2^* = -30\,665.539$
G 4b	$y_1 = 5.357\,854\,7(x_3+5)^2 + 0.835\,689\,1(x_1-5)(x_5+1) + 37.293\,239(x_1-5) + 3.511\,348x_2x_4 - 30\,792.141$ $g_1^1 = u_1(x) - 92 \leqslant 0$ $g_1^2 = -u_1(x) \leqslant 0$ $g_1^3 = v_1(x) - 110 \leqslant 0$ $g_1^4 = -v_1(x) + 90 \leqslant 0$ $g_1^5 = w_1(x) - 25 \leqslant 0$ $g_1^6 = -w_1(x) + 20 \leqslant 0$ where $u_1(x) = 80.334\,407 + 0.006\,685\,8(x_2+1)(x_5-1) + 0.001\,626\,2x_1x_4 - 0.004\,205\,3x_3(x_5-1)$ $v_1(x) = 50.512\,49 + 0.006\,131\,7(x_2+1)(x_5-1) + 0.012\,995\,5x_1(x_2+1) + 0.001\,183x_3^2$ $w_1(x) = 13.300\,961 + 0.002\,702\,6x_3(x_5-1) + 0.001\,254\,7x_1x_3 + 0.000\,908\,5x_3x_4$

与此同时，采用两种常见的变可信度全局优化方法，增强 EI（augmented EI，AEI）方法[7]和变可信度 EI（variable-fidelity EI，VF-EI）方法[8]，与 VF-PI 方法进行比较。此外，引入 VF-PI 方法的一种变形 VF-PI(H)方法进行比较。VF-PI(H)方法仍然采用 ICK 模型构建变可信度近似模型，而序贯优化过程中仅更新高精度样本点而不更新低精度样本点。同时，采用基于高精度样本点的单精度 PI 方法作为对比基准。

1. 不同优化方法整体优化性能比较

不同层级模型的样本点计算成本设置如表 7.2 所示，每个测试算例的初始样本点数量如表 7.4 所示，采用的采样方法为 maximin LHS 方法。

表 7.4 数学算例初始样本点设置

测试算例	初始样本点数量		
	n_1	n_2	n_3
Case 1	8	5	4
Case 2	8	5	4
Case 3	10	8	6
Case 4	12	6	—
Case 5	12	6	—
Case 6	18	9	—
Case 7	30	15	—
Case 8	20	10	—

同时，采用遗传算法[9]来搜索 EPI 函数和 CEPI 函数最优值所处的位置。考虑 LHS 方法和遗传算法的随机性，每个测试算例的优化过程重复 30 次，记录计算总支出（total computational cost，TCC）的平均值和标准偏差（standard deviation，STD）作为性能指标。其中，TCC 用于评价优化方法的优化效率，STD 用于评估优化方法的鲁棒性，每种优化方法的优化结果如表 7.5 所示。同时对 TCC 及其 STD 进行排名，排名顺序见测试结果后的括号。VF-EI 方法由于目前不适用于两个复杂度层级以上的优化问题[8]，并未被用于优化 Case 1、Case 2 和 Case 3。

表 7.5 不同优化方法优化结果比较

测试算例	优化方法	优化停止时样本点数量			TCC	STD	优化误差
		$y_1(x)$	$y_2(x)$	$y_3(x)$			
Case 1	PI	—	—	6.8	102.0（2）	6.0（2）	0.000 06
	AEI	12.8	13.1	5.1	115.5（4）	14.1（4）	0.000 01
	VF-EI	—	—	—	—	—	—
	VF-PI(H)	8.0	5.0	6.2	111.0（3）	6.0（2）	0.000 03
	VF-PI	8.2	6.6	5.2	99.4（1）	4.3（1）	0.000 04
Case 2	PI	—	—	7.1	106.5（2）	3.3（1）	0.000 02
	AEI	44.9	26.7	5.3	177.8（4）	13.5（4）	0.000 08
	VF-EI	—	—	—	—	—	—
	VF-PI(H)	8.0	5.0	6.6	117.0（3）	11.1（3）	0.000 04
	VF-PI	9.3	6.8	5.2	100.9（1）	5.6（2）	0.000 03
Case 3	PI	—	—	20.8	208.0（3）	67.9（3）	0.005 20
	AEI	74.6	8.8	6.0	152.2（2）	78.6（4）	0.006 92
	VF-EI	—	—	—	—	—	—
	VF-PI(H)	10.0	8.0	19.1	217.0（4）	22.1（2）	0.004 71
	VF-PI	15.2	17.1	8.4	133.4（1）	8.3（1）	0.004 02

续表

测试算例	优化方法	优化停止时样本点数量			TCC	STD	优化误差
		$y_1(x)$	$y_2(x)$	$y_3(x)$			
Case 4	PI	—	27.7	—	110.8（2）	12.3（1）	0.002 90
	AEI	149.5	14.7	—	208.3（5）	68.1（5）	0.005 21
	VF-EI	64.8	18.0	—	136.8（4）	53.3（4）	0.005 49
	VF-PI(H)	12.0	26.1	—	116.4（3）	16.7（3）	0.004 72
	VF-PI	13.6	22.5	—	103.6（1）	14.2（2）	0.005 63
Case 5	PI	—	47.2	—	94.4（4）	62.2（5）	0.049 12
	AEI	17.3	22.4	—	62.1（2）	29.9（2）	0.039 52
	VF-EI	30.3	33.9	—	128.0（5）	37.3（3）	0.038 28
	VF-PI(H)	12.0	37.1	—	86.2（3）	42.9（4）	0.061 70
	VF-PI	17.8	17.4	—	52.6（1）	14.9（1）	0.034 58
Case 6	PI	—	39.7	—	79.4（5）	16.9（3）	0.008 35
	AEI	38.5	13.3	—	65.1（3）	17.6（4）	0.003 73
	VF-EI	25.2	18.4	—	62.0（2）	20.3（5）	0.006 67
	VF-PI(H)	18.0	28.5	—	75.0（4）	10.9（1）	0.005 43
	VF-PI	24.5	17.6	—	59.7（1）	11.2（2）	0.005 76
Case 7	PI	—	73.4	—	367.0（5）	106.3（5）	0.160 13
	AEI	53.1	15.8	—	132.1（1）	22.4（1）	0.119 07
	VF-EI	64.8	21.5	—	172.3（3）	37.6（4）	0.152 18
	VF-PI(H)	30.0	34.1	—	200.5（4）	34.0（3）	0.135 72
	VF-PI	59.3	19.0	—	154.3（2）	30.8（2）	0.148 43
Case 8	PI	—	29.6	—	59.2（3）	9.0（3）	0.004 05
	AEI	31.2	11.6	—	54.4（2）	4.9（2）	0.002 23
	VF-EI	26.7	18.3	—	63.3（4）	9.2（4）	0.003 06
	VF-PI(H)	20.0	26.9	—	73.8（5）	13.8（5）	0.004 13
	VF-PI	27.6	11.3	—	50.2（1）	3.8（1）	0.002 66

由表 7.5 可知，VF-PI 方法无论是优化效率还是鲁棒性，在绝大部分算例中都表现最佳。对于 Case 1、Case 2 和 Case 3 这三个具有三个复杂度层级的优化问题，VF-PI 方法相较于 AEI 方法，TCC 分别降低了 13.9%、43.3%和 12.4%。尽管 AEI 方法适用于三个复杂度层级的优化问题，但对于 Case 1 和 Case 2，它的优化性能要比单精度 PI 方法差。在大多数情况下（Case 5、Case 6 和 Case 7 除外），VF-PI(H)方法的优化性能比单精度 PI 方法差，尽管它与 PI 方法相比的高精度样本点更少。这是因为 VF-PI(H)方法无法自适应地确定低精度样本点的最佳数量。当采用太多的低精度样本点时，低精度模型的计算成本将占据 TCC 的很大比例，这可能会导致计算成本冗余，而太少的低精度样本点可能会导致变可信度近似模型的预测精度降低。

对于具有约束的优化问题（Case 4、Case 5 和 Case 8），三种变可信度全局优化方法通常比单精度 PI 方法表现更好。与 AEI 方法相比，VF-PI 方法的 TCC 平均值分别降低了

50.3%、15.3%和7.7%。相较于VF-EI方法，VF-PI方法能够节约24.3%、58.9%和20.7%的优化成本。对于鲁棒性，VF-PI方法的鲁棒性最好，其次是AEI方法，VF-PI(H)方法的鲁棒性接近单精度PI方法。总而言之，VF-PI方法在解决多层级变可信度问题和约束问题上展现出卓越的性能。

2. 高/低精度模型不同计算成本比率

不同精度模型之间的成本比率可能会影响所提出方法的优化效率和鲁棒性，为了分析成本比率对VF-PI方法的影响，对Case 6采用6种不同的成本比率CR={5, 6, 7, 8, 9, 10}进行分析。对于每种成本比率，所有方法的优化过程均重复100次，表7.6总结了每种方法的平均TCC和相应的STD。为了详尽地描述比较结果，图7.6为不同计算成本比率下Case 6的TCC箱形图。箱形的下边缘为25%分位值，上边缘为75%分位值，箱形中的横线表示中位数，方块表示平均值。从框的底部和顶部延伸的虚线表示四分位间距的1.5倍，超出此范围的数据被视为异常值，并用符号"+"标记。

表7.6 不同计算成本比率下Case 6优化结果

误差指标	优化方法	CR=5	CR=6	CR=7	CR=8	CR=9	CR=10	平均排名
TCC	PI	165.3（5）	198.4（5）	231.5（5）	264.6（5）	297.6（5）	330.7（5）	5.000
	AEI	118.9（2）	136.9（3）	149.6（2）	151.8（2）	166.2（1）	189.1（1）	1.833
	VF-EI	130.4（3）	136.2（2）	160.0（3）	187.1（3）	204.6（3）	214.7（3）	2.833
	VF-PI(H)	164.7（4）	194.1（4）	223.5（4）	252.8（4）	282.2（4）	311.6（4）	4.000
	VF-PI	109.5（1）	128.9（1）	147.9（1）	149.0（1）	195.7（2）	200.7（2）	1.333
STD	PI	104.8（5）	125.8（5）	146.7（5）	167.7（5）	188.7（5）	209.6（5）	5.000
	AEI	50.1（3）	60.0（3）	64.6（3）	65.9（2）	66.9（1）	95.3（3）	2.500
	VF-EI	47.2（2）	40.6（1）	50.5（1）	76.3（3）	71.4（2）	90.3（2）	1.833
	VF-PI(H)	58.5（4）	70.1（4）	81.7（4）	93.3（4）	104.9（4）	116.5（4）	4.000
	VF-PI	39.3（1）	57.4（2）	58.9（2）	47.4（1）	86.1（3）	81.7（1）	1.667

从表7.6和图7.6可知，三种变可信度全局优化方法（AEI、VF-EI和VF-PI）比单精度PI和VF-PI(H)方法具有更好的优化效率和鲁棒性。值得注意的是，单精度PI和VF-PI(H)方法的优化性能与高/低精度模型成本比率无关，因为在序贯优化过程中仅更新了高精度样本点。因此，PI和VF-PI(H)两种方法的TCC和STD随着成本比率的增加而线性增加，而AEI、VF-EI和VF-PI三种方法的增长速率则比较缓慢，因为这三种变可信度全局优化方法可以根据成本比率有效平衡设计空间内的全局搜索和局部搜索。较高的成本比率意味着对相同的变可信度近似模型添加低精度样本点可能会带来更大的改进。因此，在较高的成本比率下，变可信度优化过程倾向于添加更多的低精度样本点。对于高成本比率，三种变可信度全局优化方法明显优于单精度优化方法。综合而言，VF-PI方法无论是优化效率还是鲁棒性均优于其他几种优化方法。

图 7.6 不同计算成本比率下 Case 6 的 TCC 箱形图

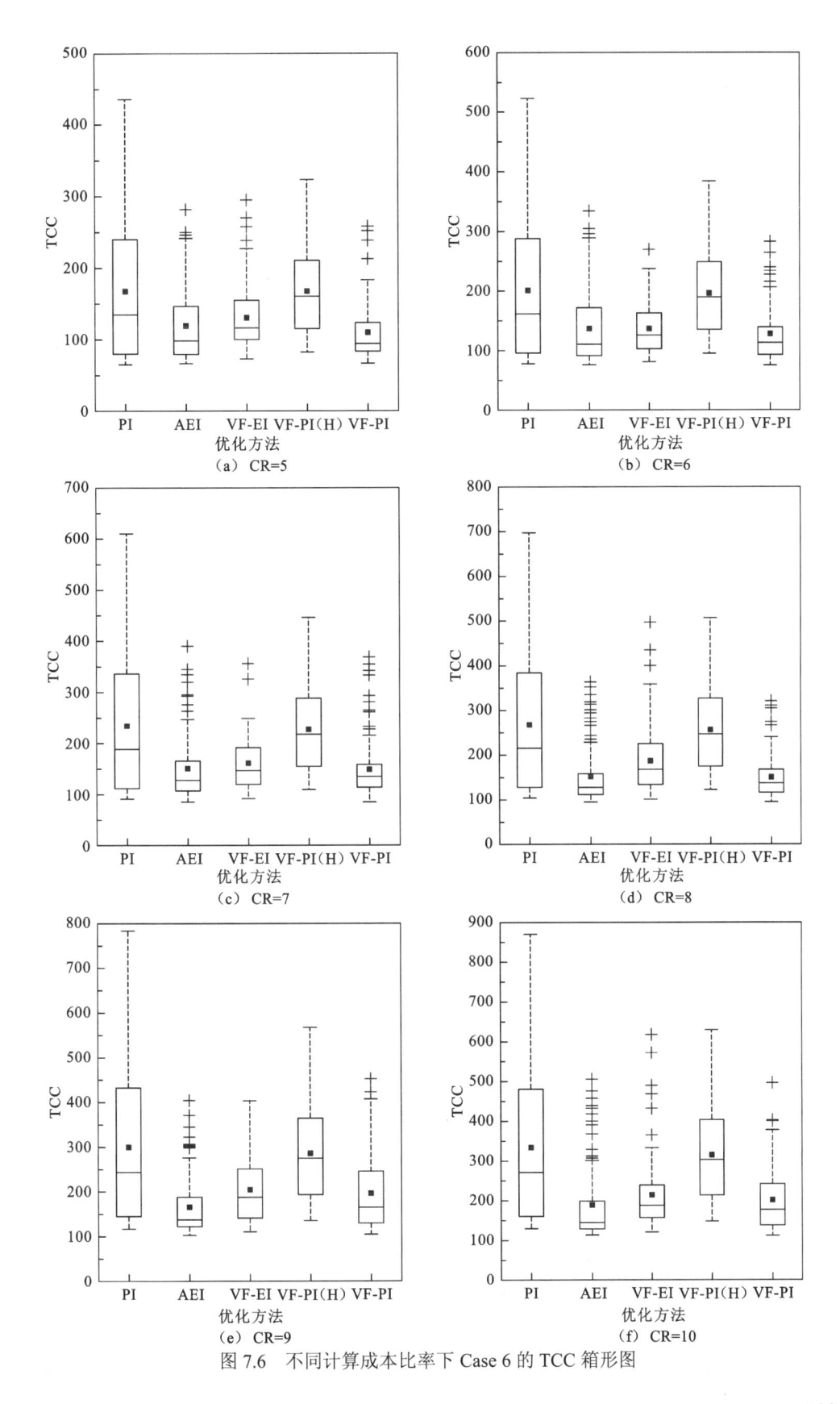

3. 高/低精度模型不同模型相关性

为了研究模型相关性的影响，对 Case 6 的低精度函数引入相关性系数改变算例高/低精度模型的相关性。修改后高/低精度模型的函数表达式为

$$\begin{cases} y_2 = \text{Hartmann 3} \\ y_1 = \text{Hartmann 3} + \text{MA 3} \times A \end{cases} \quad (7.19)$$

式中：Hartmann 3 和 MA 3 对应表 7.3 中的函数；A 为用于调整高/低精度模型相关性的相关参数。

模型相关性系数 R^2 与相关参数 A 之间的关系曲线如图 7.7 所示，R^2 随着 A 的增大而减小。当 $A=0$ 时，$R^2=1$；当 $A=40$ 时，R^2 取得最小值 0.027。

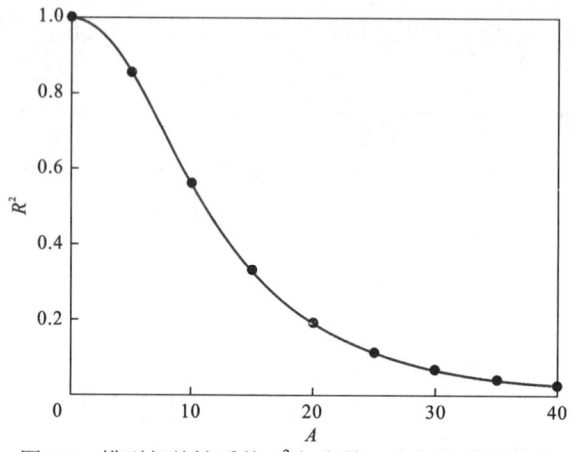

图 7.7 模型相关性系数 R^2 与参数 A 之间的关系曲线

本小节选取 6 个不同的相关参数，$A=\{1, 2, 5, 10, 20, 40\}$，与之对应的模型相关性系数为 $R^2=\{0.994, 0.875, 0.854, 0.562, 0.193, 0.027\}$。高/低精度模型之间的成本比率与 Case 6 相同，CR(1)=2。对于不同的相关性系数，每种优化方法重复运行 100 次，对应的 TCC 和 STD 如表 7.7 所示，每种优化方法的 TCC 箱形图如图 7.8 所示。显而易见，高/低精度模型相关性不影响单精度 PI 方法的性能，因为单精度 PI 方法仅使用高精度样本点数据。对于 AEI 方法，当参数 $A>20$ 时，即相关性系数 $R^2<0.193$，TCC 和 STD 迅速增加。这表明在弱相关性下，AEI 方法不适用于变可信度优化问题。当高/低精度模型相关性较强时，$R^2=\{0.994, 0.975, 0.854\}$，VF-PI 方法可提供最好的优化结果。而在弱相关性下，$R^2=\{0.562, 0.193, 0.027\}$，VF-EI 方法优于 VF-PI 方法。

表 7.7 不同模型相关性下 Case 6 测试结果

特征量	优化方法	$A=1$	$A=2$	$A=5$	$A=10$	$A=20$	$A=40$	平均排名
TCC	PI	76.2（4）	76.2（4）	76.2（4）	76.2（5）	76.2（4）	76.2（3）	4.000
	AEI	65.7（2）	68.5（3）	74.9（3）	73.0（3）	70.9（2）	100.3（5）	3.000
	VF-EI	70.8（3）	63.3（2）	67.4（2）	63.3（1）	59.7（1）	58.4（1）	1.667
	VF-PI（H）	85.2（5）	81.7（5）	78.7（5）	76.2（4）	80.4（5）	81.7（4）	4.667
	VF-PI	60.9（1）	62.0（1）	66.9（1）	68.0（1）	71.3（3）	74.3（2）	1.667

续表

特征量	优化方法	$A=1$	$A=2$	$A=5$	$A=10$	$A=20$	$A=40$	平均排名
STD	PI	45.9（5）	45.9（5）	45.9（4）	45.9（5）	45.9（5）	45.9（4）	4.667
	AEI	27.4（3）	28.0（4）	52.9（5）	37.8（4）	26.1（4）	85.9（5）	4.167
	VF-EI	28.3（4）	25.1（3）	24.3（3）	16.5（1）	10.4（1）	9.5（1）	2.167
	VF-PI（H）	22.3（2）	20.4（2）	21.1（2）	18.8（3）	22.7（3）	24.8（3）	2.500
	VF-PI	17.0（1）	18.8（1）	20.5（1）	18.6（2）	16.8（2）	22.1（2）	1.500

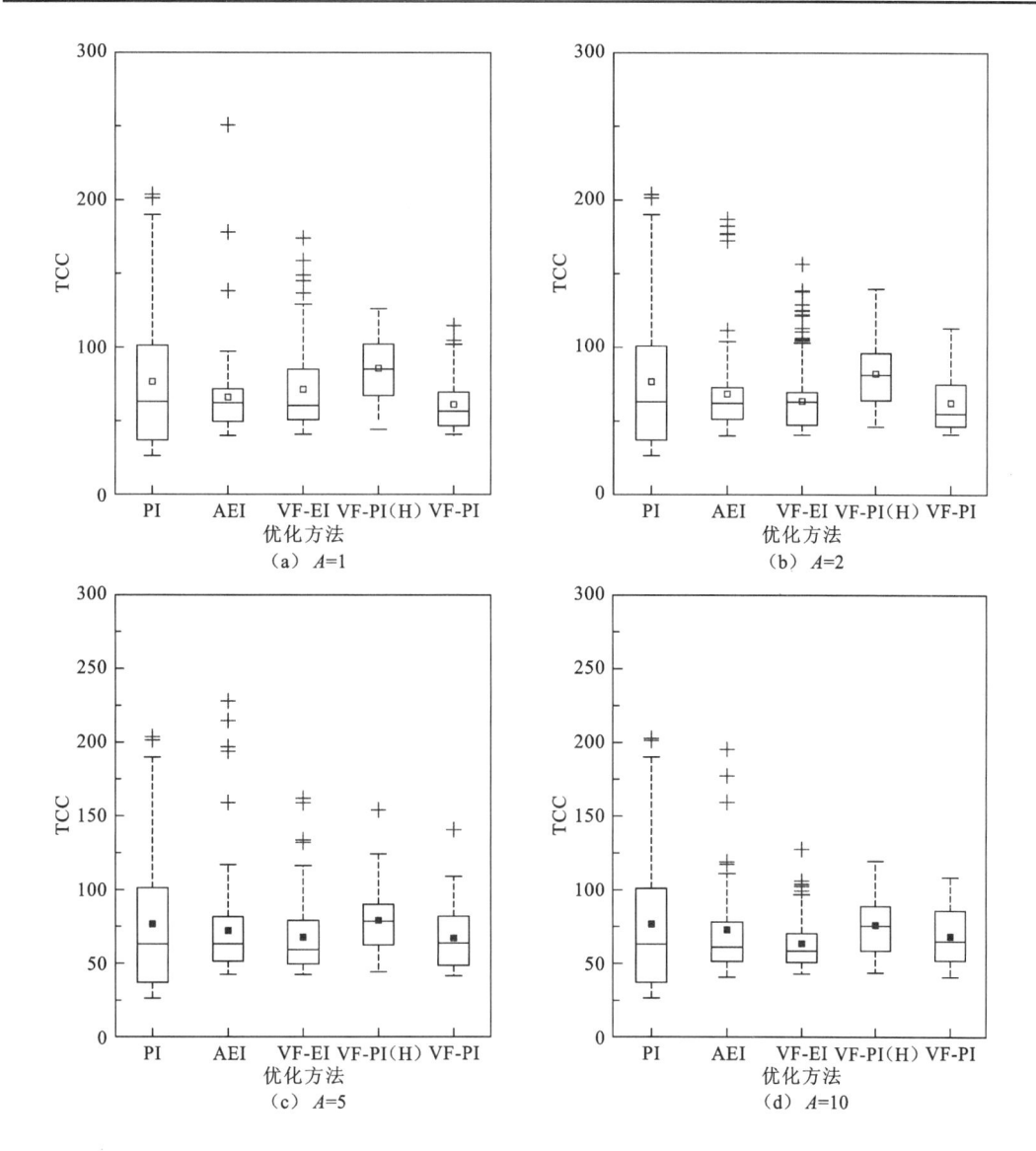

（a）$A=1$

（b）$A=2$

（c）$A=5$

（d）$A=10$

(e) $A=20$　　　　　　　　　　　　　　　(f) $A=40$

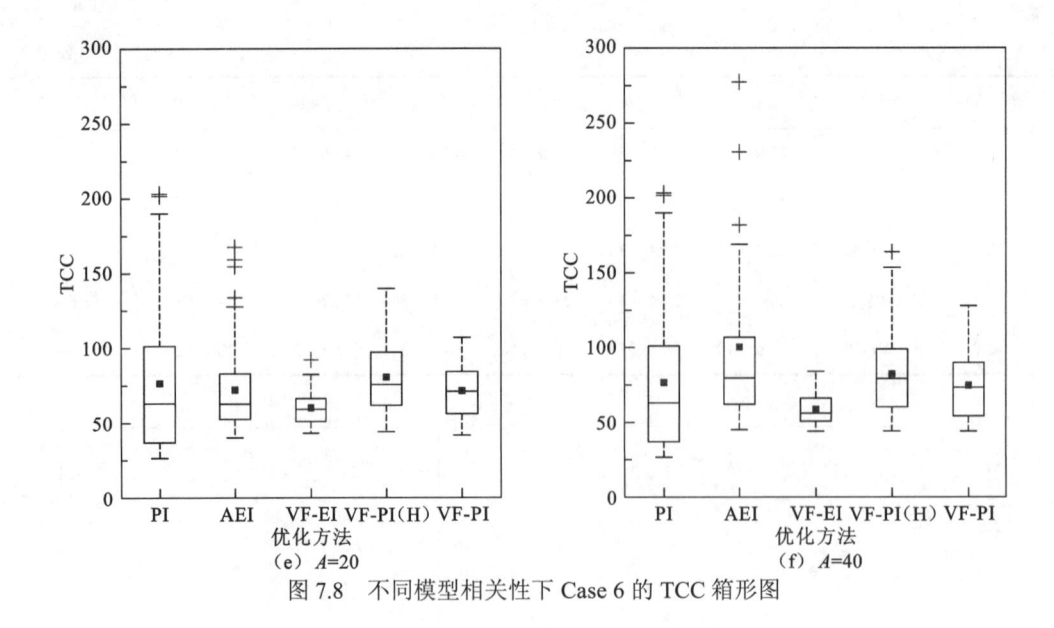

图 7.8　不同模型相关性下 Case 6 的 TCC 箱形图

参 考 文 献

[1] LIU Y, CHEN S, WANG F, et al. Sequential optimization using multi-level Co-Kriging and extended expected improvement criterion. Structural and Multidisciplinary Optimization, 2018, 58(3): 1155-1173.

[2] SASENA M J, PAPALAMBROS P, GOOVAERTS P. Exploration of metamodeling sampling criteria for constrained global optimization. Engineering optimization, 2002, 34(3): 263-278.

[3] ACKLEY D. A connectionist machine for genetic hillclimbing. Berlin: Springer, 2012.

[4] GANO S E, RENAUD J E, SANDERS B. Hybrid variable fidelity optimization by using a Kriging-based scaling function. AIAA Journal, 2005, 43(11): 2422-2433.

[5] HARTMAN J K. Some experiments in global optimization. Naval Research Logistics Quarterly, 1973, 20(3): 569-576.

[6] MCDANIEL W R, ANKENMAN B E. A response surface test bed. Quality and Reliability Engineering International, 2000, 16(5): 363-372.

[7] HUANG D, ALLEN T T, NOTZ W I, et al. Sequential Kriging optimization using multiple-fidelity evaluations. Structural and Multidisciplinary Optimization, 2006, 32(5): 369-382.

[8] ZHANG Y, HAN Z H, ZHANG K S. Variable-fidelity expected improvement method for efficient global optimization of expensive functions. Structural and Multidisciplinary Optimization, 2018, 58(4): 1431-1451.

[9] JIN Y. Surrogate-assisted evolutionary computation: Recent advances and future challenges. Swarm and Evolutionary Computation, 2011, 1(2): 61-70.

第 8 章

基于信息熵的变可信度序贯代理模型下置信边界优化方法

8.1 概 述

单一高精度模型的使用仍然需要较多的计算资源,例如,为了获取精确的仿真结果,所建立的精细有限元分析模型的网格和节点数量庞大,计算过程耗时太长。而稀疏网格有限元模型精度可能不高,但能够极大地缩短计算时间,且在函数特性上与高精度模型具有较好的相似性。因此,在优化过程中,如何联合运用高/低精度模型,并充分挖掘高精度数据的价值,是本章考虑的重点。

本章在基于信息熵的单精度下置信边界方法的基础上,提出适用于多精度数据信息来源下的多精度代理模型优化方法,将高/低精度 Kriging 代理模型联合运用,减少工程设计优化过程中调用高精度仿真模型的次数,以更加高效地求解优化方案。

8.2 基本思想

基于信息熵的多精度序贯代理模型下置信边界方法的目的是在序贯过程中同时利用低精度和高精度数据的信息序贯更新多精度代理模型,以此用较少的计算资源获得精度足够的最优值。因为变可信度 Kriging 代理模型涉及多个精度水平的数据,且不同精度数据的计算成本、对变可信度 Kriging 代理模型精度的提高量、不同精度模型的不确定性水平等都不一致,所以单一精度的 EW-LCB 函数不能够当作变可信度 Kriging 代理模型的序贯更新准则,在变可信度 Kriging 代理模型序贯优化过程中需要考虑这些因素,以合理地确定不同精度水平的更新点的位置。本节对单精度 EW-LCB 函数进行拓展,使拓展后的 MF-EW-LCB 函数能够在变可信度 Kriging 代理模型序贯优化过程中自适应地确定不同精度水平的更新点的位置。

MF-EW-LCB 函数表达式为

$$\mathrm{MF-EW-LCB}_{mf}(\boldsymbol{x},m) = w_{f} \times \hat{f}_{mf}(\boldsymbol{x}) - w_{s} \times \frac{\hat{s}(\boldsymbol{x},m)}{r(m)} \times \exp(t) \tag{8.1}$$

式中:m 为精度水平,$m=l$ 表示 MF-EW-LCB 函数是相对低精度模型样本数据的"提高函数",$m=mf$ 表示 MF-EW-LCB 函数是对高精度样本数据的"提高函数";$\hat{f}_{mf}(\boldsymbol{x})$ 为目标函数代理模型在样本点处的预估值;$\hat{s}(\boldsymbol{x},m)$ 为不同精度代理模型的预估方差;$r(m)$ 为成本系数;w_f 和 w_s 为利用多精度 Kriging 代理模型的预测值和方差得到的成本系数;t 为当前基于代理模型最优解连续出现的次数。

在序贯变可信度 Kriging 代理模型辅助优化设计中,更新点依然是通过对 MF-EW-LCB 函数取极小值得到的。但是,本质上来说,通过最小化 MF-EW-LCB 函数,首先会在不同的精度数据中产生两个候选点,然后最终选择对多精度代理模型优化效率提高大的某一精度水平的候选点,添加到样本库中更新变可信度 Kriging 代理模型。为了更直观地理解 MF-EW-LCB 函数,下面详细介绍各项的取值和含义。

1. 全局搜索和局部搜索系数的取值确定

在单一精度的 EW-LCB 函数中，全局搜索和局部搜索的权重是通过单一精度的 Kriging 代理模型预测值和预估方差的信息熵自适应确定的。以此类推，在基于变可信度 Kriging 代理模型的序贯优化过程中，优化目标仍然是搜索原函数的最优值。因此，权重因子应该客观衡量变可信度 Kriging 代理模型的预测值和预估方差，即权重因子的求解流程仍然与 3.2 节中的流程一致，只需要把相应的预测值和预估方差换成变可信度 Kriging 代理模型相对应的值。本节采用加法标度的变可信度 Kriging 代理模型，其建模过程已经在 2.1.2 小节中详细介绍过。因此，在 MF-EW-LCB 函数中全局搜索系数 w_f 和局部搜索系数 w_s 的计算公式为

$$w_f = \frac{1-E_{\hat{f}_{mf}(x)}}{2-E_{\hat{f}_{mf}(x)}-E_{\hat{s}_{mf}(x)}}, \quad w_s = \frac{1-E_{\hat{s}_{mf}(x)}}{2-E_{\hat{f}_{mf}(x)}-E_{\hat{s}_{mf}(x)}} \tag{8.2}$$

2. 成本系数 $r(m)$ 的取值

式（8.1）中成本系数 $r(m)$ 描述不同精度模型获得一个样本点所需要的相对计算时间。其中，以一次高精度响应值的仿真时间作为基准，则 $r(m)$ 的计算公式为

$$r(m) = \frac{rc(m)}{rc(h)}, \quad m = h, l \tag{8.3}$$

式中：$rc(h)$ 为一次高精度模型仿真所需要的时间，$rc(l)$ 为一次低精度模型仿真所需要的时间。当 $m=h$ 时，$r(m)=1$；当 $m=l$ 时，$r(m)<1$。因为低精度模型获取一个样本点响应值的时间小于高精度响应值，所以成本系数的本质意义是为了衡量在单位（相同）计算资源下，不同精度样本点的优化效率高低。

3. 全局搜索项的取值

MF-EW-LCB 函数的使用目的是选取全局最优值，因此在任何精度模型下都应该保证当前的局部搜索是在当前最优值附近。但是对于变可信度 Kriging 代理模型，全局搜索应该考虑不同精度下的不确定性。考虑高精度模型时，全局搜索项应该考虑变可信度 Kriging 代理模型的方差 $\hat{s}(x, mf)$；考虑低精度模型时，全局搜索项应该考虑低精度 Kriging 代理模型的方差 $\hat{s}(x, l)$。

8.3 求解流程

基于信息熵的多精度代理模型的优化方法流程如图 8.1 所示。

为了更加直观地说明所提出的基于信息熵的多精度序贯优化算法的求解流程，本节以 3.4 节数值测试函数 9（Forrester 函数）为数值示例来辅助说明。

步骤 1：生成初始样本点。在代理模型构建的过程中，初始样本点对多精度代理模型的精度有很大影响。初始样本点根据产生方式可分为嵌套样本点和非嵌套样本点。非嵌套样本点是指高精度样本点和低精度样本点通过两次独立的采样方法产生；嵌套样本点是通

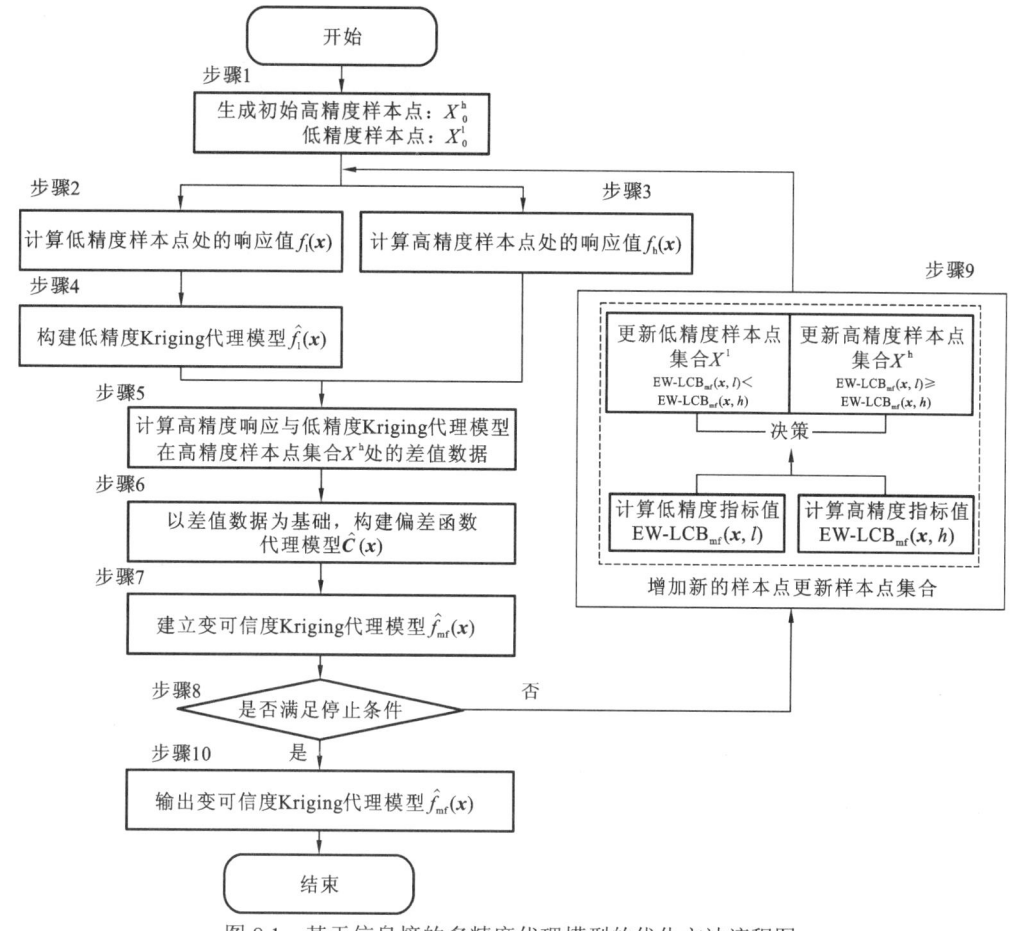

图 8.1 基于信息熵的多精度代理模型的优化方法流程图

过采样方法生成低精度样本点集合,然后在低精度样本点集合中利用距离准则(如最大最小距离等)产生高精度样本点。在本算法中,为了更贴合工程问题样本点的随机性,采用两次独立的拉丁超立方设计产生高/低精度样本点。其中,高精度模型初始样本点个数为 $3d$,低精度模型的初始样本点个数为 $6d$, d 为设计变量的维度。

步骤 2 和步骤 3:分别计算高/低精度样本点的响应值。运行仿真软件,计算当前样本点集合下,高/低精度样本点处的真实响应值。

步骤 4:构建低精度 Kriging 代理模型。利用低精度样本点及其响应值,建立低精度 Kriging 代理模型 $\hat{f}_l(x)$。

步骤 5:计算标度函数响应值。利用低精度 Kriging 代理模型 $\hat{f}_l(x)$、高精度样本点及其响应值,计算标度函数响应值 $C(x)$。

步骤 6 和步骤 7:依次构建标度函数代理模型和变可信度 Kriging 代理模型。首先利用标度函数响应值,构建标度函数 Kriging 代理模型 $\hat{C}(x)$,然后建立变可信度 Kriging 代理模型 $\hat{f}_{mf}(x)$。

以示例函数为例,初始低精度样本点为 6 个,高精度样本点为 3 个。由此构建初始低精度 Kriging 代理模型和变可信度 Kriging 代理模型,如图 8.2 所示。

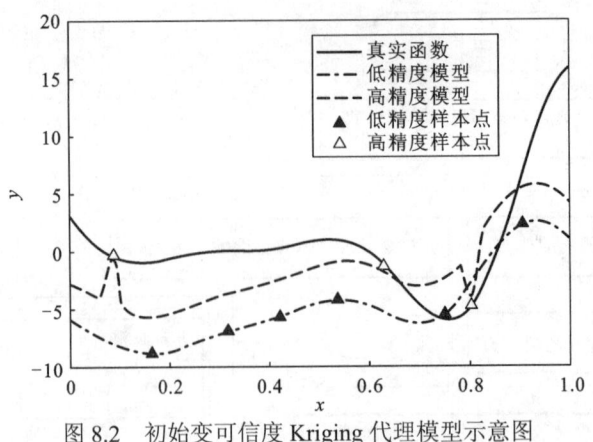

图 8.2 初始变可信度 Kriging 代理模型示意图

由图 8.2 可知，在初始样本点下，变可信度 Kriging 代理模型不能很好地拟合真实函数。

步骤 8：检验收敛准则。由于数值测试函数的最优解是已知的，设置代理模型获得的最优解与真实最优解之间的相对误差为 0.2%。如果满足收敛准则，则算法运行至步骤 10；如果不满足停止准则，则算法运行步骤 9。

针对示例函数，在初始变可信度 Kriging 代理模型下，算法的当前最优值为-5.019，此时与最优值的相对误差为 16.64%。不满足收敛准则，算法运行至步骤 9。

步骤 9：搜索更新点，并更新样本点集合。

利用遗传算法搜索 MF-EW-LCB 函数的最小值，若 MF-EW-LCB$_{mf}(x,l)$ < MF-EW-LCB$_{mf}(x,h)$，则将低精度候选点当作更新点添加到样本库中，并返回步骤 2；反之，则将高精度更新点添加到样本点库中，并返回步骤 3。

图 8.3～图 8.6 所示为辅助示例函数的第 1 次迭代至第 4 次迭代的序贯优化过程。由图 8.3～图 8.6 可知，前三次迭代过程中都选择添加低精度样本点，且随着低精度样本点的增加，变可信度 Kriging 代理模型的精度逐渐提高，能够更好地反映真实函数的大致趋势。在第 4 次迭代中，MF-EW-LCB 方法添加了高精度样本点，值得注意的是该高精度样本点在全局最优值的附近。表明在序贯 MF-EW-LCB 优化过程中，由于低精度样本点信息的加入，能够加快寻优过程，同时，能够有效避免在局部最优值附近添加耗时的高精度样本点，减少计算资源。

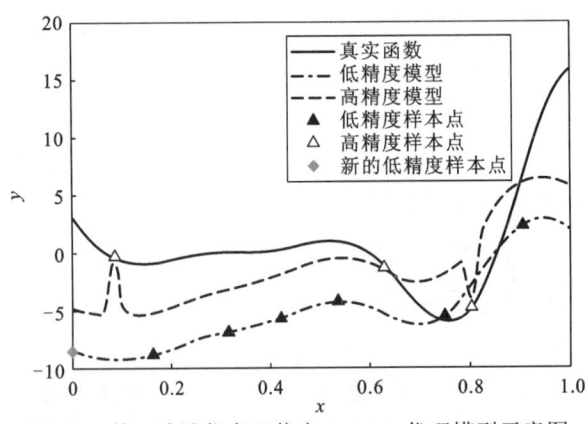

图 8.3 第 1 次迭代变可信度 Kriging 代理模型示意图

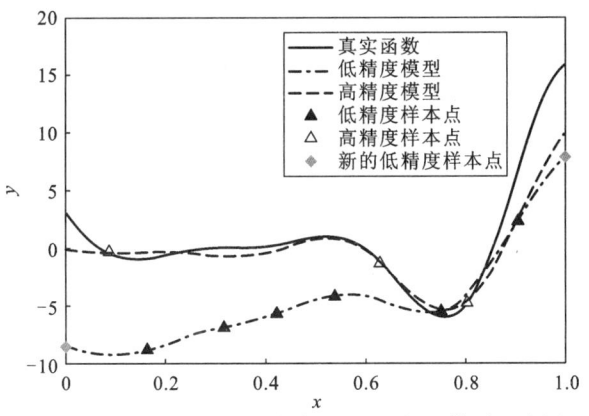

图 8.4　第 2 次迭代变可信度 Kriging 代理模型示意图

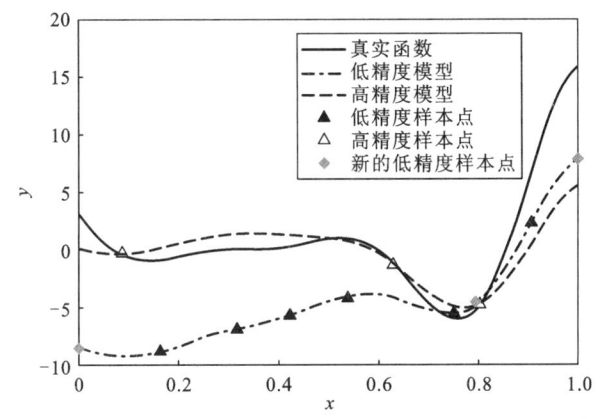

图 8.5　第 3 次迭代变可信度 Kriging 代理模型示意图

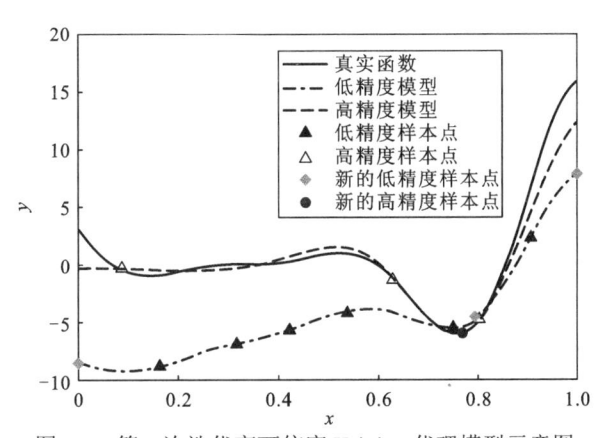

图 8.6　第 4 次迭代变可信度 Kriging 代理模型示意图

步骤 10：输出变可信度 Kriging 代理模型及其最优值。

图 8.7 所示为辅助示例函数迭代停止时，建立的变可信度 Kriging 代理模型。可以看出，序贯 MF-EW-LCB 方法在初始样本点的基础上，通过序贯更新的 3 个低精度样本点和 2 个高精度样本点就收敛到了全局最优解。

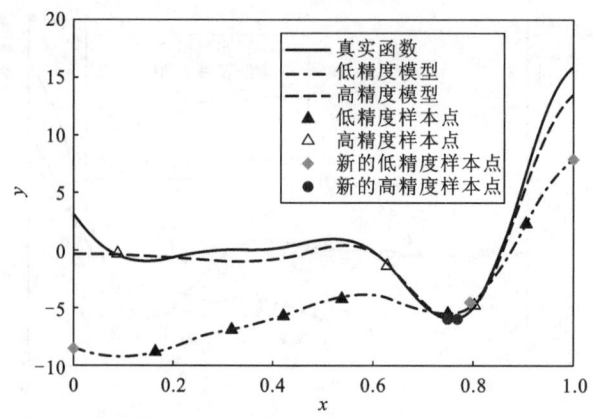

图 8.7 数值测试函数 1 的最终变可信度 Kriging 代理模型

8.4 数值算例及分析

多精度测试函数相对单一精度测试函数而言，需要构造低精度函数，因此本节中数值测试函数采用 3.4 节中测试函数的后 7 个进行计算分析。在所有数值测试函数中，假设高精度样本点的计算成本 $r_h=1$，低精度样本点的计算成本 $r_l=0.1$。

对于所有的数值测试函数，利用优化拉丁超立方采样方法产生初始样本点。其中，利用最大最小距离准则，迭代 1000 次产生初始样本点。初始样本点个数和测试函数的设计空间维数有关。Kriging 代理模型的构建采用 Matlab 中的 DACE 工具箱[1]。收敛停止准则设置为代理模型获得的最优解与真实最优解之间的相对误差为 0.2%。

在数值测试函数上运行所提出的 MF-EW-LCB 方法时，步骤 9 中需要利用优化算法寻找新的目标函数的最小值，本节采用遗传算法对式（8.1）进行寻优。遗传算法中种群数量设置为 100，最大遗传代数设置为 150，交叉概率设置为 0.95，代沟设置为 0.95，变异概率设置为 0.01。数值测试函数的初始样本点设置和阈值设置如表 8.1 所示。

表 8.1 测试函数参数设置

测试函数	设计变量/个	初始样本点/个	停止准则/%
Forrester	1	3+6	0.2
Sasena 1D	1	3+6	0.2
Hartmann 3	4	12+24	0.2
Ackley 5	5	15+30	0.2
H 4	4	12+24	0.2
H 7	10	30+60	0.2
Hartmann 6	6	18+36	0.2

注："初始样本点（个）"的数值"3+6"，表示高精度样本点个数为 3，低精度样本点个数为 6，其他类同。

为了避免提出方法受迭代中使用遗传算法和初始样本点随机性的影响，本节测试数值算例时对所有的数值算例均重复运行 30 次，最后获得达到最优值的平均计算资源的结果。

多精度序贯 MF-EW-LCB 方法与单精度 EW-LCB 序贯优化方法的比较结果如表 8.2 所示。

表 8.2 与单精度序贯优化方法比较结果

测试函数	MF-EW-LCB 样本点个数	MF-EW-LCB 最优化值	EW-LCB 样本点个数	EW-LCB 最优化值	效率提升 样本点减少率/%	理论值
Forrester	6.84	-6.020 7	10.48	-6.020 7	34.73	-6.020 7
Sasena 1D	5.67	7.918 2	16.38	7.918 4	65.38	7.918 2
Hartman 3	22.58	-3.862 5	36.92	-3.862 3	38.84	-3.862 7
Ackley 5	109.84	0.001 5	144.70	0.001 8	24.09	0
H 4	50.66	-2.997	66.90	-2.995	24.28	-3
H 7	104.68	-23.965	188.40	-23.953	44.44	-24
Hartman 6	74.55	-3.320 0	113.66	-3.21	34.41	-3.322 37

由表 8.2 可知：①多精度序贯 MF-EW-LCB 优化方法在所有数值测试函数中均能够有效收敛到最优解附近；②多精度序贯 MF-EW-LCB 优化方法与单精度 EW-LCB 序贯优化方法相比，在全部 7 个数值测试函数中新增样本点个数都更少，表明多精度 MF-EW-LCB 优化方法比单精度 EW-LCB 序贯优化方法的计算效率更高，能够进一步节省有限的计算资源。

为了进一步对比多精度序贯 MF-EW-LCB 优化方法和现有基于多精度算法的优化效率，表 8.3 列出了对于不同测试函数 MF-EW-LCB 方法和其他现有方法的优化结果。其中：AEI 方法为 Huang 等[2]提出的 EI 函数在多精度领域的应用，通过考虑不同精度模型之间的相关性和成本比来量化不同精度模型下样本点的期望提高值；VF-EI 方法为 Zhang 等[3]提出的基于层次 Kriging 代理模型的多精度 EI 提高方法；MFO 方法为 Keane 等[4]提出的基于 Co-Kriging 函数的变可信度优化方法；VF-LCB 方法为 Jiang 等[5]提出的多精度序贯优化方法，其中 LCB 函数通过考虑预测均值和预测方差的变异系数来自适应确定权重系数的取值。因为没有这些方法的代码，所以本节直接采用这些方法公开发表论文中已经公布的测试函数计算结果进行对比。同时，其他方法的结果也是从已经公开发表的论文中引用。

表 8.3 与现有多精度序贯优化方法比较结果

测试函数	方法	样本点数	预测最优值	理论最优值	相对误差/%
Forrester 1	AEI	14.55/5	-6.020 64	-6.020 7	0.000 92
	VF-EI	10.83/3	-6.020 65	-6.020 7	0.000 83
	MFO	12.45/4	-6.018 06	-6.020 7	0.043 90
	VF-LCB	9.050/2	-6.020 69	-6.020 7	0.000 11
	MF-EW-LCB	**6.84/1**	-6.020 70	-6.020 7	0.000 10
Hartmann 3	AEI	45.35/5	-3.861 7	-3.862 7	0.026 00
	VF-EI	28.33/3	-3.861 85	-3.862 7	0.022 00
	MFO	30.30/4	-3.861 58	-3.862 7	0.029 00
	VF-LCB	26.60/2	-3.861 85	-3.862 7	0.022 00
	MF-EW-LCB	**22.58/1**	-3.862 50	-3.862 7	0.005 00

续表

测试函数	方法	样本点数	预测最优值	理论最优值	相对误差/%
Hartman 6	AEI	90.55/5	−3.239 98	−3.322 37	2.480 00
	VF-EI	49.30/2	−3.252 80	−3.322 37	2.094 00
	MFO	51.73/3	−3.254 69	−3.322 37	2.037 00
	VF-LCB	**40.80/1**	−3.270 57	−3.322 37	1.559 00
	MF-EW-LCB	74.55/4	−3.320 00	−3.322 37	0.070 00
Forrester 12	AEI	9.750/4	−6.020 67	−6.020 7	0.000 45
	VF-EI	10.45/5	−6.020 68	−6.020 7	0.000 29
	MFO	9.075/3	−6.017 72	−6.020 7	0.049 50
	VF-LCB	7.880/2	−6.020 69	−6.020 7	0.000 17
	MF-EW-LCB	**6.60/1**	−6.020 69	−6.020 7	0.000 10
Forrester 13	AEI	24.70/5	−6.020 68	−6.020 7	0.000 30
	VF-EI	12.20/3	−6.020 69	−6.020 7	0.000 24
	MFO	11.75/2	−6.019 48	−6.020 7	0.020 20
	VF-LCB	14.88/4	−6.020 69	−6.020 7	0.000 10
	MF-EW-LCB	**11.52/1**	−6.020 68	−6.020 7	0.000 30

如表 8.3 所示，所有变可信度 Kriging 序贯优化方法都能够得到精度较高的优化解。在计算效率方面，MF-EW-LCB 方法在 Forrester 1 函数、Forrester 12 函数、Forrester 13 函数、Hartmann 3 函数上，所用的样本点数量都是最少的。但是，对于 Hartmann 6 函数，虽然 MF-EW-LCB 方法的优化解最优，但是其计算资源稍多于其他方法。

总体来讲，多精度 MF-EW-LCB 序贯优化方法与其他多精度序贯优化方法相比，计算效率方面有明显的优势、优化解的质量相当。

参 考 文 献

[1] LOPHAVEN S N, NIELSEN H B, SØNDERGAARD J. DACE: A MATLAB Kriging toolbox. Princeton: CiteSeer, 2002.

[2] HUANG D, ALLEN T T, NOTZ W I, et al. Sequential Kriging optimization using multiple-fidelity evaluations. Structural and Multidisciplinary Optimization, 2006, 32(5): 369-382.

[3] ZHANG Y, HAN Z H, ZHANG K S. Variable-fidelity expected improvement method for efficient global optimization of expensive functions. Structural and Multidisciplinary Optimization, 2018, 58(4): 1431-1451.

[4] KEANE A J, SÓBESTER A, FORRESTER A I J. Multi-fidelity optimization via surrogate modelling. Proceedings of the Royal Society A: Mathematical, Physical and Engineering Sciences, 2007, 463(2088): 3251-3269.

[5] JIANG P, CHENG J, ZHOU Q, et al. Variable-fidelity lower confidence bounding approach for engineering optimization problems with expensive simulations. AIAA Journal, 2019, 57(12): 5416-5430.

第9章

基于 CoV-LCB 准则的变可信度序贯代理模型优化方法

9.1 概　　述

在常用的 SBDO 方法中，LCB 准则因其推导直观、权重易调整被广大设计者所青睐。传统的 LCB 准则仅适用于单精度代理模型，无法直接应用于变可信度代理模型。文献[1]对适用于变可信度的 LCB 函数进行了推导，但其忽略了低精度分析模型的计算成本。因此，本章主要研究更加通用的基于置信下界准则的变可信度优化方法，以丰富基于变可信度代理模型的优化设计方法及推动变可信度优化在工程设计中的应用。

本章首先介绍基于标准置信下界准则的优化方法的流程，随后针对 LCB 函数中的全局与局部项的作用，将其拓展至变可信度优化方法，提出变可信度置信下界（variable-fidelity lower confidence bounding，VF-LCB）优化方法，最后通过多个典型的数值算例对该方法进行验证。

9.2 变可信度置信下界优化方法

9.2.1 变可信度置信下界准则

尽管基于标准置信下界准则的优化方法在工程优化设计中具有一定的优势，但当工程优化问题涉及多个精度的分析模型时，标准置信下界准则便不再适用。因此，本小节基于变可信度代理模型提出变可信度置信下界准则。

变可信度置信下界准则首先根据变可信度 LCB 函数分别确定高/低精度的候选更新点，随后根据候选点处的变可信度 LCB 函数值的大小确定最终的更新样本位置与精度层级。变可信度置信下界准则定义为

$$(\boldsymbol{x}^*, l^*) = \underset{\boldsymbol{x},l}{\arg\min}\, \mathrm{LCB}_{\mathrm{vf}}(\boldsymbol{x}, l), \quad \boldsymbol{x} \in [\boldsymbol{x}_L, \boldsymbol{x}_U], \quad l = 1, 2 \tag{9.1}$$

式中：$\mathrm{LCB}_{\mathrm{vf}}(\cdot)$ 为根据标准 LCB 函数改进的变可信度 LCB 函数；$\boldsymbol{x}^*$ 为选取的更新点位置；l 为精度层级，$l=2$ 表示高精度，$l=1$ 表示低精度。该准则选取使 $\mathrm{LCB}_{\mathrm{vf}}(\cdot)$ 函数值最小的更新点位置及相应分析模型的精度层级。

变可信度 LCB 函数用于分别确定高/低精度改善最大的样本点，因此该函数需要衡量更新点的不确定性带来的影响及高/低精度的成本影响。变可信度 LCB 函数的表达式为

$$\mathrm{LCB}_{\mathrm{vf}}(\boldsymbol{x}, l) = \omega_1 \hat{y}_{\mathrm{hf}}(\boldsymbol{x}) - \omega_2 \hat{s}_y(\boldsymbol{x}, l) \mathrm{CR}(l) \tag{9.2}$$

式中：$\hat{y}_{\mathrm{hf}}(\boldsymbol{x})$ 为设计点 $\boldsymbol{x}$ 处的高精度预估响应值；ω_1、ω_2 为权重系数；$\hat{s}_y(\boldsymbol{x}, l)$ 为目标函数的变可信度预估误差函数；$\mathrm{CR}(l)$ 为高精度分析模型与 l 级精度分析模型之间的计算成本比率。变可信度 LCB 函数中 $\hat{y}_{\mathrm{hf}}(\boldsymbol{x})$ 项构成算法的局部探索能力，通过最小化该值能够使算法聚焦高精度预估响应最小值附近的区域。变可信度预估误差函数 $\hat{s}_y(\boldsymbol{x}, l)$ 用来增强算法的全局搜索能力，其计算公式为

$$\hat{s}_y(\pmb{x},l) = \begin{cases} \beta_0 \hat{s}_{y,\mathrm{lf}}(\pmb{x}), & l=1 \\ \hat{s}_{y,\mathrm{hf}}(\pmb{x}), & l=2 \end{cases} \quad (9.3)$$

式中：$\hat{s}_{y,\mathrm{lf}}(\pmb{x})$、$\hat{s}_{y,\mathrm{hf}}(\pmb{x})$ 分别为低精度和高精度的预估误差函数；β_0 为层次 Kriging 模型中的全局趋势系数，计算公式可参考式（2.29）。

变可信度 LCB 函数中其他参数说明如下。

1. 权重系数 ω_1、ω_2

LCB 函数虽然能够平衡全局与局部搜索之间的矛盾关系，在设计空间内高效搜索可能的最优设计解，但其权重参数需要人为设定。对局部搜索权重设置过大可能会导致算法收敛至局部最优解，而全局搜索权重过大则会造成计算成本的增加。因此，本小节提出一种基于变异系数（CoV）的权重系数计算方法，根据 Kriging 模型的预测信息自适应地调节权重参数的大小。

为了评估当前代理模型的局部及全局精度，该方法首先使用 LHD 方法在设计空间内随机选取 m_{weight} 个样本点，选取样本点的数量计算公式为

$$m_{\mathrm{weight}} = \min(2\,000d, 20\,000) \quad (9.4)$$

式中：d 为设计变量的维数。

根据当前的变可信度代理模型预测这 m_{weight} 个样本点的高精度预估响应值及预估误差，计算预估响应值、预估误差的均值及标准差，分别表示为 μ_{f}、μ_{rmse}、σ_{f}、σ_{rmse}。与仿真计算过程相比，该过程的计算成本可以忽略不计。预估值及预估误差的变异系数计算公式为

$$\mathrm{CoV}_{\mathrm{f}} = \frac{\sigma_{\mathrm{f}}}{\mu_{\mathrm{f}}}, \quad \mathrm{CoV}_{\mathrm{rmse}} = \frac{\sigma_{\mathrm{rmse}}}{\mu_{\mathrm{rmse}}} \quad (9.5)$$

变异系数值 $\mathrm{CoV}_{\mathrm{f}}$、$\mathrm{CoV}_{\mathrm{rmse}}$ 分别用于衡量此时高精度代理模型预估值及预估误差函数值的波动幅度。如果预估误差波动较大，说明代理模型的全局精度较差，需要改善模型的全局预测精度；相反，如果预估值变化剧烈而预估误差变化平缓，则应增强算法的局部搜索能力。因此，权重系数的计算公式为

$$\omega_1 = \frac{\mathrm{CoV}_{\mathrm{f}}}{\mathrm{CoV}_{\mathrm{f}} + \mathrm{CoV}_{\mathrm{rmse}}}, \quad \omega_2 = \frac{\mathrm{CoV}_{\mathrm{rmse}}}{\mathrm{CoV}_{\mathrm{f}} + \mathrm{CoV}_{\mathrm{rmse}}} \quad (9.6)$$

该权重系数与置信下界方法结合时的效率及稳定性研究可以参考文献[1]。

2. 变可信度计算成本比率 CR(l)

为合理考量高/低精度仿真模型之间的计算成本差异，变可信度 LCB 函数中引入了高/低精度仿真模型计算成本比率函数 CR(l)，该函数表示进行一次高精度模型仿真和进行一次第 l 层级模型仿真之间的计算成本之比，即运行一次高精度仿真消耗的计算成本，可以等效进行第 l 层级仿真的次数：

$$\mathrm{CR}(l) = \begin{cases} \dfrac{C_{\mathrm{hf}}}{C_{\mathrm{lf}}}, & l=1 \\ 1, & l=2 \end{cases} \quad (9.7)$$

式中：C_{hf} 与 C_{lf} 分别为进行一次高精度仿真与一次低精度仿真所需的计算成本，一般而言，$C_{hf} > C_{lf}$。在基于仿真分析的工程结构设计过程中，主要的计算成本为仿真计算所需的时间，因此本小节讨论的成本为仿真计算所需的时间成本。

对高精度更新样本进行搜索时，该成本比率函数对预估误差函数值不造成影响；对低精度更新样本进行搜索时，CR > 1 会促使算法倾向于选取低精度样本点，以提高低精度 Kriging 模型的精度。若某一设计点处高/低精度预估误差函数值相同，由于成本比率函数的存在，算法会选取成本更低的低精度样本作为更新样本点。

9.2.2 VF-LCB 优化方法流程

VF-LCB 方法的流程图如图 9.1 所示，其具体步骤如下。

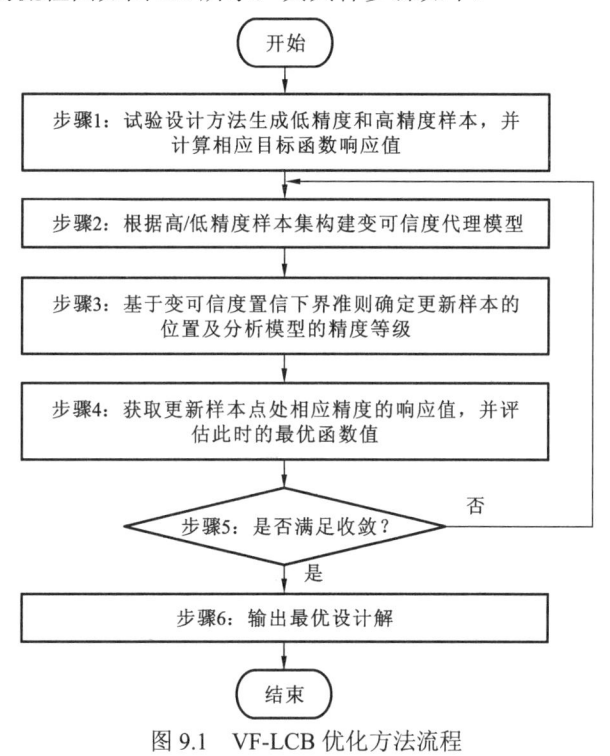

图 9.1 VF-LCB 优化方法流程

步骤 1：根据 LHD 方法选取初始高/低精度样本点，高精度初始样本点数为 3d，低精度初始样本点数为 6d，d 为设计变量维数。将选取的初始样本点送入相应精度的分析模型计算目标函数响应值。

步骤 2：根据当前的高/低精度样本点集及相应的目标函数值构建变可信度代理模型。本小节选取层次 Kriging 建模方法构建变可信度代理模型，其构建流程参见 2.1.2 小节。相对于传统的 Co-Kriging 建模方法，层次 Kriging 建模方法不需要高/低精度样本嵌套，更加适用于基于变可信度代理模型的全局优化。

步骤 3：根据变可信度置信下界准则[式（2.37）]获取更新样本点 x^* 及其相应的精度层级 l。本小节选用的优化算法为粒子群优化（PSO）算法[2]，PSO 算法参数设置为每代 100 个个体，优化 100 代后停止。

步骤4：将步骤3获取的更新样本点送入相应精度层级的仿真模型中获取其响应值，并将获取的响应值与当前最优值对比，若获取的目标值更小则更新当前的最优设计解。

步骤5：检查迭代停止条件，若满足，则执行步骤6，否则返回步骤2。由于变可信度优化中存在不同精度的计算成本，需要考虑将低精度成本等效为高精度成本之后的计算成本。本小节使用每次优化所需的等效高精度样本数（number of equivalent function evaluation，NEFE）作为衡量优化成本的指标，其计算公式为

$$\text{NEFE} = \text{HFE} + \frac{\text{LFE}}{\text{CR}} \tag{9.8}$$

式中：HFE 和 LFE 分别为优化过程添加的高精度及低精度样本点数量。

对于工程优化问题，由于不知道其真实的最优解，通常选取计算的仿真次数是否达到预设的最大仿真次数为判定条件：

$$\text{NEFE} \geqslant W_{\max} \tag{9.9}$$

式中：$W_{\max}$ 为预设的最大等效高精度成本，由设计人员根据所能承担的计算成本设定。

对数值函数算例进行优化时，由于已知函数的真实最优值大小，通过算法得到某个最优值时所需的函数调用次数来衡量算法的效率，选取的收敛条件为

$$\begin{array}{l} |y_{\min,\text{iter}} - y_{\text{actual}}| \leqslant \varepsilon \\ \text{NEFE} \geqslant W_{\max} \end{array} \tag{9.10}$$

式中：$y_{\min,\text{iter}}$ 为在第 iter 次迭代过程中当前算法得到的最优值；y_{actual} 为该函数的真实最优值；ε 为预先设定的误差。

步骤6：在满足收敛条件后，输出算法得到的最优设计解。

9.2.3 数值算例及分析

为测试 VF-LCB 方法的可行性，本小节通过一系列典型的数值函数优化算例对该方法进行测试。首先通过一维数值算例对提出方法进行演示和说明，随后通过更复杂的算例对该方法进行测试，还通过与另外4种方法对比测试提出方法的效率及稳定性。

1. 数值示例

本小节通过来自文献[3]的一维数值算例，对 VF-LCB 方法的优化流程进行展示，该数值算例表达式为

$$\begin{cases} \min f_{\text{hf}}(x) = (6x-2)^2 \sin(12x-4) \\ f_{\text{lf}}(x) = 0.5f(x) + 10(x-0.5) - 5 \\ x \in [0,1] \end{cases} \tag{9.11}$$

式中：$f_{\text{hf}}(x)$ 为高精度函数；$f_{\text{lf}}(x)$ 为低精度函数。该函数的真实最优值为 $f(0.7573) = -6.0207$。假设该算例高/低精度的成本比率为4。

该一维演示算例如图9.2所示，低精度函数与高精度函数具有相似的变化趋势，但低精度函数最优值与高精度函数最优值的位置相差较大。对该演示算例的优化过程中，初始样本点在设计空间内均匀选取。

图 9.2　一维演示算例示意图

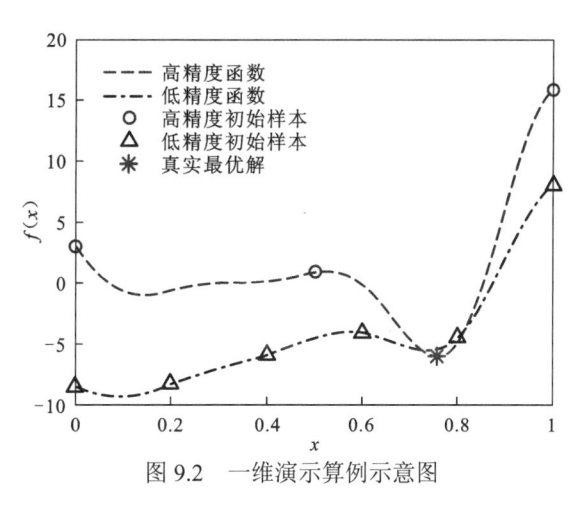

优化迭代过程中的变可信度代理模型及变可信度 LCB 函数的变化如图 9.3 所示。在第 1 次迭代过程中低精度模型相对于高精度模型更加精确，此时由于高/低精度的成本差异，选取到的低精度点的变可信度 LCB 函数值更低，在第 1 次迭代过程中提出的方法选择该低精度点作为更新点并计算其真实函数值。图 9.3（b）给出的是第 2 次迭代过程的函数图，此时的变可信度 LCB 函数选取的是高精度样本点。第 7 次迭代过程（最后一次迭代）如图 9.3（c）所示，此时的变可信度代理模型在最优值附近已经足够精确，在本次迭代过程中选取的高精度样本点满足迭代停止条件，算法停止并输出该最优值点。

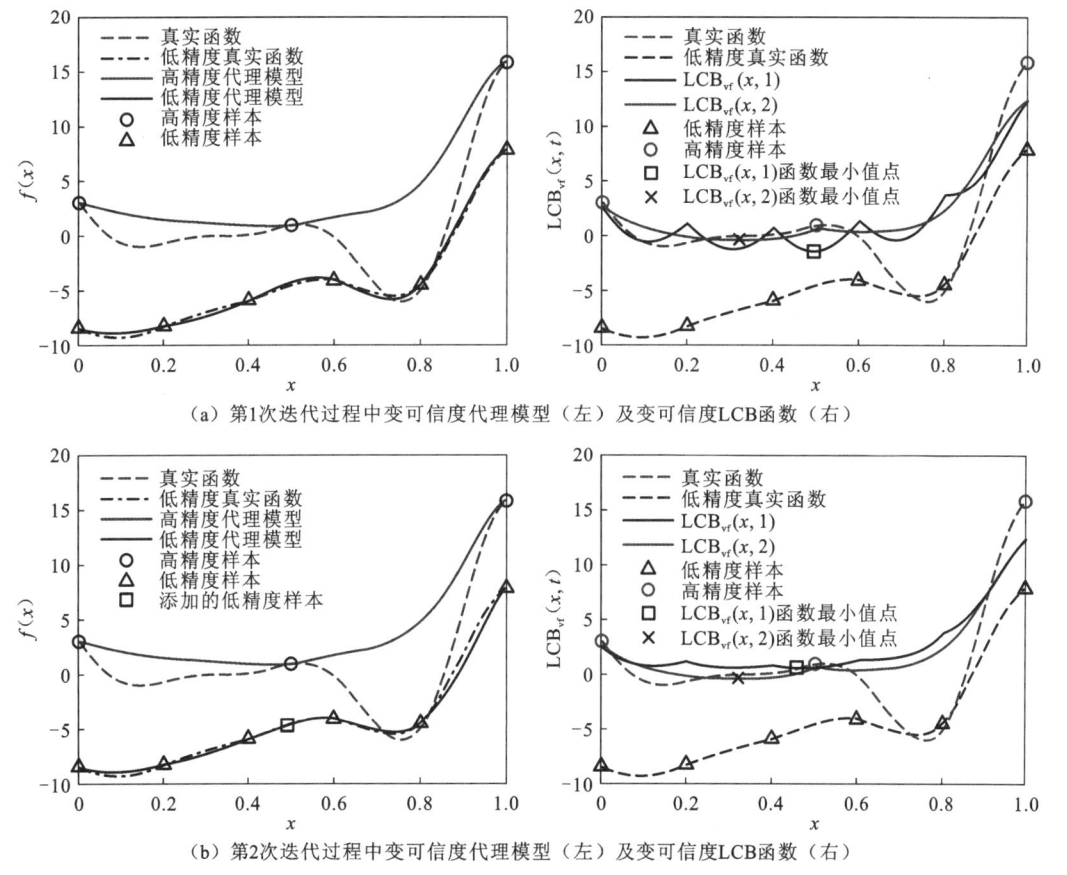

（a）第1次迭代过程中变可信度代理模型（左）及变可信度LCB函数（右）

（b）第2次迭代过程中变可信度代理模型（左）及变可信度LCB函数（右）

（c）最后一次迭代过程中变可信度代理模型（左）及变可信度LCB函数（右）

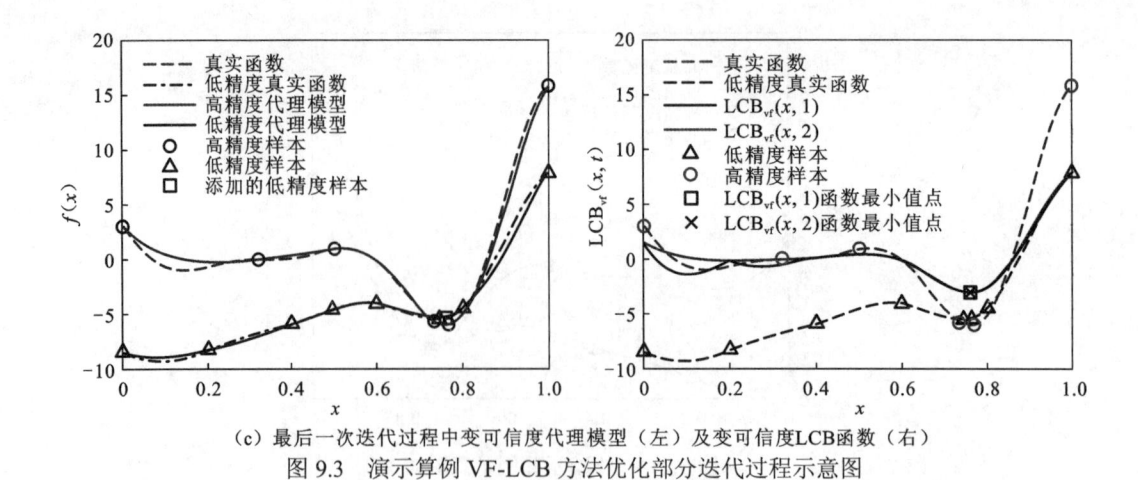

图 9.3 演示算例 VF-LCB 方法优化部分迭代过程示意图

表 9.1 列出了 VF-LCB 方法优化过程获取的更新点的信息，VF-LCB 方法经过 7 次迭代循环过程即找到了真实的最优设计解。整个优化过程共添加了 4 个高精度样本点，3 个低精度样本点。

表 9.1 演示算例中 VF-LCB 方法优化过程

迭代循环次数	采样点坐标	采样点精度层级	当前最优解
1	$x = 0.494\,2$	1	0.909 3
2	$x = 0.322\,6$	2	−0.000 5
3	$x = 0.765\,9$	2	−5.980 3
4	$x = 0.732\,1$	2	−5.980 3
5	$x = 0.743\,2$	1	−5.980 3
6	$x = 0.759\,6$	1	−5.980 3
7	$x = 0.757\,0$	2	−6.020 7

2. 附加数值算例测试

本小节通过 6 个来自文献[4-6]的无约束数值算例对 VF-LCB 方法进行测试，测试的数值函数公式及收敛条件的设定如下。

算例 1（Forrester 1a）：

$$f(x) = (6x-2)^2 \sin(12x-4)$$
$$f_{\text{lf}}(x) = 0.5f(x) + 10(x-0.5) - 5$$
$$x \in [0,1]$$
$$x_{\text{opti}} = 0.757\,25, \quad f(x_{\text{opti}}) = -6.020\,740$$
（9.12）

算例 2（Forrester 1b）：

$$f(x) = (6x-2)^2 \sin(12x-4)$$
$$f_{\text{lf}}(x) = f(x) - 5$$
$$x \in [0,1]$$
$$x_{\text{opti}} = 0.757\,25, \quad f(x_{\text{opti}}) = -6.020\,740$$
（9.13）

算例 3（Forrester 1c）：
$$f(x) = (6x-2)^2 \sin(12x-4)$$
$$f_{\text{lf}}(x) = f(x+0.2)$$
$$x \in [0,1] \tag{9.14}$$
$$x_{\text{opti}} = 0.757\,25, \quad f(x_{\text{opti}}) = -6.020\,740$$

算例 4（Hartmann 3）：
$$f(\boldsymbol{x}) = -\sum_{i=1}^{4} c_i \exp\left[-\sum_{j=1}^{3} \alpha_{ij}(x_j - p_{ij})^2\right]$$

$$[\alpha_{ij}] = \begin{bmatrix} 3 & 10 & 30 \\ 0.1 & 10 & 35 \\ 3 & 10 & 30 \\ 0.1 & 10 & 35 \end{bmatrix},\quad [c_i]=\begin{bmatrix} 1 \\ 1.2 \\ 3 \\ 3.2 \end{bmatrix},\quad [p_{ij}]=\begin{bmatrix} 0.368\,9 & 0.117\,0 & 0.267\,3 \\ 0.469\,9 & 0.438\,7 & 0.747\,0 \\ 0.109\,1 & 0.873\,2 & 0.554\,7 \\ 0.038\,1 & 0.574\,3 & 0.882\,8 \end{bmatrix} \tag{9.15}$$

$$f_{\text{lf}}(\boldsymbol{x}) = 0.585 - 0.324x_1 - 0.379x_2 - 0.431x_3 - 0.208x_1x_2 + 0.326x_1x_3$$
$$+ 0.193x_2x_3 + 0.225x_1^2 + 0.263x_2^2 + 0.274x_3^2$$

$x_1, x_2, x_3 \in [0,1]$

$\boldsymbol{x}_{\text{opti}} = (0.114, 0.556, 0.582), \quad f(\boldsymbol{x}_{\text{opti}}) = -3.862\,7$

算例 5（Ackley 5）：
$$f(\boldsymbol{x}) = -a\exp\left[-b\sqrt{\frac{1}{n}\sum_{i=1}^{5}x_i^2}\right] - \exp\left[\frac{1}{n}\sum_{i=1}^{5}\cos(cx_i)\right] + a + \exp(1)$$

$a = 20, \quad b = 0.2, \quad c = 2\pi$

$$f_{\text{lf}}(\boldsymbol{x}) = 0.585 - 0.001\,27x_1 - 0.001\,13x_2 - 0.006\,63x_3 - 0.012\,9x_4 - 0.006\,11x_5$$
$$+ 0.005\,26x_1x_4 + 0.010\,6x_1x_5 - 0.000\,626x_2x_4 - 0.003\,10x_2x_5$$
$$- 0.007\,24x_4x_5 - 0.000\,96x_3^2 - 0.012\,4x_4^2 - 0.010\,1x_5^2 \tag{9.16}$$

$x_i \in [-2, 2], \quad i = 1, 2, 3, 4, 5$

$\boldsymbol{x}_{\text{opti}} = (0, 0, 0, 0, 0), \quad f(\boldsymbol{x}_{\text{opti}}) = 0$

算例 6（Hartmann 6）：
$$f(\boldsymbol{x}) = -\sum_{i=1}^{4} c_i \exp\left[-\sum_{j=1}^{6} \alpha_{ij}(x_j - p_{ij})^2\right]$$

$$[\alpha_{ij}] = \begin{bmatrix} 10 & 3 & 17 & 3.50 & 1.7 & 8 \\ 0.05 & 10 & 17 & 0.1 & 8 & 14 \\ 3 & 3.5 & 1.7 & 10 & 17 & 8 \\ 17 & 8 & 0.05 & 10 & 0.1 & 14 \end{bmatrix},\quad [c_i]=\begin{bmatrix} 1.0 \\ 1.2 \\ 3.0 \\ 3.2 \end{bmatrix}$$

$$[p_{ij}] = \begin{bmatrix} 0.131\,2 & 0.169\,6 & 0.556\,9 & 0.012\,4 & 0.828\,3 & 0.588\,6 \\ 0.232\,9 & 0.413\,5 & 0.830\,7 & 0.372\,6 & 0.100\,4 & 0.999\,1 \\ 0.234\,8 & 0.145\,1 & 0.352\,2 & 0.288\,3 & 0.304\,7 & 0.665\,0 \\ 0.404\,7 & 0.882\,8 & 0.873\,2 & 0.574\,3 & 0.109\,1 & 0.038\,1 \end{bmatrix}$$

$$f_{\text{lf}}(\boldsymbol{x}) = -\sum_{i=1}^{4} lc_i' \exp\left[-\sum_{j=1}^{6} \alpha_{ij}(l_j x_j - p_{ij})^2\right]$$

$[c_i'] = [1.1 \quad 0.8 \quad 2.5 \quad 3]^{\text{T}}, \quad [l_j] = [0.75 \quad 1 \quad 0.8 \quad 1.3 \quad 0.7 \quad 1.1]^{\text{T}}$ (9.17)

$x_j \in [0,1], \quad j = 1,2,3,4,5,6$

$\boldsymbol{x}_{\text{opti}} = (0.202, 0.150, 0.477, 0.275, 0.312, 0.657), \quad f(\boldsymbol{x}_{\text{opti}}) = -3.322\,37$

表 9.2 为无约束测试函数信息及收敛条件设定。具体来说：算例 1~3 为相同的高精度函数不同的低精度函数，用于测试 VF-LCB 方法在面对不同低精度函数时的性能；算例 4~6 则用于验证方法在处理复杂问题时的有效性。选取两类常见的基于代理模型的优化方法进行对比：第一类方法为基于单精度代理模型的优化方法，包括 EI 方法[7]及 LCB 方法[8]；第二类方法为基于变可信度代理模型的优化方法，包括 AEI 方法[9]和 VF-EI 方法[4]。

表 9.2　无约束测试函数信息及收敛条件设定

测试函数	变量维度	已知最优值	目标最优值	最大等效高精度成本	最大等效迭代次数
算例 1	1	−6.020 740	−6.020 700	50	20
算例 2	1	−6.020 740	−6.020 700	50	20
算例 3	1	−6.020 740	−6.020 700	50	20
算例 4	3	−3.862 7	−3.860 0	80	30
算例 5	5	0.00	0.12	100	40
算例 6	6	−3.322 37	−3.290 00	150	50

记录优化过程中添加的高/低精度样本点数、NEFE 指标及最终得到的优化解相对于真实最优解的误差。NEFE 数值用于评估算法的效率高低，最终相对真实最优解的误差用于评判算法的收敛性。对每个算例重复测试 10 次，计算各指标的平均值以消除不同初始样本带来的影响，并计算 10 次重复测试的 NEFE 指标标准差用于衡量算法的稳定性。

表 9.3 所示为高/低精度成本比率为 4 时 VF-LCB 方法与第一组对比方法（基于单精度代理模型的优化方法）的计算结果，表 9.4 所示为 VF-LCB 方法与第二组方法（基于变可信度代理模型的优化方法）的对比结果。对于前三个算例，相同高精度函数不同低精度函数的情况，VF-LCB 方法在算例 1 及算例 2 上要优于已有的单精度 EI、LCB 方法，而在算例 3 上则要劣于 LCB 方法。由此可以看出，低精度函数的选取对基于变可信度代理模型的优化方法影响较大。在算例 4~6 中，VF-LCB 方法得到目标最优解时所需的等效高精度函数评估测试更少，说明了方法的高效性。并且 VF-LCB 方法在大部分算例（算例 1、算例 3、算例 5、算例 6）上的 NEFE 的标准差都最小，证明了该方法在面对不同的初始样本点时的稳定性。值得注意的是，面对六维问题（算例 6），VF-LCB 方法得到的最优解与真实最优解的误差要远小于 EI 和 LCB 方法。为测试 VF-LCB 方法与对比方法优化效率（NEFE 指标）是否存在显著性差异，选用 Wilcoxon 秩和检验[10]进行非参数检验。表 9.3 中最后一列给出了检验结果，"+"表示 VF-LCB 方法要显著优于对比的方法，"−"表示对比的方法要显著优于 VF-LCB 方法，"≈"则表示 VF-LCB 方法与对比的方法之间没有显著性差异。可以看到，VF-LCB 方法在算例 1、算例 2、算例 4 上均要显著优于单精度代理模型优化方法，而在算例 3 上要弱于对比的方法，对算例 5 和算例 6 则没有显著性差异。

表 9.3 VF-LCB 方法与典型基于单精度代理模型的优化方法对比结果

测试函数	测试方法	LFE	HFE	NEFE 均值	NEFE 标准差	误差	NEFE W-test
算例 1	EI	—	9.9	9.9	2.02	0.000 01	+
	LCB	—	7.4	7.4	0.84	0.000 03	+
	VF-LCB	3.0	4.7	**5.5**	**0.72**	0.000 03	
算例 2	EI	—	9.9	9.9	2.02	0.000 01	+
	LCB	—	7.4	7.4	**0.84**	0.000 03	+
	VF-LCB	4.2	1.5	**2.6**	1.19	0.000 01	
算例 3	EI	—	9.9	9.9	2.02	0.000 01	≈
	LCB	—	7.4	**7.4**	**0.84**	0.000 03	−
	VF-LCB	5.2	7.2	8.5	1.50	0.000 01	
算例 4	EI	—	33.5	33.5	27.75	0.001 3	≈
	LCB	—	38.6	38.6	**6.74**	0.001 6	+
	VF-LCB	30.6	8.0	**15.7**	2.69	0.001 3	
算例 5	EI	—	37.1	37.1	19.17	0.081 9	≈
	LCB	—	47.1	47.1	30.13	0.389 4	≈
	VF-LCB	13.0	32.1	**35.4**	**5.26**	0.093 7	
算例 6	EI	—	61.3	61.3	61.70	0.052 1	≈
	LCB	—	85.4	85.4	68.13	0.071 4	≈
	VF-LCB	27.0	22.9	**29.6**	**10.65**	0.016 7	

表 9.4 VF-LCB 方法与典型变可信度代理模型优化方法对比结果

测试函数	测试方法	LFE	HFE	NEFE 均值	NEFE 标准差	误差	NEFE W-test
算例 1	AEI	1.3	6.6	6.9	2.92	0.000 01	≈
	VF-EI	3.4	5.3	6.2	1.46	0.000 02	≈
	VF-LCB	3.0	4.7	**5.5**	**0.72**	0.000 03	
算例 2	AEI	2.1	3.5	4.0	2.12	0.000 04	+
	VF-EI	3.2	3.6	4.4	1.70	0.000 02	+
	VF-LCB	4.2	1.5	**2.6**	**1.19**	0.000 01	
算例 3	AEI	3.1	5.9	**6.7**	2.25	0.000 02	≈
	VF-EI	3.4	7.1	8.0	1.93	0.000 03	≈
	VF-LCB	5.2	7.2	8.5	**1.50**	0.000 01	
算例 4	AEI	3.3	16.1	16.9	12.27	0.001 2	≈
	VF-EI	9.2	13.8	16.1	6.38	0.001 3	≈
	VF-LCB	30.6	8.0	**15.7**	**2.69**	0.001 3	
算例 5	AEI	149.6	62.7	100.1	**0.17**	0.284 0	+
	VF-EI	15.5	81.2	85.1	20.38	0.162 3	+
	VF-LCB	13.0	32.1	**35.4**	5.26	0.093 7	

续表

测试函数	测试方法	LFE	HFE	NEFE 均值	NEFE 标准差	误差	NEFE W-test
	AEI	21.6	32.4	37.8	39.37	0.019 6	≈
算例 6	VF-EI	19.7	41.1	46.0	45.02	0.031 1	≈
	VF-LCB	27.0	22.9	**29.7**	**10.65**	0.016 7	

由表 9.4 可知，VF-LCB 方法在大部分算例（算例 1、算例 2、算例 4、算例 5、算例 6）上得到目标最优值所需的等效高精度样本数均要小于其余两种基于变可信度代理模型的优化方法。并且通过 Wilcoxon 秩和检验结果可以看出，VF-LCB 方法在算例 2 和算例 5 上具有显著的优势。根据 NEFE 指标的标准差判断三种方法的稳定性，VF-LCB 方法在除算例 5 以外的所有测试中均表现出最好的稳定性。值得注意的是，AEI 方法在算例 5 中的 NEFE 标准差最小，这是因为在 10 次测试中多次没有找到满足要求的最优解，最后因达到预先设定的最大迭代次数而停止。

为测试 VF-LCB 方法在不同的高/低精度成本比率下的有效性，本小节另外测试了成本比率为 10、20 条件下的计算结果。为了直观地比较及展示不同方法的优劣，图 9.4 及图 9.5 分别为成本比率为 10、20 时的 NEFE 指标箱形图。如图所示，箱形中横线表示中位数，上下边界分别表示上四分位数和下四分位数，黑色虚线为箱形向外延伸 1.5 倍的四分位距，图中加号表示异常值。可以看出，当成本比率为 10、20 时，VF-LCB 方法在除算例 3 外的其他算例上四分位距最小，表明 VF-LCB 方法在面对不同的优化问题时具有良好的稳定性。另外，AEI 方法及 VF-EI 方法在不同成本比率下优化所需的成本变化差异较大，而 VF-LCB 方法则具有相似的趋势，说明该方法合理考虑了高/低精度仿真模型间的成本差异。VF-LCB 在算例 1、算例 2、算例 4、算例 6 上中位数要低于对比方法，体现了该方法的高效性。

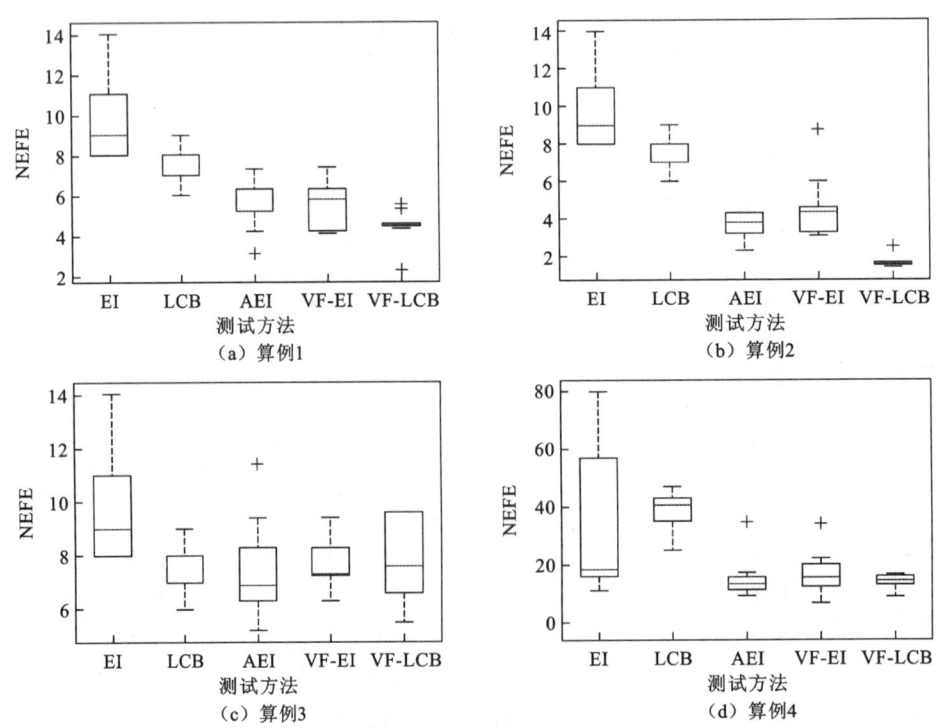

（a）算例1

（b）算例2

（c）算例3

（d）算例4

(e) 算例5　　　　　　　　　　　　(f) 算例6

图 9.4　高/低精度成本比率为 10 时 VF-LCB 方法与其他方法对比结果箱形图

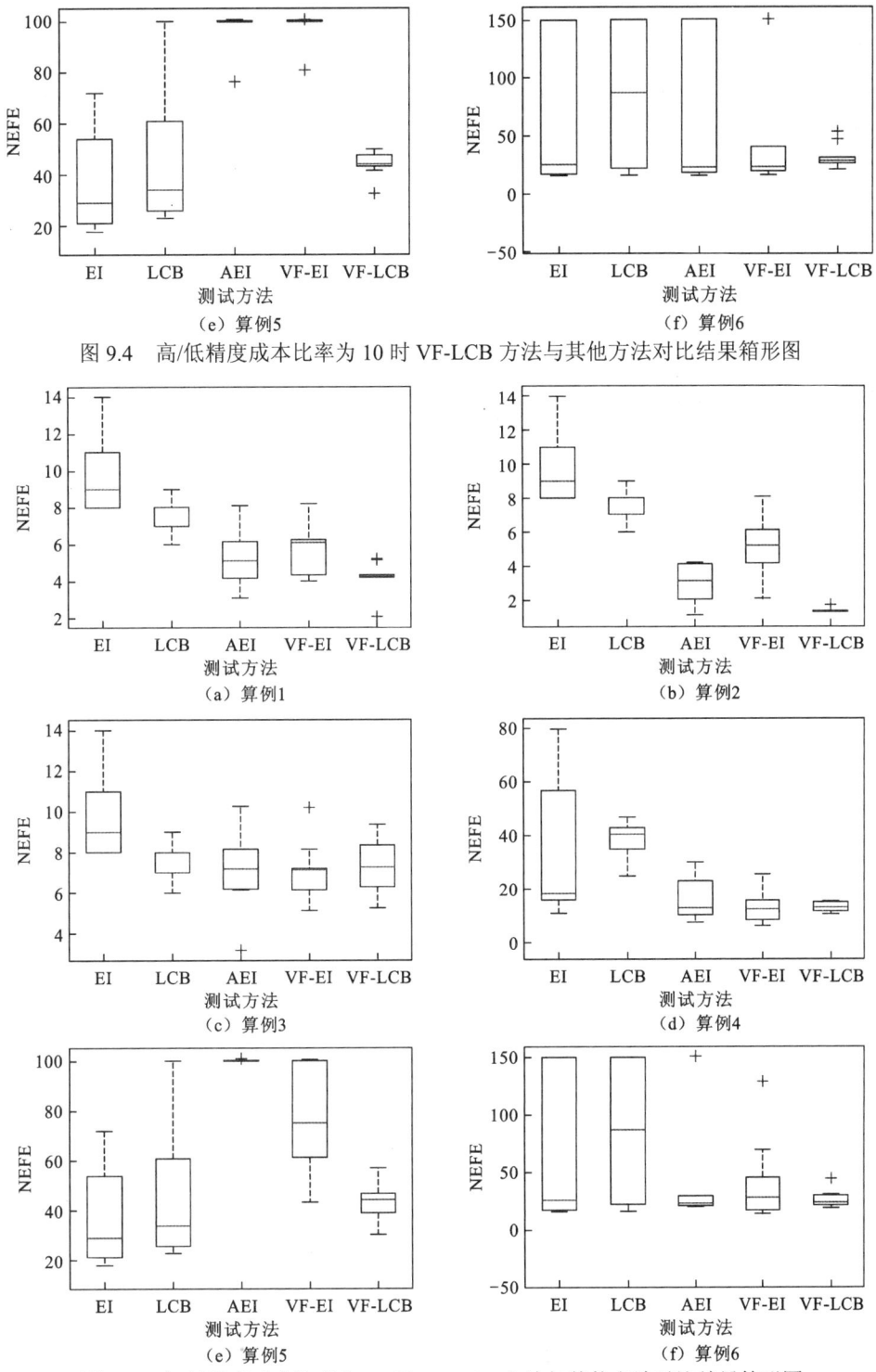

(a) 算例1　　　　　　　　　　　　(b) 算例2

(c) 算例3　　　　　　　　　　　　(d) 算例4

(e) 算例5　　　　　　　　　　　　(f) 算例6

图 9.5　高/低精度成本比率为 20 时 VF-LCB 方法与其他方法对比结果箱形图

本节主要对基于置信下界准则的变可信度无约束优化开展研究，提出更具普适性的变可信度置信下界优化方法。该方法首先在单精度置信下界准则的基础上，评估不同精度样本对优化过程的改善作用，定义变可信度 LCB 函数。提出的变可信度置信下界准则通过最小化该函数来获取具有一定价值的更新样本点及相应的精度层级。随后通过 6 个数值算例验证提出方法的可行性与高效性，并通过与已有的 4 种典型优化方法对比，VF-LCB 方法在面对不同优化问题、不同高/低精度成本比率时具有高效性和稳定性。总的来说，VF-LCB 优化方法能够有效地利用变可信度代理模型的信息自适应地选取更优的样本点及精度层级，高效地求解无约束优化问题。

9.3 变可信度约束置信下界优化方法

9.3.1 PoF 函数辅助的变可信度置信下界优化方法

针对约束优化问题，除了对目标函数构建代理模型，还需对每一个约束函数构建代理模型。通过层次 Kriging 模型构建的第 j 个约束代理模型可以看作服从均值为 $\hat{g}_{\text{hf},j}(\boldsymbol{x})$、方差为 $\hat{S}^2_{g,\text{hf},j}(\boldsymbol{x})$ 的高斯分布。通过 PoF 函数计算某一点处约束预估值小于 0 的概率：

$$\text{PoF}(\boldsymbol{x}) = \prod_{j=1}^{N_c} \varPhi\left(\frac{0 - \hat{g}_{\text{hf},j}(\boldsymbol{x})}{\hat{s}_{g,\text{hf},j}(\boldsymbol{x})}\right) \tag{9.18}$$

式中：$\varPhi(\cdot)$ 为高斯分布累计分布函数。PoF 函数通过计算每个约束小于 0 的概率的乘积来衡量满足约束条件的概率。

与现有的变可信度约束优化方法相似，使用 PoF 函数辅助变可信度 LCB 函数能够用于处理约束优化问题。与 EI 函数不同的是，变可信度 LCB 函数可能出现负值的情况，因此在结合 PoF 函数时需要分段考虑，表达式为

$$\text{LCB} - \text{PoF}_{\text{vf}}(\boldsymbol{x},l) = \begin{cases} \text{LCB}_{\text{vf}}(\boldsymbol{x},l)\dfrac{1}{\text{PoF}(\boldsymbol{x})}, & \text{LCB}_{\text{vf}}(\boldsymbol{x},l) > 0 \\ \text{LCB}_{\text{vf}}(\boldsymbol{x},l)\,\text{PoF}(\boldsymbol{x}), & \text{其他} \end{cases} \tag{9.19}$$

通过最小化该函数获得更新样本点及相应的精度层级，并将其送入对应的仿真模型中仿真得到响应值，该方法记为 VF-LCB(PoF)。

9.3.2 变可信度约束置信下界准则

VF-LCB(PoF)在原有的变可信度 LCB 函数的基础上通过 PoF 函数增加了一个惩罚项，使其倾向于选取能满足约束条件的样本点。使用 PoF 函数作为惩罚项容易弱化约束边界附近区域的贡献度，但约束优化问题的最优可行解往往就出现在约束边界附近。图 9.6 为一个二维优化问题在某次迭代过程中的 PoF 函数示意图，图 9.6（a）中等高线为该问题的真实目标函数等高线，阴影部分为真实可行区域，图中的方形点为此时的样本点，星形点为真实的可行最优值点。图 9.6（b）中虚线为此时构建的约束代理模型的预测约束边界。可以看出，此时的预测边界精度较好，与真实边界较接近。但在约束边界附近，PoF 函数值要小于边界内部的区域，此时的 PoF 函数弱化了边界附近的贡献。

考虑 PoF 函数在处理约束时存在的问题，本小节使用惩罚函数法结合变可信度 LCB

函数来处理约束优化问题，得到的函数记为变可信度惩罚置信下限（penalized lower confidence bounding，PLCB）函数，该函数定义如下：

$$\text{PLCB}_{\text{vf}}(\boldsymbol{x},l) = \text{LCB}_{\text{vf}}(\boldsymbol{x},l) + \alpha \max(0, \hat{g}'_{\text{hf}}(\boldsymbol{x})) \tag{9.20}$$

式中：$\hat{g}'_{\text{hf}}(\boldsymbol{x})$ 为此时积极约束的预估高精度函数值，积极约束为所有约束函数中预估值最大的约束函数，计算公式为 $\hat{g}'_{\text{hf}}(\boldsymbol{x}) = \max\{\hat{g}'_{\text{hf},j}(\boldsymbol{x})\}, j=1,2,\cdots,N_c$。通过最小化不同精度层级的变可信度 PLCB 函数，可以分别得到高/低精度候选点 $\boldsymbol{x}'_{\text{hf}}$ 和 $\boldsymbol{x}'_{\text{lf}}$。

（a）真实目标函数及约束函数示意图　　　　（b）PoF 函数值分布图

图 9.6　某二维优化问题在某次迭代过程中的 PoF 函数示意图

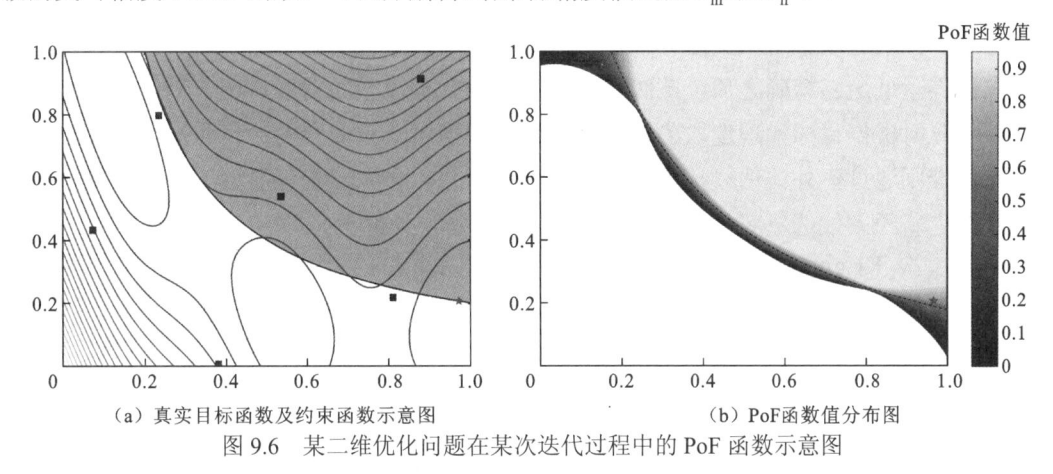

变可信度 PLCB 函数是以目标函数代理模型为导向，没有考虑约束代理模型精度的改善，因此将变可信度广义置信下限（generalized lower confidence bounding，GLCB）函数用于选取对约束代理模型改善较大的更新点。一般而言，约束优化问题的最优值出现在约束边界上，因此约束代理模型在边界附近区域的精度直接决定了优化方法得到的最优可行解的优劣。基于此，变可信度 GLCB 函数考虑在优化过程中聚焦约束边界附近区域，选取约束边界附近预估误差较大的点作为候选更新点。变可信度 GLCB 函数定义为

$$\text{GLCB}_{\text{vf}}(\boldsymbol{x},l) = |\hat{g}'_{\text{hf}}(\boldsymbol{x})| - a \cdot \text{CR}(l)\hat{s}'_g(\boldsymbol{x},l) \tag{9.21}$$

式中：$\hat{g}'_{\text{hf}}(\boldsymbol{x})$ 为此时积极约束的预估高精度函数值；a 为权重系数，本小节设置为 1；$\text{CR}(l)$ 为高/低精度仿真模型的成本比率函数[式（7.10）]；$\hat{s}'_g(\boldsymbol{x},l)$ 为积极约束对应的预估误差函数，计算公式为

$$\hat{s}'_g(\boldsymbol{x},l) = \begin{cases} \beta'_0 \hat{s}'_{g,\text{lf}}(\boldsymbol{x}), & l=1 \\ \hat{s}'_{g,\text{hf}}(\boldsymbol{x}), & l=2 \end{cases} \tag{9.22}$$

式中：$\hat{s}'_{g,\text{hf}}(\boldsymbol{x})$ 为此时积极约束对应的高精度 Kriging 模型的预估误差函数；β'_0 为积极约束对应的约束层次 Kriging 模型的趋势系数；$\hat{s}'_{g,\text{lf}}(\boldsymbol{x})$ 为积极约束对应的低精度 Kriging 模型的预估误差函数。

通过最小化变可信度 GLCB 函数分别选取高/低精度的候选更新点，式（9.21）中，$|\hat{g}'_{\text{hf}}(\boldsymbol{x})|$ 项选取的候选点尽可能使 $\hat{g}'_{\text{hf}}(\boldsymbol{x})$ 趋近于 0，因此该项使得选取的点分布在预估的约束边界附近；并且在样本集中无可行样本时，约束预估值均大于 0，此时通过搜索该函数能够达到搜寻可行样本的目的。因此通过变可信度 GLCB 函数选取的候选点为分布在约束边界附近且积极约束的预估误差较大的点，添加这些点能够有效地改善积极约束

对应代理模型的预测精度。通过变可信度 GLCB 函数选取的高/低精度候选点分别记为 x''_{hf} 和 x''_{lf}。

通过变可信度PLCB函数及变可信度GLCB函数分别确定好高/低精度的目标候选更新点 x'_{hf} 和 x'_{lf} 及约束候选更新点 x''_{hf} 和 x''_{lf} 后，可以将这 4 个候选点送入相应的仿真模型中计算其响应值。对目标的高/低精度候选更新点而言，同时更新两个样本点容易造成计算效率降低。因此，本小节提出变可信度约束置信下界准则，在选取的目标和约束两组候选更新点中，分别选取各组中贡献评估值最大的精度层级进行更新。另外，当约束代理模型在约束边界附近足够精确之后，此时继续改善约束代理模型的精度对选取最优可行解贡献较小，且此时根据目标代理选取的更新点对约束模型也具有一定的改善作用。因此，本小节提出的准则通过额外评估候选更新点的约束状态是否会在一定可能性下发生改变来判断此时是否更新约束候选更新点。

约束层次 Kriging 模型预估值服从高斯分布，此时根据约束预估值及预估误差的大小，可以将约束候选更新点的状态分为 4 种（图 5.1）。如图 5.1（a）所示，假设此时的候选更新点的积极约束值处在点 A 所示的位置，此时约束预估值的分布如 A 上的曲线所示，由 2Sigma 原则，约束预估值处在该区间内的概率为 95.44%。图中曲线右上部分为可行区域，左下部分为不可行区域。此时该点的预估值变化的 2Sigma 区间都在可行区域内，因此可以认为此时有大于 95.44%的概率所选候选点的积极约束预估状态不会发生改变。若所选点约束预估值分布如图 5.1（b）或（c）所示，即此时约束预估均值可行（不可行），但其变化 2Sigma 后变为不可行（可行），此时认为所选点的约束状态有一定的可能发生改变，即此时约束边界附近的精度较差。判断候选点的约束状态是否可能发生改变，能够合理评估约束代理模型的精度。将约束状态可能发生改变的候选点作为更新点，能够降低优化过程的成本，提高约束代理模型在约束边界附近的精度，促使算法在后续过程中选取真实的可行样本点。

提出的变可信度约束置信下界准则在更新约束时，首先判断高/低精度约束候选点的贡献评估值（即变可信度 GLCB 函数值）的大小，选取贡献值更大的候选点及精度层级，如式（9.23）所示。

$$(x'',l'') = \underset{(x,l)=(x''_{hf},2),(x''_{lf},1)}{\arg\min} \mathrm{GLCB}_{vf}(x,l) \quad (9.23)$$

在选取贡献更大的约束更新点及精度层级后，该准则继续判断所选的约束候选更新点是否处于图 5.1（b）和（c）所示的约束状态，即判断是否满足下述条件：

$$\hat{g}'_{hf}(x'')(\hat{g}'_{hf}(x'') \pm 2\hat{s}'_g(x'',l'')) < 0 \quad (9.24)$$

若满足，则更新该候选点 (x'',l'')；若不满足，则放弃更新约束候选更新点。

对于变可信度 PLCB 函数以目标函数为导向选取的高/低精度候选更新点，直接对比其贡献评估函数值的大小判断更新点的精度层级，如式（9.25）所示。

$$(x',l') = \underset{(x,l)=(x'_{hf},2),(x'_{lf},1)}{\arg\min} \mathrm{PLCB}_{vf}(x,l) \quad (9.25)$$

总的来说，变可信度约束置信下界准则首先根据变可信度 PLCB 函数及变可信度 GLCB 函数分别选取高/低精度的目标和约束候选更新点。随后根据约束及目标候选点相应的贡献评估函数值的大小确定更新精度层级，最后根据约束更新点的约束状态来判断是否更新该候选点。变可信度约束置信下界准则伪代码如下。

Input：目标函数及约束函数的层次 Kriging 模型；初始化更新样本点及精度层级 (x,l)

1：根据变可信度 PLCB 函数确定目标高/低精度候选点 $(x'_{hf},2)$ 和 $(x'_{lf},1)$
2：根据变可信度 GLCB 函数确定约束高/低精度候选点 $(x''_{hf},2)$ 和 $(x''_{lf},1)$
3：根据目标候选点的变可信度 PLCB 函数值大小确定目标更新点：

$$(x',l') = \mathop{\arg\min}\limits_{(x,l)=(x'_{hf},2),(x'_{lf},1)} PLCB_{vf}(x,l)$$

$$(x,l) = (x,l) \bigcup (x',l')$$

4：根据约束候选点的变可信度 GLCB 函数值大小确定贡献更大的候选点：

$$(x'',l'') = \mathop{\arg\min}\limits_{(x,l)=(x''_{hf},2),(x''_{lf},1)} GLCB_{vf}(x,l)$$

5：`if` $\hat{g}'_{hf}(x'') \cdot (\hat{g}'_{hf}(x'') \pm 2 \cdot \hat{s}'_g(x'',l'')) < 0$ `then`
$(x,l) = (x,l) \bigcup (x'',l'')$
`end if`
Output：更新样本点及精度层级 (x,l)

9.3.3 VF-CLCB 优化方法流程

VF-CLCB 优化方法流程如图 9.7 所示，对该优化流程的步骤解释如下。

图 9.7 VF-CLCB 优化方法流程

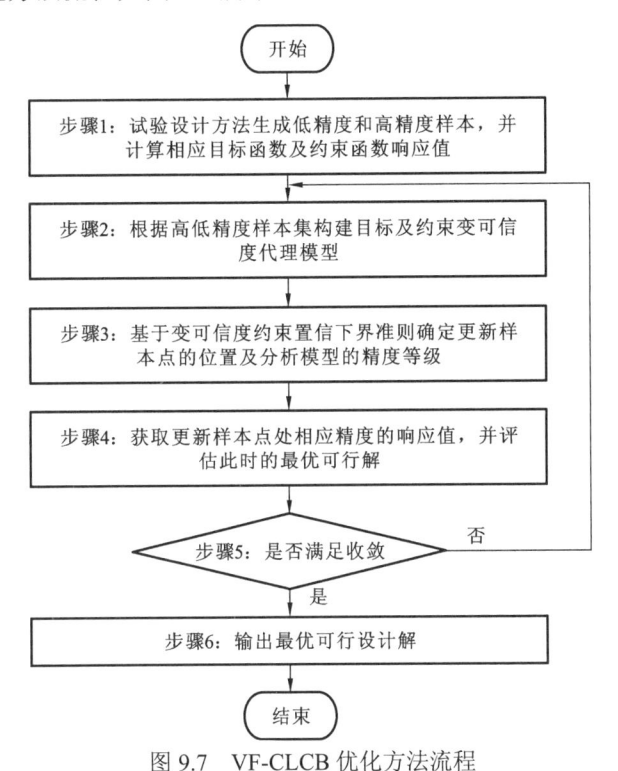

步骤 1：根据 LHD 方法选取初始高/低精度样本点，高精度样本点数为 $3d$，低精度初始样本点数为 $6d$。将选取的初始样本点送入相应精度的分析模型计算相应的目标及约束

函数响应值。

步骤 2：根据当前的高/低精度样本集及相应的响应值，分别构建目标及各个约束函数的层次 Kriging 模型。

步骤 3：根据变可信度约束置信下界准则选取更新样本点及相应精度层级，更新点个数可能为 1 个或 2 个。准则中的子优化问题选用 PSO 算法求解，相关参数设置为每代 100 个个体，优化 100 代后停止。

步骤 4：将步骤 3 获取的更新样本点送入相应精度层级的仿真模型中获取其响应值。判断更新点的真实约束响应值是否可行：若可行则将获取的目标响应值与当前可行最优目标值对比；若获取的可行目标值更小则更新当前的最优可行设计解；若更新点的约束响应值不可行，则不更新此时的最优可行设计解。

步骤 5：判定是否满足收敛条件，如果满足，则执行步骤 6，否则返回步骤 2。迭代停止条件设置与第 2 章相同，即对工程优化问题，预设最大等效高精度样本数作为判定条件；而对数值算例，采用某次迭代获得的最优可行解及等效高精度样本数作为判定条件。

步骤 6：输出最终得到的最优可行设计解。

9.3.4 数值算例及分析

本小节通过多个数值算例对提出的方法及其他已有方法进行测试，并进行结果对比及分析。对比的方法有：单精度 CEI 方法、变可信度 AEI（PoF）方法、VF-EI（PoF）方法、VF-LCB(PoF)方法。约束测试函数信息及收敛条件设定见表 9.5。测试函数表达式、函数目前已知最优可行解及最大等效高精度样本数如下所示。

表 9.5 约束测试函数信息及收敛条件设定

测试函数	变量维度	约束个数	已知最优可行解	目标可行解	最大等效高精度成本	最大等效迭代次数
算例 1	2	1	5.575 7	5.580 0	50	20
算例 2	2	1	5.668 4	5.670 0	50	20
算例 3	2	2	−5.508 0	−5.507 0	50	20
算例 4	4	5	5 126.5	5 130.0	50	20
算例 5	5	6	−30 665.53	−30 665.00	50	20
算例 6	6	6	−310.00	−309.00	50	20
算例 7	4	3	7 006.80	7 007.00	50	20
算例 8	7	11	2 994.42	2 995.00	50	20

算例 1（Branin1）：

$$f(\boldsymbol{x}) = \left(15x_2 - \frac{5.1}{4\pi^2}(15x_1-5)^2 + \frac{5}{\pi}(15x_1-5) - 6\right)^2 + 10\left(\left(1-\frac{1}{8\pi}\right)\cos(15x_1-5)+1\right) + 5x_1$$
$$g(\boldsymbol{x}) = -x_1 x_2 + 0.2$$
$$x_1, x_2 \in [0,1]$$

(9.26)

算例 2（Gano2）：

$$f(\boldsymbol{x}) = 4x_1^2 + x_2^3 + x_1 x_2$$
$$g(\boldsymbol{x}) = 1/x_1 + 1/x_2 - 2 \tag{9.27}$$
$$x_1, x_2 \in [0.1, 10]$$

算例 3（G24）：
$$f(\boldsymbol{x}) = -x_1 - x_2$$
$$\begin{cases} g_1(\boldsymbol{x}) = -2x_1^4 + 8x_1^3 - 8x_1^2 + x_2 - 2 \\ g_2(\boldsymbol{x}) = -4x_1^4 + 32x_1^3 - 88x_1^2 + 96x_1 + x_2 - 36 \end{cases} \tag{9.28}$$
$$x_1 \in [0,3], \quad x_2 \in [0,4]$$

算例 4（G5MOD）：
$$f(\boldsymbol{x}) = 3x_1 + \mathrm{e}^{-6} x_1^3 + 2x_2 + \frac{2\mathrm{e}^{-6}}{3} x_2^3$$
$$\begin{cases} g_1(\boldsymbol{x}) = x_3 - x_4 - 0.55 \\ g_2(\boldsymbol{x}) = x_4 - x_3 - 0.55 \\ g_3(\boldsymbol{x}) = 1\,000\sin(-x_3 - 0.25) + 1\,000\sin(-x_4 - 0.25) + 894.8 - x_1 \\ g_4(\boldsymbol{x}) = 1\,000\sin(x_3 - 0.25) + 1\,000\sin(x_3 - x_4 - 0.25) + 894.8 - x_2 \\ g_5(\boldsymbol{x}) = 1\,000\sin(x_4 - 0.25) + 1\,000\sin(x_4 - x_3 - 0.25) + 1\,294.8 \end{cases} \tag{9.29}$$
$$x_1, x_2 \in [0, 1\,200], \quad x_3, x_4 \in [-0.55, 0.55]$$

算例 5（G4）：
$$f(\boldsymbol{x}) = 5.357\,854\,7 x_3^2 + 0.835\,689\,1 x_1 x_5 + 37.293\,239 x_1 - 40\,792.141$$
$$\begin{cases} g_1(\boldsymbol{x}) = u(\boldsymbol{x}) - 92 \\ g_2(\boldsymbol{x}) = -u(\boldsymbol{x}) \\ g_3(\boldsymbol{x}) = v(\boldsymbol{x}) - 110 \\ g_4(\boldsymbol{x}) = -v(\boldsymbol{x}) + 90 \\ g_5(\boldsymbol{x}) = w(\boldsymbol{x}) - 25 \\ g_6(\boldsymbol{x}) = -w(\boldsymbol{x}) + 20 \end{cases} \tag{9.30}$$

where $u(\boldsymbol{x}) = 85.334\,407 + 0.005\,685\,8 x_2 x_5 + 0.000\,626\,2 x_1 x_4 - 0.002\,205\,3 x_3 x_5$
$v(\boldsymbol{x}) = 80.512\,49 + 0.007\,131\,7 x_2 x_5 + 0.002\,995\,5 x_1 x_2 + 0.002\,181\,3 x_3^2$
$w(\boldsymbol{x}) = 9.300\,961 + 0.004\,702\,6 x_3 x_5 + 0.001\,254\,7 x_1 x_3 + 0.001\,908\,5 x_3 x_4$
$x_1 \in [78, 102], \quad x_2 \in [33, 45], \quad x_3, x_4, x_5 \in [27, 45]$

算例 6（Hesse）：
$$f(\boldsymbol{x}) = -25(x_1 - 2)^2 - (x_2 - 2)^2 - (x_3 - 1)^2 - (x_4 - 4)^2 - (x_5 - 1)^2 - (x_6 - 4)^2$$
$$\begin{cases} g_1(\boldsymbol{x}) = (2 - x_1 - x_2)/2 \\ g_2(\boldsymbol{x}) = (x_1 + x_2 - 6)/6 \\ g_3(\boldsymbol{x}) = (-x_1 + x_2 - 2)/2 \\ g_4(\boldsymbol{x}) = (x_1 - 3x_2 - 2)/2 \\ g_5(\boldsymbol{x}) = [4 - (x_3 - 3)^2 - x_4]/4 \\ g_6(\boldsymbol{x}) = [4 - (x_5 - 3)^2 - x_6]/4 \end{cases} \tag{9.31}$$
$$x_1 \in [0,5], \quad x_2 \in [0,4], \quad x_3 \in [1,5], \quad x_4 \in [0,6], \quad x_5 \in [1,5], \quad x_6 \in [0,10]$$

算例 7（pressure vessel design problem）：

$$f(\boldsymbol{x}) = 0.6224x_1x_3x_4 + 1.7781x_2x_3^2 + 3.1661x_1^2x_4 + 19.84x_1^2x_3$$

$$\begin{cases} g_1(\boldsymbol{x}) = -x_1 + 0.0193x_3 \\ g_2(\boldsymbol{x}) = -x_2 + 0.00954x_3 \\ g_3(\boldsymbol{x}) = -\pi x_3^2 x_4 - \dfrac{4}{3}\pi x_3^3 + 1296000 \end{cases} \tag{9.32}$$

$$x_1 \in [1, 1.375], \quad x_2 \in [0.625, 1], \quad x_3 \in [25, 150], \quad x_4 \in [25, 240]$$

算例 8（NASA speed reducer design problem）：

$$f(\boldsymbol{x}) = 0.7854x_1x_2^2(3.3333x_3^2 + 14.9334x_3 - 43.0934) - 1.058x_1(x_6^2 + x_7^2)$$
$$+ 7.4777(x_6^3 + x_7^3) + 0.7854(x_4x_6^2 + x_5x_7^2)$$

$$\begin{cases} g_1(\boldsymbol{x}) = \dfrac{27}{x_1 x_2^2 x_3} - 1 \\[4pt] g_2(\boldsymbol{x}) = \dfrac{397.5}{x_1 x_2^2 x_3^2} - 1 \\[4pt] g_3(\boldsymbol{x}) = \dfrac{1.93 x_4^3}{x_2 x_3 x_6^4} - 1 \\[4pt] g_4(\boldsymbol{x}) = \dfrac{1.93 x_5^3}{x_2 x_3 x_7^4} - 1 \\[4pt] g_5(\boldsymbol{x}) = \dfrac{\sqrt{\left(\dfrac{745 x_4}{x_2 x_3}\right)^2 + 16.9 \times 10^6}}{110 x_6^3} - 1 \\[4pt] g_6(\boldsymbol{x}) = \dfrac{\sqrt{\left(\dfrac{745 x_5}{x_2 x_3}\right)^2 + 157.5 \times 10^6}}{85 x_7^3} - 1 \\[4pt] g_7(\boldsymbol{x}) = \dfrac{x_2 x_3}{40} - 1 \\[4pt] g_8(\boldsymbol{x}) = \dfrac{5 x_2}{x_1} - 1 \\[4pt] g_9(\boldsymbol{x}) = \dfrac{x_1}{12 x_2} - 1 \\[4pt] g_{10}(\boldsymbol{x}) = \dfrac{1.5 x_6 + 1.9}{x_4} - 1 \\[4pt] g_{11}(\boldsymbol{x}) = \dfrac{1.1 x_7 + 1.9}{x_5} - 1 \end{cases}$$

$$x_1 \in [2.6, 3.6], \quad x_2 \in [0.7, 0.8], \quad x_3 \in [17, 28], \quad x_4, x_5 \in [7.3, 8.3], \quad x_6 \in [2.9, 3.9], \quad x_7 \in [5.0, 5.5] \tag{9.33}$$

本小节测试算例的低精度函数直接由高精度函数值乘以固定比例系数后得到[11]：

$$\begin{cases} f_{\text{lf}}^b = \eta f_{\text{hf}}^b + \delta_{\text{f}}^b \\ g_{\text{lf}}^b = \eta g_{\text{hf}}^b + \delta_{\text{g}}^b \end{cases} \tag{9.34}$$

式中：f_{hf}^b 和 f_{lf}^b 分别为目标函数的高/低精度函数响应值；g_{hf}^b 和 g_{lf}^b 分别为约束函数的高/

低精度函数响应值；$\eta=0.9$ 为系数因子；$\delta_{\mathrm{f}}^{b}=0.5$、$\delta_{\mathrm{g}}^{b}=-0.05$ 分别为目标和约束函数的偏置常数。

对每个函数的优化过程重复 10 次，计算重复试验中成功找到可行解的次数与总次数的比值，记为 SR（success rate）。计算成功找到可行解的试验的等效高精度样本数 NEFE 的均值和标准差，以及与已知最优可行解误差的均值作为性能评判指标。高/低精度成本比率为 4 时测试结果如表 9.6 所示，表中 NEFE 均值及误差指标括号中的数字为该项数值在 5 个对比方法中的排名。由于 NEFE 标准差指标会受到停止条件中最大等效成本数的影响，不计该项指标的排名。

表 9.6　高/低精度成本比为 4 时提出方法与对比方法数值算例测试结果

测试算例	测试方法	SR	LFE	HFE	NEFE 均值	NEFE 标准差	误差
算例 1	CEI	1.0	—	21.1	21.1（5）	17.18	0.002 9（5）
	AEI（PoF）	1.0	6.3	7.9	9.5（1）	3.69	0.000 6（1）
	VF-EI（PoF）	1.0	10.2	12.6	15.2（2）	13.39	0.002 3（4）
	VF-LCB(PoF)	1.0	24.6	12.7	18.9（4）	5.24	0.000 6（1）
	VF-CLCB	1.0	21.5	10.4	15.8（3）	9.81	0.000 7（3）
算例 2	CEI	1.0	—	35.8	35.8（3）	13.08	0.001 7（3）
	AEI（PoF）	1.0	13.6	33.8	37.2（4）	17.48	0.002 5（4）
	VF-EI（PoF）	1.0	22.3	26.8	32.4（2）	20.88	0.001 2（2）
	VF-LCB(PoF)	1.0	40.7	34.8	45.0（5）	13.71	0.249 5（5）
	VF-CLCB	1.0	14.0	11.4	14.9（1）	7.18	0.000 3（1）
算例 3	CEI	1.0	—	46.4	46.4（5）	11.38	0.009 7（5）
	AEI（PoF）	1.0	98.2	14.8	39.4（4）	17.24	0.004 1（4）
	VF-EI（PoF）	1.0	6.6	34.6	36.3（3）	18.32	0.003 4（3）
	VF-LCB(PoF)	1.0	6.3	4.4	6.0（1）	1.54	0.000 1（1）
	VF-CLCB	1.0	6.8	5.2	6.9（2）	3.27	0.000 3（2）
算例 4	CEI	1.0	—	50.0	50.0（2）	0	125.5（5）
	AEI（PoF）	1.0	98.8	25.3	50.0（2）	0	62.5（2）
	VF-EI（PoF）	0.9	7.1	48.6	50.3（4）	0.35	91.8（3）
	VF-LCB(PoF)	0.1	6.0	49.0	50.5（5）	0	1 104.8（4）
	VF-CLCB	1.0	27.8	16.3	23.3（1）	6.41	0.7（1）
算例 5	CEI	1.0	—	44.9	44.9（4）	10.82	2.43（3）
	AEI（PoF）	1.0	58.5	35.4	50.0（5）	0.08	3.44（4）
	VF-EI（PoF）	1.0	16.8	38.6	42.8（3）	15.77	4.41（5）
	VF-LCB(PoF)	1.0	8.4	4.4	6.5（1）	1.35	0.19（2）
	VF-CLCB	1.0	25.7	5.5	11.9（2）	7.89	0.06（1）

续表

测试算例	测试方法	SR	LFE	HFE	NEFE 均值	NEFE 标准差	误差
算例 6	CEI	1.0	—	27.4	27.4 (5)	14.39	0.59 (4)
	AEI（PoF）	1.0	10.1	7.3	9.8 (2)	5.82	0.26 (2)
	VF-EI（PoF）	1.0	11.0	17.1	19.9 (4)	17.99	0.65 (5)
	VF-LCB(PoF)	1.0	14.4	5.2	8.8 (1)	1.97	0.35 (3)
	VF-CLCB	1.0	33.8	5.2	13.7 (3)	2.65	0.17 (1)
算例 7	CEI	1.0	—	50.0	50.0 (4)	0	12.58 (5)
	AEI（PoF）	0.9	60.9	34.8	50.0 (4)	0	10.16 (4)
	VF-EI（PoF）	1.0	25.9	44.0	50.5 (5)	0.30	8.64 (3)
	VF-LCB(PoF)	1.0	18.9	9.5	14.2 (1)	4.20	0.06 (2)
	VF-CLCB	1.0	28.3	12.0	19.1 (2)	10.63	0.04 (1)
算例 8	CEI	0.1	—	50.0	50.0 (4)	0	1.30 (3)
	AEI（PoF）	0.0	N/F[a]	N/F[a]	N/F[a] (5)	N/F[a]	N/F[a] (5)
	VF-EI（PoF）	1.0	18.0	33.7	38.2 (3)	12.84	1.51 (4)
	VF-LCB(PoF)	1.0	25.1	13.1	19.4 (1)	3.42	0.38 (2)
	VF-CLCB	1.0	32.7	11.9	20.1 (2)	7.20	0.08 (1)

注：N/F[a] 表示 10 次重复试验均未找到可行解

  由表 9.6 中 SR 指标结果可以看出，VF-CLCB 方法在所有的 8 个测试算例的 10 次重复试验中均能找到可行解。相比之下，VF-LCB(PoF)方法在算例 4 测试试验中仅有 1 次找到了可行解，在其他算例则都找到了可行解。单精度 CEI 方法在算例 8 的测试中只有 1 次测试找到了可行解，但对其他测试算例也都找到了满足约束条件的优化解。根据 NEFE 均值指标，可以看出 VF-CLCB 方法在大多数算例上均表现出良好的效率，但在多数算例上仍要弱于 VF-LCB(PoF)方法，这是由于 PoF 函数的作用，VF-LCB(PoF)方法直接针对目标函数选取尽可能满足约束条件且目标函数较小的样本点。而 VF-CLCB 方法在优化过程中则会关注约束函数代理模型的精度，选取对约束函数代理模型改善较大的样本点，那样势必会造成效率的降低。由于 NEFE 标准差指标受到停止条件的影响较大，例如，在算例 4 中，前 4 种对比方法均未在 50 次等效高精度成本下找到满足收敛条件的优化可行解，对于这些对比方法，其 NEFE 标准差指标均为 0。排除该影响后，VF-CLCB 方法及 VF-LCB(PoF)方法在大多数算例（如算例 2、算例 3、算例 5、算例 6、算例 8）中仍表现出优异的稳定性。由表 9.6 中与真实观测可行最优值的误差项可以看出，VF-CLCB 方法在大部分测试试验中找到的最优可行解要优于其余方法，这是由于在优化过程中考虑了约束代理模型精度的结果，优化过程中消耗部分成本用于改善约束边界附近的模型精度，使得优化算法能够找到更加准确的可行解。

  本小节另外测试了 8 个数值算例在高/低精度成本比率为 10、20 时的优化结果，为了直观地对比高/低精度的成本比率（CR）对方法性能的影响，图 9.8 为三种成本比率下 5 种方法收敛时 NEFE 均值指标的变化图，图 9.9 为三种成本比率下 5 种方法收敛时得到的最

(a) 算例1

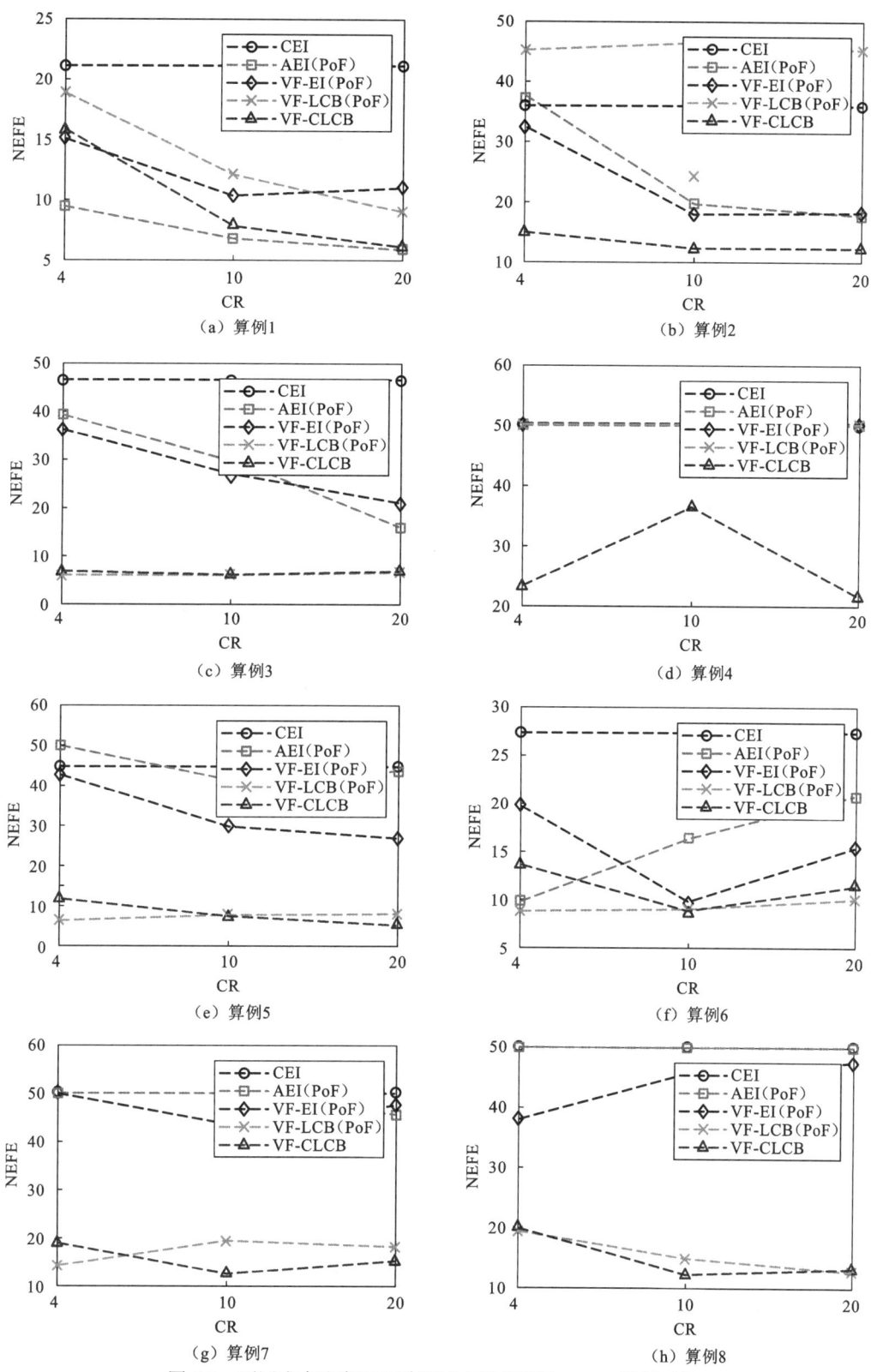

(b) 算例2

(c) 算例3

(d) 算例4

(e) 算例5

(f) 算例6

(g) 算例7

(h) 算例8

图 9.8　不同成本比率下 5 种测试方法得到的 NEFE 指标对比

· 175 ·

(a) 算例1

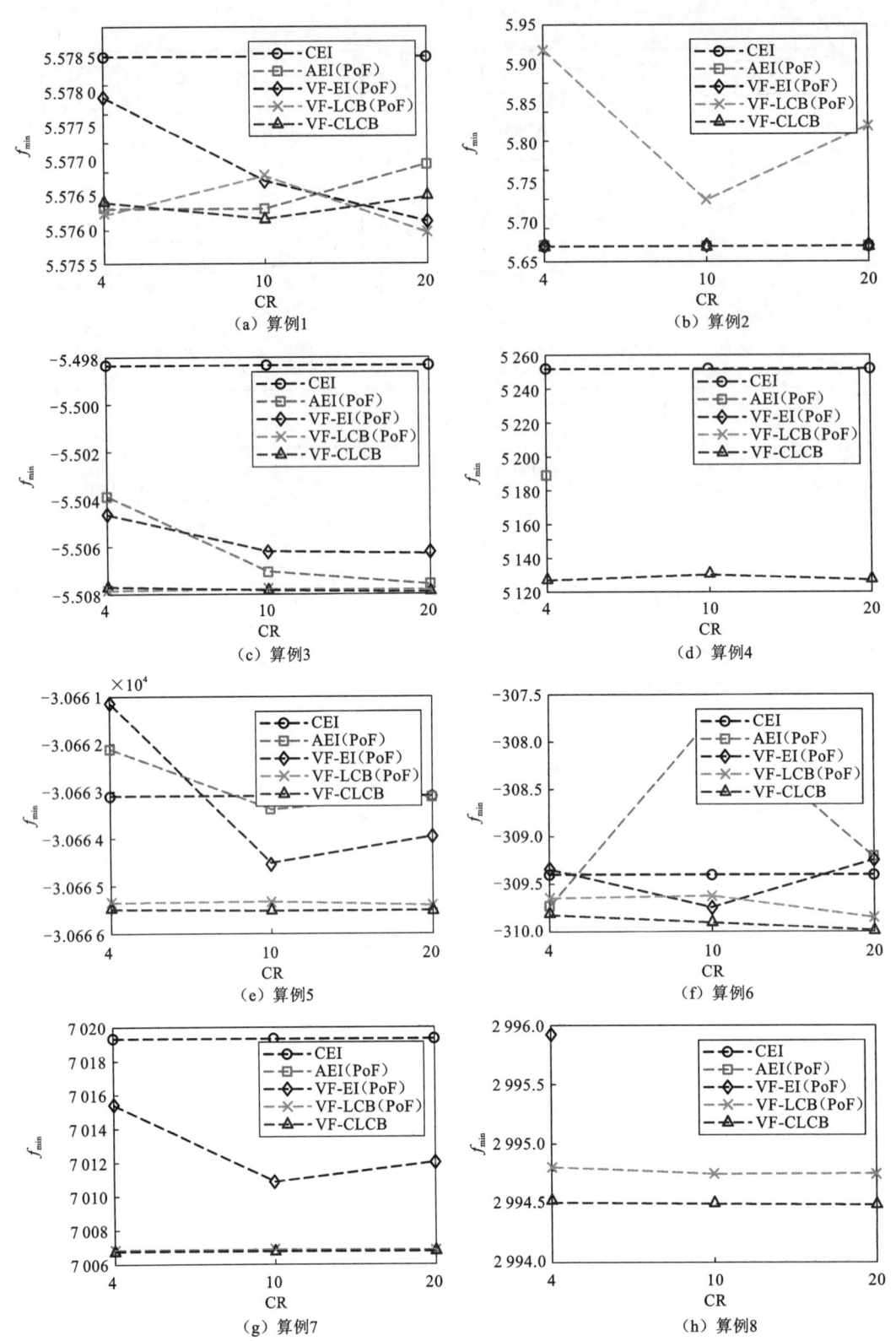

(b) 算例2

(c) 算例3

(d) 算例4

(e) 算例5

(f) 算例6

(g) 算例7

(h) 算例8

图9.9 不同成本比率下5种测试方法得到的可行优化解与真实最优值的误差指标对比

优可行解的变化图。由图 9.8 可以看出，大部分测试算例的 NEFE 变化图显示，随着成本比率的增大，得到满足要求的可行解所需的等效高精度成本是逐渐减小的。其原因是当成本比率较大时，VF-CLCB 方法能够使用更多的低精度样本来提高低精度模型的精确度，随后加速优化过程的收敛。但在测试函数较难收敛时（算例4），在成本比率为 10 时出现异常。算例 3、算例 7、算例 8 中，CR=10 的优化结果要略优于 CR=20，说明并不是成本比率越高越好，当 CR 达到一定值后，此时使用较少的等效高精度样本即能使低精度模型足够精确，但其不会影响高精度预测精度的改善。由图 9.9 可知，VF-CLCB 方法收敛时得到的可行优化解要远优于其他对比方法，这也说明在优化过程中考虑约束代理模型精度改善的重要性。

为统计对比方法在不同算例不同高低精度成本比率的效率及收敛性的结果，本小节求取每种优化方法在某一成本比率时所有测试算例的指标排序的平均值，用于评判该方法的平均性能，统计结果如表 9.7 所示。VF-CLCB 方法在 3 种不同的成本比率下误差指标排序均值要小于其余对比方法，即 VF-CLCB 方法的平均收敛性能更好，VF-LCB(PoF) 方法次之，单精度的 CEI 方法最差。由 NEFE 指标的平均排序可以看出，VF-CLCB 方法在三种不同的高低精度成本比率下最优，即提出方法的效率更优，VF-LCB(PoF) 方法次之，CEI 方法最弱。总而言之，VF-CLCB 方法相对目前通用的几种约束问题优化方法，能够使用更少的计算成本得到更优的可行设计解。

表 9.7 5 种测试方法在不同高低精度成本比率下对比指标的平均排序值

高低精度成本比率	对比指标	CEI	AEI（PoF）	VF-EI（PoF）	VF-LCB(PoF)	VF-CLCB
4	NEFE	4.19	3.56	3.06	2.19	**2.00**
	误差	4.13	3.25	3.63	2.63	**1.38**
10	NEFE	4.5	3.63	2.94	2.69	**1.25**
	误差	4.38	3.38	3.13	3.13	**1.00**
20	NEFE	4.56	3.19	3.44	2.31	**1.50**
	误差	4.25	3.75	3.13	2.63	**1.25**

本章针对变可信度约束优化方法开展研究，提出变可信度约束置信下界优化方法。该方法首先定义变可信度 GLCB 和 PLCB 函数分别用于选取对约束及目标代理模型改善最大的候选样本点，随后通过约束候选点的约束预估值及预估误差判断其约束状态，以此评估此时约束代理模型的精度，最后确定最终的更新样本点。为验证提出方法的可行性，本章通过 8 个典型的数值算例对提出的方法进行测试。测试结果表明，提出的方法能够在较小的计算成本下得到更优的可行设计解，并在不同高低精度成本比率下均表现出高效性和稳定性。

参 考 文 献

[1] CHENG J, JIANG P, ZHOU Q, et al. A lower confidence bounding approach based on the coefficient of variation for expensive global design optimization. Engineering Computations, 2019, 36(3): 830-849.

[2] KENNEDY J, EBERHART R. Particle swarm optimization//Proceedings of ICNN'95-International Conference on Neural Networks, 1995: 1942-1948.

[3] FORRESTER A I, SÓBESTER A, KEANE A J. Multi-fidelity optimization via surrogate modelling. Proceedings of the Royal Society A: Mathematical, Physical and Engineering Sciences, 2007, 463(2088): 3251-3269

[4] ZHANG Y, HAN Z H, ZHANG K S. Variable-fidelity expected improvement method for efficient global optimization of expensive functions. Structural and Multidisciplinary Optimization, 2018, 58(4): 1431-1451.

[5] RUAN X, JIANG P, ZHOU Q, et al. Variable-fidelity probability of improvement method for efficient global optimization of expensive black-box problems. Structural and Multidisciplinary Optimization, 2020, 1: 20-32.

[6] JIANG P, CHENG J, ZHOU Q, et al. Variable-fidelity lower confidence bounding approach for engineering optimization problems with expensive simulations. AIAA Journal, 2019, 57(12): 5416-5430.

[7] JONES D R, SCHONLAU M, WELCH W J. Efficient global optimization of expensive black-box functions. Journal of Global Optimization, 1998, 13(4): 455-492.

[8] SCHONLAU M. Computer experiments and global optimization.Waterloo: University of Waterloo, 1997.

[9] HUANG D, ALLEN T T, NOTZ W I, et al. Sequential Kriging optimization using multiple-fidelity evaluations. Structural and Multidisciplinary Optimization, 2006, 32(5): 369-382.

[10] CUZICK J. A Wilcoxon-type test for trend. Statistics in Medicine, 1985, 4(1): 87-90.

[11] SHI R, LIU L, LONG T, et al. Multi-fidelity modeling and adaptive Co-Kriging-based optimization for all-electric geostationary orbit satellite systems. Journal of Mechanical Design, 2019, 142(2): 021404.

第 10 章

基于约束精度自检测的多阶段协同变可信度序贯代理模型优化方法

10.1 概 述

第4章已经介绍了基于约束精度自检测的多阶段协同单精度序贯代理模型优化方法，结果显示 MCSO 算法相比于经典的单精度约束优化算法和先进的约束优化算法都具有一定的优势。MCSO 算法提出的三阶段优化策略和精度检测方法是约束优化处理约束的通用框架。因此，本章将 MCSO 算法扩展到变可信度代理模型领域，变可信度 Kriging 代理模型能够利用大量计算便宜的低精度数据，从而在相同总计算成本下显著提高代理模型的预测精度。

想要将 MCSO 算法扩展到变可信度代理模型领域，需要解决的主要问题是当目标函数和约束函数都存在高/低精度的数据时，在序贯更新中如何确定更新点的位置和精度水平。因为低精度数据和高精度数据都能够提升当前目标函数和约束函数代理模型的精度，引导序贯优化过程朝着全局最优解进行搜索。本章重点介绍新的变可信度约束处理方法，变可信度序贯加点准则采用 VF-CLCB 准则中目标函数更新准则。本章还提出变可信度约束序贯更新方法，且将算法 4.1 扩展成为能够处理变可信度数据的算法。本章提出的方法简称 MF-MCSO（multifidelity-MCSO）方法。

10.2 目标和约束函数序贯加点准则

本章的变可信度 Kriging 代理模型采用层次 Kriging 模型[1]，目标函数加点准则采用与第9章 VF-CLCB 方法中目标函数加点准则一致的 MF-PLCB 加点准则。对于约束函数候选点在设计空间中的位置和精度水平，本章提出新的序贯准则，将会在 10.2.2 小节详细介绍。

10.2.1 目标函数序贯加点准则

目标函数变可信度序贯加点准则 MF-PLCB 的计算公式如式（9.20）所示。通过高/低精度最小化 MF-PLCB 准则，可以得到目标函数候选点及相应的精度水平信息：

$$\begin{cases} (x_{\text{obj}}, t_{\text{obj}}) = \arg\min \text{MFPLCB}(x, t) \\ x \in [x_L, x_U], \quad t = 1, 2 \end{cases} \quad (10.1)$$

式中：MFPLCB(·) 为根据单精度 PLCB 函数改进的变可信度 PLCB 函数；x_{obj} 为选取的更新点位置；t_{obj} 为选取的更新点精度水平；t 为精度层级，$t=2$ 表示高精度，$t=1$ 表示低精度。该准则选取使 MFPLCB(·) 函数值最小的更新点位置及相应分析模型的精度层级。

10.2.2 约束函数序贯加点准则

第8章和第9章分别采用了为不同精度水平的模型建立相应的 LCB 函数来评估不同精度水平的模型带给最优值的提升量，因此只需要分别在相应的精度水平最小化 LCB 函数，再取两个函数值较小的精度水平，就能确定目标函数候选点的位置和精度水平。但是对约束函数候选点的位置和精度水平的选取，本章提出两步策略：首先确定在设计空间中候选点的位置；然后通过较为客观的精度选择算法来选择该候选点的精度水平。下面详细介绍两步策略的具体细节。

对于约束函数的选点，其目标为拟合约束边界，使变可信度代理模型能够为算法提供准确的可行和不可行的状态预报。在基于单精度的算法中，约束函数代理模型的MLCB加点准则如式（4.5）所示，且数值测试函数结果证明MLCB加点准则在序贯过程中有很好的平衡全局搜索和局部探索的能力。变可信度代理模型仍然能够给出预测值和预测方差，因此对式（4.5）进行简单的修改可以直接用于变可信度算法选择更新点的位置，即

$$\text{MFMLCB}(\boldsymbol{x}) = w_1 |\hat{g}_j^{rh}(\boldsymbol{x}) - z_j| - (w_2 + \ln(\text{flag}))\hat{s}_j^{rh}(\boldsymbol{x}) \quad (10.2)$$

式中：$\hat{g}_j^{rh}(\boldsymbol{x})$ 和 $\hat{s}_j^{rh}(\boldsymbol{x})$ 分别为层次Kriging代理模型对高精度模型的预测均值和标准差。w_1 为平衡局部搜索和总体搜索的权系数，通常取值范围为 0~1，本章 w_1 取 1.0；w_2 为根据置信度水平设置的参数，通常取 1.96（对应95%的置信水平），本章 w_2 取 1.96；flag 为序贯过程中当前最优解出现的次数；z_j 为第 j 条约束的限界值，本章所有测试算例的限界值均为 0。

因此，通过最小化式（10.2）可以确定约束函数在序贯过程中候选点的位置：

$$\boldsymbol{x}_{\text{cons}} = \arg\min \text{MFMLCB}(\boldsymbol{x}) \quad (10.3)$$

在确定约束函数候选点的位置后，对同样是建立变可信度代理模型的约束函数而言，另一个关键是确定更新点的精度水平。为了更加客观地确定候选点的精度水平，本章提出R-Believer策略来确定约束函数更新点的精度水平。具体来说，R-Believer策略融合了约束代理模型约束边界精度检测指标 R 和 Kriging-Believer策略。为了更好地说明R-Believer策略的基本流程，首先介绍Kriging-believer策略。

Kriging-believer策略是在基于Kriging代理模型的并行优化设计中提出的，其本质是通过信任Kriging代理模型预测值，将预测值当作真实值用于"更新"Kriging代理模型，从而在不需要额外计算真实样本点的情况下一次产生多个更新点[2-3]。其基本原理如图10.1所示，即假设更新点 $\boldsymbol{x}_{\text{cons}}$ 的位置已经通过某学习函数确定。利用Kriging-believer策略就是分别将 $\boldsymbol{x}_{\text{cons}}$ "添加"到高/低精度样本集合中，来探索如果将 $\boldsymbol{x}_{\text{cons}}$ 加到某一精度水平能够获得多少增益。具体而言，图10.1（a）为将 $\boldsymbol{x}_{\text{cons}}$ 添加到低精度模型的示意图，实线为真实函数，虚线为基于当前样本点集合含5个高精度样本点（三角形点）和6个低精度样本点（正方形点）多精度Kriging代理模型预测的高精度函数，点线为低精度Kriging代理模型预测的低精度函数。倘若将灰色正方形点加到低精度样本集合中，将低精度Kriging代理模型预测值当作低精度函数真实响应值，重新构建伪多精度Kriging代理模型。同理，可以将 $\boldsymbol{x}_{\text{cons}}$ 添加到高精度模型，如图10.1（b）所示，此时将灰色三角形点加到高精度样本点集合，多精度Kriging代理模型预测值当作真实值，重新构建伪多精度Kriging代理模型。基于伪多精度Kriging代理模型得到的预测高精度函数为红色实线。此时，根据问题特性选择合理的评判标准来评判两个伪多精度代理模型相对于原多精度Kriging代理模型带来的增益，更加客观地选择更新点的精度水平。

(a) 利用Believer思想更新低精度模型　　　　(b) 利用Believer思想更新高精度模型

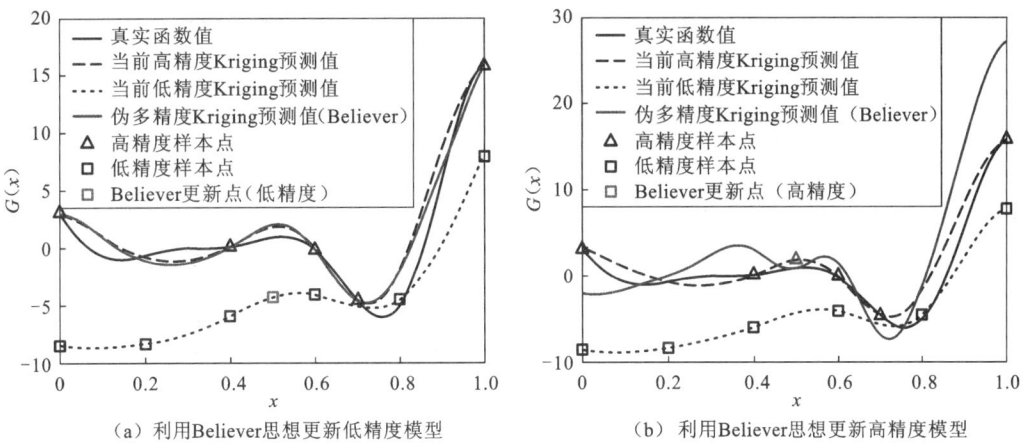

图 10.1　Kriging-Believer 策略在多精度序贯 Kriging 建模方面的应用

近年来，学者们开始将 Kriging-believer 策略用于变可信度序贯 Kriging 代理模型的全局建模[4]和优化设计[5]。利用 Kriging-believer 策略来确定变可信度序贯建模或者优化设计的精度水平时，其核心为分别信任高/低精度模型，将其预测值当作真实值来"更新"变可信度 Kriging 代理模型。分别计算"更新"后的变可信度 Kriging 代理模型相对于当前迭代的变可信度 Kriging 代理模型对关注的指标的提升。如全局建模关注变可信度 Kriging 代理模型的全局精度，优化设计关注最优值的"提高量"，而在本章中对约束优化问题的变可信度约束 Kriging 代理模型，则关注积极约束边界的精度提升。

但是，通过最小化式（10.2）只能得到一个约束函数候选点，也就是意味着如果将其用来分别"更新"高/低精度模型，其"更新"高精度模型时带来的积极约束边界精度增益肯定会大于"更新"低精度模型时带来的精度增益。也就是说，为了公平地比较不同精度水平的模型带来的约束边界精度增益，必须在确定约束函数候选点精度水平时考虑不同精度水平的计算成本。除此之外，还需要一个合理且客观的约束边界精度提升评判指标，本章采用约束代理模型约束边界精度检测指标 R。

综上，R-Believer 精度选择算法流程如算法 10.1 所示。

算法 10.1　约束函数 R-Believer 精度选择算法

输入：检验点集合 S；更新点 $\boldsymbol{x}_{\mathrm{cons}}$；当前约束函数变可信度 Kriging 代理模型 $\hat{G}_{\mathrm{g}}^{\mathrm{h}}(\boldsymbol{x}) \sim N(\hat{f}_{\mathrm{g}}^{\mathrm{h}}(\boldsymbol{x}), \hat{s}_{\mathrm{g}}^{\mathrm{h}}(\boldsymbol{x}))$；成本函数 $c(t)$

1. 基于当前 Kriging 代理模型 $\hat{G}_{\mathrm{g}}^{\mathrm{h}}(\boldsymbol{x}) \sim N(\hat{f}_{\mathrm{g}}^{\mathrm{h}}(\boldsymbol{x}), \hat{s}_{\mathrm{g}}^{\mathrm{h}}(\boldsymbol{x}))$ 和检验点集合 S 计算当前迭代的 $R(S)$

2. 假设更新点 $\boldsymbol{x}_{\mathrm{cons}}^{\mathrm{new}}$ 用于更新低精度模型

2.1:　更新低精度样本点集合，并构建伪变可信度代理模型
$\{(\boldsymbol{x}_1^{\mathrm{h}}, y_1^{\mathrm{h}}), (\boldsymbol{x}_2^{\mathrm{h}}, y_2^{\mathrm{h}}), \cdots, (\boldsymbol{x}_{N^{\mathrm{h}}}^{\mathrm{h}}, y_{N^{\mathrm{h}}}^{\mathrm{h}}); (\boldsymbol{x}_1^{\mathrm{l}}, y_1^{\mathrm{l}}), (\boldsymbol{x}_2^{\mathrm{l}}, y_2^{\mathrm{l}}), \cdots, (\boldsymbol{x}_{N^{\mathrm{l}}}^{\mathrm{l}}, y_{N^{\mathrm{l}}}^{\mathrm{l}}), (\boldsymbol{x}_{\mathrm{cons}}, \hat{f}_{\mathrm{g}}^{\mathrm{l}}(\boldsymbol{x}_{\mathrm{cons}}))\}$

2.2:　基于检验点集合 S 和伪变可信度代理模型
$\hat{G}(\boldsymbol{x} \mid \boldsymbol{x}_{\mathrm{cons}}, \hat{f}^{\mathrm{l}}(\boldsymbol{x}_{\mathrm{cons}})) \sim N(\hat{f}_{\mathrm{g}}^{\mathrm{h}}(\boldsymbol{x}) \big| \boldsymbol{x}_{\mathrm{cons}}, \hat{f}_{\mathrm{g}}^{\mathrm{l}}(\boldsymbol{x}_{\mathrm{cons}}), \hat{s}_{\mathrm{g}}^{\mathrm{h}}(\boldsymbol{x}) \big| \boldsymbol{x}_{\mathrm{cons}}, \hat{f}_{\mathrm{g}}^{\mathrm{l}}(\boldsymbol{x}_{\mathrm{cons}}))$
计算得到
$R(S \mid \boldsymbol{x}_{\mathrm{cons}}, \hat{f}_{\mathrm{g}}^{\mathrm{l}}(\boldsymbol{x}_{\mathrm{cons}}))$

3. 假设更新点 x_cons 用于更新高精度模型

    3.1: 更新高精度样本点集合，并构建伪变可信度代理模型
$$\{(x_1^h, y_1^h), (x_2^h, y_2^h), \cdots, (x_{N^h}^h, y_{N^h}^h), (x_\text{cons}, \hat{f}_g^h(x_\text{cons})); (x_1^l, y_1^l), (x_2^l, y_2^l), \cdots, (x_{N^l}^l, y_{N^l}^l)\}$$

    3.2: 基于检验点集合 S 和伪变可信度代理模型
$$\hat{G}(x \mid x_\text{cons}, \hat{f}_g^h(x_\text{cons})) \sim N(\hat{f}_g^h(x) \mid x_\text{cons}, \hat{f}_g^h(x_\text{cons}), \hat{s}_g^h(x) \mid x_\text{cons}, \hat{f}_g^h(x_\text{cons}))$$
计算得到 $R(S \mid x_\text{cons}, \hat{f}_g^h(x_\text{cons}))$

4. 考虑不同模型之间的计算资源，得到最终用于更新变可信度的精度水平：
$$t_\text{cons} = \max\left\{\frac{R(S) - R(S \mid x_\text{cons}, \hat{f}_g^h(x_\text{cons}))}{c(h)}, \frac{R(S) - R(S \mid x_\text{cons}, \hat{f}_g^l(x_\text{cons}))}{c(l)}\right\}$$

输出：用于更新多精度 Kriging 代理模型的精度水平 t_cons

具体来说，约束边界精度检测指标 R 是基于检验点计算得到的由代理模型误差而引起可行性误判的比例，一般 R 的取值越小越好（R 的计算过程在第 4 章中已经详细介绍）。通过该指标可以衡量序贯过程中任意一次迭代的预测约束边界的精度水平。因此，通过 R 客观衡量分别将 x_cons 添加到高/低精度水平中所带来对约束边界预测精度的提升。在得到约束边界预测精度的提升之后，再将不同精度水平的计算成本考虑进来就能够确定下次迭代更新点的精度水平。

R-Believer 精度选择算法主要由 4 个核心步骤构成：第一步根据当前变可信度代理模型和检验点集 S 得到当前 $R(S)$；第二步、第三步分别假设更新点位于低/高精度，得到 $R(S \mid x_\text{cons}, \hat{f}_g^l(x_\text{cons}))$ 和 $R(S \mid x_\text{cons}, \hat{f}_g^h(x_\text{cons}))$；第四步考虑不同精度水平的计算资源得到用于更新变可信度代理模型的精度水平 t_cons。

10.3 多阶段优化设计求解流程

通过 10.2 节的介绍，在变可信度序贯优化的过程中每次迭代可以分别通过目标函数和约束函数的序贯加点准则，确定目标函数候选点的位置和精度水平 ($x_\text{obj}, t_\text{obj}$) 和约束函数候选点的位置和精度水平 ($x_\text{cons}, t_\text{cons}$)。对于多阶段变可信度序贯优化算法的序贯迭代过程，需要确定更新点的位置和精度如何选取。与 MCSO 算法不同的是，MF-MCSO 算法更新点既包括位置信息，还包含精度水平信息，因此在每次迭代中可能只需要更新高或低精度模型，或者同时需要更新高低精度模型。MF-MCSO 算法流程图如图 10.2 所示，该算法由 9 个步骤组成，具体步骤细节如下。

步骤 1：通过 OLHS 方法生成初始样本点，初始样本点的个数通过下式确定
$$\begin{cases} N_\text{init}^h = 3d \\ N_\text{init}^l = 6d \end{cases} \tag{10.4}$$

步骤 2：获取初始样本点目标函数和约束函数的真实高/低精度响应值。

图 10.2 MF-MCSO 算法流程图

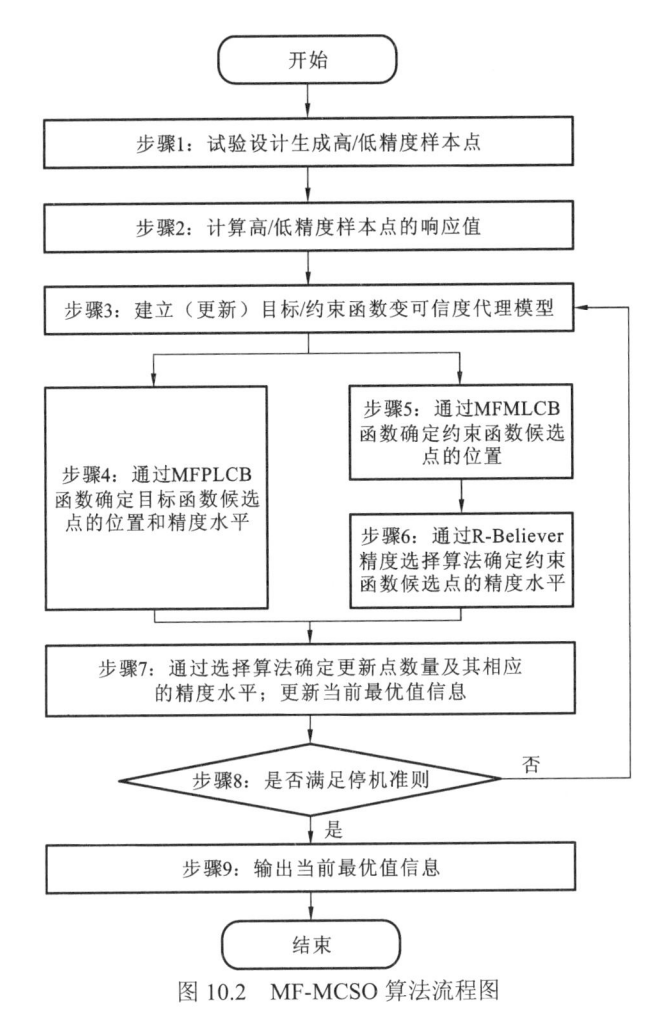

步骤3：利用当前样本点集中样本点的信息，建立层次 Kriging 代理模型。

步骤4：通过 PSO[6]搜索 MFPLCB(x) 来确定目标函数候选点的位置和精度水平 (x_{obj}, t_{obj})。

步骤5：通过 PSO[6]搜索 MFMLCB(x) 来确定约束函数候选点的位置 x_{cons}。

步骤6：通过 R-Believer 精度选择算法（算法 10.1）来确定约束函数候选点的精度水平 t_{cons}。

步骤7：通过更新点选择算法（算法 10.1）来确定更新点的位置和精度水平 (x^{new}, t^{new})。

步骤8：在当前高精度样本点集合中搜索可行最优值。然后评估是否满足停机准则。如果满足停机准则，算法运行至步骤 9；如果不满足停机准则，算法返回步骤 3 继续迭代。一般而言，对数值测试问题和工程问题设置两种不同的停机准则。

步骤9：输出停机时的真实最优解。

在步骤 7 中更新点选择算法是保证 MF-MCSO 算法效率的关键因素之一。算法 4.1 为在单一精度数据来源下的选择算法。本章变可信度选择算法的基本思想与算法 4.1 一致，但是变可信度的候选点信息既包含了位置信息也包含了精度水平信息，因此，算法 10.2 中详细给出了变可信度更新点选择算法的算法伪代码。

算法 10.2　变可信度更新点选择算法

输入：目标函数候选点信息 $(x_{\text{obj}}, t_{\text{obj}})$，约束函数候选点信息 $(x_{\text{cons}}, t_{\text{cons}})$，约束边界精度指标 R，高精度样本点集合 $(x^{\text{h}}, y^{\text{h}}, g^{\text{h}})$

1:　　　Begin
2:　　　If　sum max$\{g^{\text{h}}, 0\} \neq 0$
3:　　　　then $(x_{\text{new}}, t_{\text{new}}) = (x_{\text{cons}}, t_{\text{cons}})$　　←第一阶段：寻找可行解
5:　　　else if　$R \leqslant 0.05$　　　　　　　　←第二阶段：算法加速阶段，同时选择
6:　　　　then $(x^{\text{new}}, t^{\text{new}}) = (x_{\text{obj}}^{\text{new}}, t_{\text{obj}}^{\text{new}})$　　目标函数和约束函数更新点来更新当前的变可信度代理模型。
7:　　　else if
　　　　　$D(x_{\text{obj}}^{\text{new}}, x_{\text{cons}}^{\text{new}}) \leqslant \gamma$ && $t_{\text{obj}}^{\text{new}} = t_{\text{cons}}^{\text{new}}$　←避免样本点在设计空间中聚集
9:　　　　then $(x^{\text{new}}, t^{\text{new}}) = (x_{\text{obj}}^{\text{new}}, t_{\text{obj}}^{\text{new}})$
10:　　　else　　　　　　　　　　　　　　　←第三阶段：约束精度满足要求，只需
11:　　　　$(x^{\text{new}}, t^{\text{new}}) = (x_{\text{obj}}^{\text{new}}, t_{\text{obj}}^{\text{new}}) \cup (x_{\text{cons}}^{\text{new}}, t_{\text{cons}}^{\text{new}})$　要按照目标函数候选点进行更新，以提升最优解的质量。
13:　　　End
14:　　　End

输出：输出更新点信息 $(x^{\text{new}}, t^{\text{new}})$

如算法 10.2 所示，输入参数为目标函数和约束函数候选点的信息，约束边界精度指标 R，高精度样本点集合 $(x^{\text{h}}, y^{\text{h}}, g^{\text{h}})$。选择算法仍然分为三个阶段。

（1）第一阶段为寻找可行解阶段，即当前高精度样本点集合中不存在满足约束的可行解时，算法的首要任务仍然为快速寻找一个可行解。此时，选择约束函数候选点为更新点，旨在快速找到可行解。

（2）第二阶段为算法加速阶段。当算法找到可行解且 $R > 0.05$ 时，积极约束精度仍然有待提高。因此，同时选择目标函数和约束函数候选点为更新点来加速算法的搜索过程。

（3）第三阶段为算法收敛阶段，该阶段算法积极约束边界精度已经足够，即 $R \leqslant 0.05$。因此，可以信任约束变可信度 Kriging 代理模型预测的设计方案的可行状态。算法只需要选择目标函数候选点为更新点，以提高最优化解的质量。

值得一提的是，如果在序贯迭代过程中目标函数候选点和约束函数候选点的欧氏距离小于阈值且两个点的精度水平相同，则只选择目标函数候选点为更新点，防止样本点在设计空间中聚集。

10.4　数值算例及分析

10.4.1　示例函数

与 MCSO 算法一致，首先利用两个经典约束优化函数（Branin 1 函数和 Branin 2 函数）来分析 MF-MCSO 算法的有效性。虽然高精度公式在式（4.11）和式（4.12）中已经详细介绍过，但是在变可信度序贯优化设计中需要对其进行改造，即构造低精度函数。经过改

造后的 Branin 1 和 Branin 2 函数如式（10.5）和式（10.6）所示。

Branin 1 函数[7]：

$$\begin{aligned}f(\boldsymbol{x}) &= \left(15x_2 - \frac{5.1}{4\pi^2}(15x_1-5)^2 + \frac{5}{\pi}(15x_1-5) - 6\right)^2 \\ &\quad + 10\left(\left(1-\frac{1}{8\pi}\right)\cos(15x_1-5)+1\right) + 5(15x_1-5) \\ g(\boldsymbol{x}) &= -x_1x_2 + 0.2 \leqslant 0 \\ f^h(\boldsymbol{x}) &= f(x), \quad g^h(\boldsymbol{x}) = g(x) \\ f^l(\boldsymbol{x}) &= 0.9f(\boldsymbol{x}) + 0.5, \quad g^l(\boldsymbol{x}) = 0.9g(\boldsymbol{x}) - 0.05 \\ 0 &\leqslant x_1, \quad x_2 \leqslant 1\end{aligned} \quad (10.5)$$

式中：设计变量个数为 2 个，约束函数个数为 1 个，最优可行解为 (0.967 7, 0.206 7)，对应的最小目标函数值为 5.575 7。

Branin 2 函数[7]：

$$\begin{aligned}f(\boldsymbol{x}) &= \left(15x_2 - \frac{5.1}{4\pi^2}(15x_1-5)^2 + \frac{5}{\pi}(15x_1-5) - 6\right)^2 \\ &\quad + 10\left(\left(1-\frac{1}{8\pi}\right)\cos(15x_1-5)+1\right) + 5(15x_1-5) \\ g(\boldsymbol{x}) &= 6 - \left(4-2.1x_1^2 + \frac{1}{3}x_1^4\right)x_1^2 - x_1x_2 - (-4+4x_2^2)x_2^2 \\ &\quad - 3\sin(6-6x_1) - 2\sin(6-6x_2) \leqslant 0 \\ f^h(\boldsymbol{x}) &= f(\boldsymbol{x}), \quad g^h(\boldsymbol{x}) = g(\boldsymbol{x}) \\ f^l(\boldsymbol{x}) &= 0.9f(\boldsymbol{x}) + 0.5, \quad g^l(\boldsymbol{x}) = 0.9g(\boldsymbol{x}) - 0.05 \\ 0 &\leqslant x_1, \quad x_2 \leqslant 1\end{aligned} \quad (10.6)$$

式中：设计变量个数为 2 个，约束函数个数为 1 个，最优可行解为 (0.941, 0.317)，对应的最小目标函数值为 12.001。

与 MCSO 算法一致，图 10.3 为 MF-MCSO 算法求解 Branin 1 函数的迭代过程。从图 10.3（a）中可以看出，对于该设计问题 MF-MCSO 算法通过 OLHS 试验设计在设计空间中抽取了 6 个高精度样本点和 12 个低精度样本点。在初始设计方案下约束函数变可信度 Kriging 代理模型对约束边界拟合精度很高，具体来说在初始迭代时 R 取值已经小于 0.05 且图 10.3（a）中真实约束边界和预测约束边界几乎重合，算法从迭代开始直接进行到第三阶段。因此算法在第 1 次迭代时只选择了一个目标函数更新点，其精度为低精度。随后算法继续进行迭代，算法在第 2 次迭代选择了高精度目标函数候选点，更新变可信度 Kriging 代理模型，如图 10.3（b）所示。此时，MF-MCSO 算法已经搜索到全局最优值附近，在后面的几次迭代中，MF-MCSO 算法均在全局最优值附近进行探索，如图 10.3（c）所示。对于 Branin 1 函数，MF-MCSO 算法一共需要 8 次迭代收敛到最优解。

对比 MCSO 算法，MF-MCSO 算法能够利用大量的低精度样本点对高精度模型的预测提供趋势，在这种情况下，初始变可信度 Kriging 代理模型的精度就已经能够将约束函数的边界预测准。而 MCSO 算法初始 Kriging 代理模型的精度仍然不足以提供准确的约束边界的预测，需要在序贯过程中选择约束函数候选点来更新 Kriging 代理模型。除此之外，MCSO 算法在序贯过程中只能选择高精度样本点来更新 Kriging 代理模型，而高精度样本点的计算成本要远远大于低精度样本点。对于本章数值算例，设置一个高精度样本点的计算成本是一个低精度样本点计算成本的 10 倍。对于 Branin 1 函数，MCSO 算法和 MF-MCSO 算法都需要 8 次迭代才能收敛到真实最优解附近，但是因为 MF-MCSO 算法在序贯过程中不需要更新目标函数候选点，且在序贯过程中有一次迭代选择低精度样本点，所以 MF-MCSO 算法的总计算资源低于 MCSO 算法。

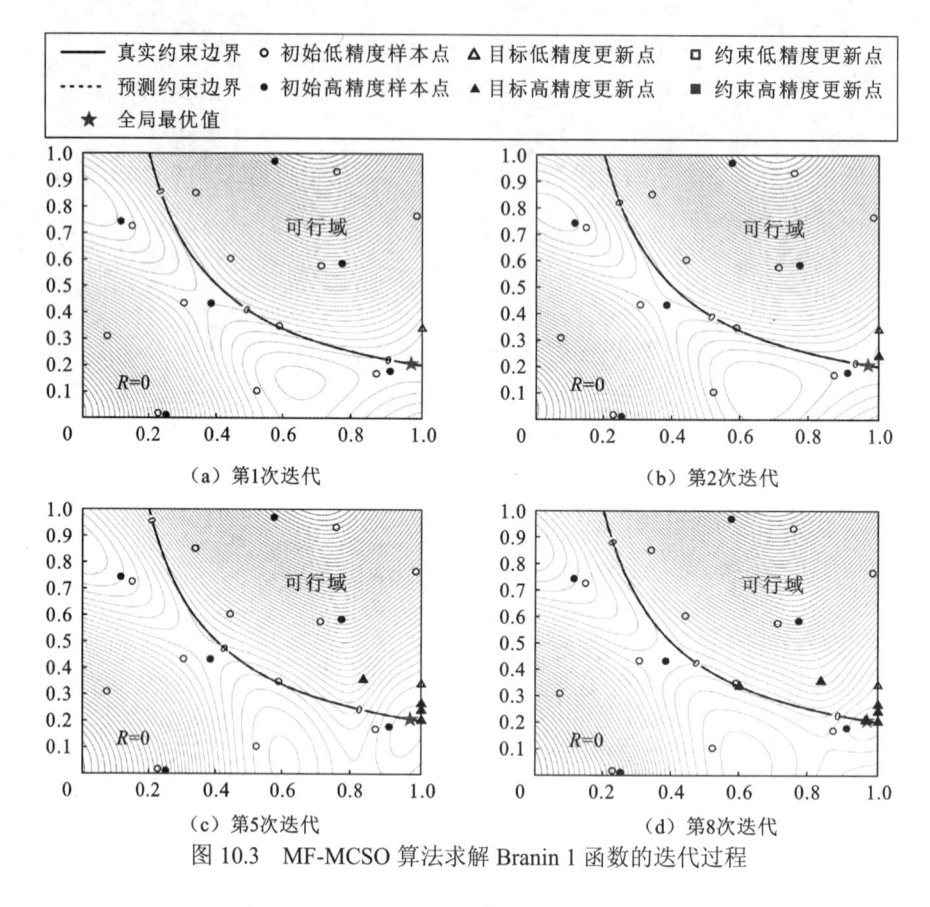

图 10.3 MF-MCSO 算法求解 Branin 1 函数的迭代过程

对于 Branin 2 函数，图 10.4 为 MF-MCSO 算法求解 Branin 2 函数的迭代过程。

从图 10.4 可以看出，初始设计方案下的变可信度 Kriging 代理模型的精度仍然不是很理想，且在初始设计方案下 MF-MCSO 算法并没有可行解。因此，算法在开始时进入第一阶段，即只选择约束函数候选点为更新点，旨在快速搜索到一个可行解。值得一提的是，算法在第 1 次迭代时如图 10.4（a）所示，选择的目标函数约束高精度点就位于右下角的可行域内。MF-MCSO 算法在第 1 次迭代时，基于约束函数变可信度 Krging 代理模型预测的可行域和真实可行域相差巨大（此时 $R=60.74$）。具体来说，算法在右上可行域附近为预测可行域，对于右下可行域只有在更新点附近有小部分可行域，而对于左下角可行域，约束函数变可信度 Krging 代理模型仍然完全预测不出。因此，算法在第 2 次迭代开始进入加速阶段，即同时选择目标函数和约束函数候选点来更新变可信度 Kriging 代理模型。在第 5

图 10.4 MF-MCSO 算法求解 Branin 2 函数的迭代过程

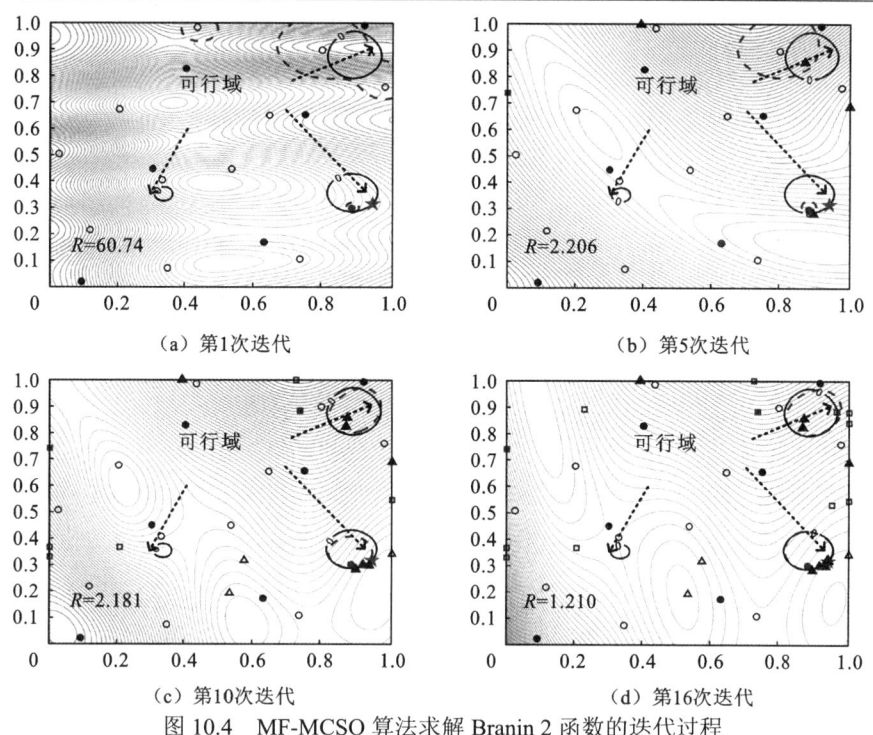

次迭代中,如图 10.4(b)所示,变可信度 Kriging 代理模型对约束边界的预测精度有一定的提升,但是提升程度仍然不明显,此时 $R=2.206$。直到第 10 次迭代,如图 10.4(c)所示,Kriging 代理模型基本拟合出了右下可行域边界和右上可行域边界,并且有较多的目标函数更新点在真实最优解附近搜索。此后的几次迭代过程中,MF-MCSO 算法目标函数更新点更多地在全局最优值附近进行搜索,且由于 MF-MCSO 算法的最优值在达到收敛条件之前一直保持不变,所以从第 10 次迭代到第 16 次迭代[图 10.4(d)]的过程中约束函数更新点更多地倾向于全局搜索。算法最终获得的最优化解为 12.005 116,基本与真实最优解一致。在整个序贯更新过程中,MF-MCSO 算法在约束函数方面更新了 3 个高精度点和 10 个低精度点;在目标函数方面更新了 11 个高精度点和 4 个低精度点,算法总计算资源为 22.60。

对于 Branin 2 函数的序贯更新过程,低精度样本点的优势更加明显。在整个序贯过程中一共进行了 16 次迭代(MCSO 算法示例函数只进行了 8 次迭代),但是因为在序贯更新过程中大量廉价低精度样本点的使用,算法总计算资源仍然少于 MCSO 算法。并且对于 MF-MCSO 算法,在初始样本点不存在可行解的情况下,能够用较少的计算资源快速找到可行解,这是单精度 MCSO 算法难以拥有的能力。

同理,为了进一步量化分析 MF-MCSO 算法相对于经典单精度约束优化算法的性能优势,表 10.1 所示为不同算法独立运行 10 次的结果对比。

表 10.1 MF-MCSO 算法和经典约束优化算法结果对比

优化算法	Branin1 f_{min}	Branin1 NFE	Branin2 f_{min}	Branin2 NFE
CEI	5.589 9	17.77	12.071 8	34.67
MCSO	5.584 0	17.07	12.066 0	29.77
MF-MCSO	**5.576 0**	**13.99**	**12.006 6**	**27.65**

注：NFE 表示 10 次独立计算所需样本点的均值

从表 10.1 可以看出，对于 Branin 1 函数，三种算法基本都能够收敛到最优解附近，其中 MF-MCSO 算法的最优值为 5.576 0，要比两种经典单精度算法 CEI 和 MCSO 得到的最优值 5.589 9 和 5.584 0 更优。除此之外，MF-MCSO 算法收敛到 5.576 0 所需的计算资源为 13.99，也要小于 CEI 和 MCSO 算法的 17.77 和 17.07，这说明 MF-MCSO 算法相对于序贯单精度约束优化算法的优势。同样，对于 Branin 2 函数，MF-MCSO 算法也能够用最少的计算资源获得质量更好的最优化解。值得一提的是，MF-MCSO 算法求解 Branin 2 函数收敛时的最优化解要明显好于其他两种单精度算法。具体来说，MF-MCSO 算法收敛时的最优解为 12.006 6，该解几乎与真实最优解 12.001 0 一致；而 CEI 算法和 MCSO 算法收敛时的最优解分别为 12.071 8 和 12.066 0，这两个最优化解相比于 MF-MCSO 算法的最优化解仍然有较大的差距。

综上，基于变可信度 Kriging 代理模型的 MF-MCSO 算法在序贯过程中能够利用大量廉价的低精度数据，低精度数据能够很好地帮助 MF-MCSO 算法在设计空间中进行探索以提高最优化解的质量。除此之外，因为低精度数据的计算成本很低，即使在序贯过程中使用了大量的低精度样本点，等效的总计算资源相对于单精度算法仍然具有优势。为了验证使用大量低精度样本点对算法稳健性的影响，图 10.5 和图 10.6 分别为各算法在 10 次独立运算下 NFE 和最优化值的箱形图。

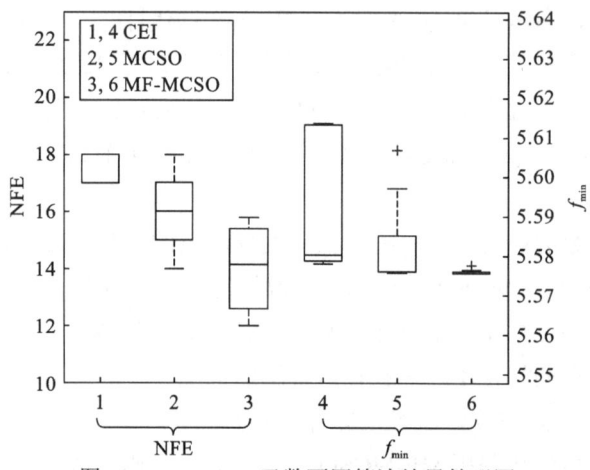

图 10.5 Branin 1 函数不同算法结果箱形图

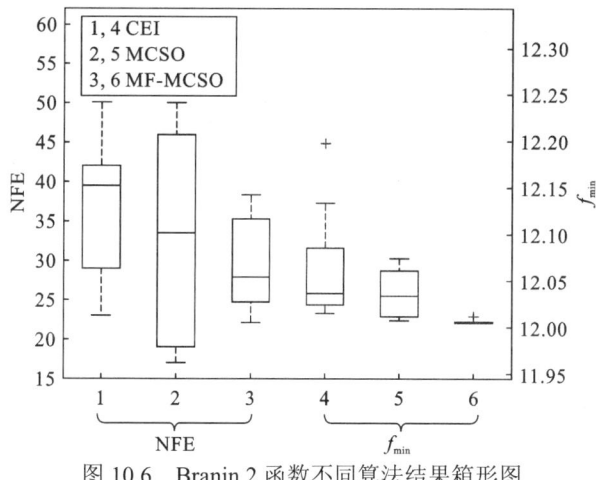

图 10.6　Branin 2 函数不同算法结果箱形图

从图 10.5 中可以看出，CEI、MCSO 和 MF-MCSO 算法在求解 Branin 1 函数时，所需要的计算资源依次降低。虽然 CEI 算法在计算资源的箱形图的长度要明显小于其他两个算法，但是 CEI 算法所需要的计算资源主要为 17～18 个样本点。MCSO 和 MF-MCSO 算法总计算资源的稳健性相当（MCSO 算法所需的计算资源为 14～18 个样本点，MF-MCSO 算法所需要的计算资源为 12～16 个样本点）。但是对于算法搜寻到的最优值，MF-MCSO 算法取值和稳健性都要显著好于 CEI 和 MCSO 算法。具体来说，CEI 算法的最优化值在 5.575～5.615 波动，MCSO 算法的最优值在 5.575～5.600 波动；而 MF-MCSO 算法的最优值几乎都在真实最优值 5.575 7 附近。对于更加复杂的 Branin 2 函数，如图 10.6 所示，三种算法所需要的计算资源的中位数，MF-MCSO 算法要小于其他两种算法。同时，MF-MCSO 算法所需计算资源的箱形长度也小于其他两种单精度算法，这说明对更加复杂的问题 MF-MCSO 算法在序贯过程中会更多地交替使用高/低精度样本点数据来提高算法的稳健性。对于 MF-MCSO 算法在求解 Branin 2 函数时最优值的稳健性，基本 10 次独立运行的 MF-MCSO 算法的最优值都收敛到了真实最优值 12.001 0 附近，而其他两种单精度算法收敛的最优值的波动仍然较大。

综上，MF-MCSO 算法相对于经典的单精度序贯优化方法具有更好的寻优能力，且算法的稳健性因大量廉价低精度数据的使用而优于单精度算法。

10.4.2　额外数值测试算例

本小节通过多个数值算例对 MF-MCSO 方法及其他已有方法进行测试，然后进行结果对比及分析。对比的方法有：单精度 CEI 方法、MCSO 方法、变可信度 AEI(PoF)方法、变可信度 VF-EI（PoF）方法、VF-LCB（PoF）方法。测试函数与 9.2.4 小节保持一致，因为在第 9 章中已经讨论了不同高/低精度成本比率对算法的影响，本小节不再讨论，选择 CR=10 来验证 MF-MCSO 算法的性能优势。除此之外，低精度函数构造方法也保持一致。10 次独立计算的结果如表 10.2 所示。

表 10.2 MF-MCSO 算法与对比方法数值算例测试结果

测试算例	测试方法	SR	LFE	HFE	NFE 均值	NFE 标准差	最优值	真实最优值
Branin1_Branin0 2维	CEI	1.0	—	27.10	27.10（6）	17.18（6）	5.578 6（5）	5.575 7
	MCSO	1.0	—	22.80	22.80（5）	4.61（5）	5.584 0（6）	
	AEI(PoF)	1.0	20.90	11.90	**13.99（1）**	3.12（2）	5.576 3（2）	
	VF-EI（PoF）	1.0	17.20	15.80	17.52（3）	3.94（4）	5.576 7（3）	
	VF-LCB（PoF）	1.0	45.00	14.80	19.30（4）	3.47（3）	5.576 8（4）	
	MF-MCSO	1.0	23.90	11.60	**13.99（1）**	**1.42（1）**	**5.576 0（1）**	
Gano2 2维	CEI	1.0	—	41.80	41.80（5）	13.08（5）	5.670 1（6）	5.668 365
	MCSO	1.0	—	25.10	25.10（2）	6.28（2）	**5.668 6（1）**	
	AEI(PoF)	1.0	23.80	24.40	26.78（4）	7.82（3）	5.669 1（3）	
	VF-EI（PoF）	1.0	28.40	22.30	25.14（3）	10.55（4）	5.669 2（4）	
	VF-LCB（PoF）	1.0	102.20	43.20	53.42（6）	13.85（6）	5.669 2（4）	
	MF-MCSO	1.0	37.60	17.10	**20.86（1）**	**4.26（1）**	**5.668 6（1）**	
G24 2维	CEI	1.0	—	52.40	52.40（6）	11.38（4）	−5.498 3（6）	−5.508 0
	MCSO	1.0	—	26.00	26.00（3）	8.19（3）	**−5.507 9（1）**	
	AEI(PoF)	1.0	115.40	25.20	36.74（5）	17.85（5）	−5.507 1（4）	
	VF-EI（PoF）	1.0	21.60	32.00	34.16（4）	20.42（6）	−5.506 2（5）	
	VF-LCB（PoF）	1.0	18.50	11.40	**13.25（1）**	**1.59（1）**	−5.507 8（3）	
	MF-MCSO	1.0	17.80	12.00	13.78（2）	2.65（2）	**−5.507 9（1）**	
G5MOD 4维	CEI	1.0	—	62.00	62.00（3）	0.00（/）	5 252.01（3）	5 126.50
	MCSO	1.0	—	49.40	49.40（2）	33.11（2）	5 128.23（2）	
	AEI(PoF)	0.5	306.00	33.80	64.40（4）	0.00（/）	5 252.01（3）	
	VF-EI（PoF）	0.8	30.80	61.80	64.88（6）	0.28（/）	5 252.01（3）	
	VF-LCB（PoF）	0.3	27.00	62.00	64.70（5）	**0.10（/）**	5 252.01（3）	
	MF-MCSO	1.0	37.40	26.50	**30.24（1）**	5.20（1）	**5 127.53（1）**	
G4 5维	CEI	1.0	—	59.90	59.90（6）	10.82（4）	−30 663.099（6）	−30 665.539
	MCSO	1.0	—	34.90	34.90（3）	2.13（2）	−30 665.486（1）	
	AEI(PoF)	1.0	71.00	52.50	59.60（5）	18.13（5）	−30 663.379（5）	
	VF-EI（PoF）	1.0	42.80	43.70	47.98（4）	21.78（6）	**−30 664.539（4）**	
	VF-LCB（PoF）	1.0	48.20	21.30	26.12（2）	**1.63（1）**	−30 665.339（3）	
	MF-MCSO	1.0	36.80	19.30	**22.98（1）**	2.23（3）	−30 665.477（2）	
Hesse 6维	CEI	1.0	—	45.40	45.40（5）	14.39（5）	−309.41（5）	−310.00
	MCSO	1.0	—	48.40	48.80（6）	7.55（4）	−309.87（2）	
	AEI(PoF)	1.0	128.30	25.20	38.03（4）	17.90（6）	−307.75（6）	
	VF-EI（PoF）	1.0	44.90	26.90	31.39（3）	5.44（3）	−309.75（3）	
	VF-LCB（PoF）	1.0	73.60	23.30	**30.66（1）**	**1.87（1）**	−309.63（4）	
	MF-MCSO	1.0	58.30	25.40	31.23（2）	4.64（2）	**−309.98（1）**	

续表

测试算例	测试方法	SR	LFE	HFE	NFE 均值	NFE 标准差	最优值	真实最优值
Pressure Vessel 4 维	CEI	1.0	—	62.00	62.00（5）	0.00（/）	7 019.38（6）	7 006.80
	MCSO	1.0	—	39.00	39.00（3）	6.82（2）	7 006.82（2）	
	AEI(PoF)	0.9	137.30	50.70	64.43（6）	0.00（/）	7 009.86（3）	
	VF-EI（PoF）	1.0	49.30	53.00	57.93（4）	14.47（4）	7 010.83（5）	
	VF-LCB（PoF）	1.0	54.50	28.40	33.85（2）	11.43（3）	7 006.86（3）	
	MF-MCSO	1.0	37.30	18.30	**22.03（1）**	**2.54（1）**	**7 006.80（1）**	
Speed Reducer 7 维	CEI	1.0	—	71.00	71.00（5）	0.00（/）	2 995.72（4）	2 994.42
	MCSO	1.0	—	61.10	61.10（3）	3.35（2）	**2 994.48（1）**	
	AEI(PoF)	0.0	N/F[a]	N/F[a]	N/F[a]	N/F[a]	N/F[a]	
	VF-EI（PoF）	0.8	52.60	64.50	69.76（4）	7.08（4）	2 999.24（5）	
	VF-LCB（PoF）	1.0	80.50	32.20	**40.25（1）**	**2.45（1）**	2 994.73（3）	
	MF-MCSO	1.0	73.10	35.60	42.91（2）	4.73（3）	2 994.50（2）	

注：N/F[a] 表示 10 次重复试验均未找到可行解；"/"表示该方法没有在额定的计算资源内找到可行解，虽然 NFE 标准差的值较小，也没有和找到最优解方法进行对比的意义

如表 10.2 所示，SR 表示在独立 10 次算法的运行过程中成功找到可行解的比例，LFE、HFE 和 NFE 分别表示算法收敛时耗费的低精度样本点、高精度样本点和等效总高精度样本点的平均个数。需要指出的是，在 NFE 均值、NFE 标准差和最优值后面括号内的数值表示相应指标在六个对比算法中的排名。

从表 10.2 中可以看出，MF-MCSO 算法在 8 个测试函数中，有 5 个函数的 NFE 均值是排名第 1，且这 5 个排名第 1 的测试函数所需要的 NFE 均值相比第 2 名都有显著的提升。举例来说，对于 Pressure Vessel 函数，MF-MCSO 算法只需要 22.03 个等效高精度样本点就能收敛，而排名第 2 的 VF-LCB（PoF）算法需要 33.85 个等效高精度样本点才能收敛。需要指出的是，剩下三个测试函数（G24、Hesse 和 Speed Reducer），MF-MCSO 算法所需要的计算资源都是排名第 2，而且在这 3 个函数分别只比排名第 1 的算法多用了 0.53、0.57 和 2.66 个等效高精度样本点。其中 VF-LCB（PoF）算法在 Hesse 和 Speed Reducer 函数上排名第 1，但是该算法在剩下的算例中需要的计算资源排名都靠后，且在 G5MOD 函数中只有 0.3 的可行解比例。以上结果说明，MF-MCSO 算法收敛到真实最优值附近所需要的总计算资源均值几乎是所有算法中最少且最稳定的。

对于 NFE 的标准差排名，由于受到许多算法达到了计算资源限界仍然没有收敛到最优解附近的影响，该项排名意义不大，但是总体来说 MF-MCSO 算法的排名仍然是比较靠前的。

从表 10.2 中还可以直接看出各对比算法最终收敛的最优值的均值排名，MF-MCSO 算法在 6 个测试函数中排名第 1，而且在排名第 1 的 6 个测试函数中每个函数都收敛到了真实最优值附近。然而对于某些测试函数如 G5MOD 和 Pressure Vessel，其他测试方法甚至在算法达到最大迭代次数时都没有收敛到真实最优解附近。具体来说，对于 G5MOD 函数，除 MF-MCSO 算法和 MCSO 算法之外，其他算法都没有收敛到真实最优解，甚至其他

· 193 ·

序贯变可信度算法收敛到的最优值都为 5 252.01，该值和真实最优值（5 126.50）仍然有较大差距。值得一提的是，对于该测试函数 MF-MCSO 算法收敛时平均的计算资源为 30.24，少于其他序贯变可信度算法所耗费总计算资源的一半。对于 Pressure Vessel 函数，AEI(PoF)方法在 10 次运行中都没有找到可行解，而 VF-EI（PoF）找到可行解的比例只有 0.8，且 8 次运行的平均最优值为 2 999.24，距离真实最优值（2 994.42）也有一定的差距。对于测试函数 G4 和 Speed Reducer，MF-MCSO 算法最终收敛到的最优值排名分别为第 3 和第 2。仔细观察表中的结果可知，对于测试函数 G4，MF-MCSO 算法最终收敛的最优值为-30 665.477，而真实最优值为-30 665.539。也就是说，对于测试函数 G4，MF-MCSO 算法最终收敛的最优值与真实最优值只差 0.062，几乎与真实最优值一致。同样地，对于测试函数 Speed Reducer，MF-MCSO 算法最终收敛时的最优值为 2 994.50，而该函数真实最优值为 2 994.42。也就是说，对于 8 个测试函数，MF-MCSO算法都能够收敛到真实最优值附近，这体现出了 MF-MCSO 算法极强的全局寻优能力。

除此之外，从表 10.2 中还可以看出，虽然对比的 3 种序贯变可信度约束优化算法在某一些函数能够用很少的计算资源收敛到真实最优解附近。但是，3 种序贯变可信度约束优化算法在求解较为复杂的问题时，都不能保证每次运行收敛到真实最优甚至是可行解。这是由于这几种方法在求解约束优化问题时主要还是采取目标导向的序贯加点准则，而约束处理只是采用 PoF 准则。PoF 准则在处理约束时有一个极大的缺点，即约束个数很多时，PoF 的取值为所有概率值的乘积（其取值趋近 0），此时 PoF 算法在处理约束函数的效率大大降低。

综上，本章提出的基于约束精度自检测的多阶段协同变可信度序贯代理模型优化方法能够利用低精度样本点的优势，用较少的计算资源收敛到真实最优值附近。该算法是一种极具潜力的序贯变可信度约束优化方法。

参 考 文 献

[1] HAN Z, GöRTZ S. Hierarchical Kriging model for variable-fidelity surrogate modeling. AIAA Journal, 2012, 50(9): 1885-1896.

[2] GINSBOURGER D, LE RICHE R, CARRARO L. Kriging is well-suited to parallelize optimization. Berlin: Springer, 2010.

[3] HAFTKA R T, VILLANUEVA D, CHAUDHURI A. Parallel surrogate-assisted global optimization with expensive functions: A survey. Structural and Multidisciplinary Optimization, 2016, 54(1): 3-13.

[4] GHOSH S, KRISTENSEN J, ZHANG Y, et al. A strategy for adaptive sampling of multi-fidelity Gaussian process to reduce predictive uncertainty. arXiv: 11739, 2019.

[5] PARK J. Efficient global optimization of multidisciplinary system using variable fidelity analysis and dynamic sampling method. Blacksburg: Virginia Polytechnic Institute and State University, 2019.

[6] CHAOLI S, JIANCHAO Z, JENGSHYANG P, et al. A new fitness estimation strategy for particle swarm optimization. Information Sciences, 2013, 221: 355-370.

[7] FORRESTER A I J, SóBESTER A, KEANE A J. Engineering design via surrogate modelling a practical guide. New Jersey: John Wiley and Sons, 2008.

第 11 章

基于阈值多峰期望提高准则的并行高效全局优化方法

11.1 概 述

随着计算机硬件的快速发展,并行计算结构越来越多地出现在工程设计中。并行 EGO 算法中的"并行"一词是代理模型动态更新方法中的一个专有名词,它指的是在代理模型一次迭代过程中选取多个更新点,并将多个更新点分配到不同的计算机上同时进行计算的技术。并行计算方法的实质是用计算资源换取计算时间。现在工程中计算资源十分丰富并且在不断增加,而计算时间则是工程师更加关心和急切希望缩短的。因此,与串行计算结构相比,并行计算结构更符合现代工程设计的需求。

然而,标准 EGO 算法是串行计算结构,它在每一次迭代的过程中只选取了一个更新点进行耗时的仿真计算,然后利用更新点的真实计算值更新 Kriging 模型,接着进行下一次迭代选取下一个更新点。将串行 EGO 算法推广到并行 EGO 算法的实质就是将单点 EI 准则拓展为多点 EI 准则。设计多点 EI 准则要考虑的核心问题是如何依据 EI 函数选取多个有潜力的更新点。为了进一步加快 EGO 算法的搜索速度,需要发展在一次迭代过程中选取多个点的并行 EI 准则。Sóbester 等[1]提出了多峰 EI 准则,每次迭代过程中选取 EI 函数的多个峰值作为更新点,从而实现并行计算。在并行 EI 准则中,多峰 EI 准则思想直观、计算快速、执行方便,但也有一些不足之处。多峰 EI 准则在 EI 函数的每个峰值处选择一个更新点,当 EI 函数的峰值个数少于要求的更新点个数时,往往需要通过其他准则进行更新点的补充。另外,多峰 EI 准则选取的更新点常常分散在设计空间的各个区域,在寻优接近最优点时,往往只有少数点在优化点附近搜索,这会导致算法在优化搜索的后期阶段的收敛速度很慢。

本章对 Sóbester 等[1]提出的多峰 EI 准则进行改进,提出一种新的并行 EI 准则——阈值多峰 EI 准则[2]。阈值多峰 EI 准则一方面考虑 EI 函数的多个局部峰值为多个更新点的候选位置,另一方面通过设置一个阈值将 EI 函数值较小的峰值排除在外,这样既避免了引入质量差的更新点(EI 函数值小的更新点),也可使并行 EGO 算法搜索过程由全局搜索逐步向局部搜索过渡。此外,本章将阈值多峰 EI 准则的思想推广到约束优化设计,提出基于阈值多峰 CEI 准则的并行约束 EGO 算法。该算法特别适合设计变量数目小于 20 的优化问题,如船舶等刚度板架结构优化设计、水下航行器耐压圆柱壳结构优化设计等。

11.2 基于阈值多峰 EI 准则的并行无约束 EGO 算法

11.2.1 基本思想

EI 函数通常是多峰函数,假设需要根据有 5 个峰值的 EI 函数选择 5 个更新点,Sóbester 等[1]提出在 EI 函数的每个峰值处选择一个更新点的多峰 EI 准则,如图 11.1 所示。与多峰 EI 准则相反,另一策略是将 5 个更新点全部选在 EI 函数值最大的峰值处,如图 11.1(b)所示,这种策略称为局部策略。多峰 EI 准则侧重于全局搜索,将样本点分布在不同的 EI 峰值处,同时对设计空间的不同区域进行搜索，找到可能含有最优解的区域；局部策略侧重于局部搜索，将样本点集中在 EI 最高峰值处对局部区域进行充分搜索，快速收敛到局部最优解。

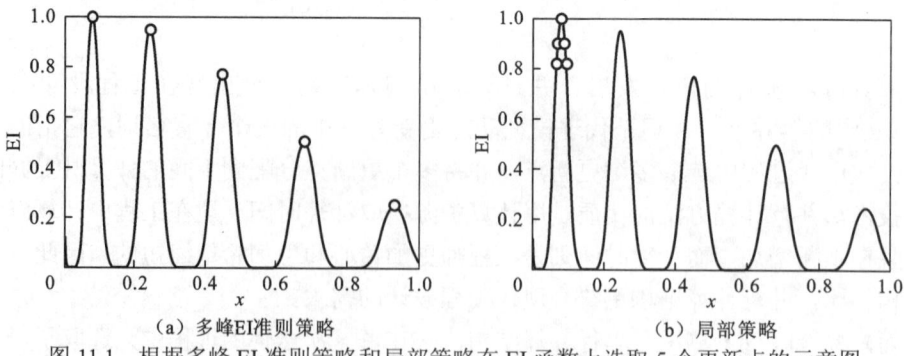

（a）多峰EI准则策略　　　　　　　　　　（b）局部策略

图 11.1　根据多峰 EI 准则策略和局部策略在 EI 函数上选取 5 个更新点的示意图

为了平衡多峰 EI 准则的全局搜索与局部策略的局部搜索，本章提出一种新的阈值多峰 EI 准则。阈值多峰 EI 准则通过设置一个阈值，将峰值小于阈值的 EI 局部峰筛除，只在峰值大于阈值的 EI 局部峰值处进行选点。图 11.2 所示为阈值多峰 EI 准则的选点思想，图中的阈值假设为 0.2。在并行 EGO 算法的初期，EI 函数值较大，如图 11.2（a）所示，所有的 EI 局部峰值都大于阈值，此时的选择方法与多峰 EI 准则相同，即在每个 EI 峰值处选择一个更新点。随着并行 EGO 算法迭代过程的进行，EI 函数值逐步下降，大于阈值的 EI 局部峰也会越来越少，如图 11.2（b）和（c）所示，此时更新点越来越多地集中在 EI 函数值大的局部峰附近，更新点的搜索模式逐步由全局搜索过渡到局部搜索。在并行 EGO 算法的最后阶段，只有一个 EI 峰值大于阈值，如图 11.2（d）所示，此时所有的更新点集中在最大 EI 峰值区域，此时选点策略与局部策略相同，即将所有更新点选在最高的峰值处。

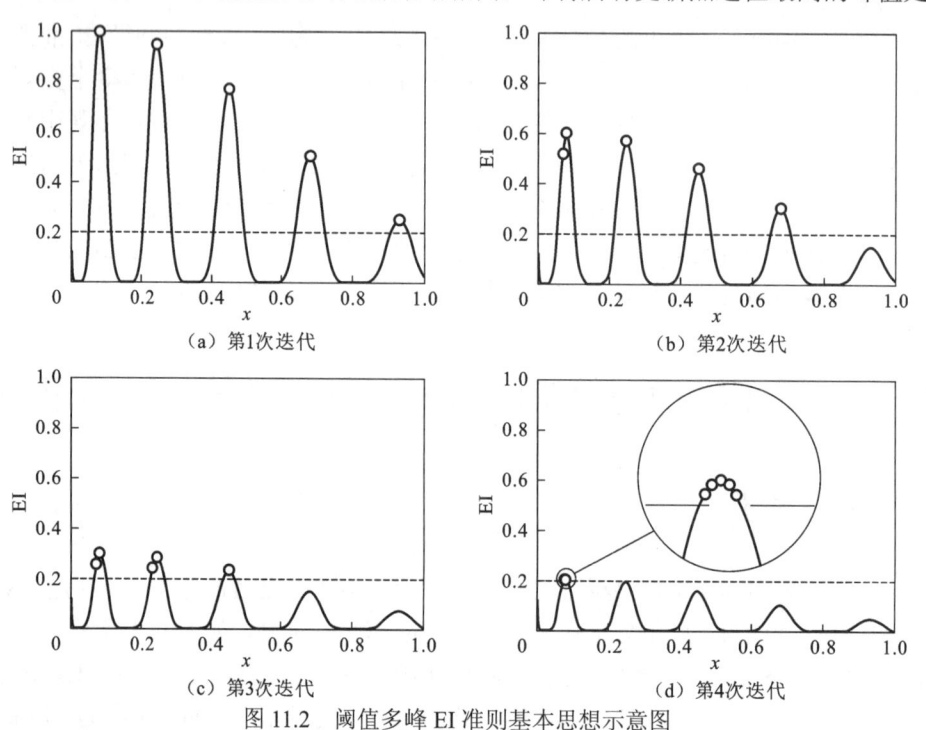

（a）第1次迭代　　　　　　　　　　（b）第2次迭代

（c）第3次迭代　　　　　　　　　　（d）第4次迭代

图 11.2　阈值多峰 EI 准则基本思想示意图

11.2.2 算法流程

基于阈值多峰 EI 准则的并行 EGO 算法流程如算法 11.1 所示。在算法流程中,步骤 3~6 即是根据阈值多峰 EI 准则选取 q 个更新点的方法。图 11.3 给出了依据阈值多峰 EI 准则选择 10 个样本点的二维示例。下面结合这个示例对算法 11.1 中步骤 3~6 做具体说明。

算法 11.1 基于阈值多峰 EI 准则的并行 EGO 算法流程

Require: 初始样本点 (X, y),更新点个数 q,阈值 T。
Ensure: 最优解 $(X_{\min}, y_{\min})$

1: **while** 不满足停机准则 **do**
2: 　用样本点集合 (X, y) 构造 Kriging 代理模型
3: 　寻找 EI 函数所有峰值,用 $X^{(1)}$ 表示峰值对应的设计空间点的集合
4: 　从 $X^{(1)}$ 中选取大于或等于阈值 T 的峰值,用 $X^{(2)}$ 表示
5: 　将 q 个更新点均匀分配在 $X^{(2)}$ 中
6: 　在 $X^{(2)}$ 的各个峰值区域依次选取更新点,得到 q 个更新点,用 $X^{(3)}$ 表示
7: 　并行计算 q 个更新点 $X^{(3)}$ 的真实目标值
8: 　$X \leftarrow X \cup X^{(3)}$
9: 　$y \leftarrow y \cup y(X^{(3)})$
10: 　$y_{\min} \leftarrow \min(Y)$
11: 　$x_{\min} \leftarrow X \in X : y(x) = y_{\min}$
12: **end while**

步骤 3:找出 EI 函数所有的峰值,并根据 EI 函数值将峰值从大到小排序。为寻找 EI 函数的所有峰值,可用不同初始点多次运行基于导数的优化方法来寻找,也可以采用进化多峰值优化算法。如图 11.3(a)所示,空心圆点代表 20 个样本点,灰色方块和空心方块代表找到的 EI 函数的 5 个峰值,按照峰值从大到小排序为峰值 1、峰值 2、峰值 3、峰值 4 和峰值 5。

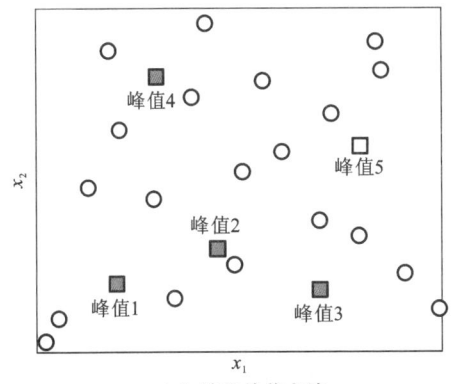

(a)选取峰值方法　　　　　　(b)选取更新点方法
图 11.3 阈值多峰 EI 准则样本点选择方法示意图

步骤4：从所有EI峰值中选取EI函数值大于指定阈值的EI峰值，如果没有大于阈值的EI峰值，则选择EI函数值最大的峰值，并假设满足要求的EI峰值有p个。如图11.3（a）所示，灰色方块（峰值1到峰值4）表示EI函数值大于或等于阈值的EI峰值，而空心方块（峰值5）表示EI值小于阈值的EI峰值。因此只在峰值1到峰值4处选取样本点。

步骤5：将要选取的q个更新点分配在p个峰值处。若$p \geq q$，即得到的峰值个数大于要补充更新点的个数，则在前q个峰值处各选一个更新点即可；若$p < q$，即得到的峰值个数小于要补充更新点的个数，则将q个更新点尽可能均匀地分配到p个峰值处。如q能被p整除，则每个峰值处选择q/p个更新点。如不能整除，则将余出的点按峰值大小顺序依次分配。在这个示例中，$q=10$、$p=4$时，分配方案为[3, 3, 2, 2]。

步骤6：依次在每个峰值处选取更新点。如果当前峰值只分配了一个更新点，则直接选取峰值点作为更新点即可；如果当前峰值分配了多个更新点，则将第一个更新点选取在峰值处，其余的更新点采用拉丁超立方采样方法均匀分布在峰值区间内，并与峰值区间内已选点保持最大距离（进行拉丁超立方采样500次，选取与峰值区间内已有点距离最大的采样方案）。EI函数的峰值区间的计算较为简单，如图11.4所示，以峰值点为中心，依次沿各个方向搜索，当EI函数值下降到峰值的10%时停止搜索，并将此处作为峰值区间的边界。在图11.3（b）中，虚线矩形框即为峰值1到峰值4的峰值区间，灰色方块和网格填充方块为在峰值区间内选取的10个更新点，其中灰色方块为在峰值点选取的更新点，网格填充方块为峰值区间内峰值点以外选取的更新点。

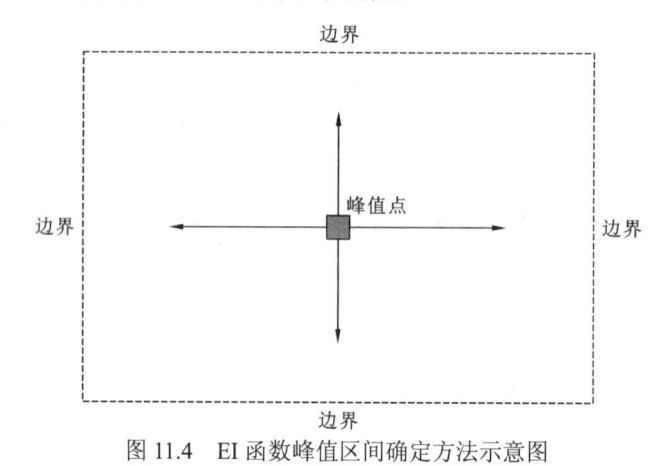

图11.4 EI函数峰值区间确定方法示意图

阈值多峰EI准则虽然在算法描述上比多峰EI准则更加复杂，但在其他方面有所提高。

（1）阈值多峰EI准则更好地平衡了多个更新点的全局搜索与局部搜索。由于多峰EI准则选取的更新点是在EI函数不同的峰值处，它们常常在设计空间中较为分散。从优化搜索的角度而言，在寻优的初期更新点分散有利于对各个区域进行全局搜索，但在寻优的后期阶段更新点过度分散则不利于对重点区域进行局部搜索。而阈值多峰EI准则对全局搜索与局部搜索做了很好的平衡，在搜索的初期与多峰EI准则类似进行全局搜索，随着搜索过程的进行逐步转为局部搜索，从而加快优化搜索的过程。

（2）阈值多峰EI准则可以保证选取更新点的数量。多峰EI准则在EI函数的每个局部峰值处选择一个更新点，当EI函数局部峰值的个数少于更新点个数时，根据多峰值EI准则选取的更新点个数会少于要求的更新点个数,因此这种算法不适用于并行计算。Sóbester 等[1]提出当多峰 EI 准则选取的更新点不够时,通过最小化 Kriging 预测值或最大化 Kriging 预测标准差来补充更新点,但通过其他准则补充点可能会与已选的更新点重复。与此相反,阈值多峰 EI 准则设置了峰值区间,容许在 EI 峰值区间内选取多个样本点,因此无论 EI 函数有多少个峰值,阈值多峰 EI 准则总是可以选取到满足数量要求的更新点。

(3)阈值多峰 EI 准则选取更新点的质量要比多峰 EI 准则高。如果用 EI 函数值来衡量候选点的质量,那么 EI 函数值小的候选点的质量也相对较差。多峰 EI 准则没有考虑 EI 函数峰值的高低,将 EI 函数所有局部峰都选为更新点,这样会不可避免地选取到 EI 函数值特别小的更新点,使得更新点的平均质量较低。而阈值多峰 EI 准则通过设定阈值,排除掉质量差的峰值,而将样本点选在 EI 值更大的峰值处,从而提高更新点的平均质量。

为了比较阈值多峰 EI 准则与多峰 EI 准则的选点模式,本章首先将基于这两种准则的并行 EGO 算法在二维 Goldstein-Price 函数[下文简称 GoldPrice 函数,具体表达式见式(11.5)]上进行测试。在每次迭代中选取 10 个更新点,并将阈值多峰 EI 准则中的阈值设为 10^{-6}。基于多峰 EI 准则的并行 EGO 算法需要 16 次迭代找到最优解,而基于阈值多峰 EI 准则的并行 EGO 算法只需要 9 次迭代就找到了 GoldPrice 函数的最优解。图 11.5 所示为两种算法第一次迭代和最后一次迭代选取的样本点。

(a)多峰EI准则第1次迭代

(b)阈值多峰EI准则第1次迭代

(c)多峰EI准则最后1次迭代

(d)阈值多峰EI准则最后1次迭代

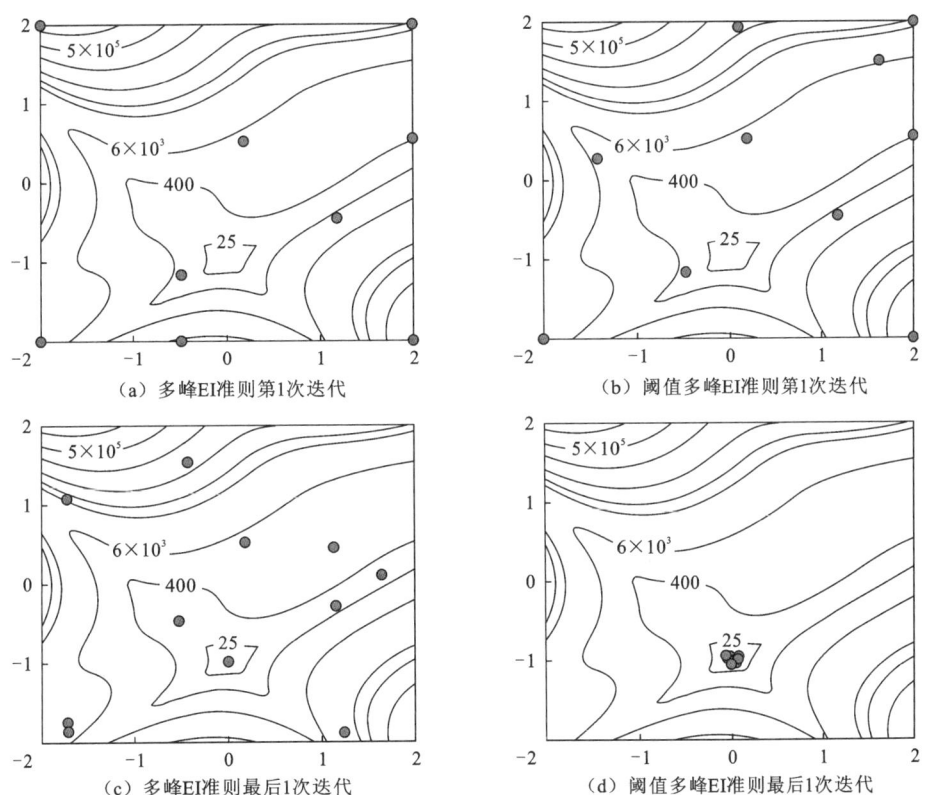

图 11.5 多峰 EI 准则和阈值多峰 EI 准则在 GoldPrice 函数上第 1 次迭代和最后 1 次迭代选取的样本点

在第一次迭代过程中,多峰优化算法只找到了 EI 函数的 9 个峰值,因此 Sóbester 多峰 EI 准则只选取了 9 个更新点,如图 11.5(a)中灰色圆点所示。而阈值多峰 EI 准则通过判断发现只有7个峰值大于阈值,所以在EI函数最高的7个峰值处选取10个样本点,如图11.5(b)中灰色圆点所示。由于在每个EI峰值处选取一个样本点,多峰EI准则选取的样本点的个数往往受到EI函数峰值个数的限制。当EI函数峰值个数小于要求的更新点个数时,多峰EI准则往往需要通过其他准则来补充样本点,这样就提高了算法的复杂性。而阈值多峰EI准则计算了峰值的峰值区间,可以在一个峰值区间选取任意数量的点,因此无论当前EI函数有多少个峰值,阈值多峰值EI准则总是可以选取满足数量的更新点。在第一次迭代时,两种准则的类似之处是选取的样本点在设计空间都较为分散,有利于寻优初期阶段的全局搜索。

在最后一次迭代,阈值多峰EI准则选取的更新点的空间分布与多峰EI准则完全不同。多峰EI准则选取的样本点仍然稀疏地分布在整个设计空间内,只有一个更新点分布在最优点(0,-1)附近,如图11.5(c)中灰色圆点所示。而阈值多峰EI准则选取的10个样本点全部集中在最优点附近,对最优解进行充分搜索,如图11.5(d)中灰色圆点所示。算例表明多峰EI准则选取的更新点在整个优化进程中总是分散地分布于设计空间,即使在优化进程的后期阶段,其更新点仍是分散的分布。当最优点的区域已经找到,多峰EI准则只有一个更新点在最优点附近进行搜索,而其他9个更新点仍分布在远离最优点的区域,对准确找到最优点没有直接作用,这也使得这一算法在搜索的后期收敛十分缓慢。相比而言,本小节提出的阈值多峰EI准则很好地进行全局搜索和局部搜索的平衡。在优化搜索的后期阶段,所有更新点都选在最优点附近,这样有利于对最优点进行充分发掘,提高算法的收敛速度。

11.2.3 阈值设置

在使用阈值多峰EI准则时,需要对算法中的阈值进行设置。如果把阈值设置为0,则算法将所有EI峰值包含在内,此时阈值多峰EI准则与多峰EI准则相同;如果将阈值设置为正无穷大,则算法每次都只选取EI函数最大的峰值,将所有更新点选在EI最大峰值处,此时算法只关注局部搜索而忽略了全局搜索。由此可见,阈值对调节算法全局搜索和局部搜索的平衡起到了关键作用。在上一小结的示例中选取的阈值为10^{-6},但这个数值并不是所有问题的最佳选择。阈值的形式为

$$T = \varepsilon \times \mathrm{EI}_{\max} \tag{11.1}$$

式中:$\mathrm{EI}_{\max}$是初始EI函数的最大值;ε为自定义的正实数。最佳阈值的选取与面临的问题相关,不同问题最佳阈值一般也不同。由于无法通过理论推导出阈值多峰EI准则中的最佳阈值,本章通过数值试验对阈值多峰EI准则阈值的设定进行分析,并根据数值试验的结果给出阈值选取的相关建议。

11.2.4 数值算例及分析

本小节首先选取数学算例对并行EGO算法进行测试。虽然标准EGO算法及并行EGO算法都是针对计算耗时优化问题提出的,但这些数学算例具有一般工程问题高非线性和多

峰值等特征，而且计算快速，可较快地测试出算法的可行性。此外，数学算例的最优解已知，便于比较不同算法找到最优解的效率。

本小节的数值试验有三个目的：①通过设定不同阈值，分析比较阈值对基于阈值多峰 EI 准则的并行 EGO 算法效率的影响，并根据试验结果给出阈值设定的一般建议；②比较阈值多峰 EI 准则和标准 EI 准则，分析基于阈值多峰 EI 准则的并行 EGO 算法相对标准 EGO 算法的加速效果；③比较阈值多峰 EI 准则和多峰 EI 准则的效率，分析这两种并行 EGO 算法的优劣。

1. 测试函数

（1）Six-hump camel-back 函数（简称 Sixhump 函数），设计变量个数 $n=2$，表达式为

$$f = 4x_1^2 - 2.1x_1^4 + \frac{1}{3}x_1^6 + x_1 x_2 - 4x_2^2 + 4x_2^4 \tag{11.2}$$

式中：设计变量取值范围为 $x_1, x_2 \in [0,5]$，最小目标函数值为 -1.0316，最优解为 $(0.0898, -0.7127)$ 和 $(-0.0898, 0.7127)$。

（2）Branin 函数，设计变量个数 $n=2$，表达式为

$$f = \left(x_2 - \frac{5.1}{4\pi^2}x_1^2 + \frac{5}{\pi}x_1 - 6\right)^2 + 10\left(1 - \frac{1}{8\pi}\right)\cos x_1 + 10 \tag{11.3}$$

式中：设计变量取值范围为 $x_1 \in [-5,10]$、$x_2 \in [0,15]$；最小目标函数值为 0.3979；最优解为 $(-3.1415, 12.2750)$、$(-3.1415, 2.2750)$ 和 $(9.4248, 2.4750)$。

（3）Sasena 函数，设计变量个数 $n=2$，表达式为

$$f = 2 + 0.01(x_2 - x_1^2)^2 + (1 - x_1)^2 + 2(2 - x_2)^2 + 7\sin(0.5x_1)\sin(0.7x_1 x_2) \tag{11.4}$$

式中：设计变量取值范围是 $x_1, x_2 \in [0,5]$，最优解是 $(2.5044, 2.5778)$，最小目标函数值为 -1.4565。

（4）GoldPrice 函数，设计变量个数 $n=2$，表达式为

$$\begin{aligned} f = &[1 + (x_1 + x_2 + 1)^2(19 - 14x_1 + 3x_1^2 - 14x_2 + 16x_1 x_2 + 3x_2^2)] \\ &\times [30 + (2x_1 - 3x_2)^2(18 - 32x_1 + 12x_1^2 + 48x_2 - 36x_1 x_2 + 27x_2^2)] \end{aligned} \tag{11.5}$$

式中：设计变量取值范围为 $x_1, x_2 \in [-2,2]$；最优解为 $(0.0000, -1.0000)$；最小目标函数值为 3.0000。

（5）设计变量个数 $n=3$ 的 Hartmann 函数（简称 Hartmann 3 函数），取值范围为 $x_1, x_2, x_3 \in [0,1]$，表达式为

$$f = -\sum_{i=1}^{4} c_i \exp\left[-\sum_{j=1}^{n} \alpha_{ij}(x_j - p_{ij})^2\right] \tag{11.6}$$

式中：c_i、α_{ij} 和 p_{ij} 分别为向量 c、矩阵 A 和 P 的元素，而且 $c = [1.0, 1.2, 3.0, 3.2]$，

$$A = \begin{bmatrix} 3.0 & 10.0 & 30.0 \\ 0.1 & 10.0 & 35.0 \\ 3.0 & 10.0 & 30.0 \\ 0.1 & 10.0 & 35.0 \end{bmatrix}, \quad P = \begin{bmatrix} 0.3689 & 0.1170 & 0.2673 \\ 0.4699 & 0.4378 & 0.7470 \\ 0.1091 & 0.8732 & 0.5547 \\ 0.3815 & 0.5743 & 0.8828 \end{bmatrix} \tag{11.7}$$

Hartmann 3 函数最优解为 $(0.1000, 0.5559, 0.8522)$，最小目标函数值为 -3.8628。

（6）设计变量个数 $n=6$ 的 Hartmann 函数（简称 Hartmann6 函数），取值范围为 $x_i \in [0,1]$，

$i=1,2,\cdots,6$，表达式如式（11.6）所示，式中：$c=[1.0,1.2,3.0,3.2]$，

$$A = \begin{bmatrix} 10.0 & 3.0 & 17.0 & 3.5 & 1.7 & 8.0 \\ 0.05 & 10.0 & 17.0 & 0.1 & 8.0 & 14.0 \\ 3.0 & 3.5 & 1.7 & 10.0 & 17.0 & 8.0 \\ 17.0 & 8.0 & 0.05 & 10.0 & 0.1 & 14.0 \end{bmatrix} \quad (11.8)$$

$$P = \begin{bmatrix} 0.1312 & 0.1696 & 0.5569 & 0.0124 & 0.8283 & 0.5886 \\ 0.2329 & 0.4135 & 0.8307 & 0.3736 & 0.1004 & 0.9991 \\ 0.2348 & 0.1451 & 0.3522 & 0.2883 & 0.3047 & 0.6650 \\ 0.4047 & 0.8828 & 0.8732 & 0.5743 & 0.1091 & 0.0381 \end{bmatrix} \quad (11.9)$$

Hartmann6 函数最优解为 (0.2017, 0.1500, 0.4769, 0.2753, 0.3117, 0.6573)，最小目标函数值为 -3.3224。由于在少量样本点的情况下，Kriging 代理模型对 Hartmann6 函数近似效果不佳，本小节采用 Jones 等[3]的方法将 Hartmann6 函数变换成 $y=-\ln(-f)$ 的形式。变换后 Hartmann6 函数的最优解不变，最小目标函数值为 -1.2007。

2. 参数设置

对每个测试函数，采用 Matlab 的拉丁超立方采样方法选取 $11n-1$（其中 n 为测试函数的维数）个初始样本点。拉丁超立方函数为 lhsdesign，选项为 maximin，迭代 1 000 次。对所有的测试函数，最多容许 EGO 算法和并行 EGO 算法迭代 100 次。测试算例的主要信息如表 11.1 所示。

表 11.1 测试函数的主要信息

名称	设计变量个数	初始样本点个数	最大迭代次数
Sixhump	2	21	100
Branin	2	21	100
Sasena	2	21	100
GoldPrice	2	21	100
Hartmann 3	3	32	100
Hartmann 6	6	65	100

在试验中采用计算机试验设计与分析（design and analysis of computer experiment，DACE）工具箱[4]构建 Kriging 代理模型，回归函数设置为 regpoly0，相关函数设置为 corrgauss，Kriging 模型参数 θ_i ($i=1,2,\cdots,n$) 初始值设置为 1，取值区间设置为 $[10^{-3},10^3]$。

分别选取更新点个数 $q=5$ 和 $q=10$ 运行两种并行 EGO 算法，以便分析更新点个数对并行 EGO 算法效率的影响。在标准 EGO 算法中，采用 Matlab 粒子群优化算法对标准 EI 准则进行寻优。粒子群优化算法粒子个体数设置为 100，最大迭代次数设置为 100，一共对 EI 准则进行 10 000 次计算。在基于多峰 EI 准则和阈值多峰 EI 准则的并行 EGO 算法中，采用 NMMSO 多峰粒子群优化算法[5]寻找 EI 函数的多个峰值。粒子群个体数设置为 100，对 EI 准则最大计算次数设置为 10 000。

3. 比较指标

对标准 EGO 算法和两种并行 EGO 算法,当寻找到的最优解与原问题最优解的目标值相差等于或小于 1%时,认为优化算法成功找到了最优解并终止算法。对于 Hartmann6 测试函数,1%的衡量标准是针对变形前的原函数,而不是变形后的函数。如果算法迭代到最大迭代次数后仍未找到最优解,终止算法并认为算法找到最优解的迭代次数为最大迭代次数。

为了排除初始样本点对实验结果的影响,对所有的实验依据 100 组不同的初始样本点独立重复运行 100 次,并统计各个算法寻找到测试函数最优解的迭代次数。

4. 阈值影响分析

为了分析阈值对基于阈值多峰 EI 准则的并行 EGO 算法效率的影响,依次选取阈值表达式 $T = \varepsilon \times \text{EI}_{\max}$ 中参数 ε 为 10^{-3}、10^{-4}、10^{-5}、10^{-6} 运行算法,统计算法收敛到测试函数最优解需要的迭代次数。表 11.2 和表 11.3 分别给出了 $q=5$ 和 $q=10$ 时 100 次实验的平均值和标准差。为了排除随机误差对结果的影响,本节采用方差分析对 ε 取不同值时得到的 4 组实验结果进行显著性检验。当显著性检验的 p 值小于显著性水平 $\alpha = 0.05$ 时,可以认为 ε 的改变对实验结果产生了显著性影响,并将表中对应数据背景涂为灰色。因此,表中灰色背景的数据表示在此测试函数上 ε 的改变对基于阈值多峰 EI 准则的并行 EGO 算法效率产生了显著性影响;而白色背景的数据则表示在此测试函数上 ε 的改变对基于阈值多峰 EI 准则的并行 EGO 算法效率没有显著性影响。

表 11.2 $q=5$,ε 取不同值时阈值多峰 EI 准则收敛到最优解的迭代次数

函数	统计值	ε			
		10^{-3}	10^{-4}	10^{-5}	10^{-6}
Sixhump	平均值	3.61	3.68	3.75	3.76
	标准差	1.07	1.01	1.02	1.06
Branin	平均值	3.09	2.92	2.97	3.00
	标准差	0.90	0.77	0.85	0.79
Sasena	平均值	4.46	4.48	4.49	4.57
	标准差	1.59	1.68	1.36	1.44
GoldPrice	平均值	14.67	13.75	13.41	13.21
	标准差	1.66	1.34	1.23	1.04
Hartmann 3	平均值	2.46	2.58	2.51	2.85
	标准差	0.94	0.97	1.03	1.13
Hartmann 6	平均值	26.67	23.73	22.11	23.87
	标准差	17.96	9.85	9.36	12.08

表 11.3　$q=10$，ε 取不同值时阈值多峰 EI 准则收敛到最优解的迭代次数

函数	统计值	ε			
		10^{-3}	10^{-4}	10^{-5}	10^{-6}
Sixhump	平均值	2.81	2.72	2.82	2.73
	标准差	0.68	0.59	0.66	0.62
Branin	平均值	2.30	2.32	2.29	2.27
	标准差	0.61	0.55	0.54	0.58
Sasena	平均值	3.44	3.59	3.72	3.67
	标准差	0.95	1.01	1.18	1.04
GoldPrice	平均值	9.11	8.57	8.33	8.40
	标准差	1.39	1.00	0.71	0.70
Hartmann 3	平均值	2.00	2.14	2.20	2.32
	标准差	0.68	0.73	0.82	0.78
Hartmann 6	平均值	22.79	19.88	17.84	18.59
	标准差	19.93	13.77	7.99	8.37

从表 11.2 中可以看出，当 $q=5$ 时，阈值参数 ε 在 $10^{-3}\sim10^{-6}$ 变化对基于阈值多峰 EI 准则的并行 EGO 算法效率的影响在测试函数 Sixhump、Branin、Sasena 和 Hartmann6 上不显著，而在测试函数 GoldPrice 和 Hartmann3 上非常显著。在 GoldPrice 函数上，$\varepsilon=10^{-5}$ 和 $\varepsilon=10^{-6}$ 时，算法收敛到最优解需要的迭代次数最少；在 Hartmann3 函数上，$\varepsilon=10^{-3}$ 和 $\varepsilon=10^{-5}$ 时，算法收敛到最优解需要的迭代次数最少。

从表 11.3 中可以看出，当 $q=10$ 时，阈值参数 ε 变化对基于阈值多峰 EI 准则的并行 EGO 算法效率的影响在测试函数 Sixhump、Branin、Sasena 上不显著，而在测试函数 GoldPrice、Hartmann3 和 Hartmann6 上影响显著。在 GoldPrice 函数上，$\varepsilon=10^{-5}$ 和 $\varepsilon=10^{-6}$ 时，算法收敛到最优解需要的迭代次数最少；在 Hartmann3 函数上，$\varepsilon=10^{-3}$ 和 $\varepsilon=10^{-4}$ 时，算法收敛到最优解需要的迭代次数最少；而在 Hartmann6 函数上，$\varepsilon=10^{-5}$ 和 $\varepsilon=10^{-6}$ 时，算法收敛到最优解需要的迭代次数最少。

然而，基于阈值多峰 EI 准则的并行 EGO 算法的效率与参数 ε 的大小并没有一定的相关性，当参数 ε 在 $10^{-3}\sim10^{-6}$ 取值时，算法的效率既没有单调增加也没单调减小。综合上述分析可知，无论 $q=5$ 还是 $q=10$，当 $\varepsilon=10^{-5}$ 时，基于阈值多峰 EI 函数的并行 EGO 算法在各个测试函数上效率都较高。因此本章最终选取阈值参数为 $\varepsilon=10^{-5}$，相应的阈值为

$$T=10^{-5}\times \mathrm{EI}_{\max} \tag{11.10}$$

5. 数值实验结果

为了验证阈值多峰 EI 准则的效率，本小节将基于阈值多峰 EI 准则的并行 EGO 算法在选取的 6 个数学函数上进行测试，并与标准 EGO 算法及基于多峰 EI 准则的并行 EGO 算法进行对比分析。实验中选取式（11.10）作为阈值多峰 EI 准则中的阈值。对于两种并行

EGO 算法,分别选取更新点个数 q 为 5 和 10,以便分析更新点个数对两种并行 EGO 算法效率的影响。为了排除随机因素的影响,所有的实验采用 100 种不同的初始实验设计方案运行 100 次,并统计 100 次实验的结果。

图 11.6 展示了标准 EGO 算法、基于多峰 EI 准则的并行 EGO 算法及基于阈值多峰 EI 准则的并行 EGO 算法在 6 个测试函数上的迭代过程。图中的 y 坐标是 100 次实验的平均最小目标值。从图中可以看出,对于 6 个测试函数,两种并行 EGO 算法比标准 EGO 算法有更快的收敛速度,而且 $q=10$ 的并行 EGO 算法比 $q=5$ 的并行 EGO 算法效率要高。例如,对于 Sixhump 函数,标准 EGO 算法需要 15 次左右的迭代才能找到最优解,

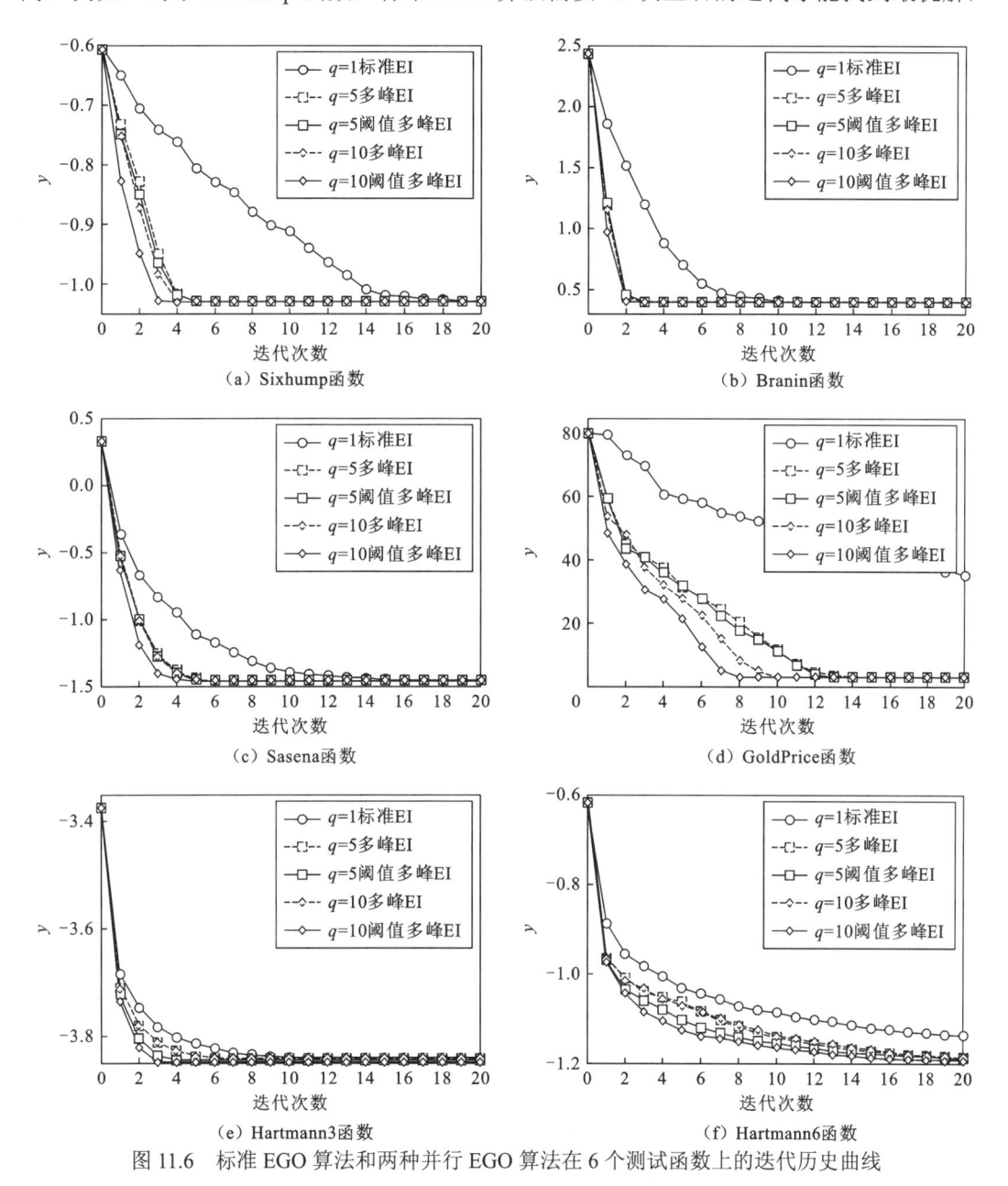

图 11.6 标准 EGO 算法和两种并行 EGO 算法在 6 个测试函数上的迭代历史曲线

而 $q=5$ 和 $q=10$ 的并行 EGO 算法需要 5 次左右的迭代就可以找到最优解。再比如，对于 GoldPrice 函数，标准 EGO 算法在 20 次迭代后仍远离最优解，$q=5$ 的两种并行 EGO 算法在 13 次迭代后十分接近最优解，而 $q=10$ 的并行 EGO 算法则只需要 10 次左右的迭代就能找到最优解。

从另外的角度讲，当迭代次数相同时，并行 EGO 算法能比标准 EGO 算法找到更优的解，而且 q 值越大并行 EGO 算法找到的解越优。以 GoldPrice 函数为例，经过 4 次迭代，标准 EGO 算法找到的最优目标值约为 60.8，$q=5$ 的基于阈值多峰 EI 准则的并行 EGO 算法找到的最小目标值约为 36.2，而 $q=10$ 的基于阈值多峰 EI 准则的并行 EGO 算法找到的最小目标值约为 27.7。工程中优化设计受到时间的限制，因此常常采用迭代次数作为优化的终止条件，此时采用并行 EGO 算法比标准 EGO 算法能找到更优的解。

横向对比基于多峰 EI 准则和基于阈值多峰 EI 准则的两种并行 EGO 算法的历史迭代曲线可以看出，在 Branin 函数上两者效率相当，而在其他 5 个测试函数上基于阈值多峰 EI 准则的并行 EGO 算法的效率要显著高于基于多峰 EI 准则的并行 EGO 算法。

为了准确分析算法的寻优效率，本小节统计标准 EGO 算法与两种并行 EGO 算法找到测试函数最优解时的迭代次数，结果如表 11.4 所示。表中给出了 100 次实验的平均值和标准差。为了科学地对结果进行对比，本章对多峰 EI 准则和阈值多峰 EI 准则的 100 次实验结果进行了双总体 t 检验（paired t-test），检验两者收敛到测试函数最优解需要的迭代次数是否有显著性差异。当双总体 t 检验的 p 值小于显著性水平 $\alpha=0.05$ 时，可以认为这两种准则的寻优效率有显著性差异，并将迭代次数显著性小的那组数据的平均值背景涂为灰色。

表 11.4　两种并行 EGO 算法收敛到测试函数最优解需要的迭代次数

函数	统计值	标准 EI	$q=5$ 多峰 EI	$q=5$ 阈值多峰 EI	$q=10$ 多峰 EI	$q=10$ 阈值多峰 EI
Sixhump	平均值	13.77	3.91	3.75	3.37	2.82
	标准差	4.02	1.02	1.02	0.77	0.66
Branin	平均值	10.51	3.03	2.97	2.68	2.29
	标准差	3.06	0.86	0.85	0.78	0.54
Sasena	平均值	12.26	4.73	4.49	4.64	3.72
	标准差	4.62	1.46	1.36	1.31	1.18
GoldPrice	平均值	58.33	14.33	13.41	11.00	8.33
	标准差	7.14	1.30	1.23	1.51	0.71
Hartmann 3	平均值	4.82	3.50	2.51	3.40	2.20
	标准差	2.93	1.70	1.03	1.64	0.82
Hartmann 6	平均值	87.23	24.47	22.11	20.40	17.84
	标准差	25.32	10.48	9.36	5.34	7.99

对比基于阈值多峰 EI 准则的并行 EGO 算法和标准 EGO 算法可以看出，基于阈值多峰 EI 准则的并行 EGO 算法找到最优解的迭代次数要显著少于标准 EGO 算法，且随着 q 值的增大，收敛到测试函数最优解需要的迭代次数的平均值和标准差都在逐渐减少。也就是

说，随着更新点数量 q 的增加，基于阈值多峰 EI 准则的并行 EGO 算法变得越来越高效（收敛到最优解的迭代次数的平均值逐渐减少），也越来越稳定（收敛到最优解的迭代次数的标准差逐渐减少）。阈值多峰 EI 准则充分利用 EI 函数多峰的特性，通过合理地在各个峰值区域分布更新点，阈值多峰 EI 准则能显著地加速 EGO 算法的寻优效率。然而，阈值多峰 EI 准则的加速倍速往往要低于每次迭代使用更新点的个数。比如，在 Sixhump 测试函数上，标准 EGO 算法每次迭代使用 1 个更新点，平均需要 13.77 次迭代找到最优解；而 $q=10$ 的并行 EGO 算法每次使用 10 个更新点，平均需要 2.82 次迭代找到最优解。那么，$q=10$ 的基于阈值多峰 EI 准则的并行 EGO 算法的加速倍速为 $13.77\div2.82\approx4.88$，小于使用更新点个数 10。理想的并行优化算法的加速效果称为线性加速，表示 q 点并行优化算法能加速 q 倍，投入 q 倍的计算资源可获得 q 倍的效率提升。但大多数并行 EGO 算法都无法达到线性加速。如果用 EI 函数值来衡量更新点的质量，标准 EGO 算法选取 EI 函数值最大的点的质量最高，并行 EGO 算法选取的除 EI 最大值外的点的质量都要低于标准 EGO 算法选取的更新点，因此用 EI 函数值来衡量，任何并行 EGO 算法选取的多个更新点的平均质量都要低于标准 EGO 算法选取的更新点，这也就使得 q 点并行 EGO 算法无法达到 q 倍的加速。然而，工程中计算资源十分丰富且在不断增加，即使并行 EGO 算法无法达到线性加速，只要能达到一定程度的加速效果，减少优化时间，对工程设计也有十分重要的作用。

对比阈值多峰 EI 准则和多峰 EI 准则可以看出，当 $q=5$ 时，阈值多峰 EI 准则在 Sasena、GoldPrice 和 Hartmann3 三个函数上效率显著高于多峰 EI 准则，而当 $q=10$ 时，阈值多峰 EI 准则在 6 个测试函数上寻优效率都要高于多峰 EI 准则。在所有的测试算例中，没有出现多峰 EI 准则显著高于阈值多峰 EI 准则的情况。这表明阈值多峰 EI 准则在 q 较小时与多峰 EI 准则寻优效率相当，而当 q 较大时寻优效率显著高于多峰 EI 准则。当每次迭代选取的更新点个数 q 较小时，EI 函数常常有足够的峰值高于阈值，此时阈值的筛选并没有起到作用，阈值多峰 EI 准则的选点方法与多峰 EI 准则十分接近，因此两者的寻优效率较为接近。而当更新点个数 q 逐渐增加时，EI 函数没有足够的峰值高于阈值，此时阈值多峰 EI 准则会筛除掉低于阈值的峰值，而将更新点选取在 EI 函数值较大的峰值处，阈值多峰 EI 准则选取更新点的平均质量要高于多峰 EI 准则，因此有更高的寻优效率。工程中常常有丰富的计算资源，为了提高优化效率，设计者常常选用较大的 q 值，此时采用基于阈值多峰 EI 准则的并行 EGO 算法有更高的寻优效率。

11.3 基于阈值多峰 CEI 准则的并行约束 EGO 算法

11.3.1 阈值多峰 CEI 准则

虽然 Sóbester[1]等提出的多峰 EI 准则及本章提出的阈值多峰 EI 准则都是针对无约束 EGO 算法提出的，但这两种并行算法的思想也很容易拓展到约束 EGO 算法。约束 EGO 算法依据 PoF 准则及 CEI 准则来选取更新点，按照 Sóbester 等[1]的并行思想可以选取 PoF 准则和 CEI 准则的多个峰值点作为更新点，从而得到多峰 PoF 准则和多峰 CEI 准则。按照本章阈值多峰的思想，需要根据设定的阈值，在峰值大于阈值的峰值区域选取多个更新点，从而得到阈值多峰CEI准则。根据11.2节对阈值的分析，本小节选取阈值参数为$\varepsilon=10^{-5}$。约束EGO算法采用PoF准则选取更新点时，阈值为

$$T_{\mathrm{PoF}}=10^{-5} \tag{11.11}$$

而当约束EGO算法采用CEI准则选取更新点时，阈值为

$$T_{\mathrm{CEI}}=10^{-5}\times\mathrm{CEI}_{\max} \tag{11.12}$$

基于多峰CEI准则及阈值多峰CEI准则的并行约束EGO算法的算法流程与基于多峰EI准则和阈值多峰EI准则的并行无约束EGO算法相同，只需要将其中的EI准则变换为PoF准则（当前样本集中没有可行解时）和CEI准则（当前样本集中有可行解时）即可。

11.3.2 数值算例及分析

（1）带有一个简单约束条件的Branin函数（简称Branin1函数），设计变量个数$n=2$，约束条件个数$c=1$，目标函数和约束条件为

$$\begin{cases} f=\left[15x_2-\dfrac{5.1}{4\pi^2}(15x_1-5)^2+\dfrac{5}{\pi}(15x_1-5)-6\right]^2 \\ \quad +10\left[\left(1-\dfrac{1}{8\pi}\right)\cos(15x_1-5)+1\right]+5(15x_1-5) \\ g=-x_1x_2+0.2\leqslant 0 \end{cases} \tag{11.13}$$

式中：设计变量的取值范围$x_1,x_2\in[0,1]$，最优可行解为$(0.9677,0.2067)$，对应的最小目标函数值为5.5757。

（2）带有一个复杂约束条件的Branin函数（简称Branin2函数），设计变量个数$n=2$，约束条件个数$c=1$，目标函数和约束条件为

$$\begin{cases} f=\left[15x_2-\dfrac{5.1}{4\pi^2}(15x_1-5)^2+\dfrac{5}{\pi}(15x_1-5)-6\right]^2 \\ \quad +10\left[\left(1-\dfrac{1}{8\pi}\right)\cos(15x_1-5)+1\right]+5(15x_1-5) \\ g=6-\left(4-2.1x_1^2+\dfrac{1}{3}x_1^4\right)x_1^2-x_1x_2 \\ \quad -(-4+4x_2^2)x_2^2-3\sin(6-6x_1)-2\sin(6-6x_2)\leqslant 0 \end{cases} \tag{11.14}$$

式中：设计变量的取值范围为$x_1,x_2\in[0,1]$，最优可行解为$(0.941,0.317)$，对应的最小目标函数值为12.001。

（3）带有一个简单约束条件的Sasena函数（简称Sasena1函数），设计变量个数$n=2$，约束条件个数$c=1$，目标函数和约束条件为

$$\begin{cases} f=2+0.01(x_2-x_1^2)^2+(1-x_1)^2+2(2-x_2)^2+7\sin(0.5x_1)\sin(0.7x_1x_2) \\ g=-\sin\left(x_1-x_2-\dfrac{\pi}{8}\right)\leqslant 0 \end{cases} \tag{11.15}$$

式中：设计变量的取值范围为$x_1,x_2\in[0,5]$，最优可行解为$(2.7450,2.3523)$，对应的最小目标函数值为-1.1723。

（4）带有三个约束条件的 Sasena 函数（简称 Sasena2 函数），设计变量个数 $n=2$，约束条件个数 $c=3$，目标函数和约束条件为

$$\begin{cases} f = -(x_1-1)^2-(x_2-0.5)^2 \\ g_1 = (x_1-3)^2+(x_2+2)^2\exp(-x_2^7)-12 \leqslant 0 \\ g_2 = 10x_1+x_2-7 \leqslant 0 \\ g_3 = (x_1-0.5)^2+(x_2-0.5)^2-0.2 \leqslant 0 \end{cases} \tag{11.16}$$

式中：设计变量的取值范围为 $x_1,x_2 \in [0,1]$，最优可行解为 $(0.2017,0.8332)$，对应的最小目标函数值为 -0.7483。

（5）Gomez3 函数，设计变量个数 $n=2$，约束条件个数 $c=1$，目标函数和约束条件为

$$\begin{cases} f = \left(4-2.1x_1^2+\dfrac{1}{3}x_1^4\right)x_1^2+x_1x_2+(-4+4x_2^2)x_2^2 \\ g = -\sin(4\pi x_1)+2\sin^2(2\pi x_2) \leqslant 0 \end{cases} \tag{11.17}$$

式中：设计变量的取值范围为 $x_1,x_2 \in [-1,1]$，最优可行解为 $(0.1093,-0.6234)$，对应的最小目标函数值为 -0.9711。

（6）Toy 函数，设计变量个数 $n=2$，约束条件个数 $c=2$，目标函数和约束条件为

$$\begin{cases} f = x_1+x_2 \\ g_1 = 1.5-x_1-2x_2-0.5\sin[2\pi(x_1^2-2x_2)] \leqslant 0 \\ g_2 = x_1^2+x_2^2-1.5 \leqslant 0 \end{cases} \tag{11.18}$$

式中：设计变量的取值范围为 $x_1,x_2 \in [0,1]$，最优可行解为 $(0.1954,0.4044)$，对应的最小目标函数值为 0.5998。

（7）两杆框架（two-member frame）约束优化问题（简称 Frame 问题），设计变量个数 $n=3$，约束条件个数 $c=2$。Frame 优化问题的具体描述如图 11.7 所示，两杆 1-2 和 3-2 位于 x-y 平面，受到面外力 P 的作用。两杆 1-2 和 3-2 的截面形状相同，如图 11.7 所示。

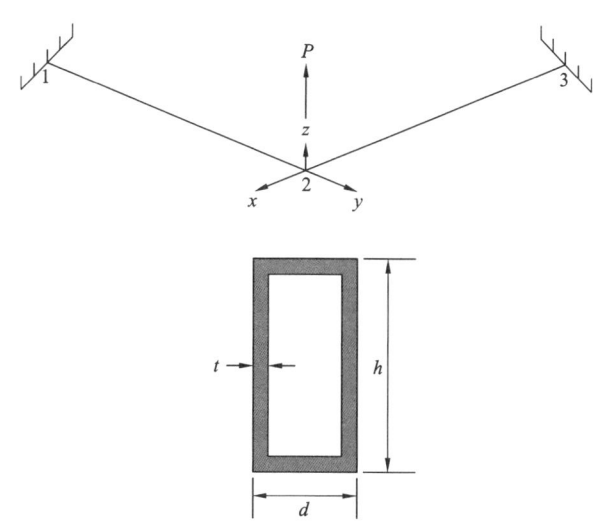

图 11.7 两杆框架约束优化问题示意图

两杆框架的设计需要在满足两个应力约束条件下最小化框架结构的质量（相当于结构的体积），Frame 约束优化问题可以描述为

$$\begin{cases} \text{find} \quad \boldsymbol{x}=[d,h,t] \\ \text{minimize} \quad f = 2L(2dt+2ht-4t^2) \\ \text{subject to} \quad g_1 = \dfrac{\sqrt{\sigma_1^2+3\tau^2}}{40\,000}-1 \leqslant 0 \\ \qquad\qquad\quad g_2 = \dfrac{\sqrt{\sigma_2^2+3\tau^2}}{40\,000}-1 \leqslant 0 \end{cases} \quad (11.19)$$

式中：d,h,t 为三个设计变量，依次表示框架截面的宽度、高度和厚度，取值范围为 $d,h \in [63.5, 254]$，$t \in [2.54, 25.4]$，mm；f 为目标函数，为整个框架结构的体积；L 为单根杆的长度；σ_1 和 σ_2 分别为节点 1 和节点 2 的弯曲应力，MPa；τ 为杆件中的剪应力，MPa。弯曲应力和剪应力的计算公式为

$$\sigma_1 = \frac{M_1 h}{2I}, \quad \sigma_2 = \frac{M_2 h}{2I}, \quad \tau = \frac{T}{w_p} \quad (11.20)$$

式中：M_1 为杆 1-2 中的弯矩；M_2 为杆 3-2 中的弯矩；T 为两杆扭矩；w_p 为杆截面抗扭截面模数。

$$M_1 = \frac{2EI(-3U_1+U_2 L)}{L^2}, \quad M_2 = \frac{2EI(-3U_1+2U_2 L)}{L^2}, \quad T = \frac{-GJU_2}{L} \quad (11.21)$$

式中：U_1 为节点 2 的垂向位移；U_2 和 U_3 分别为杆 3-2 和杆 1-2 的转角位移；I 为杆截面惯性矩；J 为杆截面扭转惯性矩。

$$I = \frac{dh^3-(d-2t)(h-2t)^3}{12}, \quad J = \frac{2t(d-t)^2(h-t)^2}{d+h-2t}, \quad A=(d-t)(h-t) \quad (11.22)$$

U_1、U_2 和 U_3 采用有限元法进行计算：

$$\frac{EI}{L^3} \begin{pmatrix} 24 & -6L & 6L \\ -6L & 4L^2+\dfrac{GJ}{EI}L^2 & 0 \\ 6L & 0 & 4L^2+\dfrac{GJ}{EI}L^2 \end{pmatrix} \begin{pmatrix} U_1 \\ U_2 \\ U_3 \end{pmatrix} = \begin{pmatrix} P \\ 0 \\ 0 \end{pmatrix} \quad (11.23)$$

式中：弹性模量 $E=2.07\times10^5$ MPa；$L=2\,540$ mm；剪切模量 $G=7.95\times10^4$ MPa；$P=-44\,500$ N。该优化问题的最优可行解为 $d=198.07$ mm，$h=254$ mm，$t=2.54$ mm，对应的最小目标函数值为 $f_{\min}=11\,535\,116.54$ mm^3。

（8）减速箱（speed reducer）约束优化问题（简称 Reducer 问题）。设计变量个数 $n=7$，约束条件个数 $c=11$。Reducer 问题示意图如图 11.8 所示。图中 x_1 为齿轮的宽度；x_2 为齿轮的模数；x_3 为小齿轮的齿数；x_4 和 x_5 分别为齿轮箱在小齿轮端和大齿轮端的长度；x_6 和 x_7 分别为小齿轮和大齿轮的直径；7 个设计变量的单位都是 cm。齿轮箱的设计需要在满足多个应力和变形约束下，使

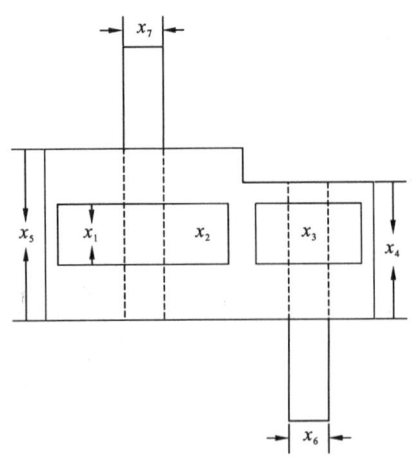

图 11.8 减速箱约束优化问题示意图

结构质量（相当于结构体积）最小。减速箱约束优化问题可以描述为

$$\begin{cases} \text{find} \quad \boldsymbol{x} = [x_1, x_2, x_3, x_4, x_5, x_6, x_7] \\ \text{minimize} \quad f = 0.7854 x_1 x_2^2 (3.3333 x_3^2 + 14.9334 x_3 - 43.0934) \\ \qquad\qquad - 1.058 x_1 (x_6^2 + x_7^2) \\ \qquad\qquad + 7.4777 (x_6^3 + x_7^3) + 0.7854 (x_4 x_6^2 + x_5 x_7^2) \\ \text{subject to} \quad g_1 = \dfrac{27}{x_1 x_2^2 x_3} - 1 \leqslant 0, \quad g_2 = \dfrac{397.5}{x_1 x_2^2 x_3^2} - 1 \leqslant 0 \\ \qquad\qquad g_3 = \dfrac{1.93 x_4^3}{x_2 x_3 x_6^4} - 1 \leqslant 0, \quad g_4 = \dfrac{1.93 x_5^3}{x_2 x_3 x_7^4} - 1 \leqslant 0 \\ \qquad\qquad g_5 = \dfrac{\sqrt{\left(\dfrac{745 x_4}{x_2 x_3}\right)^2 + 16.9 \times 10^6}}{110 x_6^3} - 1 \leqslant 0 \\ \qquad\qquad g_6 = \dfrac{\sqrt{\left(\dfrac{745 x_5}{x_2 x_3}\right)^2 + 157.5 \times 10^6}}{85 x_7^3} - 1 \leqslant 0 \\ \qquad\qquad g_7 = \dfrac{x_2 x_3}{40} - 1 \leqslant 0, \quad g_8 = \dfrac{5 x_2}{x_1} - 1 \leqslant 0, \quad g_9 = \dfrac{x_1}{12 x_2} - 1 \leqslant 0, \\ \qquad\qquad g_{10} = \dfrac{1.5 x_6 + 1.9}{x_4} - 1 \leqslant 0, \quad g_{11} = \dfrac{1.1 x_7 + 1.9}{x_5} - 1 \leqslant 0 \end{cases} \quad (11.24)$$

1. 参数设置

对于所有的测试函数，利用 Matlab 拉丁超立方实验设计方法生成 $11n-1$ 个初始样本点，其中 n 是测试函数设计变量的个数。拉丁超立方函数为 lhsdesign，选项设置为 maximin，迭代次数设置为 1 000 次。对于所有的测试函数，最多容许标准约束 EGO 算法和并行约束 EGO 算法迭代 100 次。测试函数的主要信息如表 11.5 所示。

表 11.5 测试函数列表

函数	设计变量个数	约束函数个数	初始样本个数	最大迭代次数
Branin1	2	1	21	100
Branin2	2	1	21	100
Sasena1	2	1	21	100
Sasena2	2	3	21	100
Gomez3	2	1	21	100
Toy	2	2	21	100
Frame	3	3	32	100
Reducer	7	11	76	100

实验中采用 DACE 工具箱构建目标函数和约束函数的 Kriging 代理模型。DACE 工具箱

中，回归函数设置为 regpoly0，相关函数设置为 corrgauss，Kriging 模型参数 θ_i $(i=1,2,\cdots,n)$ 初始值设置为1，取值区间设置为$[10^{-3},10^3]$。

首先在测试函数上运行标准约束 EGO 算法，然后分别选取 $q=5$ 和 $q=10$ 运行基于多峰 CEI 准则和阈值多峰 CEI 准则的并行约束 EGO 算法。分别选取更新点个数 $q=5$ 和 $q=10$ 分析每次迭代选取更新点个数的变化对并行约束 EGO 算法效率的影响。在标准约束 EGO 算法中，采用 Matlab 粒子群优化算法对 PoF 准则和 CEI 准则进行优化来选取更新点。粒子群优化算法中粒子数量设置为100，迭代次数设置为100，一共对 PoF 准则或 CEI 准则进行 10 000 次计算来选取一个更新点。在并行约束 EGO 算法中，采用 NMMSO 多峰粒子群优化算法寻找 PoF 函数和 CEI 函数的多个峰值，并设置 NMMSO 算法最大计算次数为 50 000。

2. 比较指标

由于测试函数的真实最优可行解（或近似的最优可行解）是已知的，可以通过比较不同算法找到测试函数真实最优可行解需要的迭代次数来衡量算法的优化效率。对于所有进行比较的算法，当算法寻找到的最优可行解与原问题真实的最优可行解的目标值相差等于或小于 1%时，认为算法成功找到了最优可行解并终止算法，并记录算法找到最优可行解的迭代次数。如果算法在容许的最大迭代次数范围内没有找到原问题的最优可行解，则认为算法找到最优可行解的迭代次数为最大迭代次数。

为了排除不同初始样本点对算法效率的影响，对所有的实验依据 100 组不同的初始样本点独立重复运行 100 次，并统计各个算法寻找到测试函数最优可行解的迭代次数。

3. 数值实验结果

图11.9 为基于标准 CEI 准则的标准约束 EGO 算法，基于多峰 CEI 准则和阈值多峰 CEI 准则的并行约束 EGO 算法在 8 个约束优化问题上的迭代曲线。图中纵坐标 y 表示当前可行的最小目标函数值（100 次实验的平均值）。在 Branin2 和 Reducer 函数的实验中，由于部分实验的初始样本点中没有可行解，无法计算 100 次实验最优可行目标值的平均值，迭代曲线不是从第 0 代开始。而在其他函数上，100 次实验的初始样本点中都有可行解，这些函数迭代曲线从第 0 代开始。从图 11.9 中可以看出，除了在 Sasena2 函数上，两种并行约束 EGO 算法的搜索效率明显高于标准约束 EGO 算法。并行约束 EGO 算法在一次迭代过程中选取多个更新点，通过并行计算技术对更新点同时进行计算，从而在一次迭代过程中对设计空间进行更全面的搜索，因此相比于一次迭代只选取一个更新点的标准约束 EGO 算法有更快的搜索效率和收敛速度。横向对比阈值多峰 CEI 和多峰 CEI 两种并行准则可以发现，阈值多峰 CEI 准则在 Branin1、Branin2、Sasena1 和 Sasena2 4 个约束优化问题上与多峰 CEI 准则的表现相当，而在 Gomez3、Toy、Frame 和 Reducer 4 个约束优化问题上比后者表现得更好。

为了更准确地分析算法对约束优化问题的寻优效率，统计标准约束 EGO 算法和两种并行约束 EGO 算法收敛到测试问题最优解需要的迭代次数，结果如表 11.6 所示。表中给出了 100 次实验的平均值和标准差。

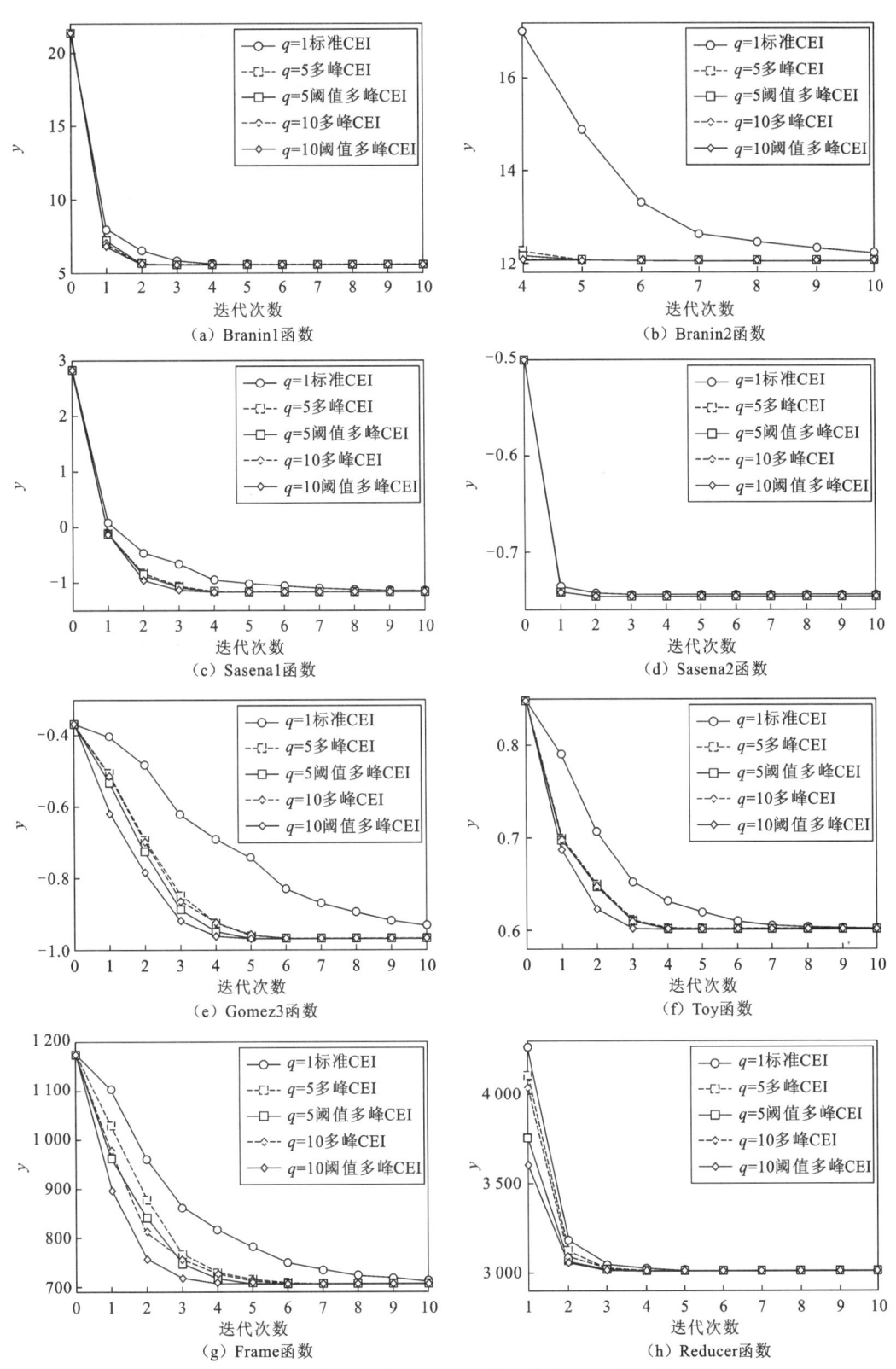

图 11.9 标准约束 EGO 算法和两种并行约束 EGO 算法迭代曲线

表 11.6 标准约束 EGO 算法和两种并行约束 EGO 算法收敛到最优解需要的迭代次数

函数	统计值	标准 CEI	$q=5$ 多峰 CEI	$q=5$ 阈值多峰 CEI	$q=10$ 多峰 CEI	$q=10$ 阈值多峰 CEI
Branin1	平均值	3.31	2.30	2.17	2.13	1.97
	标准差	1.75	0.82	0.71	0.65	0.50
Branin2	平均值	11.95	4.64	4.73	4.24	3.73
	标准差	11.92	1.25	1.76	1.30	1.25
Sasena1	平均值	12.84	4.14	4.53	3.83	4.12
	标准差	12.08	1.32	1.76	1.32	2.63
Sasena2	平均值	5.10	1.34	1.41	1.38	1.39
	标准差	13.01	0.70	0.78	0.79	0.82
Gomez3	平均值	9.06	4.72	4.52	4.91	3.85
	标准差	3.42	1.04	0.94	1.13	0.86
Toy	平均值	6.57	3.53	3.19	3.30	2.71
	标准差	2.22	0.99	0.85	0.83	0.64
Frame	平均值	8.60	5.45	4.32	4.93	3.78
	标准差	3.65	0.99	0.85	0.83	0.64
Reducer	平均值	4.20	3.51	3.15	3.12	3.26
	标准差	1.36	0.66	0.48	0.46	1.20

为了更科学地比较多峰 CEI 和阈值多峰 CEI 这两种并行准则的优化效率，依次对 $q=5$ 和 $q=10$ 的实验数据进行双总体 t 检验（显著性水平 $\alpha=0.05$），并将优化效率显著高（也就是迭代次数显著少）的准则平均值数据背景涂为灰色。

从表 11.6 可以看出，两种并行 CEI 准则的寻优效率都高于标准 CEI 准则，而且 $q=10$ 的并行 CEI 准则的寻优效率高于 $q=5$ 的并行 CEI 准则。$q=5$ 时，阈值多峰 CEI 准则在 Branin1 函数、Toy 函数、Frame 函数和 Reducer 函数上寻优效率显著高于多峰 CEI 准则，而在其他测试函数上与之相当。$q=10$ 时，阈值多峰 CEI 准则在 Branin1 函数、Branin2 函数、Gomez3 函数、Toye 函数和 Frame 函数上寻优效率显著高于多峰 CEI 准则，而在其他测试函数上与之相当。在所有的实验中，没有出现阈值多峰 EI 准则的迭代次数显著多于多峰 EI 准则的情况。这表明将阈值多峰的思想推广到约束 EGO 算法的做法是可行的，而且在阈值多峰 CEI 准则中取阈值参数为 $\varepsilon=10^{-5}$ 是合理和有效的。

参 考 文 献

[1] SÓBESTER A, LEARY S J, KEANE A J. A parallel updating scheme for approximating and optimizing high fidelity computer simulations. Structural and Multidisciplinary Optimization, 2004, 27(5): 371-383.
[2] 詹大为. 并行 EGO 算法研究及其应用. 武汉：华中科技大学, 2018.
[3] JONES D R, SCHONLAU M, WELCH W J. Efficient global optimization of expensive blackbox function. Journal of Global Optimization, 1998, 13(4): 455-492.
[4] LOPHAVEN S N, NIELSEN H B, SØNDERGAARD J. DACE: A MATLAB Kriging toolbox. Princeton：CiteSeer, 2002.
[5] FIELDSEND J E. Running up those hills: Multi-modal search with the niching migratory multi-swarm optimizer. Proceedings of the 2014 IEEE congress on evolutionary computation(CEC), 2014: 2593-2600.

第 12 章

基于伪期望提高准则的并行高效全局优化方法

12.1 概　　述

阈值多峰 EI 准则有较高的优化求解效率，但需要用到多峰值优化算法而且需要设置合适的阈值。与全局优化算法相比，多峰值优化算法研究相对较少，算法成熟度也较差，往往需要对目标函数进行大量的计算才能得到相对满意的结果。即使使用前沿的多峰值优化算法，通常也无法保证可以找到 EI 函数的所有峰值。关于阈值的设置，虽然第 11 章通过数学测试算例给出了一般性的建议，但最优的阈值往往与要解决的具体问题相关，设计者很难通过事先的分析给出合理的阈值。此外，基于阈值多峰 EI 准则的并行优化算法流程较为复杂，选取更新点的方法不易理解，执行算法难度较大。从优化算法的角度来讲，基于阈值多峰 EI 准则的并行 EGO 算法对多个更新点的全局搜索和局部搜索做了很好的平衡，对优化问题有较高的求解效率。但从工程应用的角度来讲，基于阈值多峰 EI 准则的并行 EGO 算法过于复杂，不易理解，额外的参数设置使它不太适用于工程应用。

本章从另外的角度提出一种新的易于理解、便于执行、没有额外参数设置的并行 EI 准则——伪 EI 准则[1]。标准 EGO 算法选取第一个更新点后，会计算第一个更新点的真实响应值，用更新点去更新 Kriging 代理模型，然后根据新的 EI 函数选取第二个更新点。标准 EGO 算法用更新点更新 Kriging 代理模型的过程实际上就是更新 EI 函数的过程，但更新 EI 函数必须用到第一个更新点的真实响应值，这也是标准 EGO 算法只能串行计算的主要原因。伪 EI 准则的设计思想是通过使用一个人造的影响函数来近似更新 Kriging 代理模型对 EI 函数的影响，这样就可以在不计算第一个更新点真实目标值的情况下得到一个近似的更新 EI 函数，从而选出第二个更新点，实现并行计算。基于伪 EI 准则的并行 EGO 算法在一次迭代过程中需要对伪 EI 准则进行 q 次优化才能选出 q 个更新点，但由于伪 EI 准则是解析表达式，对伪 EI 准则的优化计算十分快速，相比于耗时的仿真计算可忽略不计。相比于阈值多峰 EI 准则，伪 EI 准则原理简单、易于理解、只需要用到全局优化算法，而且没有额外的参数需要设置，这也使得伪 EI 准则使用更加方便，更适用于实际工程应用。

12.2　基于伪 EI 准则的并行无约束 EGO 算法

12.2.1　基本思想

图 12.1 所示为标准 EGO 算法在 Forrester 函数上两次迭代过程中的 Kriging 代理模型和 EI 函数曲线。

首先 EGO 算法通过 4 个初始样本点构建了 Kriging 代理模型[图 12.1（a）中虚线]，然后计算相应的 EI 函数[图 12.1（b）中实线]，并通过数值优化找到 EI 函数最大的点作为第一个更新点[图 12.1（b）中灰色圆点]。得到第一个更新点后计算其真实响应值，并将更新点加入样本点集合中，进入第二次迭代过程，如图 12.1（c）和图 12.1（d）所示。第一

(a) 第一次迭代的Kriging代理模型

(b) 第一次迭代的EI函数

(c) 第二次迭代的Kriging代理模型

(d) 第二次迭代的EI函数

图 12.1 标准 EGO 算法在 Forrester 函数上两次迭代过程

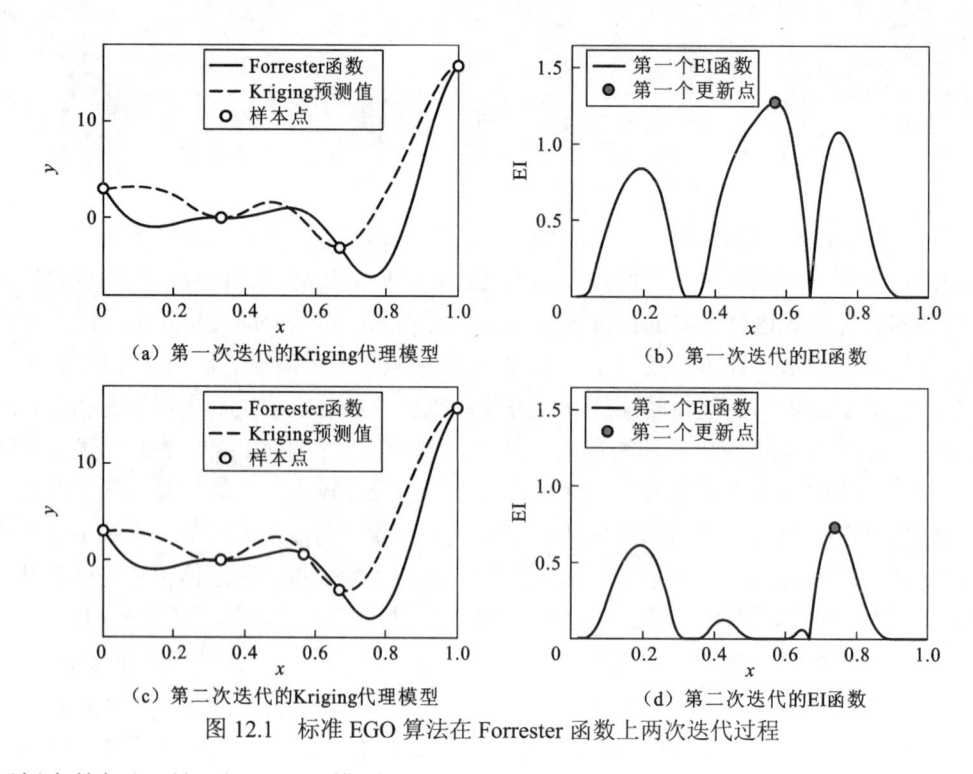

个更新点的加入不仅对 Kriging 模型进行了更新，也对 EI 函数进行了相应的更新，根据更新后的 EI 函数（第二次迭代 EI 函数）即可选取第二个更新点。在标准 EGO 算法中，为了得到第二个更新点，必须计算第一个更新点的真实函数值，并用其更新 Kriging 模型和 EI 函数。这也是标准 EGO 算法只能串行计算（计算完第一个更新点，获取第二个更新点进行计算；计算完第二个更新点，再获取第三个更新点进行计算）的原因。如果能够在不计算第一个更新点真实目标值的情况下，获取到第二个更新点的近似位置，则可以将两个更新点进行并行计算，这就是本章提出的伪 EI 准则的主要思路。

为了得到第二个更新点的近似位置，首先比较第一次迭代的 EI 函数及第二次迭代的 EI 函数，分析第一个更新点给 EI 函数带来的变化。为了方便对照，将两次迭代过程的 EI 函数放在一幅图中进行比较，如图 12.2 所示。

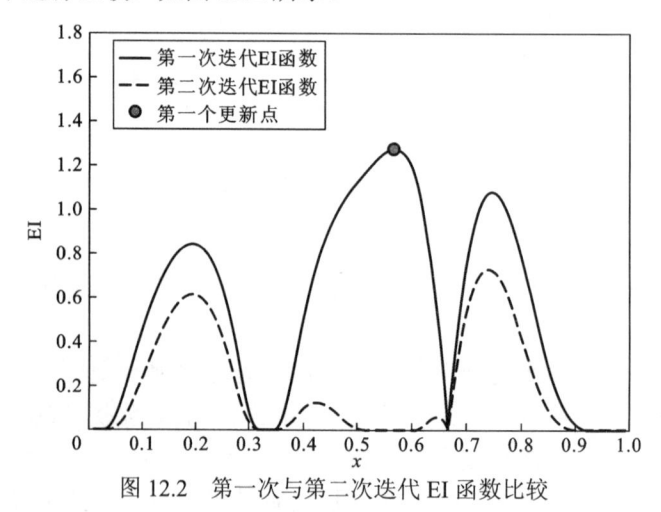

图 12.2 第一次与第二次迭代 EI 函数比较

对比图 12.2 中第一次迭代 EI 函数（实线）与第二次迭代 EI 函数（虚线）可以发现，第一个更新点对 EI 函数带来的变化遵循一定的规律。第一，用更新点更新 Kriging 代理模型后，EI 函数整体呈下降趋势；第二，EI 函数值在更新点附近下降得十分剧烈（在更新点处 EI 函数值下降为 0），而在远离更新点处下降较为缓慢。由此可见，更新点更新 Kriging 代理模型对 EI 函数的影响实际上就是在接近更新点处将 EI 函数值进行大幅度减小（在更新点处将 EI 函数的值降为 0），而在远离更新点处将 EI 函数值进行小幅度减小。伪 EI 准则的主要思想就是构造一个函数（称为影响函数）来模拟这种影响，从而通过在第一次迭代 EI 函数上乘以影响函数获得近似的第二次迭代 EI 函数，然后根据近似的第二次迭代 EI 函数选取第二个更新点，最终达到对多个更新点并行计算的目的。

12.2.2 影响函数

影响函数主要作用是反映近似更新点更新 Kriging 代理模型给 EI 函数带来的变化，由上述的分析可知，影响函数必须满足如下特性。

（1）影响函数的数值在 $(0, 1)$。

（2）任意点的影响函数数值要与该点到更新点的距离呈正相关关系，而且距离为 0 时影响函数的值为 0；距离为无穷大时影响函数的值为 1。

（3）影响函数的数值只能与更新点的位置相关，不能与更新点的真实目标值相关。

理论上讲，满足这三条特性的函数都可以用作影响函数来构造伪 EI 准则。本小节提出一种形式简单、满足上述特性的影响函数：

$$\text{IF}(\bm{x}, \bm{x}^u) = 1 - \text{Corr}[\epsilon(\bm{x}), (\bm{x}^u)] \tag{12.1}$$

式中：$\bm{x}$ 为任意未知点；$\bm{x}^u$ 为更新点；$\text{Corr}(x)$ 为相关函数，在构造 Kriging 模型时已经确定，如式（2.2）所示。图 12.3 为 Forrester 函数第一个更新点的影响函数曲线。从图中可以看出，影响函数在更新点附近数值较小（在更新点处数值为 0），且随着与更新点距离的增大而逐步增大，并在最远离更新的地方数值接近于 1。由于相关函数的数值在 $(0, 1)$，影响函数 $1 - \text{Corr}(x)$ 的数值也在 $(0, 1)$，本小节提出的影响函数满足第一条特性；由相关函数的定义可知，相关函数的大小与两点之间的距离呈负相关关系，即两点距离越小相关系

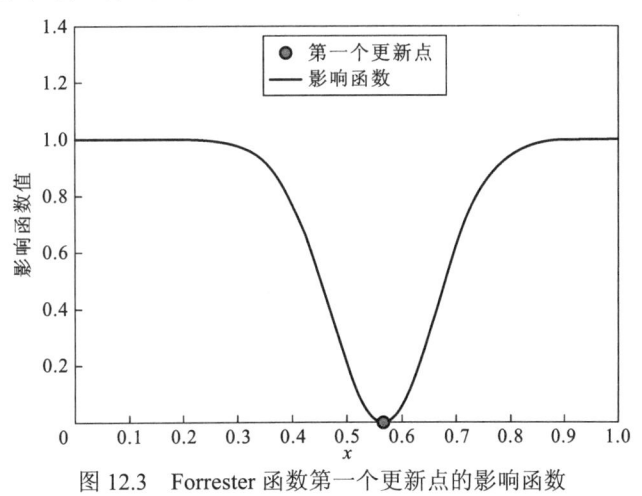

图 12.3 Forrester 函数第一个更新点的影响函数

数越大,且两点距离为0时相关系数为1,两点距离为无穷大时相关系数为0。因此影响函数$1-\text{Corr}(x)$的数值与任意点x和更新点x^u的距离呈正相关关系,即两点距离越小影响函数值越小,且两点距离为0时影响函数值为0,两点距离为无穷大时影响函数值为1,由此可见提出的相关函数也满足第二条特性。由式(12.1)看出,影响函数的数值大小只与更新点的位置(x^u的值)有关,与更新点的真实响应值无关,因此提出的影响函数也满足第三条特性。

图12.4为真实的第二个EI函数与近似的第二个EI函数的对比曲线。从图中可以看出,尽管这两条曲线不完全相同,但它们有相似的变化趋势,而且它们选取的第二个更新点十分接近。更重要的是,真实的第二个EI函数必须计算第一个更新点真实目标值更新代理模型后得到,因此只能对更新点进行串行计算。而近似的第二个EI函数可以在不计算第一个更新点的真实目标值后得到,从而可以对得到的多个更新点进行并行计算。

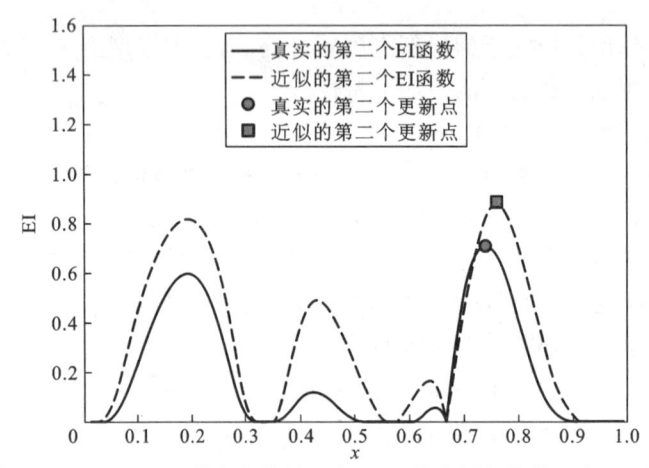

图12.4　Forrester函数真实的第二个EI函数和近似的第二个EI函数

虽然近似的第二个EI函数与真实的第二个EI函数不完全相同,但这并不影响并行EI准则的构造。事实上,在不计算第一个更新点真实目标值的情况下,第一个更新点对EI函数的影响无从知晓。本小节构造影响函数的目的是选取多个更新点,而不是尽可能精确地去近似第二个EI函数,因此只要构造的并行EI准则能在一次迭代过程中选取多个高效的更新点,这样的更新准则就是可行的准则。从这个角度来讲,这两条曲线的差别并不是重要的问题。

在得到近似的第二个更新点后,进一步分析可以得到第三个更新点。此时第一个更新点和(近似的)第二个更新点对EI函数都会有影响,因此在推导近似的第三个EI函数时需要综合考虑这两个更新点对EI函数的影响。图12.5为前两个更新点的影响函数曲线。从图中可以看出,这两条影响函数曲线在各自更新点处的值均为0,随着与各自更新点距离的增大而逐渐增加,最后在远离各自更新点处的值接近于1。

本小节用乘积的形式综合考虑多个更新点对EI函数的影响,图12.6所示为前两个更新点乘积形式的综合影响函数。图12.6中的综合影响函数曲线为图12.5中两条单独影响函数曲线的乘积。从图中可以看出,综合影响函数在两个更新点处的值都为零,在两个更新点外的值大于零,且在远离两个更新点处数值接近于1。单独影响函数的数值在$(0, 1)$,

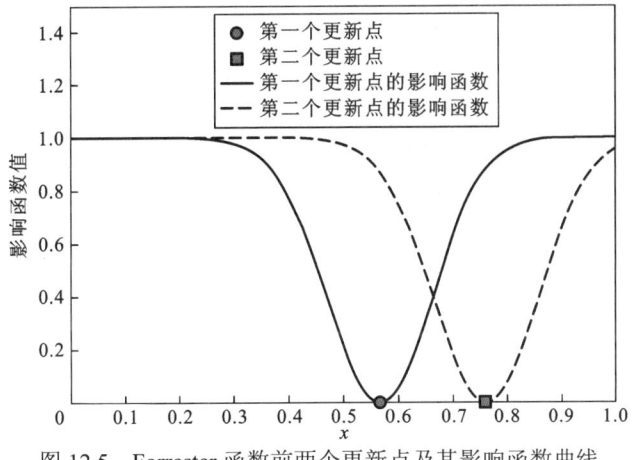

图 12.5 Forrester 函数前两个更新点及其影响函数曲线

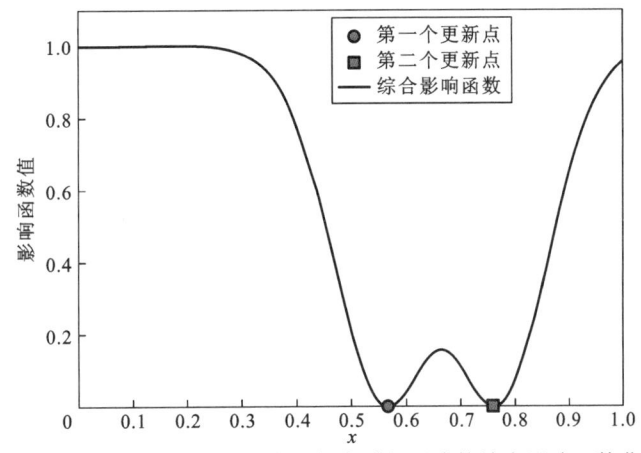

图 12.6 Forrester 函数前两个更新点乘积形式的综合影响函数曲线

而综合影响函数是单独影响函数的乘积，因此综合影响函数的数值也在(0, 1)。显然，综合影响函数的数值也只与更新点的位置有关，与更新点的真实响应值无关。

12.2.3 伪 EI 准则

本小节在影响函数的基础上提出一种新的并行 EI 准则——伪 EI 准则。假设有 N 个样本点 $\{x^{(1)}, x^{(2)}, \cdots, x^{(N)}\}$ 及它们的真实响应值 $\{y^{(1)}, y^{(2)}, \cdots, y^{(N)}\}$，并希望在一次迭代过程中选取 q 个更新点进行并行计算。根据伪 EI 准则，q 个更新点的选取方法如下。首先根据 N 个样本点及响应值构造 Kriging 代理模型，第一个更新点选取方法与标准 EGO 方法相同，仍旧按照标准 EI 函数进行选取，即

$$x^{(N+1)} = \mathrm{argmax}\ \mathrm{EI}(x) \tag{12.2}$$

此时如果按照标准 EGO 算法则需要计算第一个更新点 $x^{(N+1)}$ 的真实响应值并进入第二次迭代选取第二个更新点。与此不同，伪 EI 准则用第一个 EI 函数乘以第一个更新点 $x^{(N+1)}$ 的影响函数来近似第二个 EI 函数，并根据近似的 EI 函数选取第二个更新点：

$$x^{(N+2)} = \mathrm{argmax}\ \mathrm{EI}(x) \times \mathrm{IF}(x, x^{(N+1)}) \tag{12.3}$$

按照这种方式进行下去，容易推出第 q 个更新点的选取方法为

$$x^{(N+q)} = \text{argmax} \quad \text{EI}(x) \times \prod_{i=1}^{q-1} \text{IF}(x, x^{(N+i)}) \tag{12.4}$$

在这个过程中，选点准则是由影响函数构造出来的一个近似的 EI 函数。因为它不是真实的 EI 函数，称其为伪 EI（pseudo expected improvement，PEI）函数。伪 EI 函数的表达式为

$$\text{PEI}(x, q-1) = \text{EI}(x) \times \prod_{i=1}^{q-1} [\text{IF}(x, x^{(N+i)})] \tag{12.5}$$

式中：参数 $q-1$ 为已经选取了 $q-1$ 个更新点，即将选取第 q 个更新点。将影响函数的具体表达式[式（12.1）]代入可得

$$\begin{aligned}
\text{PEI}(x, q-1) &= \text{EI}(x) \times \prod_{i=1}^{q-1} [\text{IF}(x, x^{(N+i)})] \\
&= \text{EI}(x) \times \prod_{i=1}^{q-1} [1 - \text{Corr}[\epsilon(x), (x^{(N+i)})]] \\
&= \text{EI}(x) \times \prod_{i=1}^{q-1} \left[1 - \exp\left(-\sum_{k=1}^{n} \theta_k \left|x_k - x_k^{(N+i)}\right|^{p_k}\right)\right]
\end{aligned} \tag{12.6}$$

式中：n 为设计变量的维数；θ_k 和 $p_k (k=1,2,\cdots,n)$ 为 Kriging 代理模型相关函数的参数，并在构建 Kriging 代理模型时已经确定。由上述推导可知，通过序列地对伪 EI 准则进行最大化可以容易地选取 q 个更新点。虽然这 q 个更新点是通过串行的方法选择出来的，但这个选取过程实际上是在并行 EGO 算法的一个迭代流程完成的（序列优化过程没有对任何更新点进行耗时仿真计算），因此在完成选择后可以对这 q 个更新点进行并行的仿真计算。

由伪 EI 函数的具体表达式可知：①伪 EI 函数都是解析表达式，虽然在选取 q 个更新点的过程中要对伪 EI 函数进行 q 次优化，但这个优化过程仍会十分快速，优化时间相对耗时仿真时间可忽略不计；②伪 EI 函数都没有额外参数，这就意味着设计者可十分方便和自然地使用伪 EI 准则；③对伪 EI 函数的优化都是全局优化，设计者可采用成熟的全局优化算法，而不需要采用多峰 EI 准则和阈值多峰 EI 准则中的多峰值优化算法。

此外，伪 EI 准则第一项 $\text{EI}(x)$ 都是标准 EI 函数，在样本点 $\{x^{(1)}, x^{(2)}, \cdots, x^{(N)}\}$ 处数值为 0，而在其他地方的数值大于 0；伪 EI 准则第二项是多个影响函数的乘积，在已选更新点 $\{x^{(N+1)}, \cdots, x^{(N+q-1)}\}$ 处为 0，而在其他地方的数值大于 0。因此伪 EI 准则在 $\{x^{(1)}, x^{(2)}, \cdots, x^{(N+q-1)}\}$ 处数值为 0，而在其他地方的数值大于 0。当最大化伪 EI 准则选取第 q 个更新点时，选取的更新点一定不在 $\{x^{(1)}, x^{(2)}, \cdots, x^{(N+q-1)}\}$ 中。因此当迭代次数无穷大时，基于伪 EI 准则的并行 EGO 算法会收敛到设计空间的每一个点，根据 Torn 和 Zilinskas 收敛准则[2]，基于伪 EI 准则的并行 EGO 算法具有收敛性。

12.2.4 算法流程

基于伪 EI 准则的并行 EGO 算法流程如算法 12.1 所示。由算法流程可见，基于伪 EI 准则的并行 EGO 算法流程十分简单，易于理解和执行。在每次迭代过程中，通过序列地对伪

EI 函数进行 q 次全局优化即可得到 q 个更新点。在整个基于伪 EI 准则的并行 EGO 算法流程中，不需要进行额外的参数设置，也不需要对 EI 峰值进行筛选、对更新点进行分配等操作。

算法 12.1　基于伪 EI 准则的并行 EGO 算法流程

Require：初始样本点 (x,y)；每次迭代更新点个数 q
Ensure：最优解 $(x_{\min}, y_{\min})$

1: **while** 不满足停机准则 **do**
2: 　用样本点集合 (x,y) 构造 Kriging 代理模型
3: 　**for** $i=1$ to q **do**
4: 　　$x^{(N+i)} = \arg\max \text{PEI}(x, i-1)$
5: 　**end for**
6: 　并行计算 q 个更新点 $\{x^{(N+1)}, \cdots, x^{(N+q)}\}$
7: 　$X \leftarrow X \bigcup [x^{(N+1)}, \cdots, x^{(N+q)}]$
8: 　$y \leftarrow y \bigcup y[yx^{(N+1)}, \cdots, y(x^{(N+q)})]$
9: 　$y_{\min} \leftarrow \min(Y)$
10: 　$x_{\min} \leftarrow x \in X : y(x) = y_{\min}$
11: **end while**

基于伪 EI 准则的并行 EGO 算法通过序列地对伪 EI 准则最大化的方式进行选点，Ginsbourger 等[3]提出的 Kriging Believer 和 Constant Liar 并行 EI 准则也采用了这种序列选点的方式。在根据标准 EI 准则选取第一个更新点后，该算法用一个"假想值"代替更新点的真实目标值去更新代理模型，然后再选取第二个更新点。当这个"假想值"等于这个更新点的 Kriging 模型预测值时，这种准则就称为 Kriging Believer 准则；而当这个"假想值"等于某个固定的常数值时，这种准则就称为 Constant Liar 准则。事实上，Kriging Believer 和 Constant Liar 准则的思想比较简单，要想跳过计算第一个更新点的真实目标值而去选择第二个更新点，最直观的做法就是给第一个更新点的目标值赋一个"假想值"。与伪 EI 准则相比，Kriging Believer 和 Constant Liar 准则在选取 q 个更新点的过程中需要更新 Kriging 代理模型 $q-1$ 次，这也是 Kriging Believer 和 Constant Liar 准则比伪 EI 准则计算复杂的地方。此外，当选用 Constant Liar 准则时，还需要额外的常数"假想值"进行选择，这是 Constant Liar 准则的另一个缺点。Ginsbourger 等[3]对比分析了 Kriging Believer 准则，常数为 $f_{\max}$（样本点的最大值）和 $f_{\min}$（样本点的最小值）的 Constant Liar 准则，数值结果表明，常数设置为 $f_{\min}$ 的 Constant Liar 准则效率较高。

12.2.5　数值算例及分析

本章数值实验的目的有两个：①比较基于伪 EI 准则的并行 EGO 算法和标准 EGO 算法效率，验证提出的伪 EI 准则的有效性；②将基于伪 EI 准则的并行 EGO 算法与基于 Constant Liar 准则的并行 EGO 算法进行对比，分析这两种并行 EI 准则的优劣。

1. 数值实验设置

本章实验设置与第 11 章相同，因此不再赘述。因为 Ginsbourger 等[3]认为常数设置为 $f_{\min}$ 时 Constant Liar 准则效率最高，所以本章实验中选取 Constant Liar 准则的常数为 $f_{\min}$。

2. 数值实验结果

图 12.7 给出了标准 EGO 算法、基于 Constant Liar 准则的并行 EGO 算法及基于伪 EI 准则的并行 EGO 算法在 6 个测试函数上的迭代曲线。图中纵坐标 y 表示目标函数在 100 次实验的平均值。

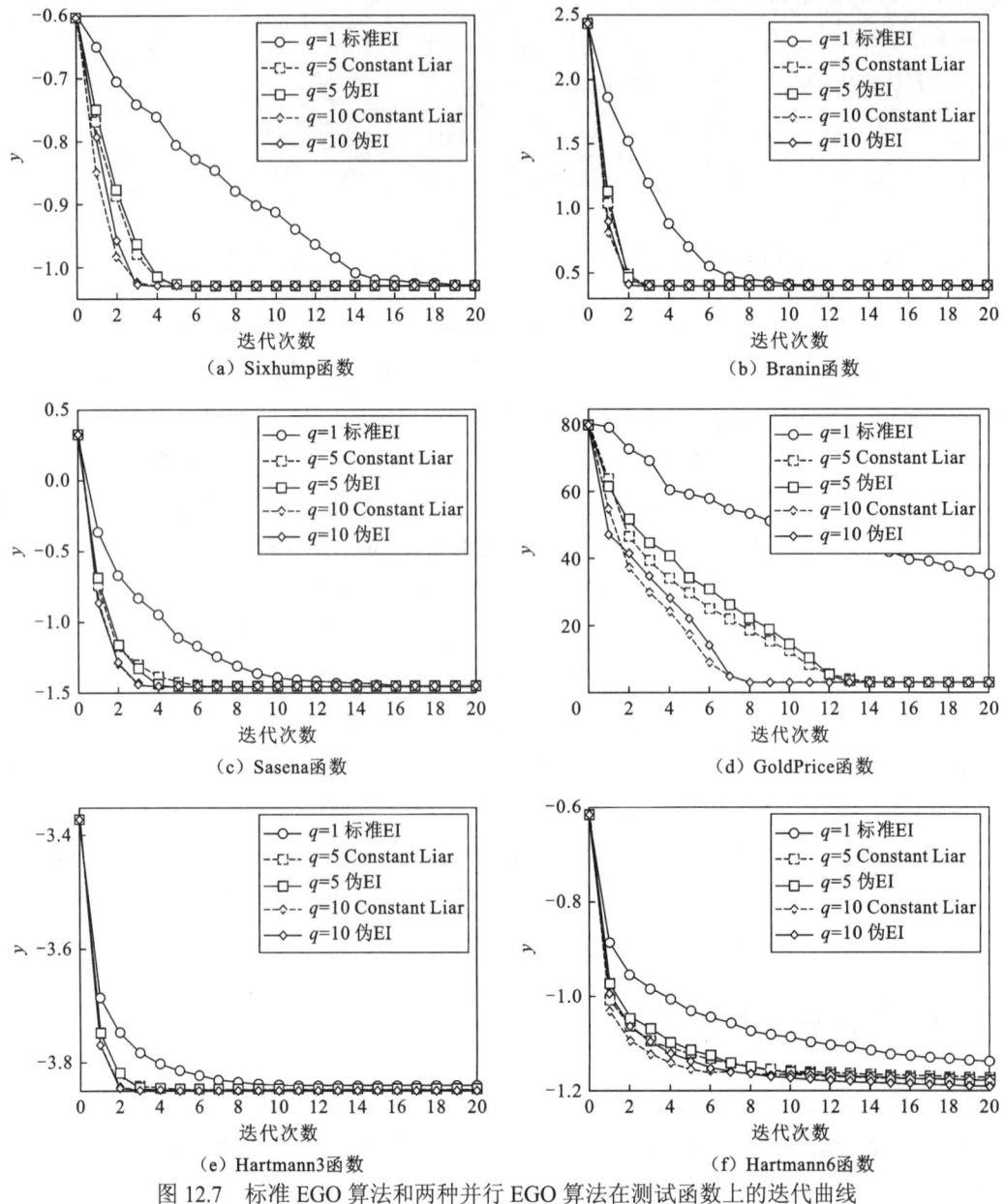

图 12.7　标准 EGO 算法和两种并行 EGO 算法在测试函数上的迭代曲线

从图12.7中可以明显看出，两种并行EGO算法比标准EGO算法有更快的收敛速度，需要更少的迭代次数收敛到测试函数的最优解。此外，$q=10$的并行EGO算法比$q=5$的并行EGO算法有更高的寻优效率。并行EGO算法在一次迭代过程中选取多个更新点进行并行计算，从而可以同时对多个设计区域进行探索，能更快地找到最优点所在的区域，最终达到加速搜索的目的。横向对比两种并行EGO算法可以发现，基于Constant Liar准则的并行EGO算法的迭代曲线与基于伪EI准则的并行EGO算法的迭代曲线在Branin函数、Sasena函数和Hartmann3函数上差别较小，在Sixhump函数、GoldPrice函数和Hartmann6函数上有较大的差别。具体分析Sixhump函数、GoldPrice函数和Hartmann6函数的迭代曲线可以发现一个规律，基于Constant Liar准则的并行EGO算法在优化初始阶段搜索效率要明显高于基于伪EI准则的并行EGO算法，但在优化接近最优解时搜索效率下降，而被基于伪EI准则的并行EGO算法赶上和超越。造成这种现象的主要原因是Constant Liar准则是一种偏重局部搜索的更新准则，它每次用当前最小值$f_{\min}$作为更新点的假想目标值，使得搜索主要集中在当前最小值$f_{\min}$附近。这种搜索模式会在搜索初期使目标函数下降很快，但容易使搜索局限在当前最小值附近而对其他区域的探索不足。

为了更准确地比较标准EGO算法、基于Constant Liar（CL）准则的并行EGO算法和基于伪EI准则的并行EGO算法寻优效率，本章统计了三种算法收敛到6个测试函数最优解时的迭代次数。表12.1给出了100次实验的平均值和标准差。另外，对Constant Liar准则的100次实验结果和伪EI准则100次实验结果进行双总体t检验，检验实验得到的两组数据是否在统计学上有显著性差异。当检验结果的p值小于显著性水平$\alpha=0.05$时，认为两组数据在显著性水平$\alpha=0.05$下有显著性差异，并将平均值小的那一组数据背景涂为灰色。

表12.1 标准EGO算法和两种并行EGO算法收敛到最优解需要的迭代次数

函数	统计值	标准EI	$q=5$ CL	$q=5$ 伪EI	$q=10$ CL	$q=10$ 伪EI
Sixhump	平均值	13.77	3.95	3.88	2.93	2.82
	标准差	4.02	1.22	1.06	0.82	0.63
Branin	平均值	10.51	3.22	2.93	2.62	2.36
	标准差	3.06	0.97	0.74	1.50	0.56
Sasena	平均值	12.26	5.60	3.98	3.61	3.05
	标准差	4.62	2.41	1.12	1.61	0.80
GoldPrice	平均值	58.33	14.13	13.89	8.69	8.27
	标准差	7.14	2.13	1.16	1.06	0.58
Hartmann 3	平均值	4.82	2.15	2.14	1.86	1.86
	标准差	2.93	1.06	0.83	0.68	0.59
Hartmann 6	平均值	87.23	55.28	34.04	37.76	18.06
	标准差	25.32	24.52	15.96	20.69	6.28

首先将基于伪EI准则的并行EGO算法与标准EGO算法进行对比。与标准EGO算法相比，基于伪EI准则的并行EGO算法需要更少的迭代次数收敛到测试函数的最优解。随着每次迭代选取的更新点个数q的增加，需要的迭代次数的平均值和标准差都在逐渐减小。这表明随着q值的增大，基于伪EI准则的并行EGO算法变得越来越高效，也越来越稳定。这也验证了提出的伪EI准则的有效性和可行性。

与标准EGO算法相比，基于伪EI准则的并行EGO算法可显著加快算法的搜索速度，但随着q值的增加，这种加速越来越慢。对于Sixhump函数，$q=5$的并行算法与$q=1$的标准EGO算法相比平均迭代次数由13.77降低到3.88，而$q=10$的并行算法与$q=5$并行算法相比平均迭代次数仅仅由3.88降低到2.82。对于GoldPrice函数，$q=5$的并行算法与$q=1$标准EGO算法相比平均迭代次数由58.33降低到了13.89，而$q=10$的并行算法与$q=5$并行算法相比平均迭代次数仅仅由13.89降低到了8.27。这表明当q值较小时，增加更新点个数q可大幅度提高基于伪EI准则的并行EGO算法搜索效率，而当q值较大时，再增加更新点个数q对并行EGO算法搜索效率的提高并不显著。伪EI准则选取的第一个更新点是依据标准EI准则，第二个更新点是依据标准EI准则乘以一个影响函数后得到的伪EI准则，以此类推，第q个更新点是依据标准EI准则乘以$q-1$个影响函数后得到的伪EI准则。由于影响函数是一个近似更新点对EI函数影响的"人造函数"，因此伪EI准则比标准EI准则更不可信，根据伪EI准则选取的更新点的质量也更差。当q值增大时，乘以的影响函数个数也增加，伪EI准则越发不可信，根据伪EI准则选取的更新点的质量也越差。因此当q较小时，增加q值对基于伪EI准则的并行EGO算法效率提高影响很大，而当q较大时，进一步增加q值对基于伪EI准则的并行EGO算法效率的提高影响不显著。

将基于伪EI准则的并行EGO算法与基于Constant Liar准则的并行EGO算法的优化效率进行对比。伪EI准则和Constant Liar准则都是通过近似更新后的EI函数的方式来选取更新点。伪EI准则直接在初始EI函数基础上乘以更新点的影响函数来近似更新的EI函数，而Constant Liar准则则是通过给更新点赋予"假想值"，然后更新Kriging代理模型的方式得到近似的更新的EI函数。从表12.1可以看出，基于Constant Liar准则的并行EGO算法和基于伪EI准则的并行EGO算法都比标准EGO算法有更高的搜索效率。两种并行EGO算法都能显著加快搜索速度，需要更少的迭代次数收敛到测试函数的最优解。另外，随着每次迭代选取更新点数目q的增加，两种并行EGO算法搜索速度逐渐加快，收敛到最优解的迭代次数逐渐减少。这说明随着q值的增大，这两种并行算法都变得越来越高效（收敛到最优解需要的迭代次数的平均值逐渐下降）和越来越稳定（收敛到最优解需要的迭代次数的标准差逐渐下降）。表12.1中灰色背景的数据是Constant Liar准则和伪EI准则两组结果数据中平均值显著性较小的一组。从表中可以看出，在所有的测试函数中，没有一组实验情况基于Constant Liar准则的并行EGO算法要显著优于基于伪EI准则的并行EGO算法，而基于伪EI准则的并行EGO算法在一半的实验情况下要显著优于基于Constant Liar准则的并行EGO算法。对于大多数实验情况，伪EI准则收敛到测试函数最优解的迭代次数的平均值和标准差都要小于Constant Liar准则，这表明基于伪EI准则的并行EGO算法要比基于Constant Liar准则的并行EGO算法更加高效和稳定。

12.3 基于伪 CEI 准则的并行约束 EGO 算法

12.3.1 伪 CEI 准则

伪 EI 准则用影响函数来反映近似更新点对 EI 函数的影响，从而达到在一次迭代过程中选取多个更新点的目的。这种做法思想简单，也十分容易拓展到 CEI 准则中。在约束 EGO 算法中，只需要将 PoF 准则和 CEI 准则乘以影响函数就可以得到相应的伪 PoF（Pseudo PoF, PPoF）准则和伪 CEI（Pseudo CEI, PCEI）准则。也就是说，将伪 EI 准则表达式 [式（12.6）] 中的 EI 准则依次替换为伪 PoF 准则和 CEI 准则即可得到相应的 PPoF 准则：

$$\begin{aligned} \text{PPoF}(\boldsymbol{x}, q-1) &= \text{PoF}(\boldsymbol{x}) \times \prod_{i=1}^{q-1} [\text{IF}(\boldsymbol{x}, \boldsymbol{x}^{(N+i)})] \\ &= \text{PoF}(\boldsymbol{x}) \times \prod_{i=1}^{q-1} \left[1 - \text{Corr}[\ni(\boldsymbol{x}), (\boldsymbol{x}^{(N+i)})] \right] \\ &= \text{PoF}(\boldsymbol{x}) \times \prod_{i=1}^{q-1} \left[1 - \exp\left(-\sum_{k=1}^{n} \theta_k \left| \boldsymbol{x}_k - \boldsymbol{x}_k^{(N+i)} \right|^{p_k} \right) \right] \end{aligned} \quad (12.7)$$

和 PCEI 准则：

$$\begin{aligned} \text{PCEI}(\boldsymbol{x}, q-1) &= \text{CEI}(\boldsymbol{x}) \times \prod_{i=1}^{q-1} [\text{IF}(\boldsymbol{x}, \boldsymbol{x}^{(N+i)})] \\ &= \text{CEI}(\boldsymbol{x}) \times \prod_{i=1}^{q-1} \left[1 - \text{Corr}[\ni(\boldsymbol{x}), (\boldsymbol{x}^{(N+i)})] \right] \\ &= \text{CEI}(\boldsymbol{x}) \times \prod_{i=1}^{q-1} \left[1 - \exp\left(-\sum_{k=1}^{n} \theta_k \left| \boldsymbol{x}_k - \boldsymbol{x}_k^{(N+i)} \right|^{p_k} \right) \right] \end{aligned} \quad (12.8)$$

式中：参数 q、n、N、θ_k 和 p_k 的意义与伪 EI 准则相同。

12.3.2 算法流程

基于伪 PoF 准则和伪 CEI 准则的并行约束 EGO 算法的流程与基于伪 EI 准则的并行无约束 EGO 算法相似，只需要将伪 EI 准则替换为相应的伪 PoF 准则和伪 CEI 准则即可。在并行约束 EGO 算法中，如果当前样本集中没有可行解就采用伪 PoF 准则选取多个更新点；而在当前样本集中有可行解时则采用伪 CEI 准则选取多个更新点。基于伪 PoF 准则和伪 CEI 准则的并行约束 EGO 算法流程如算法 12.2 所示。

算法 12.2　基于伪 CEI 准则的并行约束 EGO 算法流程

Require：初始样本点 $\boldsymbol{X}$，目标函数 $\boldsymbol{y}$，约束函数 $\{g_1, g_2, \cdots, g_c\}$，每次迭代更新点个数 q
Ensure：最优可行解 $(\boldsymbol{x}_{\min}, y_{\min})$
1：**while** 不满足停机准则 **do**
2：　用样本点集合 $(\boldsymbol{X}, \boldsymbol{y})$ 构造 Kriging 代理模型
3：　**for** $i = 1$ to c **do**
4：　　用样本点集合 $(\boldsymbol{X}, \boldsymbol{g}_i)$ 构造 Kriging 代理模型

```
 5:   end for
 6:   if 当前样本集没有可行解 then
 7:     for i=1 to q do
 8:       x^(N+i) = argmax PPoF(x,i-1)
 9:     end for
10:   else
11:     for i=1 to q do
12:       x^(N+i) = argmax PCEI(x,i-1)
13:     end for
14:   end
15:   计算 q 个更新点 [(x^(N+1)),(x^(N+2)),⋯,(x^(N+q))] 的真实目标值和约束值
16:   X ← X ∪ [(x^(N+1)),(x^(N+2)),⋯,(x^(N+q))]
17:   y ← y ∪ [y(x^(N+1)),y(x^(N+2)),⋯,y(x^(N+q))]
18:   for i=1 to c do
19:     g_i ← g_i ∪ [g_i(x^(N+1)),g_i(x^(N+2)),⋯,g_i(x^(N+q))]
20:   end for
21:   if 当前样本集没有可行解 then
22:     输出"没有找到可行解"
23:   else
24:     更新当前最优可行解 (x_min, y_min)
25:   end if
26: end while
```

12.3.3 数值算例及分析

1. 数值实验设置

本章选取的测试算例、参数设置及比较指标都与第 11 章相同。对于 Constant Liar 准则，当根据标准 PoF 准则选取更新点时，采用当前样本点约束函数最小值 $g_{i,\min}$ ($i=1,2,\cdots,c$) 作为"假想值"更新约束函数代理模型；当根据标准 CEI 准则选取更新点时，用当前样本点中可行的最小目标值 $f_{\min}^*$ 作为"假想值"更新目标函数代理模型，用约束函数最小值 $g_{i,\min}$ ($i=1,2,\cdots,c$) 作为"假想值"更新约束函数代理模型。

2. 数值实验结果

图 12.8 为基于标准 CEI 准则的约束 EGO 算法，以及基于 Constant Liar 准则和基于伪 CEI 准则的并行约束 EGO 算法在测试函数上的迭代曲线。图中纵坐标 y 代表可行的最小目标函数值（100 次实验的平均值）。从图中可以看出，两种并行约束 EGO 算法较标准约束 EGO 算法具有更快的收敛速度，能在相同的迭代次数下找到更优的可行解。对于两种并

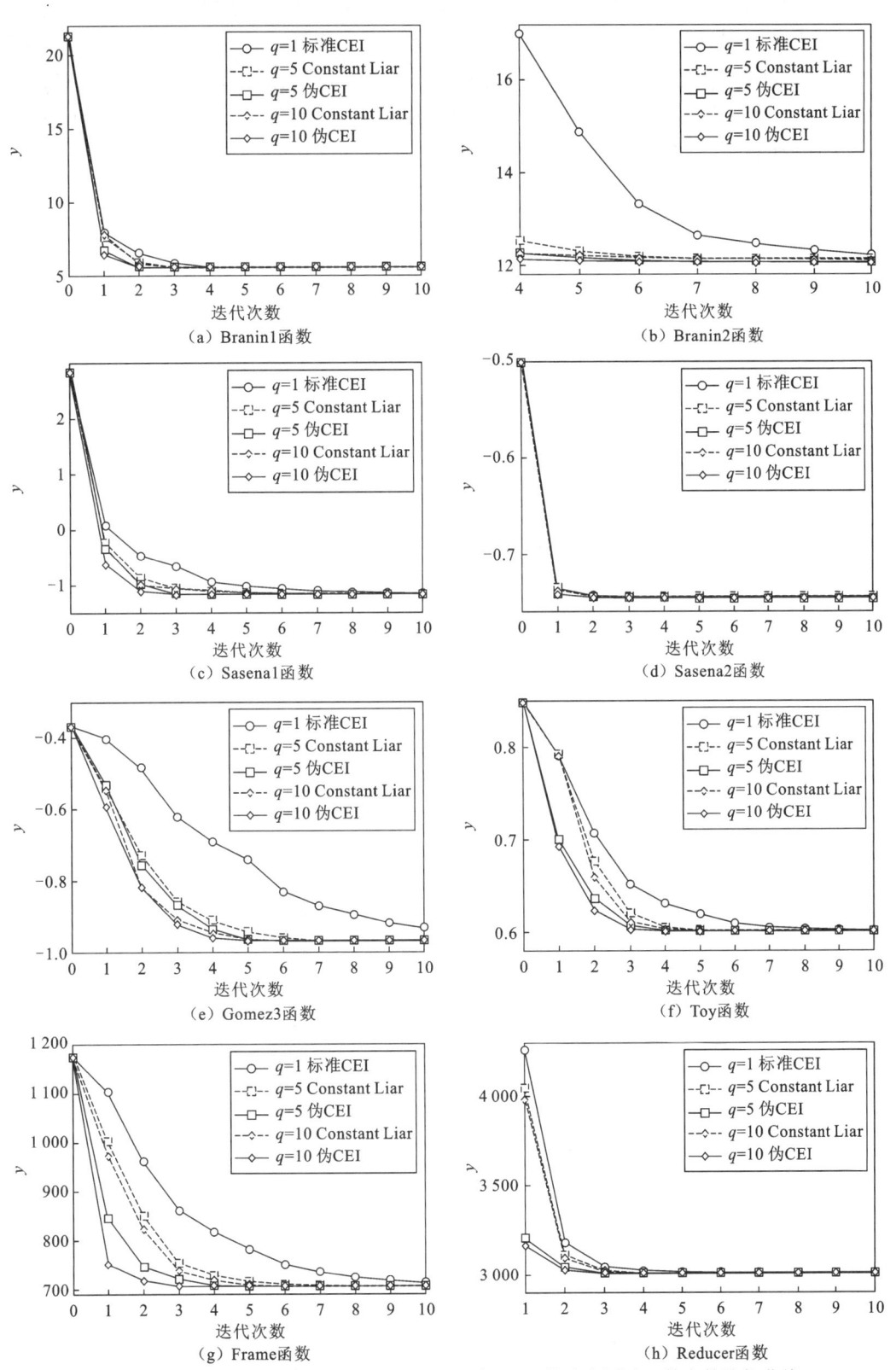

图 12.8　标准约束 EGO 算法和两种并行约束 EGO 算法在测试函数上的迭代曲线

· 231 ·

行约束 EGO 算法，增加每次迭代使用更新点的个数可以加快算法的收敛速度。横向对比 Constant Liar 和伪 CEI 这两种并行准则可以发现，无论是在 $q=5$ 还是在 $q=10$ 时，伪 CEI 准则的寻优效率在大多数测试函数上都要显著好于 Constant Liar 准则。这一点在 Gomez3 函数、Toy 函数、Frame 函数和 Reducer 函数上表现得较为明显。在 Toy 函数、Frame 函数和 Reducer 函数上，$q=5$ 的伪 CEI 准则甚至比 $q=10$ 的 Constant Liar 准则有更快的收敛速度。这表明，利用影响函数将标准 CEI 准则拓展为并行 CEI 准则的思想是有效的，得到的伪 CEI 准则的寻优效率在测试函数上要高于 Constant Liar 准则。

为了更准确地分析标准约束 EGO 算法，以及两种并行约束 EGO 算法在测试函数上的寻优效率，统计各个算法收敛到测试函数最优解 1%以内需要的迭代次数。表 12.2 给出了 100 次实验的平均值和标准差的数据。为了科学地比较 Constant Liar 准则和伪 CEI 准则这两种并行 CEI 准则的优化效率，对两者的实验结果进行双总体 t 检验，检验两者 100 次实验结果的平均值是否有显著性差异。如果 t 检验的 p 值小于显著性水平 $\alpha=0.05$，则可以认为两者的迭代次数的平均值有显著性差异，并将迭代次数显著小的平均值数据背景涂为灰色。

表 12.2　标准约束 EGO 算法和两种并行约束 EGO 算法收敛到最优解的迭代次数

函数	统计值	标准 CEI	$q=5$ CL	$q=5$ 伪 CEI	$q=10$ CL	$q=10$ 伪 CEI
Branin1	平均值	3.31	2.53	2.23	2.78	1.92
	标准差	1.75	2.17	1.46	4.44	0.77
Branin2	平均值	11.95	12.61	6.76	9.75	5.03
	标准差	11.92	13.12	4.74	10.17	3.53
Sasena1	平均值	12.84	10.22	4.03	8.84	2.85
	标准差	12.08	14.68	2.72	10.40	1.14
Sasena2	平均值	5.10	5.07	2.06	4.66	1.60
	标准差	13.01	9.70	3.02	8.21	1.50
Gomez3	平均值	9.06	5.11	4.61	4.69	3.91
	标准差	3.42	1.77	1.04	2.77	0.89
Toy	平均值	6.57	4.38	3.27	4.07	2.93
	标准差	2.22	1.94	0.84	2.06	0.67
Frame	平均值	8.60	5.30	3.49	4.36	2.66
	标准差	3.65	1.90	0.98	1.67	0.73
Reducer	平均值	4.20	3.23	2.94	3.19	2.50
	标准差	1.36	0.57	0.42	0.99	0.54

首先对比两种并行约束 EGO 算法与标准约束 EGO 算法可以发现，两种并行约束 EGO 算法都比标准约束 EGO 算法有更快的收敛速度，且 $q=10$ 的并行算法较 $q=5$ 的并行算法有更快的收敛速度。这表明将 Constant Liar 的思想和影响函数的思想拓展到约束优化问题是有效的，得到的两种并行约束 EGO 算法都能加快标准约束 EGO 算法的搜索速度，从而

通过采用并行计算技术减少真实的优化时间。

横向对比 Constant Liar 和伪 CEI 两种并行 CEI 准则可以发现，无论 $q=5$ 还是 $q=10$，伪 CEI 准则在除 Branin1 函数的其他 7 个测试函数上收敛到最优解需要的迭代次数都要显著小于 Constant Liar 准则。Branin1 函数只有一个约束函数且约束函数十分简单，Constant Liar 准则和伪 CEI 准则都可以较快地找到函数的最优可行解。即使显著性检验表明两种准则 100 次实验的平均值没有显著性差异，但从表 12.2 中还是可以看出，伪 CEI 准则找到最优可行解需要的迭代次数的平均值和标准差都要比 Constant Liar 准则小。当测试函数的约束条件数量变得更多或者形式变得更复杂时，伪 CEI 准则的优势变得更加明显。在 Branin2 函数上，$q=5$ 的伪 CEI 准则迭代次数的平均值是 6.76，而 Constant Liar 准则是 12.61。$q=10$ 时两者平均值分别是 5.03 和 9.75。在 Branin2 函数上，$q=5$ 的伪 CEI 准则的寻优效率甚至比 $q=10$ 的 Constant Liar 准则高（迭代次数平均值分别是 6.76 和 9.75）。实验结果表明，虽然 Constant Liar 准则的思想和影响函数的思想都可用于拓展标准 CEI 准则到并行 CEI 准则，但基于影响函数的伪 CEI 准则的寻优效率要显著高于基于 Constant Liar 的并行 CEI 准则。此外，与 Constant Liar 相比，伪 CEI 准则原理更加简单、更易于执行。综合这两方面的分析可以得出，伪 CEI 准则较 Constant Liar 准则更适用于并行约束 EGO 算法。

参 考 文 献

[1] 詹大为. 并行 EGO 算法研究及其应用. 武汉: 华中科技大学, 2018.

[2] ZHAN D, XING H. Expected improvement for expensive optimization: A review. Journal of Global Optimization, 2020, 78(3): 507-544.

[3] GINSBOURGER D, LE RICHE R, CARRARO L. Kriging is well-suited to parallelize optimization. Berlin: Springer, 2010: 131-162.

第13章

水下航行器非耐压加筋圆锥壳振动约束轻量化设计

13.1 概 述

隐身性一直是水下航行器非常关键的特性,是决定其生存力和战斗力的重要因素。艇体结构振动特性的研究是水下航行器隐身性研究中重要的方面。一方面水下航行器在航行时会通过艇体结构表面向流场中辐射噪声,从而会把自己的位置及航行轨迹暴露给敌方,另一方面水下航行器的主动声呐通过声信号探测敌方也要考虑自噪声的影响和控制。因此,降低水下航行器的噪声是显著提高其自身隐身性和生存力非常关键的一项技术。

纵横加筋圆锥壳结构是水下航行器艉部常采用的一种结构形式[1],其为非耐压结构。实际水下航行器的艉部往往布置大量的动力机械设备,如推进器等,机械设备会持续激励艉部结构产生振动响应,进而产生辐射噪声,严重时甚至会影响水下航行器的声学性能。采用有限元方法分析艉部结构响应是一种较为常用的做法,但是有限元方法获取纵横加筋圆锥壳振动特性的过程较为耗时。倘若想要对纵横加筋圆锥壳进行优化设计,如降低加筋圆锥壳在轴系振动激励源下的结构响应,则是一个较为困难的问题。另外,水下航行器的轻量化设计也是提高水下航行器总体性能的一个重要方面。在保证其他指标性能达到要求的情况下,如果能够使水下航行器质量越轻,则对其增加有效负载等方面的性能具有优势。

本章非耐压纵横加筋圆锥壳的优化设计问题描述为在满足振动特性约束下寻求纵横加筋圆锥壳质量最轻的设计方案。但是由于纵横加筋圆锥壳的振动特性计算耗时,难以直接使用智能优化算法求解。因此,本章采用基于置信区间的序贯优化算法(第 5 章和第 9 章)和并行 EGO 算法(第 11 章和第 12 章)来求解该优化问题,并且探讨在不同限界值的约束条件下最优值和最优化方案的变化情况。

13.2 优化设计数学模型

纵横加筋圆锥壳结构纵剖面图如图 13.1 所示。圆锥壳结构由壳板和内部纵横加筋组成。其中,圆锥壳的艉端半径 $R_1 = 500$ mm,圆锥壳的艏端半径 $R_2 = 2\,000$ mm,圆锥壳的长度为 6 000 mm,沿纵向等间距布置 11 档环向肋骨,每档肋骨间距为 600 mm,此外,沿周向均匀布置 12 档纵向加强筋,间距为 30 度。加筋的数量和分布是固定的,加筋形式为 T 形材。采用 ANSYS18.1 建立的纵横加筋圆锥壳结构几何模型如图 13.2 所示。

加筋圆锥壳的质量可以根据结构尺寸计算得到,但是结构振动特性需通过有限元仿真计算得到。因此,非耐压纵横加筋圆锥壳结构振动优化设计属于约束耗时、目标不耗时的优化设计问题。其设计变量为纵向和周向 T 形肋骨结构尺寸,第一段壳板厚度为 t_1,第二段壳板厚度为 t_2。

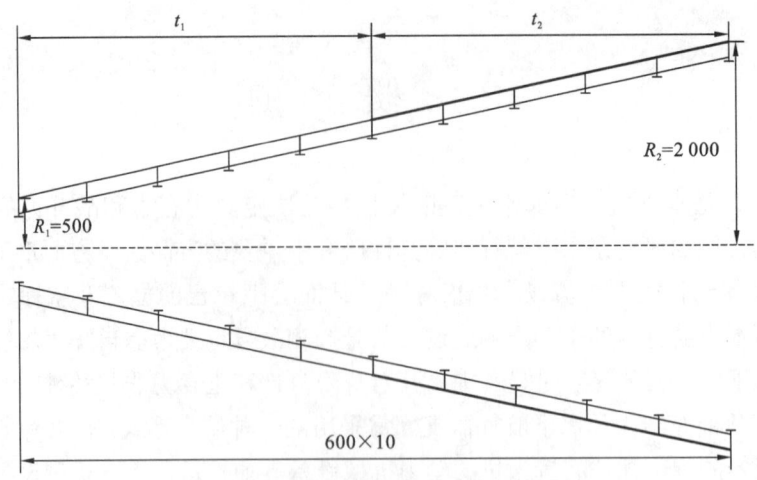

图 13.1 纵横加筋圆锥壳结构纵剖面图

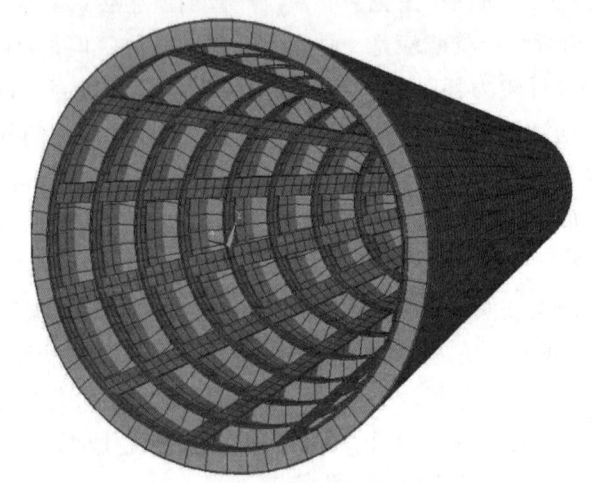

图 13.2 采用 ANSYS 18.1 建立的纵横加筋圆锥壳结构几何模型

因此，非耐压纵横加筋圆锥壳结构振动约束优化问题可以表示为

$$\begin{cases} \text{find} \quad x=[x_1,x_2,\cdots,x_{10}] \\ \text{minimize} \quad w(x) \\ \text{subject to} \quad g_1=\dfrac{180}{f}-1\leqslant 0, \quad g_2=\dfrac{a_z}{90}-1\leqslant 0 \\ \qquad\qquad g_3=\dfrac{x_1}{20x_2}-1\leqslant 0, \quad g_4=\dfrac{x_3}{8x_4}-1\leqslant 0 \\ \qquad\qquad g_5=\dfrac{x_5}{20x_6}-1\leqslant 0, \quad g_6=\dfrac{x_7}{8x_8}-1\leqslant 0 \end{cases} \quad (13.1)$$

式中：$x_1 \sim x_{10}$ 为设计变量，其物理意义和取值区间在表 13.1 中给出；$w(x)$ 为该加筋圆锥壳的总质量；f 为空气中一阶模态频率；a_z 为圆锥壳艉端处的加速度总级（dB），频率范围为 100~250 Hz，频率间隔为 2 Hz，加速度总级需要在频率范围内扫频来计算相应的加速度：

$$a_z = 10\lg\left[f_w\sum_{i=1}^{K}\left(\dfrac{a_i}{a_0}\right)^2\right] \quad (13.2)$$

式中：k 为计算频率数；a_i 为第 i 阶计算频率的加速度响应值；a_0 为加速度参考值；f_w 为扫描频率的间隔。在这种情况下，一阶模态频率约束 g_1 和加速度总级约束 g_2 是需要通过昂贵的仿真模型计算得到的约束值，目标函数和剩余的约束则可以用数学公式计算。不失一般性，本节主要考虑纵横加筋圆锥壳在空气中的振动特性，而实际的水下航行器工程优化中往往还需要考虑附连水质量等因素。

表 13.1 加筋圆锥壳设计优化的设计变量及其取值范围

设计变量	变量说明	变量取值范围/mm
x_1	周向肋骨腹板高度	200～340
x_2	周向肋骨腹板厚度	10～24
x_3	周向肋骨面板宽度	100～240
x_4	周向肋骨面板厚度	10～24
x_5	纵向肋骨腹板高度	100～240
x_6	纵向肋骨腹板厚度	6～20
x_7	纵向肋骨面板宽度	40～180
x_8	纵向肋骨面板厚度	6～20
x_9	第一段圆锥壳厚度	6～20
x_{10}	第二段圆锥壳厚度	6～20

在开展优化之前先对纵横加筋圆锥壳结构有限元计算的收敛性进行分析。在设计空间内选择初始设计方案，调整结构有限元模型的网格大小，通过有限元计算分析其特征量值的变化情况来对有限元模型的收敛性进行判断。选定设计方案为 $X = \{200, 20, 180, 20, 200, 20, 180, 20, 20, 20\}$，圆锥壳壳板及其纵向和环向加筋的腹板用 Shell181 单元进行模拟；圆锥壳的纵向和环向加筋的面板用 Beam188 单元进行模拟。由于加筋圆锥壳的结构比较规整，为了保证结果的质量，采用映射网格对模型进行网格划分，即沿着船长方向等间距地划分特定份数和沿着环向等间距地划分特定份数。在此仿真计算中，材料的弹性模量是 $E = 2.1 \times 10^{11}$ Pa，泊松比是 $\mu = 0.3$，材料密度是 $\rho = 7\,850$ kg/m³，在圆锥壳的艉端施加一个垂直向下的单位简谐力。

第一阶弯曲模态频率 f 和艉端载荷处加速度总级 a_z 这两个约束函数需要进行耗时的有限元求解才能得到相应结果，其随着网格大小的变化曲线如图 13.3 和图 13.4 所示。

当网格相对大小取大值时，进行有限元分析时划分较粗的网格；当网格相对大小取较小值时，进行有限元分析时划分较细的网格。其中，当网格相对大小取值为 5 时，沿着船长方向每个肋骨间距等间距划分 10 份网格，沿着环向每个纵骨间距等间距划分 12 份网格；当网格相对大小取值为 1 时，沿着船长方向每个肋骨间距等间距划分 50 份网格，沿着环向每个纵骨间距等间距划分 60 份网格。

从图 13.3 中可以看出，对于圆锥壳的第一阶弯曲模态频率 f，其随着网格相对大小由大变小，结果快速收敛。当网格相对大小为 5 时，圆锥壳的第一阶弯曲模态频率 f 的取值为 198 Hz。当网格相对大小 $\leqslant 3$ 时，圆锥壳的第一阶弯曲模态频率已经不再变化，最终为 186 Hz。从图 13.4 中可以看出，对于圆锥壳艉端载荷处的加速度总级 a_z，当网格相对

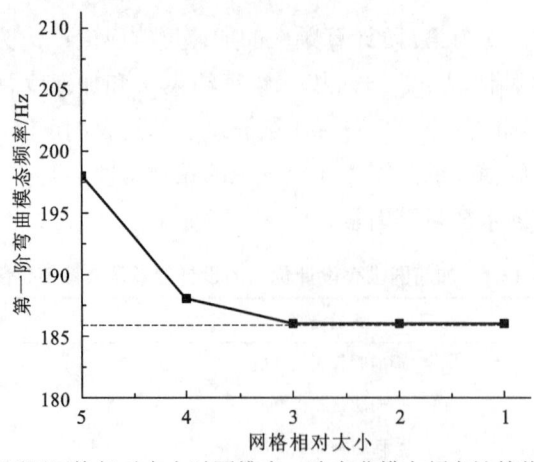

图 13.3　不同网格相对大小时圆锥壳一阶弯曲模态频率计算值变化曲线

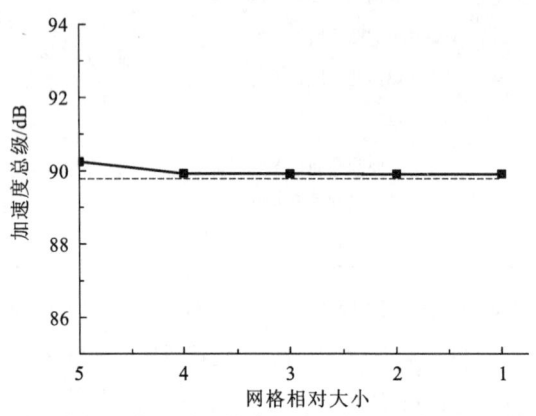

图 13.4　不同网格相对大小时圆锥壳艉端处的加速度总级计算值变化曲线

大小为 5 时,加速度总级 a_z 的取值为 90.235 dB;当网格相对大小为 3、2、1 时,其对应的加速度总级 a_z 分别为 89.913 dB、89.905 dB、89.905 dB,后两种网格相对大小的情况下,a_z 的相对变化仅为 3.34×10^{-4}%,可以认为结果已收敛。

经过上述分析,随着网格相对大小的减小,第一阶弯曲模态频率 f 和艉端载荷处加速度总级 a_z 都趋于收敛。为了保证最终结果的精度,进行优化分析时的高精度有限元网格划分方案为:沿着船长方向每个肋骨间距等间距划分 50 份网格;沿着环向每个纵骨间距等间距划分 60 份网格;每次仿真计算耗时为 80.22 s。低精度有限元网格划分方案为:沿船长方向每个肋骨间距等间距划分 20 份网格;沿着环向每个纵骨间距等间距划分 24 份网格;每次仿真计算耗时为 20.02 s。

13.3　基于并行 EGO 算法的优化设计

本节采用两种并行优化算法(阈值多峰 CEI 算法[2]和伪 CEI 算法[3])来求解该非耐压纵横加筋圆锥壳的轻量化设计问题。这两种算法初始样本点数量设置为 110-1=109 个,算法迭代次数设置为 100。分别对两种算法的优化设计结果进行分析,除此之外讨论两种约束放松情况下（两条耗时约束分别放松 2.5% 和 5%）优化结果的变化。

13.3.1 阈值多峰 CEI 算法的优化结果分析

图 13.5 为在没有进行约束（thre=0）放松情况下，三种并行设置（$q=1$、$q=5$ 和 $q=10$）下阈值多峰 CEI 算法的迭代曲线。

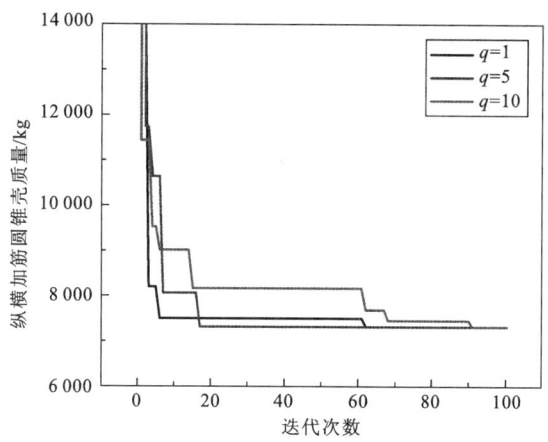

图 13.5 阈值多峰 CEI 算法在纵横加筋圆锥壳优化问题上的迭代曲线（thre=0）

从图 13.5 中可以看出单次更新收敛速度较慢，在开始几次迭代时圆锥壳的质量下降明显，然后算法到了相对稳定的阶段，在 60 次迭代之后算法基本收敛到最终最优解 7 312.38 kg。$q=5$ 时算法收敛更快，最终也收敛到了 7 304.96 kg，$q=10$ 收敛速度在这个算例上稍微慢于 $q=1$ 和 $q=5$ 的参数设置。具体算法收敛时的设计方案取值情况如表 13.2 所示。

表 13.2 阈值多峰 CEI 算法在纵横加筋圆锥壳优化问题收敛时设计方案取值情况（thre=0）

变量类型	符号	变量说明	标准约束 EGO $q=1$	并行约束 EGO $q=5$	并行约束 EGO $q=10$
设计变量	x_1	环向肋骨腹板高度/mm	231	230	220
	x_2	环向肋骨腹板厚度/mm	13	13	13
	x_3	环向肋骨面板宽度/mm	100	100	110
	x_4	环向肋骨面板厚度/mm	13	13	14
	x_5	纵向加强筋腹板高度/mm	100	100	100
	x_6	纵向加强筋腹板厚度/mm	7	7	6
	x_7	纵向加强筋面板宽度/mm	45	44	41
	x_8	纵向加强筋面板厚度/mm	6	9	7
	x_9	第一段圆锥壳厚度/mm	20	19	20
	x_{10}	第二段圆锥壳厚度/mm	7	7	6
振动特性约束特征量	f	第一阶弯曲模态频率/Hz	180	182	180
	σ_z	加速度总级/dB	90.00	89.95	89.84
目标函数	weight	加筋圆锥壳质量/kg	7 312.38	7 304.96	7 310.36

从表 13.2 中可以看出，三组不同算法参数下得到的计算方案取值基本一致，总体来说，三个设计方案在两段圆锥壳厚度的取值基本一致，第一段圆锥壳的厚度约为 20 mm，第二段圆锥壳厚度约为 7 mm。而纵向加筋和横向加筋的骨材尺寸也基本一致，说明不管 q 的取值如何，对于非耐压纵横加筋圆锥壳振动约束下的轻量化问题，基本经过 100 次左右迭代能够保证算法收敛在全局最优值附近。

除此之外，对比算法在不同约束限界值下，阈值多峰 CEI 算法的优化求解情况和最终优化方案取值的变化情况。具体来说，图 13.6 和表 13.3 分别为当耗时约束放松了 2.5%[即 $0.975\times180=175.5$，$1.025\times90=92.25$，其中 180 和 90 为式（13.1）中前两个约束的限界值]的情况下，阈值多峰 CEI 算法在不同 q 的取值算法的最优值迭代曲线和最终收敛时最优设计方案的取值情况。图 13.7 和表 13.4 分别为当耗时约束放松了 5%[即 $0.95\times180=171$，$1.05\times90=94.5$，其中 180 和 90 为式（13.1）中前两个约束的限界值]的情况下，阈值多峰 CEI 算法在不同 q 的取值算法的最优值迭代曲线和最终收敛时最优设计方案的取值情况。

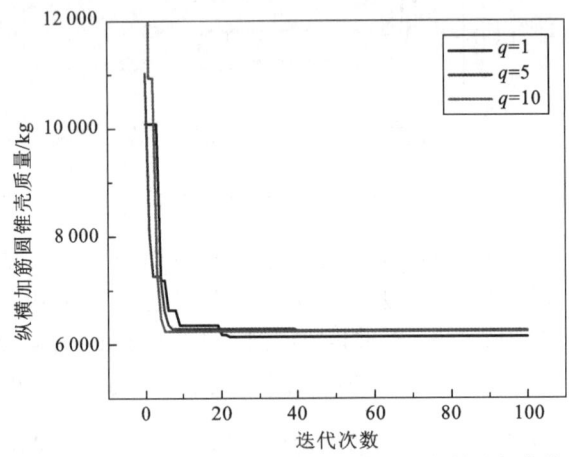

图 13.6 阈值多峰 CEI 算法在纵横加筋圆锥壳优化问题上的迭代曲线（thre＝0.025）

表 13.3 阈值多峰 CEI 算法在纵横加筋圆锥壳优化问题收敛时设计方案取值情况（thre＝0.025）

变量类型	符号	变量说明	标准约束 EGO	并行约束 EGO	
			$q=1$	$q=5$	$q=10$
设计变量	x_1	环向肋骨腹板高度/mm	200	207	210
	x_2	环向肋骨腹板厚度/mm	11	11	11
	x_3	环向肋骨面板宽度/mm	100	103	100
	x_4	环向肋骨面板厚度/mm	13	14	13
	x_5	纵向加强筋腹板高度/mm	100	100	100
	x_6	纵向加强筋腹板厚度/mm	6	6	6
	x_7	纵向加强筋面板宽度/mm	40	42	40
	x_8	纵向加强筋面板厚度/mm	6	7	6
	x_9	第一段圆锥壳厚度/mm	16	16	16
	x_{10}	第二段圆锥壳厚度/mm	6	6	6
振动特性约束特征量	f	第一阶弯曲模态频率/Hz	180	184	184
	σ_z	加速度总级/dB	92.20	92.02	91.93
目标函数	weight	加筋圆锥壳质量/kg	6 138.43	6 249.99	6 235.24

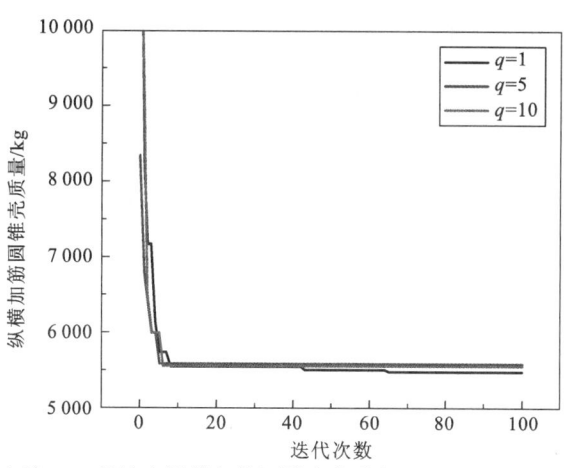

图 13.7 阈值多峰 CEI 算法在纵横加筋圆锥壳优化问题上的迭代曲线（thre=0.05）

表 13.4 阈值多峰 CEI 算法在纵横加筋圆锥壳优化问题收敛时设计方案取值情况（thre=0.05）

变量类型	符号	变量说明	标准约束 EGO	并行约束 EGO	
			$q=1$	$q=5$	$q=10$
设计变量	x_1	环向肋骨腹板高度/mm	200	200	201
	x_2	环向肋骨腹板厚度/mm	11	10	10
	x_3	环向肋骨面板宽度/mm	100	102	101
	x_4	环向肋骨面板厚度/mm	13	13	13
	x_5	纵向加强筋腹板高度/mm	100	102	100
	x_6	纵向加强筋腹板厚度/mm	6	7	6
	x_7	纵向加强筋面板宽度/mm	40	41	44
	x_8	纵向加强筋面板厚度/mm	6	10	7
	x_9	第一段圆锥壳厚度/mm	11	11	11
	x_{10}	第二段圆锥壳厚度/mm	6	6	6
振动特性约束特征量	f	第一阶弯曲模态频率/Hz	194	194	192
	σ_z	加速度总级/dB	94.50	94.35	94.48
目标函数	weight	加筋圆锥壳质量/kg	5 478.87	5 576.97	5 551.32

从图 13.6 中可以看出，在算法开始迭代的初期，一次更新多个样本点的计算工况（$q=5$ 和 $q=10$）的收敛速度略快。随着算法的继续迭代，$q=5$ 和 $q=10$ 的计算工况收敛速度减慢，而此时 $q=1$ 的计算工况的最优值仍然能够得到进一步的优化。最终三种计算工况得到的最优值分别为 6 138.43 kg、6 249.99 kg 和 6 235.24 kg。同理对于耗时约束限界放松 5%的情况下，能够得到相似的规律，即在算法迭代初期单次更新点数越多，算法收敛越快，但是随着算法的继续迭代，标准 CEI 算法（即单次只更新一个点）能够获取更好的最优值。

现从以下两个方面分析获得这样优化结果的原因。首先，先分析不同约束限界值下优化结果的变化情况。直观上来说，最优值随着约束限界值的放松，加筋圆锥壳的质量逐渐减少。以 $q=1$ 为例，从 7 312.38 kg 减少到 6 138.43 kg，最终到 5 478.87 kg。即起初约束放松 2.5%的情况下，加筋圆锥壳的质量下降了 16.05%；而约束继续放松 2.5%（即放松到 5%）时，加筋圆锥壳的质量进一步下降了 10.74%。也就是说，对于该轻量化设计问题，如果设计者想要得到更轻的加筋圆锥壳质量，可以适当地放松加筋圆锥壳的振动特性约束，且放松较小的振动特性约束能够获得较为明显的质量减轻效果。通过放松振动特性约束带来的质量减轻效果会随着放松百分比的增加而减弱。因此，设计者在对纵横加筋圆锥壳进行轻量化设计时要合理考虑目标质量和约束的关系。

从表 13.2 中可以发现，在耗时约束没有放松时，阈值多峰 CEI 算法在 $q=5$ 和 $q=10$ 的工况下得到的最优值与 $q=1$ 时相当，略优于 $q=1$ 的优化结果。但是，随着约束条件的放松（表 13.3 和表 13.4），阈值多峰 CEI 算法在 $q=5$ 和 $q=10$ 并没有表现出优于 $q=1$ 的优化结果，甚至逊于 $q=1$ 的计算结果。该结果并不说明阈值多峰 CEI 方法不适用于该问题，而是随着约束限界值的放松，纵横加筋圆锥壳轻量化设计的优化难度逐渐降低，因此仅仅用标准 CEI 算法（$q=1$）已经能够在 100 次迭代时搜寻到较好的优化结果。而采用每次更新多个样本点的阈值多峰 CEI 算法（$q=5$ 和 $q=10$）搜索的最优解逊于标准 CEI 算法（$q=1$）的原因，可能是因为约束的放松，CEI 函数的取值在头几次迭代已经很小，甚至小于预定阈值，从而在随后的迭代中阈值多峰 CEI 算法倾向于在某一个局部添加多个样本点以对该区域进行较好的探索。虽然该操作能够给求解复杂问题带来一定的增益，但是算法容易在某一个局部添加过多的点，从而导致样本点在设计空间中分布不均衡，这可能会导致阈值多峰 CEI 算法的总体性能受到一定的损害。

13.3.2 伪 CEI 算法的优化结果分析

伪 CEI 算法的算法参数设置与阈值多峰 CEI 算法保持一致，图 13.8 为耗时约束没有放松时算法的迭代曲线。

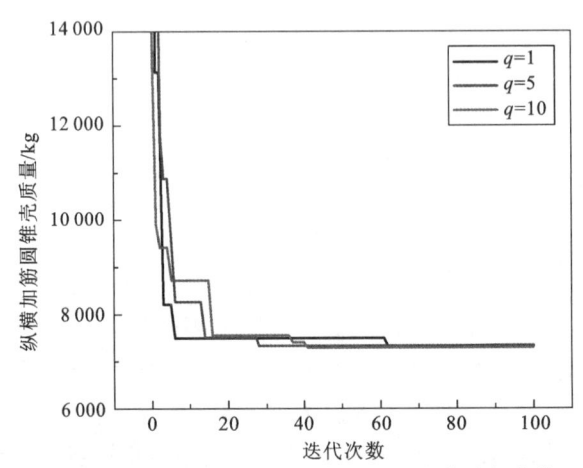

图 13.8 伪 CEI 算法在纵横加筋圆锥壳优化问题上的迭代曲线（thre=0）

从图 13.8 中可以看出，在算法开始阶段三个工况设置（$q=1$、$q=5$ 和 $q=10$）下都能表现出较快的收敛速度。当 $q=5$ 时，算法以更快的速度（约 25 次迭代，而标准 CEI 算法用了约 60 次迭代）搜索到与标准 CEI 算法（$q=1$）相当的优化结果。而 $q=10$ 时，算法则能够搜索到更优的优化解,且搜索到更优的优化解用了约 40 次迭代。这说明伪 CEI 算法对纵横加筋圆锥壳轻量化问题的有效性。为了更加直观地分析最终优化解的取值情况,表 13.5 列出了三个计算工况下最终收敛的设计方案取值。

表 13.5 伪 CEI 算法在纵横加筋圆锥壳优化问题收敛时设计方案取值情况(thre=0)

变量类型	符号	名称	标准约束 EGO $q=1$	并行约束 EGO $q=5$	$q=10$
设计变量	x_1	环向肋骨腹板高度/mm	231	273	261
	x_2	环向肋骨腹板厚度/mm	13	14	13
	x_3	环向肋骨面板宽度/mm	100	100	100
	x_4	环向肋骨面板厚度/mm	13	13	13
	x_5	纵向加强筋腹板高度/mm	100	102	100
	x_6	纵向加强筋腹板厚度/mm	7	6	9
	x_7	纵向加强筋面板宽度/mm	45	40	40
	x_8	纵向加强筋面板厚度/mm	6	13	6
	x_9	第一段圆锥壳厚度/mm	20	17	18
	x_{10}	第二段圆锥壳厚度/mm	7	6	6
振动特性约束特征量	f	第一阶弯曲模态频率/Hz	180	180	180
	σ_z	加速度总级/dB	90.00	89.91	89.90
目标函数	weight	加筋圆锥壳质量/kg	7 312.38	7 327.08	7 290.53

从表 13.5 中可以看出,三个参数设置下最终两个耗时约束特征量的取值基本相当,都已经抵达了约束边界附近。对于参数尺寸来说,$q=5$ 和 $q=10$ 能够收敛到圆锥壳厚度更小、环向肋骨腹板高度较大的设计方案。而标准 CEI 算法最终的收敛方案是外壳厚度较厚、环向肋骨腹板高度较小。

图 13.9 和图 13.10 分别为耗时约束放松 2.5%和 5%时伪 CEI 算法的收敛曲线。

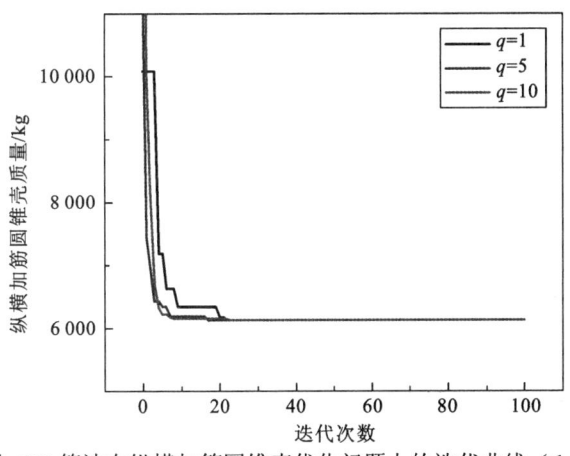

图 13.9 伪 CEI 算法在纵横加筋圆锥壳优化问题上的迭代曲线(thre=0.025)

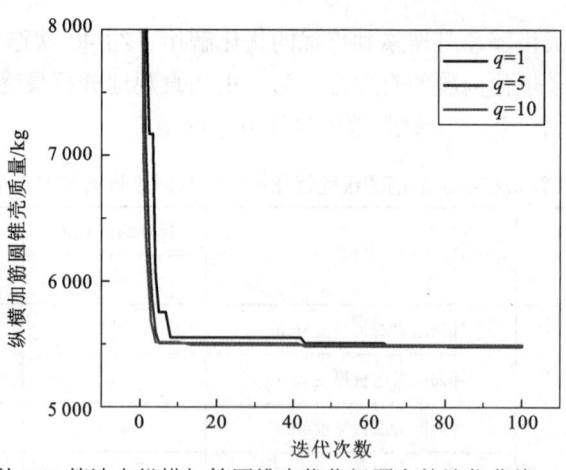

图 13.10 伪 CEI 算法在纵横加筋圆锥壳优化问题上的迭代曲线 （thre=0.05）

从图 13.9 和图 13.10 中可以看出，即使对于耗时约束放松时求解难度降低的约束优化问题，伪 CEI 算法并不会像阈值多峰算法因单次样本点添加过多而影响算法整体性能。这是由于伪 CEI 函数的并行样本点是通过影响函数[式(12.1)]乘以原 CEI 函数进行选取的。这样获得的样本点是近似原 CEI 函数的峰值，会影响 $q=1$ 算法的性能。因此，当 $q=5$ 时伪 CEI 算法的收敛速度要快于 $q=1$ 时的收敛速度。

表 13.6 和表 13.7 分别为对应约束放松工况下最优化设计方案的取值情况。

表 13.6 伪 CEI 算法在纵横加筋圆锥壳优化问题收敛时设计方案取值情况（thre=0.025）

变量类型	符号	变量说明	标准约束 EGO $q=1$	并行约束 EGO $q=5$	并行约束 EGO $q=10$
设计变量	x_1	环向肋骨腹板高度/mm	200	200	208
	x_2	环向肋骨腹板厚度/mm	11	11	12
	x_3	环向肋骨面板宽度/mm	100	100	101
	x_4	环向肋骨面板厚度/mm	13	13	13
	x_5	纵向加强筋腹板高度/mm	100	100	100
	x_6	纵向加强筋腹板厚度/mm	6	6	6
	x_7	纵向加强筋面板宽度/mm	40	40	40
	x_8	纵向加强筋面板厚度/mm	6	6	6
	x_9	第一段圆锥壳厚度/mm	16	16	14
	x_{10}	第二段圆锥壳厚度/mm	6	6	6
振动特性约束特征量	f	第一阶弯曲模态频率/Hz	180	180	188
	σ_z	加速度总级/dB	92.20	92.23	92.25
目标函数	weight	加筋圆锥壳质量/kg	6 138.43	6 128.03	6 135.84

表 13.7 伪 CEI 算法在纵横加筋圆锥壳优化问题收敛时设计方案取值情况（thre=0.05）

变量类型	符号	变量说明	标准约束 EGO $q=1$	并行约束 EGO $q=5$	并行约束 EGO $q=10$
设计变量	x_1	环向肋骨腹板高度/mm	200	200	200
	x_2	环向肋骨腹板厚度/mm	11	11	10
	x_3	环向肋骨面板宽度/mm	100	100	100
	x_4	环向肋骨面板厚度/mm	13	13	13
	x_5	纵向加强筋腹板高度/mm	100	100	106
	x_6	纵向加强筋腹板厚度/mm	6	6	6
	x_7	纵向加强筋面板宽度/mm	40	40	40
	x_8	纵向加强筋面板厚度/mm	6	6	6
	x_9	第一段圆锥壳厚度/mm	11	11	12
	x_{10}	第二段圆锥壳厚度/mm	6	6	6
振动特性约束特征量	f	第一阶弯曲模态频率/Hz	194	194	194
	σ_z	加速度总级/dB	94.50	94.49	94.46
目标函数	weight	加筋圆锥壳质量/kg	5 489.87	5 481.79	5 488.87

从表 13.6 和表 13.7 中可以看出，在约束放松 2.5%和 5%的计算工况下 $q=1$、$q=5$ 和 $q=10$ 都能够得到基本相当的加筋圆锥壳质量，这说明算法都收敛到了真实最优解附近。

13.4 基于置信区间序贯代理模型的优化设计

本节为了验证 SCU-CI 方法和 MF-SCU-CI 方法[4]在处理实际约束耗时而目标函数不耗时问题的有效性，分别采用 SCU-CI 方法和 MF-SCU-CI 方法进行非耐压纵横加筋圆锥壳振动约束下的轻量化设计。其中，纵横加筋圆锥壳的质量可以通过解析表达式计算得到，一阶模态频率约束 g_1 和加速度总级约束 g_2 需要通过昂贵的仿真模型才能够计算得到。

计算中遗传算法的种群规模设置为 40，最大进化代数设置为 400，交叉概率设置为 0.8，变异概率设置为 0.15，代沟设置为 0.95；而且在优化过程中，两种序贯方法的遗传算法参数设置保持一致。计算中基于单一精度的方法初始样本点数量设置为 109 个高精度样本点，基于多精度的方法初始样本点设置为 70 个高精度样本点和 156 个低精度样本点（高、低精度样本点计算成本比为 4∶1），等同于 109 个高精度样本点的计算成本。表 13.8 汇总了采用两种方法的优化设计方案，列出了相应的目标函数值、约束函数值和仿真调用的次数。

表 13.8 两种方法的优化设计方案（圆整后）

变量类型	符号	变量说明	SCU-CI	MF-SCU-CI
设计变量	x_1	环向肋骨腹板高度/mm	258	272
	x_2	环向肋骨腹板厚度/mm	14	14
	x_3	环向肋骨面板宽度/mm	121	109
	x_4	环向肋骨面板厚度/mm	16	18
	x_5	纵向加强筋腹板高度/mm	110	127
	x_6	纵向加强筋腹板厚度/mm	6	8
	x_7	纵向加强筋面板宽度/mm	52	45
	x_8	纵向加强筋面板厚度/mm	11	7
	x_9	第一段圆锥壳厚度/mm	19	18
	x_{10}	第二段圆锥壳厚度/mm	7	6
振动特性约束特征量	f	第一阶弯曲模态频率/Hz	182	180
	σ_z	加速度总级/dB	89.35	88.86
目标函数	weight	加筋圆锥壳质量/kg	8133	8070
计算资源	—		518	382

从表 13.8 中可以看出，SCU-CI 方法和 MF-SCU-CI 方法最终均获得了此工程算例的可行优化解，但 MF-SCU-CI 方法的可行优化解要优于 SCU-CI 方法，说明低精度数据在进化过程中也能够提供有利的趋势信息，从而提高算法效率。在计算成本方面，SCU-CI 方法调用高精度仿真计算次数为 518 次，而 MF-SCU-CI 方法调用的等效高精度仿真次数为 382 次。这表明 MF-SCU-CI 方法在保证获得较好的可行优化解时，还能大大降低计算成本（382/518≈73.7%），表明该方法具有很好的工程应用潜力。

为了更加直观地展示 SCU-CI 方法和 MF-SCU-CI 方法的寻优过程，图 13.11 为两种方法的优化收敛曲线。

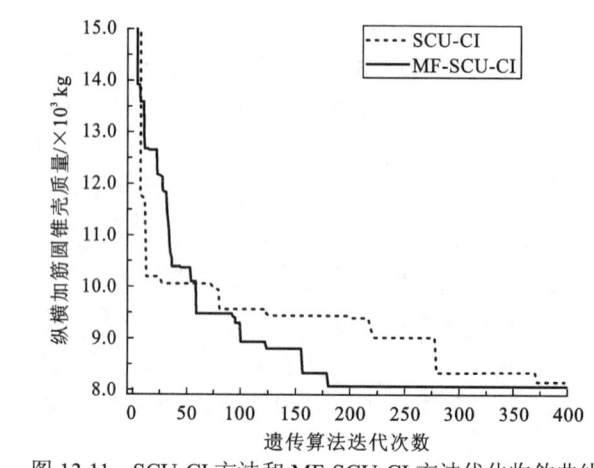

图 13.11 SCU-CI 方法和 MF-SCU-CI 方法优化收敛曲线

如图 13.11 所示，在遗传算法开始迭代时，SCU-CI 方法需要 6 次迭代才能找到可行解，MF-SCU-CI 方法 3 次迭代就找到了可行解。在进化的过程中，MF-SCU-CI 方法先收敛到最优解。SCU-CI 方法则需要更长的进化代数搜索到可行解和达到最后的收敛，这表明 MF-SCU-CI 方法能够进一步提升优化效率。

参 考 文 献

[1] 刘东, 王春旭, 刘均, 等. 纵横加筋圆锥壳振动特性多目标优化设计. 中国舰船研究, 2018, 13(1): 24-30.

[2] ZHAN D, QIAN J, CHENG Y. Balancing global and local search in parallel efficient global optimization algorithms. Journal of Global Optimization, 2017, 67(4): 873-892.

[3] ZHAN D W, QIAN J C, CHENG Y S. Pseudo expected improvement criterion for parallel EGO algorithm. Journal of Global Optimization 2017, 68(3): 641-662.

[4] 钱家昌, 程远胜, 张锦岚. 基于置信区间的约束多精度序贯代理模型优化方法及应用. 中国舰船研究, 2021, 16(4) : 37-43.

第 14 章

水下航行器变刚度加筋圆柱壳稳定性优化设计

14.1 概　　述

加筋圆柱壳是水下航行器的主要耐压结构之一，是保证船体能够正常工作的基础。如何保证加筋圆柱壳在静水压力下的强度和稳定性是船舶工程师设计的重点。等刚度加筋圆柱壳可以通过解析公式对其强度和总体稳定性进行快速预报，学者们通过理论推导给出了等刚度加筋圆柱壳强度和稳定性的理论解[1-7]。随着船长的加长，等刚度加筋圆柱壳并不一定是质量最轻的首选方案，变刚度环肋的设计开始逐渐被采用：程妍雪[8]发现变刚度加筋圆柱壳能够使材料利用更充分，从而提升加筋圆柱壳的稳定性；陈美霞等[9-10]研究证明了变刚度加筋圆柱壳具有更加优秀的声学性能；艾海峰等[11]研究了变刚度加筋圆柱壳在阻抗特性上的性能。设计变刚度加筋圆柱壳一般有两种方式：①所有肋骨间距相同，对特定的肋骨进行加强（即含特大肋骨）；②所有肋骨尺寸相同，改变肋骨间距。

变刚度加筋圆柱壳的强度和总体稳定性不能通过等刚度加筋圆柱壳的理论公式进行准确预报，一般采用有限元方法获取其强度和总体稳定性的特征量。直接应用有限元数值仿真的方法获取这些特征量需要耗费较多的计算资源，计算精度也因操作人员的经验而存在一定的差别。因此，采取将有限元方法直接嵌套在优化迭代过程中的优化方法需要的计算资源难以负担得起。本章基于约束精度自检测多阶段协同算法和基于变可信度 PI 准则的高效全局优化方法来分别对水下航行器变刚度加筋圆柱壳稳定性进行优化设计，探究上述方法对求解实际工程优化问题的适用性。

14.2　优化设计数学模型

本节所研究的变刚度耐压加筋圆柱壳的结构简图如图 14.1 所示。

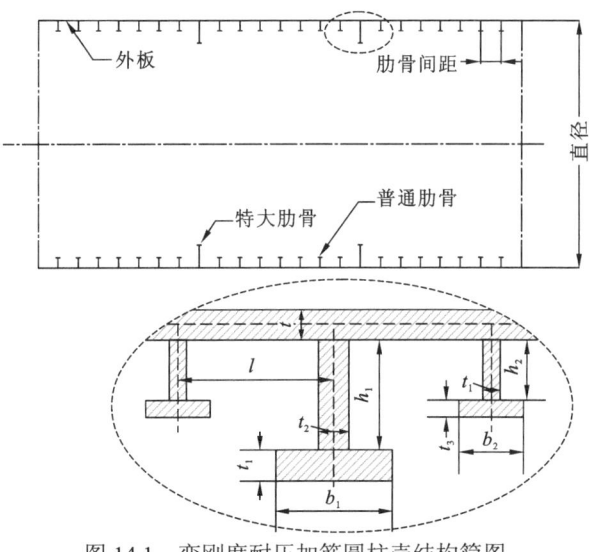

图 14.1　变刚度耐压加筋圆柱壳结构简图

加筋圆柱壳有两根特大肋骨，分布在圆柱壳长度三分之一等分点处。圆柱壳长度由肋骨间距进行控制，整个圆柱壳结构有24个肋骨间距。如上所述，特大肋骨在第8号和第16号肋骨处，其他肋位布置普通肋骨，特大肋骨和普通肋骨都由T形材构成。特大肋骨的设置使加筋圆柱壳的受力情况发生改变，进而改变整个加筋圆柱壳的屈曲模态。

本章研究变刚度加筋圆柱壳稳定性优化问题的目的为在满足强度约束、尺寸搭配约束及质量约束的条件下，使变刚度加筋圆柱壳的第一阶失稳特征值最大化。其优化数学模型可表示为

$$\begin{cases} \text{find} \quad x_1, x_2, \cdots, x_9 \\ \text{min} \quad -P_{\text{Emin}} \\ \text{s.t.} \quad g_1(x) = \dfrac{\sigma_1}{k_1 \sigma_s} - 1 \leq 0, \quad g_2(x) = \dfrac{\sigma_2}{k_2 \sigma_s} - 1 \leq 0, \quad g_3(x) = \dfrac{\sigma_f}{k_3 \sigma_s} - 1 \leq 0 \\ \quad\quad g_4(x) = 1 - \dfrac{P_{\text{cr1}}}{P_j} \leq 0, \quad g_5(x) = \dfrac{h_1}{23 t_2} - 1 \leq 0, \quad g_6(x) = \dfrac{b_1}{6 t_1} - 1 \leq 0 \\ \quad\quad g_7(x) = \dfrac{h_2}{23 t_4} - 1 \leq 0, \quad g_8(x) = \dfrac{b_2}{6 t_3} - 1 \leq 0, \quad g_9(x) = \dfrac{w(x)}{w_0} - 1 \leq 0 \end{cases} \quad (14.1)$$

式中：$x_1, x_2, \cdots, x_9$ 为设计变量，是变刚度加筋圆柱壳的结构参数，其具体物理意义及取值范围如表 14.1 所示；P_{Emin} 为变刚度加筋圆柱壳第一阶失稳特征值，采用有限元方法直接计算；P_{cr1} 为变刚度加筋圆柱壳局部失稳实际临界载荷，采用等刚度环肋加筋圆柱壳局部失稳实际临界载荷理论计算公式近似计算；P_j 为计算压力；$g_1(x)$、$g_2(x)$、$g_3(x)$ 为强度约束；σ_1 为壳板跨中中面周向应力；σ_2 为壳板跨端内表面纵向应力；σ_f 为肋骨应力；σ_s 为材料屈服强度；k_1、k_2、k_3 为控制许用应力的参数，取值分别为 0.85、1.15 和 0.60；$g_9(x)$ 为变刚度加筋圆柱壳的质量约束；w_0 为结构初始质量。

表 14.1 变刚度加筋圆柱壳设计变量物理意义及取值范围

设计变量		取值范围/mm	取值/mm
圆柱壳外板板厚 t (x_1)		18～28	—
小肋骨	面板厚度 t_3 (x_2)	14～26	
	面板宽度 b_2 (x_3)	80～120	
	腹板厚度 t_4 (x_4)	12～22	
	腹板高度 h_2 (x_5)	250～300	
大肋骨	面板厚度 t_1 (x_6)	22～35	
	面板宽度 b_1 (x_7)	130～170	
	腹板厚度 t_2 (x_8)	20～30	
	腹板高度 h_1 (x_9)	450～500	
肋骨间距 l		—	500
圆柱壳总长 L		—	12 000
圆柱壳半径 R		—	3500

本章采用 ANSYS 18.1 对变刚度加筋圆柱壳进行有限元仿真建模和计算，计算压力 P_j 取值 3 MPa，材料的弹性模量为 2.1×10^{11} Pa，材料密度为 7.85×10^3 kg/m³，屈服强度 σ_s 为

550 MPa，泊松比为 0.3。壳板用 SHELL 181 单元进行模拟。考虑肋骨的腹板尺寸相对较大，肋骨腹板也采用 SHELL 181 进行模拟，而肋骨面板宽度尺寸相对较小，因此采用 BEAM 188 单元进行模拟。建模采用圆柱坐标系，圆柱壳的轴向是 ANSYS 软件中的 Z 方向。根据圆柱壳实际受力情况，在圆柱壳一端约束所有的平动位移，另一端释放轴向平动位移，约束剩下两个方向的位移。具体表达为当 $Z=0$ 时，约束 X、Y、Z 方向的平动位移。当 $Z=L$ 时，约束 X、Y 方向的平动位移，释放 Z 方向的平动位移。这样处理的原因是圆柱壳全部浸没在水中的时候，不仅仅壳板会受到水压力，其两端也会受到水压力。周向水压力施加在柱壳表面，压力值为 3 MPa；轴向水压力转化为端部轴向节点力施加在 $Z=L$ 的节点上，转化的方式如式（14.2）所示：

$$F_z = \frac{P_j \pi R^2}{n} \tag{14.2}$$

式中：F_z 为施加在端部每个节点上的集中力；$P_j \pi R^2$ 为作用在轴端截面上压力的合力；n 为轴端的总节点数。载荷施加的情况如图 14.2 所示。

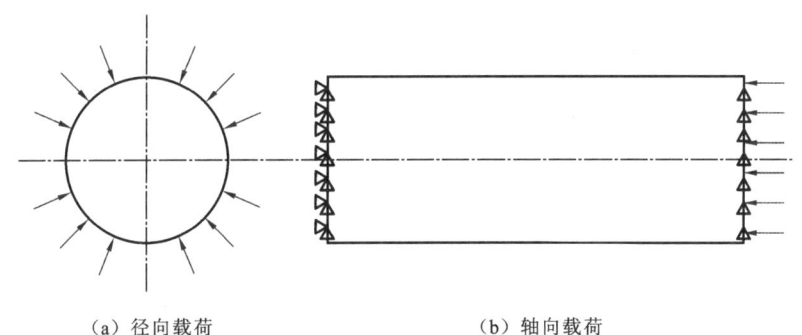

(a) 径向载荷　　　　　　(b) 轴向载荷
图 14.2　圆柱壳径向载荷、轴向载荷施加情况

为了保证有限元结果的可靠性，需要对有限元网格进行收敛性分析。由于变刚度加筋圆柱壳形状较为规整，采用映射网格对其进行网格划分。其中，可以通过控制壳体周向划分份数、肋骨间距轴向划分份数和肋骨腹板高度划分份数来控制变刚度加筋圆柱壳网格划分方案。通过改变网格划分份数，可以得到各应力计算值随网格相对大小的收敛过程，如图 14.3 所示。当网格相对大小取值为 10 时，有限元网格为粗糙网格。

从图 14.3 中可以看出：①第一阶失稳特征值对网格相对大小变化较为敏感，但是随着网格变细其值逐渐收敛，最后两点的第一阶失稳特征值的绝对变化量小于 0.1 MPa，相对变化量为 0.74%；②壳板跨端内表面纵向应力对网格相对大小变化影响最为敏感，网格相对大小从 10 加密到 1 时，其应力值从 157.55 MPa 变为 188.95 MPa，最后两点的应力计算值相对变化量为 0.64%；③壳板中面周向应力收敛过程较为明显，最后两点的相对变化量为 0.09%；④肋骨应力随着网格相对大小变化，其有限元计算结果变化不大，最后两点的相对变化量只有 0.03%。因此，在进行有限元计算时，可以认为当壳板跨端内表面纵向应力有限元计算结果收敛时，第一阶失稳特征值和三项特征应力有限元计算值都已经收敛。

综上分析，当网格相对大小为 1 时所有特征量已经趋于收敛，可以用作高精度代理模型的样本点数据计算。需要指出的是，在对加筋圆柱壳进行强度和稳定性分析时，采用的是不同的网格划分方案。对强度分析，高精度仿真模型周向划分 500 份网格、肋骨间距轴向划

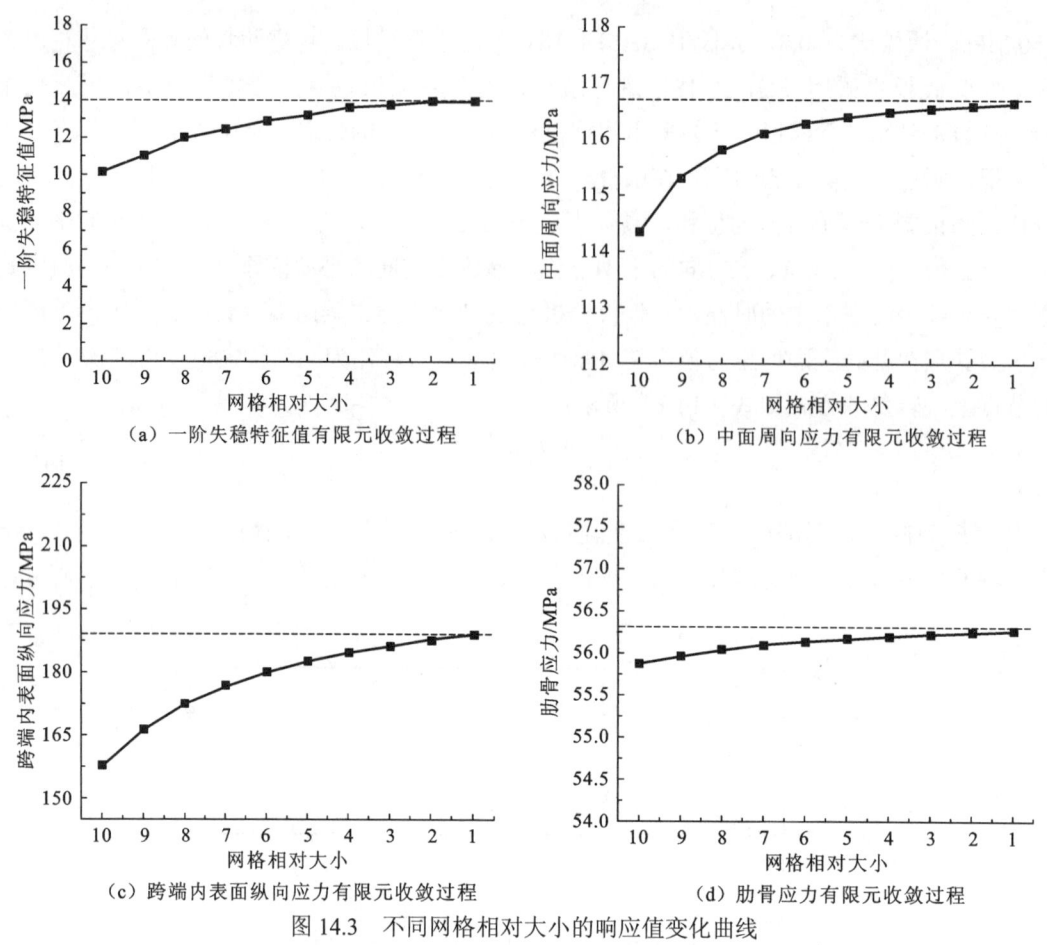

（a）一阶失稳特征值有限元收敛过程

（b）中面周向应力有限元收敛过程

（c）跨端内表面纵向应力有限元收敛过程

（d）肋骨应力有限元收敛过程

图 14.3　不同网格相对大小的响应值变化曲线

分 20 份网格，沿特大肋骨和普通肋骨高度方向划分 10 份网格。对稳定性分析而言，高精度仿真模型周向划分 300 份网格、肋骨间距划分 2 份网格，沿特大肋骨和普通肋骨高度方向划分 2 份网格。

在设计空间中随机选取一组设计参数，对其进行有限元仿真可以得到如图 14.4 所示的一阶失稳模态（此为总体失稳）、壳板跨中中面周向应力、壳板跨端内表面纵向应力和肋骨应力的云图。为了更好地说明变刚度加筋圆柱壳和等刚度加筋圆柱壳在相同设计参数下的性能差异，表 14.2 列出了 4 个关心特征量的值。

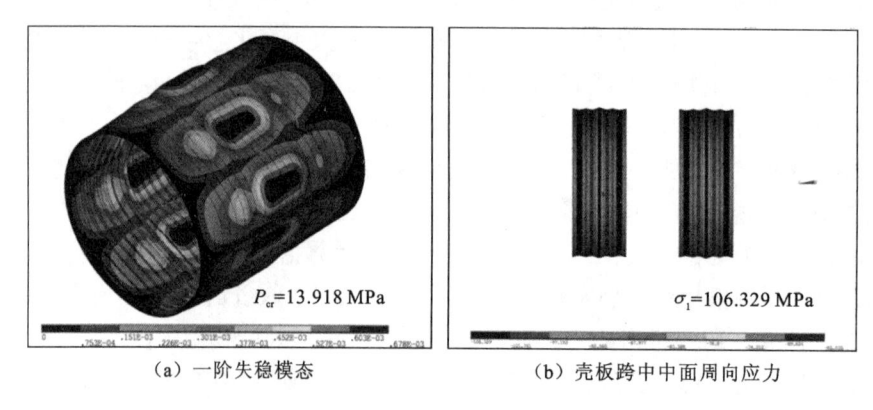

P_{cr}=13.918 MPa

σ_1=106.329 MPa

（a）一阶失稳模态

（b）壳板跨中中面周向应力

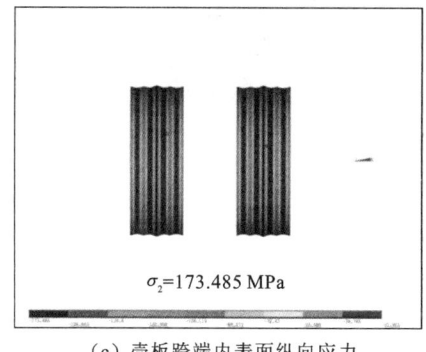

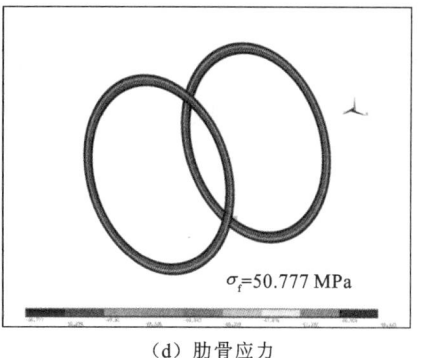

σ_2=173.485 MPa σ_f=50.777 MPa

（c）壳板跨端内表面纵向应力　　　　　（d）肋骨应力

图 14.4　变刚度加筋圆柱壳强度和稳定性响应

表 14.2　等/变刚度加筋圆柱壳强度和稳定性特征量

强度/稳定性特征量	壳板跨中中面周向应力/MPa	壳板跨端内表面纵向应力/MPa	肋骨应力/MPa	总体失稳临界欧拉应力/MPa
变刚度加筋圆柱壳有限元计算值	106.329	173.485	50.777	13.918
等刚度加筋圆柱壳经验公式估计值	120.116	169.302	74.102	10.130

结合图 14.4 和表 14.2 可知，大肋骨的设置改变了原本等刚度加筋圆柱壳的应力分布状态。从图 14.4 中可以看出，大肋骨的设置使其附近的壳板跨中中面周向应力分布发生了改变，与大肋骨相近的肋骨间距之间的应力值相对于远离大肋骨的肋骨间距的值要小。同时，远离大肋骨区域的应力值相对于等刚度加筋圆柱壳的 120.116 MPa 减小为 106.329 MPa。对于壳板跨端内表面纵向应力，大肋骨本身的纵向应力值为 173.485 MPa，相对于等刚度的 169.302 MPa 略大。除大肋骨本身外，其他肋骨的纵向应力为 110 MPa 左右，这表明大肋骨的设置能够减小其他肋骨处内表面的纵向应力。对于肋骨应力本身而言，从 74.1020 MPa 下降为 50.777 MPa。除此之外，大肋骨的加入能够极大地提升加筋圆柱壳总体失稳的临界欧拉应力，由原来的 10.13 MPa 提升至 13.918 MPa，这说明设置大肋骨能较大程度提升加筋圆柱壳的总体稳定性。

综上分析，当网格相对大小为 1 时所有特征量已经趋于收敛，可以用作高精度代理模型的样本点数据计算。通过收敛性分析，确定有限元应力仿真计算采用网格相对大小为 1 的划分方案：肋骨间距之间轴向网格的划分份数为 20 份；沿圆柱壳周向的划分份数为 500 份；大肋骨腹板的划分份数为 10 份。对于低精度模型，设置肋骨间距之间轴向网格的划分份数为 4 份、沿圆柱壳周向的划分份数为 100 份、大肋骨腹板的划分份数为 2 份，以快速得到响应值结果。然后，任取 10 个样本点分别计算高精度响应值大小和低精度响应值大小（以壳板跨端内表面纵向应力为例），其取值如图 14.5 所示。

由图 14.5 可知，有限元计算只改变网格大小时，并不会影响计算结果的趋势，但网格量减小能够大大减少有限元计算时间。因此，基于有限元的低精度数据适合当作多精度代理模型的低精度模型数据。

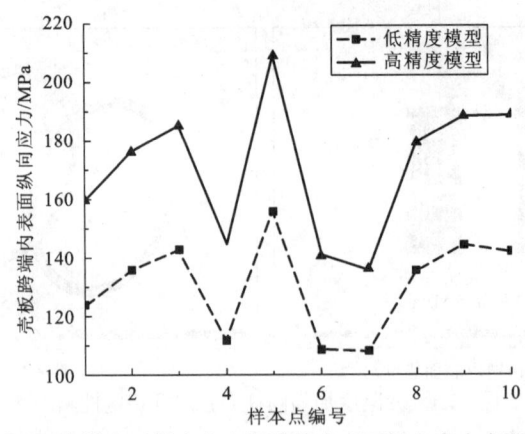

图14.5 不同网格精度下样本点壳板跨端内表面纵向应力有限元计算结果

14.3 基于约束精度自检测多阶段协同算法的优化设计

本节主要采用两种基于约束精度自检测多阶段协同算法来求解变刚度加筋圆柱壳稳定性的优化设计问题。其中单精度MCSO算法的初始样本点设置采用式(4.10)进行确定，对于拥有9个设计变量的变刚度加筋圆柱壳问题，初始高精度样本点为45个。对MF-MCSO算法同样采用算法预设的初始样本点数量，以式（10.4）确定初始样本点数量，即高精度模型抽取27个样本点，低精度模型抽取54个样本点。本节高精度模型和低精度模型的计算成本比为5:1。本节设置MCSO算法和MF-MCSO算法都迭代100次，然后分析其优化结果。除此之外，讨论变刚度加筋圆柱壳在不同质量约束限界值下（此案例质量为积极约束）最优化方案的取值情况，即质量约束取值为 $0.8 \times 95 = 76$ t、$0.9 \times 95 = 85.5$ t 和 $1.0 \times 95 = 95$ t。

需要指出的是，MCSO算法和MF-MCSO算法都是针对连续变量优化问题提出的，考虑实际工程应用，对最终所得优化解进行了圆整处理。本章后文中的算法算例均按此设定，不再赘述。

图14.6为MCSO算法和MF-MCSO算法求解质量限界值为95 t（thre=1）时的优化迭代曲线。

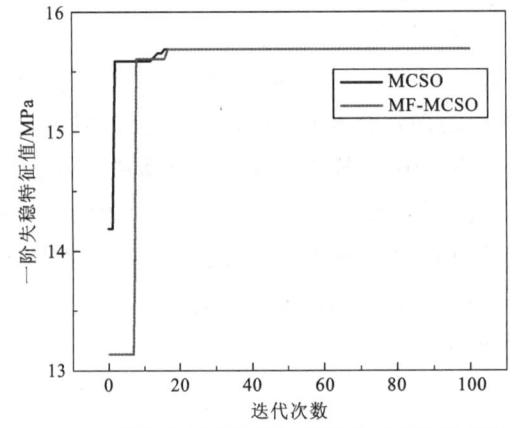

图14.6 MCSO算法和MF-MCSO算法求解变刚度加筋圆柱壳稳定性优化问题迭代曲线（thre=1）

从图 14.6 中可以看出，对于变刚度加筋圆柱壳稳定性优化设计问题，单精度算法和变可信度算法都能够在算法迭代的初期快速搜索到全局最优值附近。具体来说，MCSO 算法和 MF-MCSO 算法都只需要 20 次迭代左右就能够基本收敛。且由于在初始实验设计方案中，变可信度算法高精度样本点数量少于单精度算法，MF-MCSO 算法开始迭代时的最优化值劣于 MCSO 算法，但是 MF-MCSO 算法用了 10 次迭代左右就收敛到了与 MCSO 算法相当的最优化值附近。如图 14.6 所示，根据迭代曲线可以看出，两种算法"效率"基本相当。但是 MF-MCSO 算法在序贯更新过程中并不是每次迭代都耗费了一个高精度样本点的计算资源，也就是说两种算法真正的效率不能通过迭代曲线真实反映。两种算法更加详细的最优化值信息对比如表 14.3 所示。

表 14.3 MCSO 算法和 MF-MCSO 算法求解变刚度加筋圆柱壳稳定性优化问题最优化方案取值（thre＝1）

	变量类型	MCSO	MF-MCSO
	收敛时等效高精度样本点	245	69+207/5＝110.40
设计变量	壳板板厚 t/mm	28	28
设计变量	小肋骨 面板厚度 t_3/mm	26	26
设计变量	小肋骨 面板宽度 b_2/mm	120	120
设计变量	小肋骨 腹板厚度 t_4/mm	22	22
设计变量	小肋骨 腹板高度 h_2/mm	250	250
设计变量	大肋骨 面板厚度 t_1/mm	35	35
设计变量	大肋骨 面板宽度 b_1/mm	170	170
设计变量	大肋骨 腹板厚度 t_2/mm	30	30
设计变量	大肋骨 腹板高度 h_1/mm	463	456
约束函数	周向应力值（MPa）及其约束裕度	267.44 g_1=-0.428	267.44 g_1=-0.428
约束函数	纵向应力值（MPa）及其约束裕度	277.16 g_2=-0.562	276.91 g_2=-0.562
约束函数	肋骨应力值（MPa）及其约束裕度	216.65 g_3=-0.343	216.65 g_3=-0.343
约束函数	局部稳定性（MPa）及其约束裕度	5.19 g_4=-0.730	5.19 g_4=-0.730
约束函数	尺寸约束	g_5=-0.329	g_5=-0.339
约束函数	尺寸约束	g_6=-0.190	g_6=-0.190
约束函数	尺寸约束	g_7=-0.506	g_7=-0.506
约束函数	尺寸约束	g_8=-0.231	g_8=-0.231
	质量（t）/容许值（t）	94.97/95	94.91/95
目标函数	第一阶失稳特征值/MPa	15.6855	15.6855

从表 14.3 中可以看出，MCSO 算法和 MF-MCSO 算法在停机时得到的最优化值都是 15.685 5 MPa，但是两种算法分别消耗了 245 个高精度样本点和 110.40 个等效高精度样本点的计算资源。这说明 MF-MCSO 算法效率约为 MCSO 算法的 2.22 倍。具体来说，MF-MCSO 算法只消耗了 69 个高精度样本点和 207 个低精度样本点，由于单个低精度样本

点的计算资源仅为单个高精度样本点的 1/5，因此 MF-MCSO 算法能够显著地提高寻优效率。两个算法搜索到的最优化方案的设计变量取值（表中的取值都是圆整后的取值）基本一致，仅仅在大肋骨的腹板高度取值上有约 6 mm 的差距。因此，MCSO 算法停机时变刚度加筋圆柱壳的质量（94.97 t）要略大于 MF-MCSO 算法停机时变刚度加筋圆柱壳的质量（94.91 t）。总的来说，MCSO 算法和 MF-MCSO 算法都收敛到了给定的质量约束值附近。对于其他 8 条约束而言，仍然还有较大的裕度。

本节进一步分析两种算法在质量限界值改变时设计方案的取值情况，图 14.7 和图 14.8 分别为 MCSO 算法和 MF-MCSO 算法在质量约束取值为 $0.9\times 95=85.5$t 和 $0.8\times 95=76$t 下的迭代曲线。

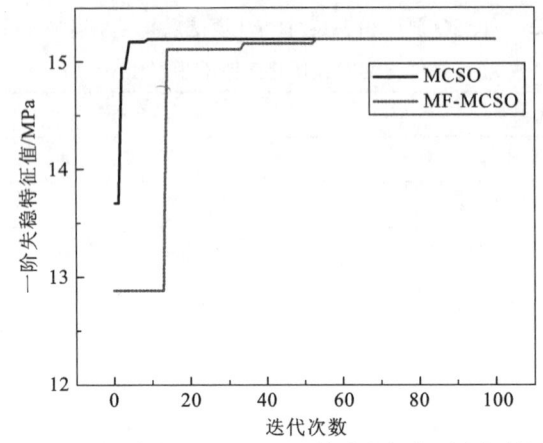

图 14.7　MCSO 算法和 MF-MCSO 算法求解变刚度加筋圆柱壳
稳定性优化问题迭代曲线（thre=0.9）

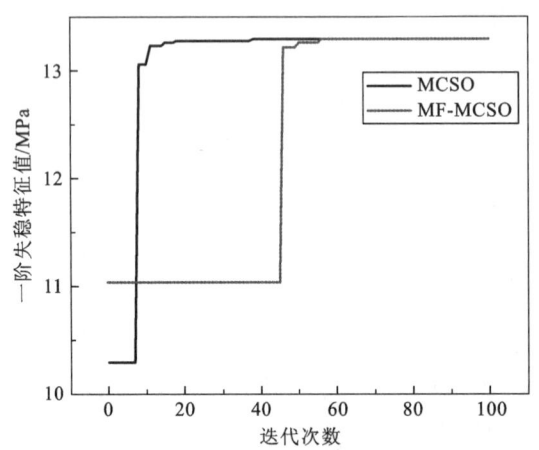

图 14.8　MCSO 算法和 MF-MCSO 算法求解变刚度加筋圆柱壳
稳定性优化问题迭代曲线（thre=0.8）

首先，从图 14.7 和图 14.8 中可以看出，对于质量约束限界值减小的设计输入，两种算法仍然能够在算法开始迭代的阶段快速地收敛到最优值附近。但是，随着质量约束的加严，MCSO 算法和 MF-MCSO 算法都需要更多次迭代才能够搜索到停机时的最优值附近。当质量取值为 $0.8\times 95=76$ t（thre=0.8）时，MCSO 算法需要 40 次迭代才能收敛到停机时的最优值附近；而 MF-MCSO 算法需要 55 次迭代左右。这说明更加严格的质量约束会在一定程度上加大优化算法的优化难度。

表 14.4 和表 14.5 为两种算法在质量约束取值为 0.9×95＝85.5t 和 0.8×95＝76t 下停机时最优化设计方案的取值情况。如表 14.4 和表 14.5 所示，MF-MCSO 算法在 thre=0.9 时耗费了 133 个等效高精度样本点，在 thre=0.8 时耗费了 128.5 个等效高精度样本点，它们较 thre=1.0 时耗费了更多的计算资源，这也在一定程度上反映了更加严苛的质量限界值会给算法寻优增加一定的难度。值得指出的是，对于使用变精度代理模型的优化算法，由于算法找到的最优解设置为高精度样本点库中的最优点，一个极端的情况是算法只添加低精度点而不添加高精度点，此时可能变可信度代理模型已经足以找到最优解，然而由于没有添加高精度点，算法输出的最优解不会有变化，收敛曲线只能一定程度上反映收敛速度。

表 14.4　MCSO 算法和 MF-MCSO 算法求解变刚度加筋圆柱壳
稳定性优化问题最优化方案取值（thre=0.9）

	变量类型	MCSO	MF-MCSO
	收敛时等效高精度样本点	245	96+185/5=133
设计变量	壳板板厚 t/mm	28	28
设计变量 小肋骨	面板厚度 t_3/mm	25	25
设计变量 小肋骨	面板宽度 b_2/mm	120	120
设计变量 小肋骨	腹板厚度 t_4/mm	12	12
设计变量 小肋骨	腹板高度 h_2/mm	250	250
设计变量 大肋骨	面板厚度 t_1/mm	35	35
设计变量 大肋骨	面板宽度 b_1/mm	170	170
设计变量 大肋骨	腹板厚度 t_2/mm	30	30
设计变量 大肋骨	腹板高度 h_1/mm	450	450
约束函数	周向应力值（MPa）及其约束裕度	291.88 g_1=−0.376	291.88 g_1=−0.376
约束函数	纵向应力值（MPa）及其约束裕度	269.75 g_2=−0.574	269.75 g_2=−0.574
约束函数	肋骨应力值（MPa）及其约束裕度	249.67 g_3=−0.243	249.67 g_3=−0.243
约束函数	局部稳定性（MPa）及其约束裕度	5.19 g_4=−0.730	5.19 g_4=−0.730
约束函数	尺寸约束	g_5=−0.348	g_5=−0.348
约束函数	尺寸约束	g_6=−0.190	g_6=−0.190
约束函数	尺寸约束	g_7=−0.094	g_7=−0.094
约束函数	尺寸约束	g_8=−0.28	g_8=−0.28
约束函数	质量（t）/容许值（t）	85.65*/85.5	85.65*/85.5
目标函数	第一阶失稳特征值（MPa）	15.219 2	15.219 2

表 14.5　MCSO 算法和 MF-MCSO 算法求解变刚度加筋圆柱壳
稳定性优化问题最优化方案取值（thre=0.8）

变量类型			MCSO	MF-MCSO
	收敛时等效高精度样本点		245	90+191/5=128.5
设计变量		外板板厚 t/mm	27	27
	小肋骨	面板厚度 t_3/mm	14	14
		面板宽度 b_2/mm	86	86
		腹板厚度 t_4/mm	12	12
		腹板高度 h_2/mm	250	250
	大肋骨	面板厚度 t_1/mm	25	25
		面板宽度 b_1/mm	150	152
		腹板厚度 t_2/mm	20	20
		腹板高度 h_1/mm	450	450
约束函数		周向应力值（MPa）及其约束裕度	323.75 g_1=-0.307	323.75 g_1=-0.307
		纵向应力值（MPa）及其约束裕度	267.91 g_2=-0.576	268.00 g_2=-0.576
		肋骨应力值（MPa）及其约束裕度	282.53 g_3=-0.144	282.53 g_3=-0.144
		局部稳定性（MPa）及其约束裕度	5.20 g_4=-0.735	5.20 g_4=-0.735
		尺寸约束	g_5=-0.022	g_5=-0.022
		尺寸约束	g_6=0	g_6=0.013*
		尺寸约束	g_7=-0.094	g_7=-0.094
		尺寸约束	g_8=0.024*	g_8=0.024*
		质量（t）/容许值（t）	75.08/76	75.09/76
目标函数		第一阶失稳特征值/MPa	12.971	12.977

从表 14.3～表 14.5 中可以看出，随着质量约束的加严，质量约束对变刚度加筋圆柱壳的第一阶失稳特征值影响较大。当质量约束为 76 t 时，变刚度加筋圆柱壳第一阶失稳特征值的最优值为 12.971 MPa；而当质量约束为 95 t 时，变刚度加筋圆柱壳第一阶失稳特征值的最优值为 15.685 5 MPa。具体来说，当质量约束加严 20% 时，MCSO 算法和 MF-MCSO 算法得到的第一阶失稳特征值最优值分别减小了 17.31% 和 17.27%；当质量约束加严 10% 时，MCSO 算法和 MF-MCSO 算法得到的第一阶失稳特征值最优值都减小了 2.97%。这表明在当前质量约束下适当加严质量约束对第一阶失稳特征值影响较小，当质量约束较为严苛时第一阶失稳特征值取值将受到较大影响。

需要指出的是，表 14.3～表 14.5 中带*号的数据代表该项约束略有违反，这是考虑工程需要，对最终所得优化解进行了圆整处理，导致圆整后的优化解与算法寻得的原始连续变量优化解（此解是可行解）略有不同。考虑设计变量取值圆整带来的约束违反程度很低，本章仍将其视为可行解。本章后文中的算法算例均与此类同，不再赘述。

14.4　基于变可信度 EGO 算法的优化设计

本节主要采用第 7 章提出的 VF-PI 算法来求解变刚度加筋圆柱壳稳定性的优化设计问题。VF-PI 算法初始样本点数量取 27 个高精度模型样本点、54 个低精度模型样本点，高精度模型和低精度模型之间的计算成本比为 5:1。本节设置 VF-PI 算法迭代 100 次，然后分析其优化结果。除此之外，本节也求解变刚度加筋圆柱壳在不同质量约束限界值（此案例质量为积极约束）下的最优化方案，即质量约束取值为 $0.8\times 95=76$ t、$0.9\times 95=85.5$ t 和 $1.0\times 95=95$ t。

图 14.9～图 14.11 为 VF-PI 算法求解质量限界值分别为 $0.8\times 95=76$ t、$0.9\times 95=85.5$ t 和 $1.0\times 95=95$ t 时的优化迭代曲线（即最优化值随着算法迭代次数的变化情况），但 VF-PI 算法在序贯更新过程中并不是每次迭代都调用高精度仿真分析模型进行计算，而是根据变可信度概率提高准则自适应选取高/低精度样本点进行对应精度的仿真分析，即算法的效率无法完全通过迭代曲线真实反映。

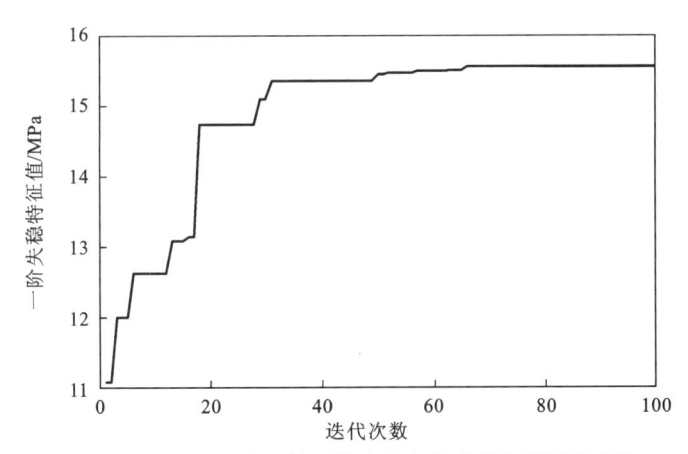

图 14.9　VF-PI 算法求解变刚度加筋圆柱壳稳定性优化问题迭代曲线（thre=1）

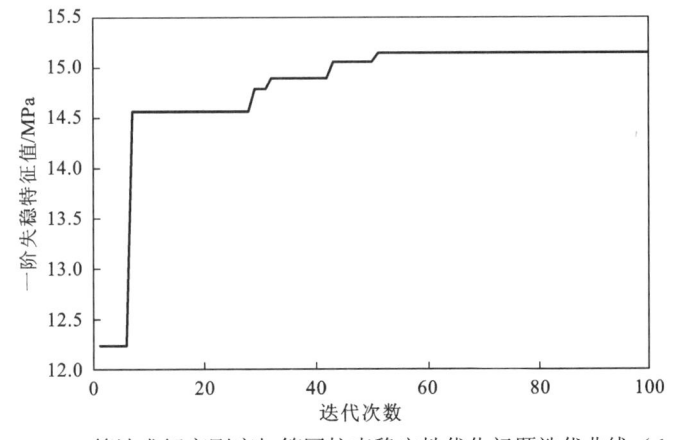

图 14.10　VF-PI 算法求解变刚度加筋圆柱壳稳定性优化问题迭代曲线（thre=0.9）

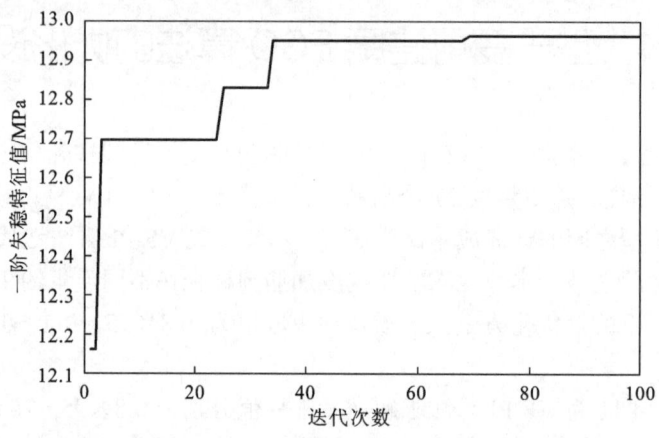

图 14.11　VF-PI 算法求解变刚度加筋圆柱壳稳定性优化问题迭代曲线（thre=0.8）

表 14.6 列出了 VF-PI 算法在质量约束取值为 $1.0\times95=95$ t、$0.9\times95=85.5$ t 和 $0.8\times95=76$ t 下收敛时最优化设计方案的取值情况。

表 14.6　VF-PI 算法求解变刚度加筋圆柱壳稳定性优化问题最优化方案取值

变量类型		thre=1.0	thre=0.9	Thre=0.8
	收敛时等效高精度样本点	80+65/5=93	72+61/5=84.2	85+66/5=98.2
设计变量	壳板板厚 t/mm	28	28	27
	小肋骨 面板厚度 t_3/mm	26	22	14
	小肋骨 面板宽度 b_2/mm	120	117	88
	小肋骨 腹板厚度 t_4/mm	22	13	13
	小肋骨 腹板高度 h_2/mm	252	252	250
	大肋骨 面板厚度 t_1/mm	34	34	31
	大肋骨 面板宽度 b_1/mm	166	168	159
	大肋骨 腹板厚度 t_2/mm	29	27	22
	大肋骨 腹板高度 h_1/mm	456	498	453
约束函数	周向应力值（MPa）及其约束裕度	267.04 $g_1=-0.429$	293.65 $g_1=-0.372$	319.89 $g_1=-0.316$
	纵向应力值（MPa）及其约束裕度	276.23 $g_2=-0.563$	269.24 $g_2=-0.574$	272.66 $g_2=-0.569$
	肋骨应力值（MPa）及其约束裕度	216.30 $g_3=-0.345$	251.19 $g_3=-0.239$	277.53 $g_3=-0.159$
	局部稳定性（MPa）及其约束裕度	5.19 $g_4=-0.730$	5.19 $g_4=-0.730$	5.20 $g_4=-0.735$
	尺寸约束	$g_5=-0.316$	$g_5=-0.198$	$g_5=-0.105$
	尺寸约束	$g_6=-0.186$	$g_6=-0.176$	$g_6=-0.145$
	尺寸约束	$g_7=-0.502$	$g_7=-0.157$	$g_7=-0.164$
	尺寸约束	$g_8=-0.231$	$g_8=-0.114$	$g_8=0.048^*$
	质量（t）/容许值（t）	94.81/95	85.03/85.5	76.72*/76
目标函数	第一阶失稳特征值/MPa	15.611	15.001	13.348

从表 14.6 中可以看出，随着质量约束的加严，质量约束对变刚度加筋圆柱壳的第一阶失稳特征值影响较大。当质量约束为 76 t 时，变刚度加筋圆柱壳第一阶失稳特征值的最优值为 13.348 MPa；而当质量约束为 95 t 时，变刚度加筋圆柱壳第一阶失稳特征值的最优值为 15.611 MPa。具体来说，当质量约束加严 20%时，VF-PI 算法得到的第一阶失稳特征值最优值减小了 14.50%；当质量约束加严 10%时，VF-PI 算法得到的第一阶失稳特征值最优值减小了 3.91%。这表明在当前质量约束下适当加严质量约束对第一阶失稳特征值影响较小，但当质量约束较为严苛时第一阶失稳特征值取值将受到较大影响，这一结论与 14.3 节得到的结论一致。

本章基于约束精度自检测多阶段协同算法和基于变可信度 EGO 算法分别对 3 种质量约束下水下航行器变刚度加筋圆柱壳稳定性进行优化设计，不同优化方法获得的优化方案计算成本虽各有高低，但设计变量和目标函数值的结果差异较小，这说明 2 种优化算法都可以较好地应用于实际工程优化问题。

参 考 文 献

[1] 王晓天, 许辑平. 跨距对环肋圆柱壳应力强度及稳定性的影响. 哈尔滨船舶工程学院学报, 1990(2): 111-118.

[2] 王晓天, 许辑平. 环肋圆柱壳应力计算中某些问题的研究. 应用科技, 1990(1): 1-7.

[3] 李治彬, 许辑平, 陆虹. 潜艇壳体稳定性机理研究. 哈尔滨船舶工程学院学报, 1991(2): 148-154.

[4] 李治彬, 许辑平, 万磊. 圆柱壳稳定性的研究. 哈尔滨船舶工程学院学报, 1991(3): 273-277.

[5] 谢祚水, 许辑平. 潜艇薄壁大半径圆柱壳的总稳定性. 中国造船, 1994(2): 82-88.

[6] 王晓天, 邓剑平, 宁林, 等. 环肋圆柱壳稳定特性与破坏模式的探讨. 哈尔滨工程大学学报, 1997(3): 15-23.

[7] 王晓天, 秦再白, 张淑, 等. 各向均匀外压力作用下环肋圆柱壳的稳定特性. 海洋工程, 1997(1): 19-25.

[8] 程妍雪. 基于非均匀加肋理论的耐压壳优化设计. 哈尔滨: 哈尔滨工程大学, 2012.

[9] 陈美霞, 徐鑫彤, 魏建辉, 等. 非均匀圆柱壳振动及声辐射特性优化设计. 船舶力学, 2013(Z1): 164-170.

[10] 陈美霞, 金宝燕, 陈乐佳. 基于 APDL 语言的加筋圆柱壳的静动态性能优化设计. 舰船科学技术, 2008, 30(3): 64-68, 81.

[11] 艾海峰, 陈志坚. 非均匀加筋圆柱薄壳圆截面内振动的径向模态机械阻抗分析. 工程力学, 2012(6): 45, 332-337.

第15章

油轮中剖面优化设计

15.1 概　　述

船舶中部结构质量一般占全船结构质量的 70% 左右，中剖面结构设计是否合理很大程度上决定了能否将全船结构质量控制在预计的量级内。因此，中剖面结构优化设计一直是船舶结构设计师致力解决的关键问题。船舶中剖面设计参数众多，规范要求下的船舶中剖面优化更涉及复杂的约束条件。现有的相关研究多采用智能优化算法直接嵌套规范校核软件进行优化计算。王元等[1]和许埔宁等[2]均利用 Isight 平台集成 Mars2000 软件，基于模拟退火算法分别实现了国际船级社协会编写的共同结构规范（common structural rules，CSR）下 20 个设计变量的船舶中剖面优化和协调共同结构规范（harmonious common structural rules，HCSR）下的 51 个设计变量的船舶中剖面优化。前者在原始方案不可行前提下得到了可行的中剖面方案，剖面面积减小了 0.07%；后者迭代 10 000 次得到剖面面积减少 6.4% 的优化方案。冯国庆等[3]利用 Isight 集成 Excel，采用多岛遗传算法、粒子群算法、模拟退火算法实现了 HCSR 规范要求下的 40 个变量的船舶中剖面优化，优化方案的剖面面积分别减小了 0.93%、1.02% 和 1.35%。刘浪等[4]利用 MATLAB 集成 Excel，采用人工蜂群算法实现 HCSR 规范下的 295 个变量的船舶中剖面优化，经过大约 5 000 次规范校核后，优化方案剖面面积下降了约 5.1%。

虽然 Mars2000 等规范校核软件[2]进行单次中剖面校核的计算时间较短，一般为几秒到十几秒，但是由于中剖面优化的设计变量数目较多，智能优化算法所需的方案校核次数一般要达到 $10^4 \sim 10^5$ 量级，单次优化的总计算时间需要数天，其计算量仍然不可小觑。本章采用基于迁移代理模型辅助合作协同贝叶斯优化方法实现某油轮中剖面优化设计。

15.2　优化设计数学模型

船舶中剖面优化的主要内容是：在满足船舶规范要求约束条件的前提下，通过调整中剖面的结构参数减小船舶结构质量。由于船舶中剖面为二维平面，所以优化的目标函数实际为中剖面的剖面总面积；设计变量为中剖面的结构参数，包括各板厚度、纵骨型号、纵桁型号等；约束条件根据所采用的船舶规范的不同而有所不同，主要的船舶规范有 CSR、HCSR、法国船级社（Bureau Veritas，BV）规范等。

本节以 CSR 描述性要求下某油轮的中剖面优化为例，给出其优化数学模型。油轮中剖面算例示意图如图 15.1。图 15.1（a）所示为油轮中剖面的结构组成，该油轮中剖面由甲板、双层底、双层舷侧和纵舱壁组成；图 15.1（b）所示为该中剖面的设计变量定义，共有 43 个板厚变量 $t_i (i=1,2,\cdots,43)$，13 个球扁钢型号变量 $S_{bj} (j=1,2,\cdots,13)$ 和 10 个 T 形材型号变量 $S_{tk} (k=1,2,\cdots,10)$，其中 T 形材型号变量由 4 个尺寸变量组成，包括面板厚度、面板宽度、腹板厚度、腹板高度，所以与 T 形材相关的设计变量数实际为 40 个，整个中剖面一共有 96 个设计变量。图 15.1（b）中每一个框选部分的铺板对应一个板厚变量，一个筋变量对应的筋可能跨越多个铺板范围。例如，靠船中的纵舱壁上的 t_{24}、t_{25}、t_{26}、t_{27} 板厚变量对应的铺板上的球扁钢同属一个筋变量 S_{b5}。

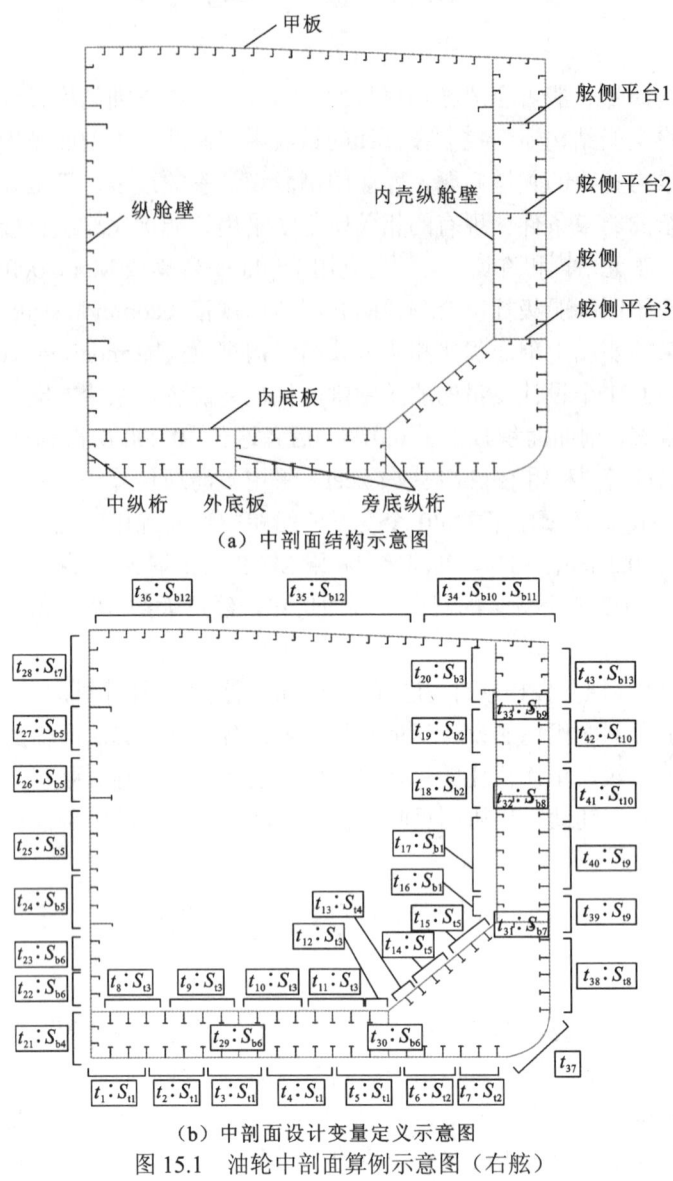

(a) 中剖面结构示意图

(b) 中剖面设计变量定义示意图

图 15.1 油轮中剖面算例示意图（右舷）

根据 CSR 描述性要求，约束条件包括中剖面惯性矩要求、船底剖面模数要求、甲板剖面模数要求、板的总厚度要求、板的弯曲应力要求、板的剪切应力要求、板的屈曲利用因子要求、筋的腹板总厚度要求、筋的净剖面模数要求、筋的面板净厚度要求、筋的面板净宽度要求、筋的净剖面惯性矩要求、板格的屈曲利用因子要求、筋的屈曲利用因子要求、纵骨端部节点疲劳寿命要求，共计 15 类约束。其优化数学模型如式（15.1）所示。其中：$t_1, \cdots, t_n$ 为板厚变量；$sc_1, \cdots, sc_m$ 为各型材规格变量，包含 T 形材型号变量和球扁钢型号变量；m 为型材规格变量的个数，n 为板厚变量个数。其余符号的含义如表 15.1 所示。

$$\text{find} \quad \boldsymbol{x} = (t_1, \cdots, t_n, sc_1, \cdots, sc_m)$$
$$\min \quad \text{Area}(\boldsymbol{x})$$
$$\begin{aligned}
\text{s.t.} \quad & \text{Inet} \geqslant \text{IyR} \\
& \text{ZBn} \geqslant \text{ZBR} \\
& \text{ZDn} \geqslant \text{ZDR} \\
& t_i \geqslant t\_r_i & i = 1, 2, \cdots, n \\
& \text{Sig}_i \leqslant \text{Sig}\_r_i & i = 1, 2, \cdots, n_i \\
& \text{Tau}_i \leqslant \text{Tau}\_r_i & i = 1, 2, \cdots, n \\
& \text{Eta}_i \leqslant \text{Eta}\_r & i = 1, 2, \cdots, n \\
& tw_j \geqslant tw\_r_j & j = 1, 2, \cdots, m \\
& \text{Wnet}_j \geqslant \text{Wreq}_j & j = 1, 2, \cdots, m \\
& tfn_j \geqslant tfn\_r_j & j = 1, 2, \cdots, m \\
& hfn_j \geqslant hfn\_r_j & j = 1, 2, \cdots, m \\
& \text{Inet}_j \geqslant \text{Ireq}_j & j = 1, 2, \cdots, m \\
& \text{Eta}\_o_j \leqslant \text{Eta}\_o\_r_j & j = 1, 2, \cdots, m \\
& \text{Eta}\_s_j \leqslant \text{Eta}\_s\_r_j & j = 1, 2, \cdots, m \\
& \text{Flf}_j \geqslant \text{Flf}\_r_j & j = 1, 2, \cdots, m
\end{aligned} \qquad (15.1)$$

表 15.1 优化数学模型中各符号物理意义

编号	符号	物理意义
1	Area	剖面面积（总厚度）
2～3	Inet，IyR	剖面惯性矩（净厚度）及规范要求的最小值
4～5	ZBn，ZBR	船底剖面模数（净厚度）及规范要求的最小值
6～7	ZDn，ZDR	甲板的剖面模数（净厚度）及规范要求的最小值
8～9	t_i，t_r_i	板的总厚度及规范要求的最小值
10～11	Sig_i，Sig_r_i	板的弯曲应力与许用弯曲应力
12～13	Tau_i，Tau_r_i	板的剪切应力与许用剪切应力
14～15	Eta_i，Eta_r_i	板的屈曲利用因子与许用屈曲利用因子
16～17	tw_j，tw_r_j	筋的腹板总厚度与规范要求最小值
18～19	Wnet_j，Wreq_j	筋的净剖面模数及规范要求最小值
20～21	tfn_j，tfn_r_j	筋的面板净厚度及规范要求最小值
22～23	hfn_j，hfn_r_j	筋的面板净宽度及规范要求最小值
24～25	Inet_j，Ireq_j	筋的净剖面惯性矩及规范要求最小值
26～27	eta_o_j，eta_o_r_j	板格的屈曲利用因子与许用屈曲利用因子
28～29	eta_s_j，eta_s_r_j	筋的屈曲利用因子与许用屈曲利用因子
30～31	Flf_j，Flf_r_j	纵骨端部节点疲劳寿命与规范要求最小值

注：i 为板的编号，j 为筋的编号

Mars 2000 软件是法国船级社的规范校核工具,可实现中剖面的 BV/CSR/HCSR 规范计算。基于 Mars 2000 软件建立的中剖面结构模型的数据全部存储在后缀为 ".ma2" 的中剖面数据文件中。采用批处理形式进行 Mars 2000 中剖面计算时,Mars 2000 软件会对指定的.ma2 文件进行计算并输出固定格式的计算结果文件到指定路径。采用 MATLAB 软件可编写一系列接口函数,实现基于 Mars 2000 软件的中剖面参数化计算。

15.3 基于迁移代理模型辅助的合作贝叶斯优化设计

15.3.1 优化算法及参数设置

船舶中剖面优化的设计变量很多,且其目标函数与约束条件由 Mars 2000 软件给出,使用 Mars 2000 软件对一个方案进行计算,根据计算机硬件不同配置大约需要几秒到十几秒,一旦函数评估次数过多,其计算成本也不低。因此,该优化问题可以看作一个昂贵大规模黑箱优化问题,建立好船舶中剖面优化数学模型后,本节采用第 6 章中提出的协同贝叶斯优化方法对其进行优化求解。

然而,第 6 章所提出的算法针对的是无约束的大规模优化问题,船舶中剖面优化是有大量约束条件的。因此,需要对第 6 章的算法进行一定改动。首先,混合分组策略及针对加法可分的样本迁移策略不再能够使用。这是因为引入约束条件后,对目标函数和每条约束条件,都将产生一个分组方案,其分组方案不一定统一,即对目标函数加法可分的变量,对某条约束却不一定加法可分。因此,如何统筹目标和约束之间的分组仍然是一个亟待解决的问题。同时,如果使用基于交互学习的分组算法,对目标和每条约束就都需要进行学习,计算成本将非常昂贵。但是,第 6 章提出的迁移高斯过程回归模型却不受此影响,该模型本身就是针对非加法可分的问题设计的。因此,本章求解船舶中剖面优化设计的迁移代理模型辅助的合作贝叶斯优化算法伪代码如下。

算法 15.1 基于迁移 GPR 模型的船舶中剖面优化设计

输入:中剖面优化设计目标函数及约束条件
输出:最终优化解 x^{best}

1 设置当前优化解 x^{best};
2 通过某种分组策略获得分组结果 $\{s_1, \cdots, s_m\}$ = grouping($f(x)$);
3 while 不满足停机准则 do
4   for $i = 1$ to m do
5   将优化过程中产生的历史样本点作为迁移样本点集,基于迁移 GPR 模型,进行约束贝叶斯优化 $\hat{x}_{\in s_i} = \arg\min f(x_{\in s_i}; x_{\notin s_i}^{\text{best}})$ 并得到产生的样本点集 A_i;
6   将 A_i 添加到历史样本点集;
7   if $f(\hat{x}_{\in s_i}; x_{\notin s_i}^{\text{best}}) < f(x^{\text{best}})$ then
8   设置 $x^{\text{best}} = \{\hat{x}_{\in s_i}; x_{\notin s_i}^{\text{best}}\}$
9   end
10   end
11 end

在算法 15.1 第 2 步中，分组策略可以采用随机分组及结合专业先验知识的分组方法。第 5 步的历史样本点包括目标和约束的样本点，目标和每条约束分别用迁移 GPR 模型建模。考虑目标函数是具有单调性的，为了简便起见，其中子问题的约束贝叶斯优化算法与文献[5]中聚类辅助多目标采样准则的高效全局约束优化（efficient constrained global optimization with clustering-assisted multiobjective infiu criterion，ECGO-CMIC）算法的局部搜索阶段使用的算法相同。此外，该问题是一个工程问题，其设计变量均为离散值，因此，约束贝叶斯优化中 LCB 的最优解由整数编码的约束遗传算法（GA）求解。停机准则设为最大函数评估次数达到 5 000。算法其余参数设定均与文献[5]及第 6 章中的相同。

15.3.2 优化结果及分析

本小节分别使用随机分组策略及先验知识分组策略的迁移代理模型辅助合作贝叶斯优化，以及合作协同进化算法（CCEA）和遗传算法两种优化算法直接嵌套 Mars 2000 软件，对中剖面进行优化计算。随机分组子问题大小分别设置为 2、3、4。先验知识分组策略如下。

由于该中剖面优化设计的目标函数是横剖面面积，对于目标函数的各个板厚变量，球扁钢型号变量与 T 形材的尺寸变量（此处控制 T 形材的面板厚度、面板宽度、腹板厚度、腹板高度 4 个变量看作一个整体，为不可分的）一定是加法可分的。又由于初始方案是一个可行解，此处忽略约束条件的可分性，只考虑目标可分性，每个板厚变量各自分为一组（即 1 维子问题），每个球扁钢型号变量各自分为一组（即 1 维子问题），每个 T 形材的尺寸变量各自分为一组（即 4 维子问题）。

对 GA 设置三种种群规模，分别为：种群个体数 30、最大进化代数 1600；种群个体数 150、最大进化代数 320；种群个体数 300、最大进化代数 160；分别记为 GA（30，1600），GA（150，320），GA（300，160）。其余参数均设为代沟 0.9，交叉概率 0.7，变异概率 0.01。CCEA 的设置为：将中剖面的 96 个设计变量按照其对应的结构垂向高度排序分成 8 组，每组设计变量 12 个，单组进化的种群个体数设为 30，单组进化最大代数设为 10，协同进化轮数设为 20，采用 GA 作为优化器，代沟为 0.9，交叉概率为 0.7，变异概率为 0.01。另外按照每轮协同进化开始时是否继承上一轮协同进化的种群，将合作协同进化算法分成继承种群和不继承种群两种。所有算法均采用整数编码和精英保留选择算子，采用可行性准则处理约束条件。计算结果如表 15.2 所示。

表 15.2 不同优化算法结果对比

优化算法	优化结果/m²	是否满足约束	减小百分比/%	总方案计算次数
先验知识分组	4.555 7	满足	5.551	5 000
随机分组（$n=2$）	4.606 6	满足	4.496	5 000
随机分组（$n=3$）	4.618 0	满足	4.260	5 000
随机分组（$n=4$）	4.649 9	满足	3.599	5 000
GA（30，1600）	4.602 3	满足	4.586	约 4.8×10^4
GA（150，320）	4.585 9	满足	4.926	约 4.8×10^4
GA（300，160）	4.552 8	满足	5.612	约 4.8×10^4
CCEA（继承种群）	4.591 4	满足	4.812	约 5.3×10^4
CCEA（不继承种群）	4.593 2	满足	4.775	约 5.3×10^4

总体而言，基于迁移代理模型辅助的合作贝叶斯优化仅仅使用了 GA 和 CCEA 约 10% 的计算资源，就获得了效果相当的优化结果，算法的效率优势非常明显。更具体来看，对于使用随机分组策略的迁移代理模型辅助合作贝叶斯优化，当子问题大小设置为 2 和 3 时，优化效果相差不大，子问题大小设置为 4 时，算法效果劣化明显。这是由于虽然子问题更大可以考虑更多的变量交互作用，然而用于拟合子问题目标函数和约束条件的代理模型的精度也会随之下降。而使用了先验知识分组的迁移代理模型辅助合作贝叶斯优化效果显著优于使用随机分组策略的效果。得到专业先验知识的辅助后，迁移代理模型辅助合作贝叶斯优化已经达到了直接嵌套 Mars 2000 的智能优化算法的最好的效果，而计算成本仅为辅助前成本的约 10%，充分体现了先验知识对优化算法的效率提升。

先验知识分组的优化算法对应的优化方案与原始方案的板厚设计变量取值对比如图 15.2 所示，可以看出，与原始方案相比，优化方案的大多数板厚设计变量都有所减小。取约束裕度较小的部分约束条件，优化方案与原始方案的约束裕度对比如图 15.3 所示，其中约束裕度采用上限约束下的约束函数响应值与约束限界的比值衡量（计算下限约束的约束裕度时，先将其转换成上限约束），该值小于或等于 1 表示满足约束，在小于或等于 1 的范围内越接近于 1 表示响应值越接近约束限界，即约束裕度越小。从图 15.3 中可以看出，优化方案的约束裕度相比原始方案均有所减小，部分约束条件的响应值/约束限界等于 1，说明优化较为充分。

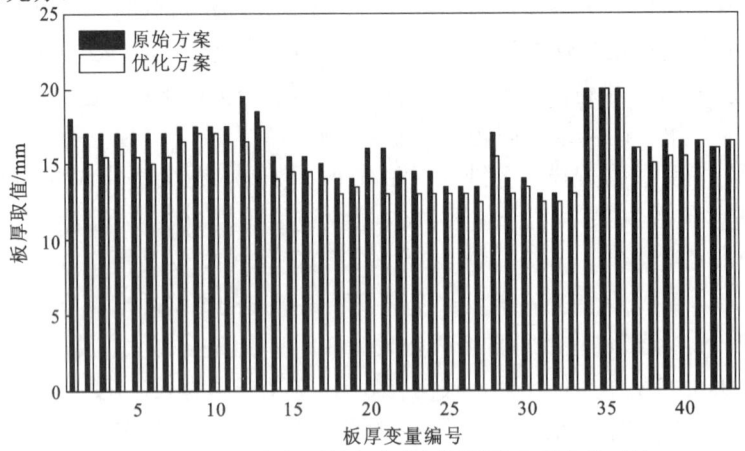

图 15.2 优化方案与原始方案的板厚设计变量取值对比

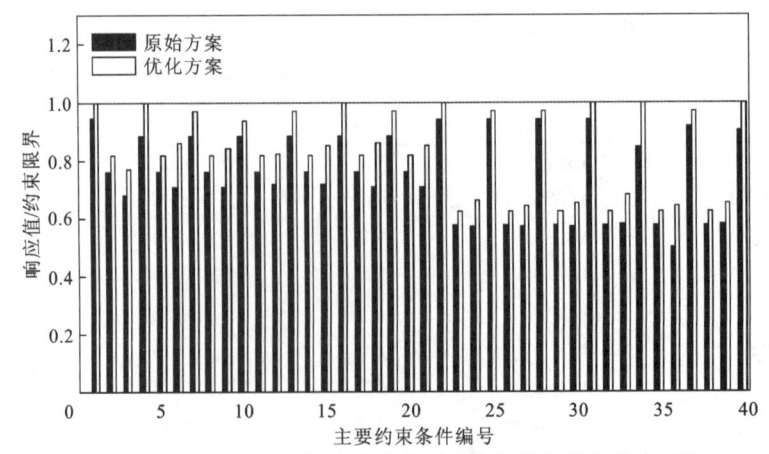

图 15.3 优化方案与原始方案的主要约束条件的约束裕度对比

总体而言，迁移代理模型辅助合作贝叶斯优化可以在相当低的计算成本下得到较为不错的优化效果，在对效率要求较高的工程设计场景中具有较好的应用价值。

参 考 文 献

[1] 王元, 吴嘉蒙. 基于 Excel-Mars2000-Isight 平台的油船中横剖面结构尺寸优化. 船舶, 2019, 30(1): 119-127.

[2] 许埔宁, 张崎, 白泽坤. 基于规范计算的油船中剖面优化设计. 造船技术, 2020(6): 16-22.

[3] 冯国庆, 常琦, 王元, 等. 复杂约束条件下大型油船中剖面结构优化. 华中科技大学学报(自然科学版), 2019, 47(10): 75-81.

[4] 刘浪, 夏利娟. 基于人工蜂群算法的油船舯剖面优化设计. 船舶工程, 2019, 267(5): 9-12, 62.

[5] JIANG P, CHENG Y, YI J, et al. An efficient constrained global optimization algorithm with a clustering-assisted multiobjective infill criterion using Gaussian process regression for expensive problems. Information Sciences, 2021, 569: 728-745.